LES ARMES SECRÈTES DE LA CIA

24, rue des Grands-Augustins 75006 Paris
ISBN : 2-84736-174-X
Dépôt légal : juin 2006
N° d'impression : 9437
Imprimé en France par Sagim-Canale

Gordon Thomas

LES ARMES SECRÈTES DE LA CIA

Tortures, manipulations et armes chimiques

Traduit de l'anglais
par Valérie Clouseau et Mickey Gaboriaud

nouveau monde éditions

I

Le 4 janvier 2006, par une de ces journées d'hiver qui saisissent parfois Washington DC, le président George W. Bush convoqua les attachés de presse de la Maison Blanche. Il les chargea alors de transmettre un message au monde entier : les États-Unis n'avaient jamais toléré et ne toléreraient jamais les actes de torture prétendument commis par les forces armées et les agences de renseignement du pays, en particulier la CIA, pour obtenir des informations utiles à la guerre contre le terrorisme, déclarée cinq ans plus tôt, suite aux attentats d'Al-Quaïda contre les Tours jumelles et le Pentagone. Il ponctua son discours de ce geste tranchant de la main, de ce balayage du regard et de ce petit rictus qui devinrent les signes caractéristiques du deuxième semestre de son mandat. Mais le message était clair. Aucun Américain n'avait jamais été autorisé à torturer – et cela ne serait jamais le cas. Ce n'était pas la méthode américaine. Des interrogatoires ? Oui. Des tortures ? Non, bien sûr que non. Bush s'emporta comme à chaque fois qu'il était stupéfait d'avoir à régler publiquement une affaire de ce type. Ses paroles avaient été écrites par ses rédacteurs de discours. On sentait que ces derniers avaient dû passer des heures à choisir le moindre mot et analyser chaque phrase pour s'assurer qu'elle reflète bien la nuance voulue. Ce démenti du Président fut le premier et, ainsi que le confirma la suite, le dernier commentaire qu'il ait jamais fait sur un sujet qui captiva pourtant le monde pendant trois mois, à savoir la pratique américaine des « transferts exceptionnels », un concept auquel la CIA a toujours été favorable : celui d'envoyer les terroristes dans des centres d'interrogatoire situés hors du champ de protection de la justice américaine. Ces sites se trouvaient dans les Balkans, au Maroc, en Égypte et dans divers pays d'Asie centrale. C'est Alvaro Gil-Robles, le commissaire aux Droits de l'homme du Conseil de l'Europe, qui découvrit leur existence. La veille de l'allocution de Bush, Alvaro avait d'ailleurs déclaré : « Il semble qu'on ait créé un véritable goulag dans lequel la CIA peut accéder aux prisonniers en permanence. » Le commissaire craignait que les prisonniers les plus importants – les membres de haut niveau des talibans et d'Al-Quaïda – ne soient déplacés « comme une caravane invisible de l'un à l'autre de ce que l'on appelle les sites noirs ». L'opprobre engendré par de telles révélations conduisit alors le Conseil à engager un avocat suisse, Dick Marty, pour découvrir ce qu'il se passait dans les centres d'interrogatoire, et quels étaient les pays européens susceptibles d'avoir aidé la CIA en permettant à ses « expéditions tortionnaires » de survoler leur territoire ou d'y faire escale pour prendre du carburant. Le jour où le président Bush prononça son démenti soigneusement rédigé, il savait parfaitement que son propre département de la Justice avait émis en 2002 des recommandations légales – classées top secret – sur les méthodes d'interrogatoire des terroristes. Dans un rapport intitulé « Techniques d'interrogatoire améliorées », encore secret à ce jour mais que j'ai pu consulter, le « coup au ventre », au niveau de l'estomac, est autorisé. On n'y rappelle nullement que, selon la force du coup, on risque d'endommager la rate ou d'autres organes. Le plus clairement du monde, ce document permet l'usage du « maintien prolongé en position debout », c'est-à-dire le fait de laisser les prisonniers « debout, menottés et les pieds boulonnés au sol pendant une durée pouvant aller jusqu'à quarante heures ». On y autorise encore « le supplice de la baignoire », qui consiste à attacher le prisonnier sur une planche et à l'immerger dans l'eau jusqu'à ce qu'il soit à la limite de la noyade. La privation de sommeil, l'intimidation verbale et les menaces de nouvelles violences figurent également sur la liste. Ces recommandations sont inspirées de deux manuels de la CIA. L'un s'intitule *Questionnement coercitif* et l'autre, *Exploitation des ressources humaines*. On y rappelle que « lorsque l'on prépare une salle d'interrogatoire, il faut tout d'abord bien étudier l'installation électrique afin que les transformateurs ou autres appareils de modification du courant soient prêts au moment d'envoyer des électrochocs». Les cent quatre pages de *Questionnement coercitif* offrent des instructions détaillées sur les diverses façons de terroriser quelqu'un : «La menace d'infliger une douleur peut déclencher une peur plus destructrice que la douleur elle-même. Exprimées froidement, les menaces sont plus efficaces que lorsqu'elles sont proférées avec violence.» On y avertit aussi de prendre garde à «ne pas menacer de mort les plus résistants, car ils savent que les faire taire pour toujours irait à l'encontre du but de l'interrogatoire. Il faut donc les briser par d'autres moyens.»

Le passage consacré à la douleur prévient qu'infliger «une souffrance intense risque fortement d'aboutir à de faux aveux ne visant qu'à échapper à la détresse». On y ajoute que «si l'on blesse un prisonnier alors que l'interrogatoire est commencé depuis longtemps, il est presque certain qu'il comprendra que l'enquêteur ne sait plus quoi faire. S'il faut infliger une douleur, ce doit toujours être vers le début et l'intensité doit être soigneusement calculée.» Le manuel explique tout aussi précisément comment s'en prendre au mental : «L'hypnose offre un avantage par rapport aux autres techniques ou méthodes d'interrogation : la suggestion post-hypnotique. Il est possible de mettre une drogue dans la nourriture ou la boisson d'un prisonnier coriace puis, à mesure que le produit le fait tomber en hypnose, de brouiller ses repères habituels jusqu'à ce que ses raisons de résister deviennent des raisons de coopérer. Interrogez-le et concluez la séance en suggérant qu'il ne se souviendra de rien de ce qui s'est passé lorsqu'il sortira de sa transe. Pour bien faire, il est préférable qu'un médecin soit présent.»

En 2006, la CIA avait de nombreux médecins sous contrat dans plusieurs pays et pouvait faire appel à eux pour assister à ce genre de séances, superviser les interrogatoires des sujets réticents et administrer les substances requises.

«Les drogues peuvent s'avérer efficaces pour vaincre une résistance que les autres techniques n'ont pas réussi à faire tomber. Utilisée judicieusement – c'est-à-dire en tenant compte de la personnalité du sujet, en calculant bien le dosage et en gérant bien son temps –, une substance peut s'avérer un allié d'une valeur pratiquement incomparable pour l'interrogateur. L'une des plus importantes tâches de l'enquêteur consiste à fournir au médecin une description exacte et complète des caractéristiques psychologiques du sujet interrogé. Les personnes écrasées par la honte ou la culpabilité ont plus de chances de soulager leur conscience sous l'effet de drogues, surtout si ces sentiments ont été exacerbés par l'interrogateur », explique le manuel.

Les manuels sont l'œuvre de deux psychiatres renommés : le docteur Jolyon West, dit « Jolly », ancien directeur du département de psychiatrie de l'université de Los Angeles, et le docteur William Sargant, fondateur et directeur du service de médecine psychologique de l'hôpital Saint-Thomas à Londres. Ils sont tous deux restés en rapports professionnels étroits avec la CIA et le MI-6 britannique jusqu'à leur mort. Sargant a écrit *Battle For The Mind*, un ouvrage lu par de nombreux interrogateurs des services secrets. Partisans de l'utilisation de stupéfiants pour vaincre la volonté des sujets interrogés, Sargant et West ont participé à de nombreuses recherches totalement dénuées d'éthique sur l'hypnose, la chirurgie psychiatrique, les électrochocs et une pléiade d'autres techniques de contrôle du comportement. L'un comme l'autre ont maintes fois trahi leur serment de ne jamais nuire à personne ; le plus choquant étant que les méthodes qu'ils ont inventées n'ont changé que sur un seul point : leurs produits de distorsion mentale et leurs accessoires de torture physique sont désormais plus sophistiqués.

Il est tout aussi dérangeant qu'en 2006, des organisations de défense des Droits de l'homme réputées, telles qu'Amnesty International, ne trouvent rien à redire aux méthodes utilisées en Irak, en Afghanistan et à Guantanamo. Les prisonniers suspectés de terrorisme ayant montré qu'ils pouvaient résister aux techniques préconisées dans les manuels et les recommandations du département de la Justice ont été embarqués à bord d'avions de transfert en direction de ces « sites noirs » où, selon les affirmations catégoriques de Bush, aucune torture n'est commise au nom des États-Unis. Alors que le président faisait cette déclaration, Amnesty International venait d'annoncer qu'il existe actuellement quatre-vingt-dix pays pratiquant couramment la torture. Un mois auparavant, le 5 décembre 2005, un avion de transport de l'US Air Force atterrissait dans la baie de Guantanamo, à Cuba. Il y avait à son bord cinq « chaises d'immobilisation » d'une valeur individuelle de mille cent cinquante dollars. Vingt autres arrivèrent dix jours après le démenti de Bush. Ces chaises ont été conçues par le département de recherche et développement de la CIA dans un but précis : mettre fin aux grèves de la faim des détenus de Guantanamo, ou des autres centres d'interrogatoire gérés par l'Agence. Attachés à leur chaise, les prisonniers étaient nourris de force par des tuyaux enfoncés dans leur nez, leur gorge ou leurs veines, qu'on retirait parfois avec une telle violence que certains saignaient ou perdaient connaissance. Une façon comme une autre d'infliger une souffrance supplémentaire.

Confronté à ces allégations, un porte-parole de la Maison Blanche a déclaré le 15 février 2006 : « Ces accusations de mauvais traitement ou de torture sont absurdes. Chacun sait que les détenus d'Al-Quaïda sont formés pour faire circuler de fausses rumeurs. Les méthodes que nous employons sont les mêmes que celles que nous utilisons dans les prisons fédérales américaines. » Si ce n'est que les détenus des prisons fédérales ont été jugés devant une cour et déclarés coupables de délits spécifiques par un jury. Les prisonniers de Guantanamo, eux, n'ont pas eu ce droit. À l'instar des sites noirs, le centre se trouve hors de la juridiction américaine en un lieu parfaitement choisi pour échapper à toute contrainte légale.

Guantanamo regorge de prisonniers afghans et pakistanais arrêtés sans motif sérieux. Il s'agit, le plus souvent, d'hommes dénoncés par des personnes plus intéressées par les récompenses que par la guerre contre le terrorisme. Les avocats spécialisés dans les Droits de l'homme affirment que huit pour cent seulement des prisonniers ont été classés comme combattants d'Al-Quaïda, et que moins de la moitié d'entre eux, selon des documents du Pentagone, ont commis des « actes hostiles » envers les États-Unis. Mais ils ne peuvent pas être relâchés car, selon un porte-parole du Pentagone, « ils se remettraient à mal se comporter envers l'Amérique ».

Loin d'accéder aux demandes de l'ONU et de ses alliés au sein de l'administration Bush – sans parler de ses nombreux ennemis – de faire fermer Guantanamo, le département de la Justice a annoncé en février 2006 qu'un « nouveau bâtiment permanent » allait être construit sur le site. La Maison Blanche s'est toujours refusée à tout commentaire sur ce qui se passe à Guantanamo et dans les autres sites noirs qui ne respectent pas la Convention des Nations unies de 1984 interdisant la torture, et dont les États-Unis sont pourtant signataires.

Le terme « torture » y est ainsi défini :

« Tout acte par lequel une douleur ou des souffrances aiguës, physiques ou mentales, sont intentionnellement infligées à une personne aux fins notamment d'obtenir d'elle ou d'une tierce personne des renseignements ou des aveux, de la punir d'un acte qu'elle ou une tierce personne a commis ou est soupçonnée d'avoir commis, de l'intimider ou de faire pression sur elle ou d'intimider ou de faire pression sur une tierce personne, ou pour tout autre motif fondé sur une forme de discrimination quelle qu'elle soit, lorsqu'une telle douleur ou de telles souffrances sont infligées par un agent de la fonction publique ou toute autre personne agissant à titre officiel ou à son instigation ou avec son consentement exprès ou tacite. »

En particulier, la convention interdit d'envoyer des suspects vers des pays dans lesquels il existe de bonnes raisons de penser qu'ils seraient torturés. En Grande-Bretagne, la Chambre des lords avait déjà décidé, un mois avant le démenti absolu de Bush, que les cours anglaises n'auraient pas le droit d'utiliser des preuves « susceptibles d'avoir été obtenues par la torture ».

Dans la baie de Guantanamo, à deux heures de vol de l'endroit où le président Bush avait donné son assurance solennelle que les États-Unis se conformaient à la Convention des Nations unies, cet engagement était bafoué de façon routinière. Il restait encore quatre cent soixante suspects musulmans, amenés là dans le même secret que celui qui entourait toujours les vols de transfert. Historiquement, les États-Unis ont toujours traité leurs plus dangereux condamnés avec une dureté irrationnelle. Cela remonte aux jours des travaux forcés, où les bagnards travaillaient enchaînés entre eux (toujours d'actualité dans certaines institutions pénales du Sud profond). Et, aujourd'hui, la plupart des Américains respectueux de la loi aiment que les délinquants nationaux, souvent coupables de crimes choquants, soient traités sévèrement. On ne sera donc pas surpris que de récents sondages effectués à travers tous les États-Unis se soient avérés largement favorables aux conditions de détention des prisonniers de Guantanamo.

Cependant, en ce qui concerne le statut de ces détenus, il faut tenir compte d'un facteur important. En 2006, ils n'avaient toujours pas été inculpés, et encore moins condamnés, pour le moindre crime. Il se peut, en effet, qu'il existe de fortes présomptions contre eux. Certains se sont probablement rendus coupables d'actes de barbarie en Afghanistan avec les talibans ou en Irak avec Saddam Hussein. La majorité d'entre eux sont certainement des fanatiques islamistes. Mais ils n'ont toujours pas été déclarés coupables du moindre délit. C'est ce qui dérange Amnesty International et les autres organisations en faveur des Droits de l'homme. Les prisonniers de Guantanamo n'ont pas le droit de choisir eux-mêmes leurs avocats, ni d'être jugés devant un jury ou de faire appel. Lorsqu'ils seront enfin jugés, ce sera devant un tribunal militaire. Leurs avocats doivent être des citoyens américains validés par le département de la Défense des États-Unis. Si un prisonnier voulait faire appel, son seul recours serait de s'adresser au secrétaire à la Défense, Donald Rumsfeld. De la part de cet homme connu pour être l'un des plus grands partisans de la ligne dure de l'administration Bush, il n'y a rien d'autre à attendre que de le voir approuver les sentences du juge qui présidera le tribunal. La plupart des prisonniers de Guantanamo ont entre vingt et trente ans. L'un d'entre eux n'avait que treize ans lorsqu'il a été pris par les force spéciales américaines en Afghanistan. Un autre est âgé de quinze ans à peine. Les détenus viennent de quarante-trois pays différents. La plupart du temps, des nations arabes, dont l'Arabie Saoudite d'où sont originaires plus d'une centaine de prisonniers. Quatre-vingt viennent du Yémen. Aucun d'entre eux n'a le statut de prisonnier de guerre – qui placerait les prisonniers concernés sous la protection de la Convention de Genève, dont les États-Unis sont également signataires. Mais, dans le feu du déclenchement de sa guerre contre le terrorisme, le président Bush a déclaré qu'ils n'y avaient pas droit « parce qu'il s'agissait de combattants sans uniforme ».

Officiellement, Guantanamo s'appelle le Camp Delta, le nom que les responsables de la communication du département de la Défense préfèrent utiliser. Pour accueillir les journalistes, on y trouve un « poste d'observation pour les médias ». Il est situé à deux cent cinquante mètres environ des premières cellules. Assez près pour que des lunettes de soleil soient nécessaires pour lutter contre les reflets éblouissants des toits métalliques des postes de garde et des barrières qui entourent le camp, mais pas assez pour voir ce qu'il se passe de l'autre côté de la clôture. La nuit, l'enceinte est éclairée par la lumière blanche de puissants projecteurs perchés sur des poteaux. Le périmètre, jusqu'au lieu réservé aux médias, est truffé de capteurs enfouis dans le sol. La prison se trouve sur un promontoire juste au-dessus de la mer des Caraïbes, des patrouilles parcourent jour et nuit la plage voisine. Au large, des bateaux de garde-côtes américains naviguent de long en large, prêts à intercepter toute tentative de secourir les prisonniers. Tous les gardes ont ordre de viser pour tuer. Le Pentagone fait fièrement remarquer que les cellules sont équipées de toilettes « à la turque » – afin de se conformer à la coutume musulmane de s'accroupir – comme « preuve de notre compréhension de leurs besoins culturels ». Les détenus dorment sur de fins matelas posés sur des sommiers métalliques. Là encore, le Pentagone souligne qu'il s'agit du même matériel que celui dont sont équipées les prisons américaines. Chaque prisonnier de Guantanamo a droit à une heure de gymnastique et une douche par jour. Au retour de ses ablutions, il se peut qu'il ait été transféré dans une nouvelle cellule. Le but est d'éviter le risque que les gardiens américains appellent la « formation de bandes ». Entravés par les chaînes qu'ils portent aux chevilles, les détenus peuvent être conduits à l'interrogatoire à n'importe quelle heure du jour ou de la nuit. Quiconque se plaint d'être réveillé est envoyé au mitard. Les prisonniers sont interrogés quatre heures de suite par des officiers de la CIA, ou parfois du MI-6. Il arrive que les enquêteurs soient des femmes. La plupart des musulmans considèrent cela comme une insulte délibérée à leur culture – dans laquelle les femmes n'interrogent pas les hommes. Mais c'est ce qui se produit durant les interrogatoires qui soulève le plus d'inquiétudes chez les organisations spécialisées dans les Droits de l'homme. Les prisonniers qui ont fini par être disculpés et libérés racontent tous qu'ils ont été victimes de sévices physiques et mentaux dont le résultat est assimilable à de la torture. Au siège social londonien d'Amnesty International, Steve Ballinger, l'un de ses directeurs, estime que « la torture est choquante à cause du professionnalisme avec laquelle elle est pratiquée. Faire naître la peur ou la terreur pure et simple sont des méthodes courantes. »

Entre les interrogatoires, la vie – si l'on peut dire – continue à Guantanamo. Un appel à la prière enregistré retentit cinq fois par jour dans les haut-parleurs de l'enceinte. Des flèches indiquent la direction de La Mecque – une ville que les détenus ne verront peut-être jamais. Tous les repas sont préparés conformément au régime *halal*. On trouve un exemplaire du Coran dans chaque cellule. C'est là que s'arrête la prise en compte, par les États-Unis, des besoins – et des droits élémentaires – de ses prisonniers. Lorsque le lieutenant Mohammed Saiful-Islam, l'imam de la prison, officier musulman de la US Navy, fit savoir que les conditions avaient de plus en plus d'effets négatifs sur l'équilibre émotionnel et psychologique de nombreux prisonniers, on le fit rapidement embarquer à bord d'un bateau pour la Californie. En décembre 2005, il m'a affirmé ne plus avoir le droit de s'exprimer publiquement sur ce qu'il avait vu.

Les vols organisés par la CIA continuent, non seulement vers la baie de Guantanamo mais également vers divers sites noirs en Égypte, au Maroc, en Ouzbékistan et ailleurs. Dick Marty, l'avocat détaché par le Conseil de l'Europe pour enquêter sur les transferts, rapportait fin janvier 2006 qu'« au moins cent personnes [étaient] passées par ce processus depuis 2004 ». On lui a refusé la visite des centres d'interrogatoire et il a dû se fier, pour son rapport, aux récits de témoins indépendants tels que Craig Murray, ex-ambassadeur de Grande-Bretagne en Ouzbékistan. Appuyant ses propos sur des indices fiables, ce dernier a laissé entendre que le chef de base de la CIA dans ce pays lui avait avoué qu'au moins un prisonnier avait été « bouilli vivant » après des interrogatoires infructueux. Murray a ensuite essayé de sortir un livre sur son expérience de diplomate mais s'est retrouvé, en février 2006, confronté à la menace d'une action légale du gouvernement britannique s'il n'abandonnait pas la publication. Il est convaincu que cette intimidation a été renforcée par des exigences provenant de Washington qui tenait à s'assurer que ce qu'il savait sur les transferts ne serait jamais publié.

Ces transferts nous mènent au cœur de la longue histoire de la CIA qui, au moment où elle développait ses programmes de torture, expérimentait tout aussi secrètement des techniques de guerre biologique. La conquête systématique de la psychologie humaine afin de trouver comment contrôler les comportements, la création ainsi que les tests des armes de guerre bactériologique – pour ensuite les laisser tomber entre les mains de Saddam Hussein lorsque l'administration washingtonienne le considérait encore comme l'un de ses rejetons préférés – sont de sinistres activités qui dévoilent bien l'irresponsabilité de la plus puissante démocratie du monde, que Bush s'est engagé à protéger « par tous les moyens possibles ». Ne jamais dire la vérité sur l'histoire secrète de la CIA et ses programmes d'armes bactériologiques fait partie de ces moyens.

Le 11 septembre 2001 commença comme l'une de ces douces journées pour lesquelles les Américains aiment à remercier le ciel. Mais beaucoup s'en souviendront comme d'un jour affreux, point de départ de ce que le président Bush appela « la première guerre mondiale du XXIe siècle », après la destruction totale du World Trade Center et celle d'une partie du Pentagone. Tout le monde se demandait ce qui allait suivre. La réponse ne se fit pas attendre très longtemps. En octobre, une vague de cas d'anthrax apparut au sein d'une nation abasourdie et terrorisée. L'anthrax est facile à propager et mortifère pratiquement à cent pour cent, à moins d'être diagnostiqué suffisamment tôt pour être traité avec des antibiotiques. S'agissait-il d'un seconde salve d'Al-Quaïda ? Nul ne savait. La crainte de cette menace se répandit à travers le monde comme une traînée de poudre ; une épidémie silencieuse et invisible qui pouvait être lancée grâce à du matériel disponible sur Internet. On commença à entendre toutes sortes d'histoires selon lesquelles des milliards de particules d'anthrax pouvaient dériver dans les airs avant de se poser dans les rues, les jardins, les arbres, les bords de fenêtres et glisser à l'intérieur des habitations par les cheminées. Trente mille particules – plus qu'il n'en faut pour balayer une maisonnée, voire toutes les familles d'une rue – pouvaient loger sur une grosse tête d'épingle. Plus les gouvernements cherchaient à éviter la panique, plus la peur grandissait. Toutes les compétences de la CIA et du FBI en matière d'investigation ne suffirent pas à trouver d'où venait l'anthrax. On s'accorda de plus en plus à accuser Al-Quaïda, car les techniques employées et les objectifs visés auraient pu trouver une explication limpide dans la citation du philosophe chinois Sun Tzu, il y a 2 500 ans : « Tuez-en un, effrayez-en 10 000. »

En 2004, on ignorait toujours d'où était arrivé l'anthrax. On interrogea une multitude de suspects. Aucun ne fut inculpé. Pas un seul d'entre eux n'avait le moindre lien avec Al-Quaïda ou quelque autre groupe terroriste que ce soit. Cette année-là, l'arsenal d'agents biologiques transformés en armes se composait de 19 bactéries, 43 virus, 14 toxines et 4 *rickettsies*. Leur utilisation restait illégale en vertu du protocole de Genève de 1925, que la Belgique, le Canada, la France, la Grande-Bretagne, les Pays-Bas, la Pologne et l'Union soviétique ont tous signé. Ce qui ne fut le cas des États-Unis qu'en 1975, alors qu'ils avaient déjà développé un énorme arsenal biochimique. Peu après les attentats du 11 septembre, le Pentagone reconnut qu'à sa base aéronautique de Nellis, l'une des plus secrètes des États-Unis, le pays avait constitué la plus grosse réserve d'armes biologiques et chimiques du monde. Elles avaient été fabriquées en grande partie par des scientifiques de la CIA. L'un d'entre eux était un biochimiste obsessionnel, pionnier des recherches ayant abouti à ce stock. Il s'appelait Frank Olson.

En ce jour de septembre 2001, à l'âge de cinquante-six ans, Eric, son fils, était devenu un vétéran de la psychologie clinique. Il habitait avec sa famille à Frederick, dans le Maryland, pas très loin de Fort Detrick, où son père avait travaillé pour la CIA. Comme aujourd'hui, l'accès à cet établissement était restreint, protégé par des systèmes électroniques de défense et des gardes armés. Tandis que le téléviseur de son salon rediffusait sans cesse les scènes de destruction du 11 septembre à New York et à Washington, Eric était devant son ordinateur, sur lequel il avait enregistré de nombreux faits curieux concernant la mort de son père et dont le plus surprenant était :

« Mon père a été assassiné parce que la CIA craignait qu'il révèle le plus grand secret américain de la guerre froide, et peut-être même de tous les temps. Le secret des recherches de la CIA sur les armes biochimiques et le contrôle mental. Mon père a joué un rôle important dans ces deux programmes. »

Le 28 novembre 1953, juste après 14 h, Armand Pastore, le responsable de nuit de l'hôtel Statler, face à la Penn Station de Manhattan, à New York, sortit de l'établissement en courant vers la septième avenue. Un homme, vêtu de ses seuls sous-vêtements, y était étendu sur le trottoir.

« L'homme était sur le dos, les jambes complètement écrasées et tordues, formant un angle affreux. Je ne sais pas pourquoi mais j'ai levé les yeux pour voir d'où il venait. J'ai vu qu'un store était ouvert à une fenêtre du dixième étage de l'hôtel. Je me suis dit : "Doux Jésus, comment a-t-il pu prendre assez de vitesse pour passer au travers du double vitrage ?" Il essayait de marmonner quelque chose mais je n'arrivais pas à comprendre. C'était du charabia. Je me suis agenouillé et me suis penché vers son visage en lui demandant qui il était », m'a raconté Pastore. Il s'agissait de Frank Olson, le père d'Eric, mari d'Alice Olson. Un prêtre apparut, suivi, un peu plus tard, d'une ambulance et d'une voiture de police. Frank Olson mourut pendant que le prêtre lui administrait les derniers sacrements. Pastore conduisit deux policiers à la chambre du dixième étage. Dans la chambre 1018 A qu'occupait Olson, ils trouvèrent un autre homme, assis sur la cuvette des toilettes. C'était le docteur Robert Lashbrook. Après avoir décliné son identité, il refusa de donner plus de détails, mis à part qu'il travaillait « pour le gouvernement ». Lashbrook, un homme réservé et peu sûr de lui, était un biochimiste qui, comme Olson, travaillait au programme biochimique de la CIA sur des recherches aussi meurtrières qu'à la pointe du progrès.

Chapitre I

Eric Olson avait neuf ans et il dormait dans la maison familiale lorsque sa mère le réveilla pour lui annoncer la mort de son père. Elle le fit venir dans la salle de séjour. Un homme qu'Eric connaissait vaguement attendait. C'était le lieutenant-colonel Vincent Ruwet, le supérieur de son père. Il expliqua à Eric que « quelque chose de grave » était arrivé. Plus tard, pour Eric, comprendre comment et pourquoi son père était mort devint une véritable quête qui, tout en le conduisant vers l'âge adulte, le mena toujours plus loin dans les sombres recoins de l'histoire secrète des États-Unis. Durant ce parcours, il en arriva à se considérer comme « le Hamlet de la CIA », le fils prêt à tout pour venger la mort de son père.

Frank Olson est mort alors que la guerre de Corée finissait et que la guerre froide commençait. Eric découvrit plus tard que c'est également à cette époque que son père commença à faire part de ses doutes à Alice, son épouse, quant à la moralité de son travail et des expériences aussi secrètes qu'illégales de certains de ses collègues de la CIA, qui testaient l'efficacité de diverses souches bactériologiques sur des êtres humains. Grâce à des aérosols, des bactéries vivantes avaient été pulvérisées sur San Francisco. Les habitants développèrent alors des symptômes de type grippal. Beaucoup furent hospitalisés ; plus tard, plusieurs décès furent attribués à cette expérience. Les cas en question furent à l'origine d'un procès contre le gouvernement mais l'affaire resta sans suite. C'était Frank Olson qui avait élaboré la méthode de propagation utilisée à San Francisco.

L'homme qui avait donné sa bénédiction à ces expériences, vêtu d'un sobre complet foncé, boitant légèrement, se tenait, par un jour glacial de novembre 1953, derrière les membres endeuillés de la famille de Frank Olson et regardait son cercueil descendre dans la tombe. Alice et Eric ne se doutaient pas qu'il était l'un des employés les plus froids et calculateurs de la *Central Intelligence Agency*. Il s'appelait Sidney Gottlieb.

Pendant plus de vingt ans, Gottlieb ne resta qu'un vague nom pour Eric Olson. Puis, en juin 1975, le *Washington Post* publia un article intitulé « Suicide révélé ». On y expliquait comment « un fonctionnaire civil travaillant pour l'armée [avait] trouvé la mort en se jetant par la fenêtre de son hôtel new-yorkais après avoir été drogué au LSD pendant une réunion de la CIA». Eric comprit aussitôt qu'il s'agissait de son père. Il avait beau avoir réussi dans sa spécialité, la psychologie clinique, il n'en abandonna pas moins son cabinet, fermement décidé à remuer ciel et terre pour découvrir pourquoi celui-ci avait été tué – et qui en était responsable. Plus il rencontrait d'obstacles sur son parcours, parsemé de douloureuses découvertes, plus il devenait obsessionnel. En 1994, il fit exhumer le cercueil de son père. Quarante et un ans plus tôt, on avait expliqué à la famille Olson que le corps de Frank n'était pas visible pour un dernier adieu «parce qu'il était très abîmé et que la chute avait entraîné de graves lésions au visage. En vérité, son corps avait été embaumé et était pratiquement en parfait état. On venait de découvrir un nouvel accroc dans le tissu de mensonges qui enveloppait la mort de mon père», me confia un jour Eric.

Pour l'autopsie, il rassembla une équipe de médecins légistes dirigée par le professeur James Starrs, de l'université George Washington, un criminologiste réputé au *curriculum vitae* prestigieux; au cours des ans, Starrs avait exhumé plusieurs célébrités dont Jesse James. Telle fut sa conclusion : «Le décès de Frank Olson fait penser à un homicide.» Aucune blessure sur le visage ou le cou de Frank Olson n'indiquait que la chute ait entraîné la mort. En revanche, le large hématome qui couvrait son œil gauche pouvait suggérer qu'il avait été «frappé au niveau de la tête par un objet contondant avant de passer par la fenêtre. Par «objet contondant», on pouvait également entendre un coup de poing». Cette façon de tuer figurait parmi les méthodes d'assassinat du manuel de la CIA qu'Eric avait réussi à se procurer.

Ce document de huit pages s'intitule *Méthodes d'assassinat.* Il contient suffisamment d'informations pour alimenter une douzaine de romans noirs ou de films hollywoodiens.

Des extraits de ce document sont publiés pour la première fois en annexes de ce livre.

Chapitre I

« On pense que le terme « assassinat » provient du mot « hachisch », un stupéfiant assimilable à la marijuana, qui aurait été utilisé par Hasan-Dan-Sabah pour motiver ses partisans lorsqu'ils avaient pour mission de commettre des meurtres politiques ou autres, souvent au prix de leur propre vie. Il désigne ici le fait de tuer avec préméditation une personne ne se trouvant pas dans la juridiction légale du tueur, hors de sa portée immédiate, et dont la mort a été décidée par une organisation qui y trouve un avantage. Il ne faut en aucun cas écrire ou enregistrer des instructions d'assassinat. Les décisions et recommandations ne doivent être connues que du strict minimum de personnes. L'idéal est qu'une seule personne puisse s'en charger.

« Il est possible de tuer un homme à mains nues, mais peu de personnes sont suffisamment adroites pour le faire correctement. Cependant, un marteau, une hache, une clé anglaise, un tournevis, un tisonnier, un couteau de cuisine, un pied de lampe ou tout objet dur, lourd et aisément manipulable suffit. Un bout de corde ou de câble, ou encore une ceinture, conviennent si l'assassin est fort et habile. Ces armes improvisées présentent les avantages d'être toujours disponibles et de sembler innocentes.

« L'accident calculé est la technique la plus efficace. Lorsque cette méthode réussit, elle suscite peu d'agitation et n'entraîne pas d'enquête approfondie. Les noyades en mer, ou dans des fleuves à fort débit, peuvent faire l'affaire à condition que le sujet ne sache pas nager. Il est plus sûr que l'assassin fasse semblant de secourir le sujet, ce qui lui permet de s'assurer de sa mort tout en se forgeant un solide alibi. Si les habitudes personnelles du sujet le permettent, on peut utiliser l'alcool pour le préparer à toutes sortes d'accidents planifiés. Les chutes sous un train ou un métro sont généralement efficaces mais elles exigent un parfait chronométrage et il est rare que l'on puisse être certain de ne pas être vu. Les accidents de la route constituent un procédé d'assassinat moins satisfaisant. Pour renverser volontairement un individu, un minutage parfait s'impose et l'enquête risque d'être poussée. En trafiquant le véhicule de la cible, les chances de réussite sont très faibles. Le sujet peut être assommé ou drogué puis installé dans la voiture mais ceci n'est fiable que si le véhicule peut être poussé depuis une haute falaise ou dans l'eau et sans témoin.

« L'incendie volontaire peut entraîner la mort si le sujet est drogué avant d'être abandonné dans un bâtiment en flammes. La méthode n'est pas satisfaisante sur le plan de la fiabilité à moins que la construction soit particulièrement combustible. Une overdose de morphine administrée en tant que sédatif entraînera une mort sans dérangement et sera difficile à détecter. Le dosage varie selon que le sujet utilise ou non des narcotiques régulièrement. Si ce n'est pas le cas, deux comprimés suffisent. Si le sujet boit beaucoup, il est possible de lui injecter de la morphine ou un autre stupéfiant du même type au moment où il perd conscience. Sa mort sera généralement mise sur le compte d'une alcoolémie excessive. Pour l'assassinat, on a fréquemment recours aux armes à feu, et souvent de façon inefficace. Il faut utiliser des armes d'une puissance supérieure d'au moins cent pour cent à celle que l'on estime nécessaire et réduire de moitié la distance qui semble adaptée à l'arme. Les bombes ou grenades ne doivent jamais être lancées sur le sujet. Cette méthode est imprécise, incertaine et impopulaire. Placer la charge subrepticement permet d'employer la bonne dose mais exige de bien connaître l'emploi du temps du sujet.

« L'explosif idéal est constitué de fragments. Ces derniers, métalliques ou minéraux, doivent plutôt être de la taille d'une noix que de celle d'un petit pois. Les explosifs militaires ou commerciaux conviennent très bien à l'assassinat. Il est préférable d'éviter les explosifs improvisés ou fabriqués artisanalement. Ils sont souvent dangereux et imprévisibles. Les missiles anti-personnel sont excellents, à condition que l'assassin ait suffisamment de connaissances techniques pour les amorcer correctement. La charge doit être placée à moins de deux mètres de l'endroit où se trouvera la victime au moment de la détonation. »

Eric revint maintes et maintes fois sur l'une des recommandations du manuel : « Les coups doivent être portés soit sur la tempe, soit sur la zone située juste sous ou derrière l'oreille, soit à la base du crâne. Évidemment, si le coup est suffisamment fort, n'importe quelle partie du haut du crâne convient également. La plus basse zone faciale, des yeux à la gorge, peut encaisser d'énormes chocs sans conséquences mortelles. La méthode d'assassinat la plus efficace est une chute de vingt mètres ou plus sur une surface dure. Les cages d'ascenseur, cages d'escalier, fenêtres sans protection et ponts peuvent s'avérer utiles. L'action peut s'opérer en tirant soudainement et vigoureusement les chevilles du sujet pour le faire basculer par-dessus la rambarde. »

C'était la description même de ce qui était arrivé à son père. Eric apprit rapidement qu'à l'époque de sa mort, tous les agents de terrain étaient en possession d'un exemplaire du manuel. L'auteur de ce guide du meurtre pour la CIA n'était autre que l'homme qui se tenait au fond de l'église à son enterrement : le docteur Sidney Gottlieb. Il a fallu des années à Eric pour découvrir qui il était et le rôle qu'il avait joué dans le décès de Frank Olson.

Le samedi 19 mai 2001, Eric passa un moment en compagnie d'un ancien collègue de Frank Olson avec qui il était en contact depuis quelque temps. Au début, l'homme, âgé de quatre-vingt-un ans, était réticent, mais Eric réussit à le convaincre de venir lui parler. Les comptes rendus de leurs conversations téléphoniques antérieures étaient soigneusement classés dans ce qui commençait à devenir sa petite bibliothèque et contenaient de plus en plus d'informations sur la mort de son père. Il reconstituait une affaire qui, l'espérait-il, conduirait son ou ses meurtriers devant la justice. La veille de la rencontre, le vieil homme accepta de parler à Eric et de révéler tout ce qu'il savait pourvu qu'il lui garantisse l'anonymat. Ce n'était pas la première fois qu'Eric entendait cette requête. Il l'avait toujours respectée. Ce fut également le cas avec cet homme âgé. Ils s'assirent dans son salon et Eric, qui savait très bien faire parler les gens grâce à ses compétences médicales, écouta attentivement et, ainsi qu'il l'avoua plus tard, « avec un incroyable étonnement » ce que l'homme avait à lui dire.

« Mon hôte, m'a-t-il raconté, m'a parlé de voyages secrets que mon père avait faits en Grande-Bretagne et en Allemagne dans les années 1950. Ces déplacements étaient relatifs à diverses expériences qu'il menait dans le domaine de ce que mon hôte appelait "la pêche aux informations". Cela consistait à forcer des gens à donner des renseignements qu'ils voulaient garder secrets. Après son dernier périple, à la fin de l'été 1993, mon père est revenu à la CIA. Selon mon hôte, il avait l'air très bouleversé. Mon père avait été témoin de diverses expériences qui avaient abouti à la mort des sujets. Ils avaient été "finis", tués, par des agents de la CIA. À ce moment-là, mon père comprit également que son travail avait aussi servi à l'élaboration d'armes biologiques que les États-Unis avait utilisées durant la guerre de Corée. Mon hôte me confia : "C'est la Corée qui explique la mort de ton père. C'est là que les deux programmes secrets de la CIA – les expériences sur le contrôle mental et l'utilisation d'armement biologique – se sont croisés." Il m'expliqua que mon père avait été tué pour avoir avoué aux échelons supérieurs de la CIA qu'il était à la limite de rendre l'affaire publique, et, donc, de devenir une balance. C'est pour cela qu'on l'a tué. »

Mais, laissant Eric sur sa faim, le vieil homme lui avoua qu'il n'était pas certain de la manière dont le crime avait été planifié, ni de qui l'avait commandé. « Parce qu'il n'avait pas de certitudes, il ne voulait pas donner de noms », me révéla Eric. Quoi qu'il en soit, cette information redoubla sa motivation. À cause de gros problèmes financiers, il tirait maintenant le diable par la queue dans une maison en décrépitude, mais il n'en dépensa pas moins ses dernières ressources à essayer de reconstituer le puzzle des événements. Il ignorait que plusieurs services de renseignement étrangers s'intéressaient également à la mort de son père. Il y avait eu notamment une étude au KGB et une autre à la Stasi, en Allemagne de l'Est. Après l'effondrement du régime soviétique, les documents que j'ai pu trouver et consulter dans leurs dossiers démontrent que l'assassinat de Frank Olson a également été étudié par le MI-6 et la DST. Un dossier de la Stasi le qualifie de « crime par suicide parfait ». Mais c'est le Mossad, l'institut des services secrets israéliens, qui tira le meilleur parti de cette mort. À partir de 1976, lorsque le président Gerald Ford mit fin à tous les assassinats de la CIA, la mission de supprimer les ennemis des États-Unis fut discrètement confiée au Mossad. Depuis, on estime qu'il a éliminé plus de mille ennemis des États-Unis et d'Israël. L'une de ses méthodes est identique au faux suicide de Frank Olson.

Cette technique est encore utilisée par le Kidon, l'unité du Mossad spécialisée dans l'assassinat, approuvée par l'État israélien.

Une autre affaire s'apparente à celle du meurtre de Frank Olson. Il s'agit de l'assassinat d'un agent ayant servi de nombreuses années à la CIA qui, lui aussi, connaissait les expériences secrètes des scientifiques. Comme Olson, il les trouvait très préoccupantes. Il s'appelait William « Bill » Buckley. Il se souvenait, disait-il, « de son immense fierté en entrant à la CIA » qu'il commenta ainsi : « J'ai aussitôt eu un sentiment d'appartenance. On me donna un répertoire téléphonique interne, pour lequel on me fit signer un reçu, puis on me prévint de toujours fermer mon bureau à clé. Ce fut mon premier contact avec le côté bureaucratique de l'Agence ; je devais rendre compte du moindre de mes gestes à un supérieur. Après plusieurs mois à « poireauter », on me transféra au département de science et technologie pour travailler sur un projet appelé MK-Ultra. Il avait pour objet l'étude des moyens de manipuler l'esprit humain, et les recherches étaient menées sous la houlette du docteur Gottlieb. »

C'est là que Buckley découvrit la seconde grande obsession du docteur Gottlieb : les armes bactériologiques.

Dans le monde des renseignements, Bill Buckley était non seulement considéré comme une source précieuse et fiable mais également comme un bon ami digne de confiance. Bill était très cultivé, clair dans ses propos et d'agréable compagnie. Il n'aurait eu aucun mal à se trouver une place stable à Wall Street ou au gouvernement. Il choisit néanmoins de travailler pour la Central Intelligence Agency parce que « les États-Unis n'avaient jusqu'alors jamais eu d'agence de renseignement aussi importante et organisée en temps de paix ». Il vit là une véritable opportunité de répondre à ses deux grandes tendances psychologiques : l'envie de servir son pays, tout en mettant un peu de piment dans sa vie pour satisfaire ce goût du danger qui comptait énormément pour lui et imprégnait une grande partie de ses activités. C'était un homme viril qui séduisait souvent les femmes par son charme rétro et une classe que Gatsby le magnifique lui aurait enviée.

Au début, nos rapports furent un peu bizarres. Il savait qu'en tant que correspondant étranger, il était inévitable que je sois en désaccord avec lui sur la façon dont le gouvernement et l'armée contrôlent l'information. J'ai constaté ce phénomène une demi-douzaine de fois, depuis la crise de Suez en 1956 jusqu'à la guerre du Golfe. Entre-temps, il y avait eu le Viêt-nam et divers conflits de moindre envergure en Asie et en Afrique. Ce fut peut-être ma répulsion, probablement un peu trop virulente, envers les porte-parole manipulateurs qui brisa la glace entre nous. Il estimait que le reporter qui perd son indépendance ne devient plus qu'un propagandiste et qu'il en avait eu sa dose au Viêt-nam avec tous les reportages faussement optimistes qui mentaient sur le nombre de morts. Tout comme avec les instructions de Saigon qui n'avaient rien à voir avec ce qui se passait réellement. Il n'en fallut pas plus pour qu'une amitié naisse entre nous. L'une des premières choses que nous fîmes fut de lever le voile sur la légende selon laquelle Bill n'était qu'un officier du protocole attaché à l'ambassade des États-Unis de chaque pays ou nous nous rencontrions. Jouer le rôle d'un larbin du Département d'État était une couverture courante pour de nombreux agents, mais Buckley admettait que cela pouvait être irritant.

Notre première rencontre eut lieu à Rome. Une partie de mes tâches quotidiennes dans la capitale italienne consistait à faire le « tour des ambassades » pour drainer les rumeurs diplomatiques sur ce qui se passait ou allait se produire dans le bassin méditerranéen occidental. Un jour, lors d'un déjeuner avec Bill, j'ai avoué que mon propre beau-père avait été un agent du MI-6 responsable d'un réseau d'espionnage dans l'Allemagne de l'après-guerre. Bill sourit et me dit qu'il était déjà au courant. Physiquement, on ne peut pas vraiment dire que Bill était bel homme. Les angles de son visage ne s'assemblaient pas de manière à former un tout extraordinaire. Il faisait des mouvements de menton aux moments les plus inattendus et ses yeux étaient un peu trop rapprochés, ce qui lui donnait un air menaçant assez théâtral. Pour apprécier son physique sous son meilleur jour, il fallait le prendre en mouvement, émiettant du pain dans sa soupe ou levant le doigt pour défendre un point de vue. Durant ces premiers rendez-vous, nous avons étudié les similitudes entre le journalisme et les métiers du renseignement. Les deux vivent de l'information, et les sources s'étendent des plus nobles aux plus basses. Les deux dépendent de la confidentialité. Sans elle, les sources s'évaporeraient et il est pratiquement certain qu'elles ne seraient pas remplacées par de nouvelles. Dans nos métiers respectifs, nous collections des informations pour répondre à des ordres ; je recevais les miens de mon rédacteur en chef, et Bill de quelque bureaucrate de Langley. Un soir, autour d'une bouteille de Frascati, près du Panthéon à Rome, Bill souligna que nous devions tous deux être persuasifs et prêts à mentir pour trouver la vérité. Je ne voyais pas de meilleure description de nos activités. Nous avons reconnu, l'un comme l'autre, qu'il nous arrivait de faire des erreurs ; dans ma profession, au bout du compte, cela n'avait probablement pas tant d'importance. Dans celle de Bill, cela pouvait déclencher une sale petite guerre en bonne et due forme.

En apprenant à le connaître, je me suis aperçu que Bill cultivait ses petites excentricités et en tirait quelque fierté. Les motifs de ses cravates semblaient ne jamais s'accorder avec sa chemise ou sa veste. Son long manteau de cuir noir le faisait ressembler à un figurant dans un film de guerre. Sa plus grande préoccupation était que ses chaussures soient toujours étincelantes. Il était incapable de passer devant le stand d'un cireur sans s'y arrêter pour un petit coup de chiffon supplémentaire.

À Rome, nous avons commencé à nous rencontrer régulièrement. En général, Bill arrivait avec deux ou trois employés de l'ambassade. La conversation était aussi riche que la nourriture. Un soir, il arriva avec William Colby, un homme tranquille et réservé, l'air guindé comme un membre de l'Armée du Salut. Plus tard, Bill me raconta que Colby avait était parachuté en France sous l'occupation allemande, en 1944. Il n'avait alors que vingt-quatre ans et était déjà un chef d'escadron attitré de l'OSS, l'ancêtre de la CIA. Après la guerre, alors qu'il était l'un des tout premiers agents de la CIA, il était allé combattre les fascistes en Italie. Ce soir-là, comme sujet de conversation pour le dîner, Bill choisit les grands scandales de l'espionnage de la guerre froide : la trahison des secrets concernant la bombe atomique américaine par Klaus Fuchs et la dénonciation d'agents du MI-5 et du MI-6 par Guy Burgess et

Donald MacLean. J'ai ajouté que chacun de ces hommes avait fait son mot d'ordre de la tricherie et de la duplicité. Cette observation fit sourire Buckley. J'allais finir par bien connaître ce sourire.

Je commençais à bien cerner le personnage. Bill employait des mots incisifs. Un jour, il m'expliqua que pour être capable de parler de sujets liés aux services secrets, la seule méthode digne de ce nom était d'écouter « les murmures dans la bouillie ». C'est ainsi qu'il résumait succinctement la capacité à détecter une escarmouche meurtrière dans une ruelle anonyme ; le silence général consécutif à la découverte d'un agent ou au démantèlement d'un réseau ; une opération secrète qui aurait pu réduire à néant des années de tentatives officielles de rapprochement politique ; une bribe d'information apparemment sans importance qui venait compléter un puzzle des services de renseignement. Plus tard, quand nous avons commencé à mieux nous connaître, il m'a convaincu que l'espionnage était la clé qui permettait de comprendre parfaitement les relations internationales, la politique mondiale et le terrorisme.

Par la suite, lors de dîners à Beyrouth ou dans les divers endroits où l'on m'envoyait, Buckley commença à s'exprimer de plus en plus franchement sur le passé, en me décrivant les personnalités des acteurs impliqués. Il me parla des expériences de contrôle mental et du temps où il était en Corée.

Buckley ne se considérait pas du tout comme une balance. Il voulait simplement que je « comprenne ». C'est d'ailleurs un mot qu'il utilisait souvent pour essayer de rationaliser ce qu'il avait vu et ce à quoi il avait participé. J'appris, plus tard, que c'était également son aptitude à démontrer que l'action ne peut pas attendre la certitude et que la motivation et la tromperie sont les points essentiels de son art qui lui valurent l'affection de William Casey, le directeur de la CIA. Entre eux, ce qui avait commencé par être du respect mutuel était devenu une authentique amitié. Il devint alors l'assistant particulier de Casey et l'accompagna souvent sur les bases extérieures de la CIA, principalement au Moyen-Orient. Ces voyages ravivèrent une vieille flamme chez Bill Buckley : l'envie de retourner sur le terrain.

Chapitre I

En juin 1981, il fut envoyé en tant que directeur adjoint à la base de la CIA du Caire. J'y étais aussi et je l'ai donc à nouveau rencontré. La conversation s'orienta sur ce que je m'apprêtais à écrire. Je lui expliquai mes intentions. Il m'observa pendant un long moment puis demanda :

« Tu parles de ce qui s'est passé à Montréal avec le docteur Cameron ?

– Entre autres, oui.

Buckley acquiesça de la tête.

– Tous les services secrets rêvent de pouvoir contrôler l'esprit humain.

– Raconte, lui ai-je alors dit. Dis m'en plus sur le docteur Gottlieb. »

Nous avons parlé pendant plusieurs jours et nous avons convenu de nous retrouver plus tard au Caire, à l'hôtel Semeris. Mais lorsque j'ai appelé l'ambassade des États-Unis de la ville, on m'a répondu qu'il était « à l'étranger ». Je ne le revis qu'un an plus tard. Par un jour torride de l'été 1982, nous nous trouvions tous deux au beau milieu d'une foule de *marines* américains sur le front de mer de Beyrouth à regarder les combattants de l'OLP quitter la ville, reconduits par les bombardiers israéliens qui avaient réduits à l'état de ruines des quartiers entiers de Beyrouth. Ronald Reagan, tout juste arrivé à la Maison Blanche, avait donné à Yasser Arafat la garantie d'un passage en toute sécurité et Buckley se trouvait là pour vérifier que les Israéliens n'attaqueraient pas les troupes de l'OLP alors qu'elles s'embarquaient pour la Tunisie. Dans son costume de lin et ses chaussures de marche, le visage bronzé, je lui fis remarquer qu'il avait tout à fait l'air d'un agent de la CIA en mission. Il grimaça et me répondit : « Ça fait longtemps que je suis à Beyrouth. » Son séjour au Liban se termina lorsque Casey le rappela à Langley et le chargea de trouver où et comment contre-attaquer les terroristes.

En mars 1983, je me trouvais à Washington, occupé à faire mes premières recherches sur le contrôle mental, lorsque j'ai rencontré Buckley une nouvelle fois dans son appartement. Nous avions à peine commencé à nous raconter ce qui était arrivé depuis la dernière fois lorsque le journal télévisé du début de soirée annonça qu'un groupe terroriste islamique avait fait exploser une énorme bombe devant l'ambassade des États-Unis à Beyrouth. Parmi les seize morts américains, on comptait de nombreux agents de la CIA, dont Robert Ames, le chef de division de son agence du Proche-Orient. Cela ne faisait que vingt-quatre heures qu'il était arrivé dans le pays. Dans les jours qui suivirent, Buckley était de retour à Beyrouth. Mais avant de quitter Washington, il prit le temps de m'appeler. Il voulait savoir comment se passait mon projet sur le contrôle mental. Je lui répondis qu'il était trop tôt pour le dire. Il y eut un silence puis il me dit : « Écoute, ça pourrait t'intéresser. Les Israéliens disent que le Hezbollah commence à se moderniser. Il a engagé un médecin spécialiste du contrôle mental formé par les Russes. Si j'en apprends plus, je te tiendrai au courant. » Ce furent les derniers mots que me dit William Buckley.

Avec Bill Buckley et Frank Olson, j'ai découvert une affaire encore plus choquante que la plupart de celles sur lesquelles j'ai enquêté au cours de ma carrière.

II

Par cet après-midi gris et déprimant de la fin du mois de mars 1999, les membres du cortège funèbre qui se dirigeait vers l'auditorium de l'édifice de bois appréciaient d'être à l'abri des bourrasques qui, à l'extérieur, emportaient presque leurs manteaux et leurs chapeaux.

Il y avait là une foule hétéroclite : des espions retraités de la CIA qui n'avaient jamais vraiment perdu le réflexe d'examiner une salle avant d'y entrer, quelques membres d'une communauté zen qui chantaient de vieux airs religieux, blottis les uns contre les autres, et des enfants de l'école locale qui s'observaient mutuellement, endimanchés et l'air solennel. Les pensionnaires d'un hospice du quartier étaient également venus faire leurs derniers adieux à l'homme qui y travaillait comme orthophoniste malgré son propre bégaiement. Ils ignoraient qu'il avait consacré la majeure partie de sa vie d'adulte à élaborer des techniques pour tuer son prochain.

Les cameramen de la télévision faisaient des panoramiques sur les deux étages du bâtiment de la Rappahannock High School de Washington – une minuscule commune de Virginie, homonyme de la capitale américaine, abritée par les montagnes du Shenandoah – et les journalistes avaient recopié les mots manuscrits de l'annonce affichée à la porte de l'auditorium, annonçant qu'il s'agissait d'une « cérémonie à la mémoire de Sid ».

Le visage fermé, la veuve et ses quatre enfants rejoignirent lentement leurs sièges. Assis autour d'eux se trouvaient ceux dont le destin avait, d'une façon ou d'une autre, croisé celui de l'homme à qui ils étaient venus rendre un dernier hommage, le docteur Sidney Gottlieb. Malgré un âge avancé, Margaret, sa veuve, était toujours d'une constitution robuste ; cela se voyait à son dos large, à son visage impassible et sans fard, à la peau tendue autour de la bouche et à ses paupières ridées par une vie passée à élever ses enfants – une dévotion aussi représentative de cette femme que le travail l'avait été de son mari.

Pour certains, le docteur Sidney Gottlieb était un patriote incompris. Les journalistes venus pour témoigner de ses derniers instants sur terre l'appelaient « le grand survivant ». Pour les autres, il n'était qu'un apôtre du diable.

Il n'allait pas quitter ce monde avec les honneurs que l'on accorde généralement à quelqu'un en mémoire de ses services rendus à la patrie. Il avait été incinéré trois semaines plus tôt, emporté par une brève maladie. Jusqu'à ce samedi après-midi, humide et gris, il n'y avait eu aucune cérémonie pour son décès. Pas de tambours funèbres. Pas de garde d'honneur pour donner le pas sur le chemin du crématorium. En revanche, alors qu'on se succédait au micro de l'auditorium pour faire son éloge, personne ne rappela vraiment qu'il avait consacré sa carrière à chercher les moyens de contrôler l'esprit humain. Il était obsédé par l'idée de transformer un être humain ordinaire en une sorte de robot, dont on pourrait modifier les valeurs jusqu'à ce qu'il puisse tuer sur commande – et être programmé pour oublier qui lui en avait donné l'ordre. Parvenir à ce que la science-fiction devienne réalité. Nul ne saura jamais quand ce rêve naquit dans la tête de Sidney Gottlieb mais, même sur son lit de mort, dans un murmure rauque, il ne s'interrogea pas sur le fait qu'il avait pu échouer mais sur le fait qu'il était proche de la réussite. Jamais il ne perdit la conviction que la clé de la grande victoire qui le placerait largement au-dessus des autres existait bel et bien.

Gottlieb vécut quatre-vingts ans, dont vingt-deux dans l'ombre. Il avait dirigé le service scientifique de la CIA. De son temps, on surnommait plaisamment sa division le « département des potions et des coups fourrés ». En réalité, Gottlieb avait financé et organisé des activités de torture médicale sans précédent, qu'il dirigea dans le plus grand secret pendant toutes les années qu'il passa à l'Agence. Pour cela, il avait constitué une équipe de docteurs ayant les mêmes idées que lui, soutenue par d'éminents médecins extérieurs à la CIA qui prêtèrent souvent leurs noms et leurs patients pour de monstrueuses expériences. En retour, il les remerciait en leur versant des sommes considérables qu'il puisait dans des fonds secrets américains sur lesquels il avait tout pouvoir.

Il fit sa vie à la CIA, dont il parlait avec une affection presque puérile. Il considérait que son travail contribuait au fonctionnement d'une organisation dont le but ultime était de servir un unique client : le président des États-Unis. Chaque fois qu'il accueillait un nouveau membre au service scientifique, le docteur Gottlieb lui rappelait que son devoir était de le servir sans se poser de questions. Il lui montrait alors la plaque fixée au mur, dans le hall d'entrée des bureaux de la CIA, sur lequel on pouvait lire les paroles de l'apôtre Jean : « Et la vérité vous apportera la liberté. » Cela devait devenir leur leitmotiv. Il ajoutait ensuite, en soulignant ses mots de l'un de ses rares sourires, qu'il existait plusieurs façons de parvenir à cette vérité.

Certains de ceux qui se trouvaient à l'auditorium du vieux lycée pouvaient en témoigner. En servant sous les ordres de Gottlieb, ils s'étaient rendus responsables de situations et d'expériences contraires à toute règle morale. Gottlieb les avait formés pour obéir à ses ordres sans se préoccuper de leur éthique.

Le docteur Sidney M. Gottlieb était mort trois semaines plus tôt, le 7 mars 1999. On avait attribué son décès à un arrêt cardiaque, d'origine héréditaire, consécutif à une pneumonie. Quelques journalistes se demandèrent pourtant si c'était vraiment la seule cause de sa mort. On avait incinéré son corps aussitôt après l'avoir récupéré à l'université de Virginie. « N'était-ce pas un peu trop pratique ? » demanda un journaliste à un confrère. Pourtant, cela faisait déjà longtemps que le docteur Gottlieb faisait régulièrement l'objet de rumeurs et de scandales. Quinze jours avant sa mort, il devait comparaître devant une cour new-yorkaise pour y répondre de l'empoisonnement de l'une de ses nombreuses victimes – à Paris, cette fois. Il y était attendu par les membres de la famille de Stanley Glickman, un jeune peintre prometteur. Ils espéraient prouver que, par un doux soir de l'automne 1952, à la terrasse d'un café parisien, le docteur Gottlieb avait versé une dose mortelle de LSD dans le verre de Glickman. Ce dernier s'était querellé avec d'autres Américains sur la signification du patriotisme. Las d'entendre leurs points de vue, il s'apprêtait à quitter les lieux lorsqu'un homme du groupe – « plus âgé, boiteux et parlant comme un New-Yorkais cultivé malgré son bégaiement », apprit la cour – insista pour lui offrir un verre en gage de réconciliation. Normalement, Glickman buvait du café. Mais l'homme insista pour lui payer un verre de chartreuse. Il entra seul dans le bar et en ressortit avec le breuvage. Selon une déclaration faite sous serment, les autres Américains « devinrent silencieux et se penchèrent en avant, comme fascinés ». Peu après avoir terminé son verre, Glickman commença à se plaindre de se sentir « drôle et que sa perception était distordue ». Craignant d'avoir été empoisonné, il s'enfuit du café. Mais on lui affirma plusieurs fois que ce n'était pas le cas. Puis, il finit par rencontrer le docteur Lester Grinspoon, un professeur agrégé de psychiatrie à l'université de Harvard. Il lui apprit que sa description du boiteux correspondait à celle du docteur Gottlieb. Il lui expliqua alors qu'en 1952, la CIA faisait des expériences en Europe sur les effets du LSD sur des victimes non prévenues, entre autres à Paris. Les avocats de Glickman essayèrent de prouver que le docteur Gottlieb se trouvait bien dans la capitale française au moment où on avait versé quelque chose dans le verre de leur client – un geste qui, comme le confirmèrent les experts médicaux, entraîna sa mort en décembre 1952. Document après document, la CIA fut contrainte de donner ce qu'elle avait ; et même si de nombreux dossiers avaient été détruits en 1973 par Richard Helms, le directeur de l'époque, ceux qui subsistaient dressaient un portrait dérangeant des méthodes du docteur Gottlieb. La famille et les amis de Glickman avaient réuni plusieurs témoins pour étayer leur accusation, selon laquelle le docteur Gottlieb et une équipe d'agents de la CIA avaient choisi Stanley Glickman pour une de leurs expériences. La mort de Gottlieb entraîna la fermeture du dossier. Cependant, non loin de l'auditorium où s'était rassemblé le cortège funèbre, Eric Olson continuait ses recherches pour découvrir la vérité sur ce que le docteur Gottlieb avait fait à son père. Il était convaincu que, comme sur l'écriteau de la CIA, la vérité finirait par lui apporter la liberté.

Chapitre II

C'est pour cela que, par un matin ensoleillé de 1984, Eric et Alice Olson traversèrent les magnifiques paysages de Virginie dans l'intention de rencontrer le docteur Gottlieb. Les dossiers d'Eric regorgeaient d'informations établissant des liens entre le savant et son père. Malheureusement, comme l'admettait Eric, aucune d'entre elles « ne prouvaient qu'il était directement impliqué dans son assassinat ». Il décida pourtant qu'il était temps d'affronter le docteur Gottlieb. L'homme qui leur ouvrit la porte avait peu changé depuis qu'Eric l'avait aperçu à l'enterrement de son père : ses épaules étroites, sa coupe de cheveux négligée et ses vêtements mal assortis faisaient ressortir son côté professeur d'université. Plusieurs personnes ayant collaboré avec le docteur Gottlieb à la CIA avaient confié à Eric qu'il travaillait comme un forcené. Il mangeait toujours à son bureau, grignotant des morceaux de carotte crue, de chou-fleur ou de pain artisanal, tous soigneusement emballés, qu'il faisait descendre avec une bouteille de lait de chèvre. Il éprouvait pour l'argent, les vêtements et tous les autres signes extérieurs de richesse un sentiment proche du mépris. Eric reçut un choc lorsque, sur le pas de sa porte, le docteur Gottlieb le regarda fixement et prit la parole :

« Oh, mon Dieu ! Alors, comme ça, vous êtes vraiment venus ! Enfin, je suis content de voir que vous n'avez pas d'arme.

Sa voix était faible et tremblante.

– Nous sommes seulement venus pour vous parler, répondit Eric.

– Parler ? hésita le docteur. Je vais vous dire, moi, de quoi j'ai envie de parler. J'ai fait un rêve la nuit dernière. Vous étiez venus avec des armes pour me tuer. »

Il les fit entrer chez lui. Pendant un moment, ils restèrent silencieux, assis dans le salon. Ensuite, le docteur Gottlieb demanda :

« De quoi allons-nous parler ?

– De mon père et de la façon dont il est mort, répondit Eric. Il ne s'est pas suicidé. Il a été assassiné. Je veux juste savoir pourquoi. Juste la vérité.

Le docteur Gottlieb écarta les bras.

– Je n'en sais rien. Je ne peux vraiment rien pour vous. »

Quand ce bref entretien prit fin, le docteur Gottlieb répétait encore qu'il ne savait rien du meurtre de Frank Olson. Plus tard Eric me confia :

« Cette histoire d'arriver avec des armes n'avait pour but que de nous désarçonner, de nous amener, ma mère et moi, à devoir rassurer l'homme que je tenais pour responsable de la mort de mon père. Je n'avais pas l'intention de lui faire du mal. Il essayait seulement de nous faire sentir coupables. Ce n'était pas pour rien qu'il était un maître du contrôle mental. Mais cela ne fit que me conforter dans la certitude qu'il avait orchestré le meurtre de mon père. »

En cet après-midi de mars 1999 – quinze ans après sa seule et unique rencontre avec le docteur Gottlieb – Eric potassait toujours les dossiers concernant la mort de son père qu'il continuait d'accumuler. Pendant ce temps, de l'autre côté des montagnes du Shenandoah, se déroulait une cérémonie en mémoire de l'homme qu'Eric avait déjà commencé à appeler ouvertement « l'assassin de mon père ».

Assis, portant des gants de chevreau et des écharpes bien nouées autour du cou pour se protéger du froid, les anciens collègues du docteur Gottlieb se disaient que les choses auraient été bien différentes si la cérémonie avait eu lieu à un autre moment. Dans ce cas, Allen W. Dulles, le cinquième homme à occuper le poste de directeur de l'Agence, aurait été assis fièrement auprès de la famille. Il admirait énormément Gottlieb et était toujours le premier à lui dire : « Vas-y, fonce, trouve la solution du contrôle mental. » La silhouette aristocrate de John A. McCones, le successeur de Dulles, se serait dirigée vers le micro pour lui rendre hommage. Lui aussi estimait particulièrement Gottlieb. On ne pouvait pas en dire de même de William F. Raborn, le septième directeur de l'Agence. Pendant ses premiers mois à ce poste, il avait tout fait pour éviter le savant, comme s'il s'agissait d'une sorte de Merlin contemporain perdu à Langley. En revanche, il est certain que Richard McGarrah Helms aurait été là si des problèmes de santé ne l'en avaient pas empêché. Cet ancien correspondant à l'étranger, dont les jeunes années semblaient sortir tout droit d'un roman d'Hemingway, était le huitième directeur à occuper la suite du septième étage de Langley et avait trouvé en Gottlieb un auditeur attentif – en retour, il était pour lui un puissant allié. Aussitôt installé, Helms avait fait appeler Gottlieb et l'avait écouté pendant des heures. À la fin de l'entretien, il avait acquiescé de la tête et déclaré : « Sidney, tout ce que vous voulez, vous l'avez. N'importe quoi. » Parmi les anciens espions présents à la cérémonie, personne ne doutait que Helms aurait été fier de se lever pour célébrer la mémoire de son ami.

Ce n'était pas le cas de Colby, dont la présence aurait fortement déplu à l'assistance. William E. Colby était l'homme qui avait balancé les activités de Gottlieb au Congrès – la première fois qu'une agence de renseignement révélait elle-même ses secrets. En vérité, il était indéniable que cet ardent combattant de la guerre froide était plus un homme de faits que de spéculations. Il était devenu directeur de la Central Intelligence Agency au moment où cette dernière était l'objet de l'attention générale. Quoi qu'il en soit, les anciens agents réunis dans l'auditorium – espions, analystes, avocats, des hommes aussi éloignés qu'on puisse l'être du monde de James Bond – n'étaient pas près de pardonner à Colby. Il faut cependant reconnaître que certains d'entre eux étaient sensibles à l'argument qu'il n'avait aucun autre choix que celui de briser l'omerta. Mais la majorité des membres de la CIA le considéraient comme le traître par excellence.

Parmi ceux qui étaient présents à l'auditorium, certains n'avaient connu Gottlieb que durant ses dernières années, lorsqu'il travaillait en Inde dans une léproserie ou élevait des chèvres dans sa ferme de Virginie du Nord. Quelque part en chemin, il s'était pris de passion pour la danse folklorique et, malgré son pied-bot, il avait fière allure sur un parquet. D'autres se souvenaient de son goût prononcé pour les promenades sur les sentiers des montagnes Blue Ridge, toutes proches, entre ses séances de travail bénévole à l'hospice. Mais les anciens espions, assis ensemble au dernier rang, avaient servi à ses côtés au bon vieux temps où Gottlieb dirigeait un service de la CIA spécialisé dans la création de toxines mortelles et de drogues destinées à la manipulation mentale. Ensemble, ils avaient élaboré des montres-bracelets capables de faire sauter la main de quelqu'un, des pistolets à fléchettes qui tuaient sans laisser de traces, des poisons paralysant les muscles et entraînant ce que le savant appelait un « sommeil involontaire ».

Durant les vingt-deux ans qu'il avait passés à la CIA, le docteur Gottlieb avait caché la nature de son travail même à sa famille et à ses plus proches amis. Avec eux, lorsqu'il évoquait ses responsabilités, il ne s'exprimait qu'en termes vagues ; il avait l'art et la manière de dissimuler et en tirait une grande fierté. Lorsqu'il savait quelque chose, il était impossible de le percevoir. De ce fait, on pensait souvent qu'il en savait encore plus. Cela l'avait aidé à survivre aux purges qui, de temps à autres, s'abattaient sur Langley.

Pendant l'époque interminable durant laquelle tout le monde soupçonnait tout le monde, certains des hommes qui se trouvaient à l'auditorium avaient eux-mêmes été victimes de rumeurs corrosives, de murmures discrets, qui avaient mis un terme à leur carrière. Ils se souvenaient de Gottlieb comme d'un scientifique méthodique et soigneux toujours prêt à outrepasser les limites de l'éthique pour ses expériences. Un jour, il ordonna à ses hommes de partir vers le nord pour se rendre au Canada, à Winnipeg, dans la prairie. Là, ils se livrèrent à un test élaboré par Frank Olson avec des « bactéries inoffensives ». Il s'agissait de comparer les résultats obtenus à ceux d'essais similaires effectués, tout aussi secrètement, à Porton Down, le centre d'armement biologique britannique. En effet, en Angleterre, des nuages entiers de « bactéries » du même type avaient été lâchés au-dessus de la ville médiévale de Salisbury et du port de Southampton.

À Washington, à l'époque où la guerre froide battait son plein, le secrétaire à la Défense reçut un document dont Gottlieb avait été l'un des rédacteurs : « Les États-Unis sont extrêmement vulnérables aux attaques bactériologiques. Il est indispensable de produire plus d'armes efficaces que ce dont nous disposons actuellement dans ce domaine. Nous devons être en mesure de riposter. » L'argument était convaincant. Le Congrès vota secrètement un budget de quatre-vingt-dix millions de dollars pour rénover un arsenal de la Seconde Guerre mondiale près de la petite ville de Pine Bluff, dans l'Arkansas. Ses dix étages abritaient des bioréacteurs destinés à la production en masse de bactéries. Ce site devint une partie de l'empire en perpétuelle expansion du docteur Gottlieb.

Le Pentagone l'informa que la Corée du Nord serait peut-être la première cible pour une attaque biologique après qu'elle aurait envahi la Corée du Sud – ce qui déclencha la guerre de Corée. Il existait une crainte, reposant sur des informations détenues par la CIA, que les Nord-Coréens et l'armée de libération de la Chine lancent une guerre bactériologique contre les Alliés. Sidney Gottlieb reçut dix millions de dollars de plus pour améliorer l'équipement des laboratoires de l'Agence. Frank Olson et son équipe commencèrent à créer de nouvelles armes dont : des stylos plume remplis d'encre infestée de bactéries ; des plumes de dinde chargées d'anthrax ; des puces, des poux et des moustiques porteurs de la peste bubonique et de la fièvre jaune. Certains jours, le docteur Gottlieb était si ravi de ce qu'il voyait qu'il se mettait à danser la gigue en passant d'un laboratoire à l'autre. Dans tout ce qu'il faisait à la CIA, Gottlieb était le type même du scientifique qui pervertit la science pour rendre ce monde un peu plus inhospitalier. Pendant vingt-deux ans, il fit des expériences aussi inhumaines que celles des docteurs nazis, des psychiatres soviétiques qui faisaient interner les dissidents ou des médecins japonais qui, durant la Seconde Guerre mondiale, pratiquaient la vivisection sur des prisonniers. En fait, rien ne distinguait leurs activités de celles du docteur Gottlieb, ou de celles qu'il ordonnait, car rien n'est plus malsain, dangereux et barbare que de faire participer des médecins à de tels travaux. Certaines des victimes du docteur Gottlieb son mortes. D'autres ont perdu l'esprit. Plus nombreuses encore sont celles qui ont subi des dommages psychologiques irréversibles. Les expériences qu'il faisait ou qu'il ordonnait à d'autres d'effectuer constituaient une insulte, et même une subversion, envers le concept même de l'éthique médicale. Si ses collègues et lui avaient cessé de soigner les gens pour devenir des bourreaux, c'était à cause d'une conviction commune : ils étaient persuadés que ce qu'ils accomplissait servait à protéger les États-Unis, et donc le monde libre, du communisme. Cette idée remplaçait tout jugement moral. Il existait vraiment chez eux la même notion de « banalisation du mal » que l'on prête généralement au travail des docteurs nazis. Jusqu'à la fin, Sidney Gottlieb et ses collègues ne virent jamais rien de mal à ce qu'ils faisaient. Beaucoup étaient des pères de famille dévoués, convaincus qu'ils travaillaient pour Dieu en luttant contre l'impiété communiste.

Sidney Gottlieb, fils d'immigrants juifs hongrois, renonça très tôt à la foi de ses parents, préférant faire l'expérience de « tout, de l'agnosticisme au bouddhisme zen ». Au City College de New York, il s'intéressa un peu au catholicisme. En 1940, à l'université du Wisconsin, à l'époque où il reçut son diplôme de chimie avec les félicitations du jury, il fut quelques temps luthérien. Plus tard, après avoir obtenu un doctorat en biochimie de l'Institut de technologie de Californie, il devint protestant en épousant Margaret Moore. Pendant son adolescence, Sidney Gottlieb toucha un peu au communisme mais ne prit jamais la carte du parti. Lorsqu'il décida d'entrer à la CIA, il parla de ses convictions aux officiers de recrutement. Cela ne fit aucune différence. À ce moment de son histoire, l'Agence avait du mal à trouver du personnel à la hauteur : les cadors pouvaient faire des carrières plus gratifiantes à l'université ou dans les affaires, aussi bien en termes de rémunération que de prestige. Ce qui plaisait au docteur Gottlieb, c'était l'appel du patriotisme et le mythe qui entourait son travail. Il en saurait toujours plus que ses collègues à l'extérieur. Et ce fut effectivement le cas. L'Agence l'autorisa à travailler selon sa propre éthique, qui voulait que la fin justifie les moyens.

Dans l'auditorium du lycée, les vieux agents se souvenaient de ce qu'il était au début. Il faisait preuve d'une vigueur physique peu commune et d'une assurance qui faisait complètement oublier son pied-bot. Il était d'une constitution extraordinaire. Il n'avait besoin que de cinq heures de sommeil en temps normal et pouvait, si nécessaire, rester longtemps efficace avec de simples sommes de deux heures. Il résolvait les problèmes à une vitesse stupéfiante grâce à son instinct pour repérer et exploiter les talents, les motivations et les limites de ceux qui travaillaient à ses côtés. Il était obsédé par les détails. Il s'en tenait avant tout aux faits. Il en emmagasinait des tonnes dans sa tête et était toujours prêt à en enregistrer de nouveaux. Cela ne l'empêchait pas de se jeter à corps perdu dans les tâches immédiates. Pour la CIA, ces qualités faisaient de lui un parfait assassin polyvalent. Les anciens espions le revoyaient nager tel un barracuda dans les eaux profondes du monde du renseignement. Il s'était fait quelques ennemis, parfois le plus intentionnellement du monde, et adorait être meilleur qu'eux. À ses amis, il inspirait une loyauté absolue. Les souvenirs d'expéditions dans les forêts tropicales d'Amérique latine et d'Afrique étaient encore frais. En mission, il tenait absolument à ce que tout le monde fasse comme lui : vivre et manger avec et comme les habitants. Il affichait un plaisir infantile, pas toujours partagé par ses compagnons, lorsqu'on lui servait des grenouilles bouillies non dépecées, des serpents, des lézards ou toute autre créature rôtie à la broche. Au Nicaragua, il se coupait des tranches de cuisse de singe grillé et buvait de la bière de banane fermentée à la salive humaine. Dans les hautes terres de l'Afrique de l'Est, à l'aide d'un couteau, il dénichait des fourmis de leur tertres pour les grignoter en marchant, comme un enfant mangerait des friandises. Une nuit, il dormit dans un arbre et mangea du sanglier au petit déjeuner. Et pendant tout ce temps-là, il était en quête de toute plante, poison ou champignon hallucinogène susceptible d'être utile à ses recherches sur le lavage de cerveau. Il discuta avec des *sangomas* – des guérisseurs africains –, des Indiens du Mexique et des membres des tribus qui vivaient dans la jungle autour de la Ville perdue en Colombie. D'eux, il apprit de nouvelles choses sur les drogues qu'on utilisait pour calmer et préparer les vierges à leur sacrifice plus de mille ans avant que le Christ ne vienne sur terre. Il ramena ses échantillons à Langley : une feuille qui tuait le bétail plus vite qu'une mitraillette, une plante mortelle pour les poissons, une autre qui faisait tomber les cheveux du jour au lendemain. Sa collection botanique devint légendaire.

C'était l'époque où la guerre du Viêt-nam était en train de se calmer et les activités du docteur Gottlieb commençaient à se voir. Il était à Istanbul lorsqu'il reçut un courrier. Il émanait du département de la Justice et lui ordonnait de rentrer à Washington pour répondre aux révélations de Colby devant le Congrès. Pour les anciens espions réunis à l'auditorium, cela avait été l'heure de gloire de Gottlieb. Il aurait pu chercher à disparaître. Bien au contraire, deux jours plus tard, il était à Washington. Selon ses collègues, c'était un acte plus courageux que ce que l'on pourrait attendre de quiconque, le meilleur exemple du slogan gravé sur le mur de l'entrée de la CIA : « Et la vérité vous apportera la liberté. » À condition que ce ne soit pas *toute* la vérité. On accorda au docteur Gottlieb une immunité le protégeant de tout procès éventuel et il fut autorisé à témoigner à huis-clos. Une grande partie de sa déposition est restée secrète. Mais les anciens espions qui écoutaient les louanges qu'on lui adressait en ce samedi après-midi savaient qu'il ne les avait pas trahis. Cette tâche avait été laissée à Colby.

Alors qu'à l'extérieur de l'auditorium la lumière commençait à faiblir, un homme en parka se présenta au micro. Il approchait sûrement de la quarantaine mais son dos légèrement courbé lui donnait l'air plus vieux. Il sourit poliment en direction de Margaret Gottlieb et demanda s'il pouvait dire quelques mots. Tout aussi civilement, elle lui fit signe que oui. Elle ne savait pas qui il était mais supposait qu'il s'agissait de quelqu'un que son mari avait connu. « Sidney a toujours eu l'art d'attirer les gens », m'affirma-t-elle plus tard. L'homme s'éclaircit la gorge et commença son discours d'une voix aussi basse que précise.

« Tous ceux qui ont connu Sid savent que quelque chose le hantait. »

La salle retint son souffle. L'homme se leva et baissa l'une de ses mains, presque comme pour un geste de bénédiction. Il demanda aux membres de l'assistance de joindre leurs mains pour prier pour « que ce quelque chose disparaisse et que Margaret et sa famille puissent vivre en paix ».

Après un Notre père, il quitta précipitamment la salle. Malgré le froid hivernal, les anciens agents essayèrent de le suivre. Mais il avait disparu. Les questions que posèrent les journalistes en regagnant leurs véhicules n'eurent pour réponses que de méprisants mouvements de tête. Pendant des années, ces hommes n'avaient été que des espaces vides sur les organigrammes que les journaux aimaient reconstituer et publier. Ils prenaient donc toujours leur anonymat très au sérieux. Ils savaient que le docteur Gottlieb n'en aurait pas attendu moins d'eux. Margaret demanda à l'entrepreneur de pompes funèbres Clore-English de ne pas révéler comment on disposerait des cendres de Sidney. Le journal local, le *Rappahannock News*, fut prévenu et restreignit l'annonce de son décès à un bref article se terminant par : « La cérémonie se déroulera dans l'intimité. » Pourtant, au moment précis où les invités soigneusement sélectionnées sortaient de l'auditorium, de vieux souvenirs remontaient à la surface et les années n'avaient rien atténué de la colère qui les accompagnait. À Londres, le *Times* écrivit : « Quand Churchill évoquait « un monde assombri par les lumières noires de la science pervertie », il faisait référence aux expériences abjectes que les docteurs nazis menaient sur des êtres humains dans les camps de concentration. Cependant, cette remarque aurait aussi bien pu s'appliquer aux activités de Sidney Gottlieb à la CIA. » Il avait passé le flambeau à d'autres – des médecins qui avaient étudié ses méthodes et pensaient réussir là où il avait échoué : trouver comment contrôler l'esprit d'un individu et faire plier sa volonté. Ils travaillaient souvent dans le cadre de séances de torture validées par l'État et parfois pour des groupes terroristes. Tandis qu'en Syrie, en Irak, en Iran et dans les régimes répressifs d'Amérique latine, les salles de torture résonnaient encore des hurlements des victimes, hommes ou femmes, que l'on immergeait dans l'eau avant de leur envoyer des décharges électriques dans les gencives, les tétons, les organes génitaux ou l'anus, que l'on effrayait avec de fausses exécutions ou que l'on attachait dans des positions atrocement douloureuses, les médecins du programme américain cherchaient de nouvelle méthodes pour provoquer chez les victimes un sentiment de totale impuissance et pour les affaiblir afin qu'ils obéissent à leurs bourreaux.

En 2006, Amnesty International établit que des centaines de médecins participaient à ces recherches. Quinze ans avant la mort du docteur Gottlieb, l'un d'entre eux s'installa au Liban, dans cette ville ravagée par la guerre qu'était alors Beyrouth. À cette époque, le docteur al-Aboub en savait déjà long sur les méthodes du docteur Gottlieb.

Le docteur Aziz al-Aboub savait comment se rendre quotidiennement sur son lieu de travail sans perdre de temps ni commettre d'imprudence. Il changeait fréquemment de trajet et de mode de transport. Parfois, il prenait un taxi, ou un bus à l'occasion. Il n'empruntait les rues de Beyrouth-Ouest que lorsqu'il les savait bondées, tout en se rassurant à l'idée que ce quartier était indiscutablement sous le contrôle du Hezbollah. Il avait appris que les Américains, qui avaient installé leur ambassade dans une enceinte sécurisée du quartier est de la ville, voulaient le tuer. À la dernière réunion du conseil dirigeant du Hezbollah, à laquelle le docteur al-Aboub avait assisté, les Américains avaient fait l'objet d'une vive discussion, menée par les ambassadeurs d'Iran en Syrie et au Liban. En effet, c'était par le biais des bureaux de ces derniers que le Hezbollah recevait les fonds substantiels que lui faisait parvenir Téhéran. Les envoyés étaient également chargés de faire en sorte que les nouvelles recrues du Hezbollah puisse être formées en Iran et que des armes puissent arriver à Beyrouth sous couvert diplomatique. L'armement arrivait par pleins camions. Fondé en 1982, le Hezbollah était composé de nombreux groupes intégristes radicaux, unis dans une même organisation politique, sociale et militaire, dont l'idéologie et le militantisme étaient proches de ceux de la révolution iranienne. L'objectif immédiat du Hezbollah était de débarrasser le Liban de toute influence occidentale et de détruire Israël par tous les moyens possibles. Son but final était de fonder une république islamique mondiale dirigée par le clergé chiite. Dès sa formation, il est devenu la plus dangereuse organisation du Moyen-Orient. En mars 1984, il comptait déjà dix mille « combattants de la liberté » et avait mis en place un réseau de cellules de soutien en Europe, aux États-Unis, en Grande-Bretagne et au Canada. Ce qui distinguait le Hezbollah des autres groupes terroristes était la rigueur dont il faisait preuve dans sa planification. Chacune de ses opérations l'a prouvé. Cheikh Mohammed Hussein Fadlallah, à la tête du conseil dirigeant tout en étant le chef spirituel du mouvement, a tout fait, dès le début, pour que la planification soit du même niveau que celle des opérations israéliennes. Son accord était nécessaire pour chaque nouvelle attaque. Avant d'engager le docteur al-Aboub, il exigea que son passé soit méticuleusement vérifié pour s'assurer qu'il haïssait bien, lui aussi, tout ce qui était contraire à l'idéologie du Hezbollah. Désormais, les activités du médecin faisaient partie intégrante des méthodes du Hezbollah au Liban – dont l'une était le kidnapping politique.

À Beyrouth, les enlèvements n'avaient rien de nouveau ; c'était un problème avec lequel les riches vivaient depuis longtemps. Être fortuné au Liban revenait à être une cible permanente pour les gangsters. Cette méthode leur permettait de satisfaire leur dépendance à la drogue, leur besoin de violence ou leur antagonisme général envers la société. Ils prospéraient grâce à la négligence des autorités, au mauvais entraînement de la police et à une corruption si fréquente qu'on avait déjà vu des gardes du corps se faire acheter. Pour les plus riches, il était possible de louer les services de gardes du corps étrangers, des hommes qui avaient servi au Liban, dans l'armée britannique ou l'armée française. Mais ils étaient chers et leurs services étaient déjà très demandés dans le monde entier. Il était possible de s'assurer à la Lloyds of London, grand nom de l'assurance internationale mais, étant donné que la compagnie savait qu'elle devrait toujours payer s'il fallait récupérer un otage, les primes étaient élevées. De plus, le Liban étant considéré comme une zone à haut risque, la couverture se limitait généralement aux seuls biens d'une personne. Trois autres compagnies, toutes basées aux États-Unis, acceptaient de couvrir les enlèvements mais, là encore, les primes étaient élevées et les contrats comportaient de nombreuses clauses restrictives. En revanche, aucune compagnie n'acceptait de couvrir les enlèvements strictement politiques. Tacitement, on considérait que dans l'éventualité d'un tel kidnapping, le gouvernement de la victime interviendrait et aurait recours à ses propres forces spéciales pour la récupérer.

Bien que son front dégarni et son dos légèrement voûté lui donnent l'air plus vieux que son âge, le docteur al-Aboub n'était qu'à quelques semaines de son trente-et-unième anniversaire. D'après son physique, il était difficile de deviner qu'il avait été le chef du Pasadaran, la garde révolutionnaire, lorsqu'il étudiait la médecine à l'université de Téhéran. Il avait acheté le costume foncé qu'il portait tout le temps à Moscou, après avoir été sélectionné par le directeur du département de médecine de l'établissement pour aller poursuivre ses études supérieures dans cette ville, à l'université de l'Amitié des peuples Patrice Lumumba. Fondé en 1960 par Nikita Krouchtchev, ce campus était spécialisé dans l'endoctrinement des étudiants du tiers-monde au mode de vie soviétique. Son corps enseignant comprenait plusieurs chimistes et médecins du KGB. Ce sont eux qui enseignèrent les méthodes de lavage de cerveau au docteur al-Aboub. De Moscou, il était rentré directement à Beyrouth, muni d'un large choix de drogues diverses.

On apprit plus tard que durant son séjour à Moscou, le docteur al-Aboub avait assisté à des cours donnés par les scientifiques du KGB sur l'utilisation des agents chimiques et biologiques. Certains étaient conçus pour tuer, d'autres pour immobiliser temporairement une victime. Parmi ces drogues, certaines étaient des substances hallucinogènes que l'on pouvait verser dans les boissons des diplomates étrangers vivant dans la capitale soviétique ou venus rencontrer des hommes d'affaires, que l'on retrouvait ensuite dans des situations embarrassantes, en compagnie de prostituées à la solde du KGB. D'autres substances servaient à provoquer d'importants troubles digestifs. Dans ces cours, on expliquait également comment utiliser ces drogues pour asservir une personne captive. On y projetait des images des informations télévisées montrant des pilotes américains, faits prisonniers durant la guerre de Corée, en train d'avouer qu'ils avaient lâché des bombes bactériologiques. Tels étaient les cours de base pour tous les étudiants étrangers.

À Beyrouth, le travail du docteur al-Aboub consistait à maintenir en vie les otages kidnappés par le Hezbollah, que ce soit pour obtenir une rançon ou pour des raisons politiques. La plupart d'entre eux étaient de riches Libanais. Mais, récemment, de nouveaux « patients » avaient été confiés aux « bons soins » du docteur al-Aboub. Il s'agissait de Frank Regier, un universitaire américain, de Christian Joubert, un ingénieur en construction français et de Jeremy Levin, le directeur de CNN Beyrouth. Mais leur capture n'avait pas répondu aux attentes du Hezbollah. On parla de cet échec à la réunion du Conseil dirigeant.

Chapitre II

Cheikh Fadlallah s'enquit de ce que l'on pouvait faire de plus pour forcer les États-Unis à se soumettre aux exigences du Hezbollah. Les ambassadeurs sortirent des copies de la liste du gouvernement libanais des diplomates étrangers attachés au pays. L'attention générale se porta particulièrement sur les noms des diplomates américains qui vivaient à Beyrouth. Cheikh Fadlallah rappela à l'assemblée que ceux qui travaillaient pour le Grand Satan prenaient leur sécurité au sérieux. Chaque fois qu'ils quittaient leur quartier sécurisé, il se déplaçaient escortés par des marines américains armés jusqu'aux dents. Les ambassadeurs disaient avoir appris que les Américains avaient la ferme intention de capturer ou de tuer le docteur al-Aboub, qu'ils suspectaient de maltraiter les otages. Vu l'importance du médecin, Fadlallah lui proposa de le protéger mais celui-ci déclina son offre en insistant sur le fait qu'il était capable de le faire lui-même.

Un mois plus tard, le docteur al-Aboub était en route pour une nouvelle réunion du Conseil dirigeant. Autour de lui, on ne pouvait que constater les signes évidents que Beyrouth, jadis orgueil de la colonisation française, devenait jour après jour une ville du tiers-monde. Le marché noir et l'inflation étaient au summum. L'effondrement presque total du niveau de vie déprimait la population qui était forcée de vivre au coude à coude avec le Hezbollah. Chacun avait au-dessus de la tête quelque chose de pire peut-être que la puanteur de la mort – l'odeur âcre et pénétrante de la vie dans la défaite. Cela faisait longtemps que le Hezbollah était habitué à la pauvreté. Non seulement ses membres étaient prêts à voir la ville, et même le Liban tout entier, sombrer dans une crise économique irréversible, mais ils allaient même jusqu'à le souhaiter. Dans le gouffre, il leur serait plus facile de répandre leurs doctrines extrémistes. Le docteur al-Aboub était là pour y contribuer, et c'est pour cela qu'il pouvait circuler en toute confiance et en toute impunité dans la ville la plus dangereuse du monde. Ses rues étaient soit des champs de bataille, soit des chantiers. Des barricades bloquaient les routes ; les véhicules devaient se frayer un chemin entre des bidons d'essence remplis de gravats en suivant des banderoles noires, la couleur du

Hezbollah. Des groupes de jeunes, portant des keffiehs et ce qu'il restait d'uniformes kaki usés, gardaient ces barricades. Derrière chacune d'entre elles se trouvaient un brasero, des gamelles, des caisses de fruits et légumes, ainsi que des sacs de couchage. Ces jeunes vivaient et dormaient là – et si nécessaire, ils y mourraient pour défendre leur position. Pour cela, ils recevaient l'équivalent de trois dollars par mois, un très bon salaire au milieu de l'effondrement économique du Liban.

À Beyrouth-Ouest, beaucoup se doutaient que les revenus du docteur al-Aboub était nettement plus élevés que cela, sans parler de son logement et de sa voiture de fonction. De tels symboles de son statut, ajoutés à son éducation et ses manières autoritaires, le distinguait encore plus du reste de la communauté. Il inspirait quelque chose de proche de la crainte ou de la terreur. Chacun savait qu'il avait le pouvoir de vie ou de mort sur les otages et s'en servirait sans une seconde d'hésitation. Sa sacoche de médecin contenait des drogues capables de faire tomber la volonté des captifs les plus déterminés. Ses capacités à s'en servir faisaient l'objet d'une campagne dont le point d'orgue était les enregistrements vidéo bouleversants des otages que le Hezbollah distribua aux médias. Ces documents filmés avaient pour but de forcer les gouvernements à accéder aux exigences des ravisseurs. Jusqu'alors, cette pression n'avait donné aucun résultat. Mais le fait que les Américains aient prévenu qu'ils voulaient éliminer le docteur al-Aboub conférait dorénavant au médecin le statut de héros du peuple. Et, même dans les bas-fonds de Beyrouth-Ouest, il savait qu'il était en sécurité.

De chaque côté des rues qu'il empruntait se trouvaient des immeubles en ruines, devenus des dépotoirs pour voitures brûlées et autres déchets. Il ne restait plus de l'ambassade des États-Unis qu'un tas de gravats après l'explosion d'une voiture piégée qui avait entraîné la mort de trente-six personnes. Les Américains survivants s'étaient relogés dans une enceinte sécurisée dans le quartier est de la ville. Cette époque fut enivrante pour les jeunes poseurs de bombe ; ils clamaient tous haut et fort qu'ils seraient les prochains à mourir. Les compétences du docteur al-Aboub dépassaient largement leurs actions. Alors que leurs méthodes s'adressaient directement à l'ennemi, les siennes étaient beaucoup plus subtiles, et personne ne contestait la moralité de ses actes, contrairement à ceux des kamikazes. Avant qu'ils obtiennent le droit de perpétrer leurs attentats, il y avait eu d'intenses débats pour déterminer s'ils bénéficieraient de l'absolution du fait de l'interdiction islamique, jusqu'ici inviolée, de se suicider.

Dans les mosquées, les discussions entre les divers représentants religieux étaient enflammées. Les conservateurs soutenaient que rien dans les lois de la religion ne saurait justifier les attentats suicides. Les plus radicaux passèrent donc le Coran au peigne fin et extrapolèrent sur l'hypothèse que l'oppression oblige l'oppressé à découvrir de nouvelles formes d'action et de nouvelles armes. Cet argument était contredit par l'idée que, intrinsèquement, les attentats kamikazes sont si spectaculaires qu'on en oublie facilement le motif original. Le monde se concentrait plus sur les poseurs de bombes que sur l'idéologie qu'ils défendaient. On accusa le Hezbollah d'exploiter des jeunes gens mal dans leur peau qui, comme les adolescents kamikazes japonais de la Seconde Guerre mondiale, allaient à la mort soit sous l'influence de drogues, soit en état de transe religieuse. Les partisans des attentats suicide rétorquaient que s'il était, en effet, tout à fait vrai que le docteur al-Aboub et plusieurs autres médecins donnaient des pilules euphorisantes aux chauffeurs des voitures piégées, l'incroyable nombre de jeunes gens qui demandaient à être les prochains à mourir signifiait que c'était bel et bien la volonté de Dieu qui les motivait.

Les deux journaux du Hezbollah, *As Sabi* et *Al Ahd*, étaient favorables aux attentats suicides, louant le sacrifice, trouvant une vertu dans le fait que personne d'autre que les chiites ne comprenne le sens d'une aussi totale implication. Ces journaux écrivaient qu'il n'y avait aucune différence entre un jeune combattant qui mourait l'arme à la main et un qui conduisait un camion bourré d'explosifs vers une cible ; tous deux pouvaient être assurés d'avoir leur place au paradis parce que leurs sacrifices faisaient progresser la même cause. Pour une famille, il était devenu une question d'honneur d'offrir un fils, ou parfois une fille, en sacrifice ; les filles avaient souvent plus de chances d'atteindre leur cible avant d'éveiller les soupçons et, de plus, elles s'avéraient aussi courageuses que leurs frères. Chaque jour, après que l'appel à la prière du muezzin avait résonné dans des haut-parleurs grésillants, on évoquait la mémoire des élus. Puis, dans la fraîcheur ombragée des mosquées, on chantait les louanges des martyrs dont le souvenir restait bien vivant. Les âmes des enfants du Hezbollah n'avaient besoin de rien de plus.

Alors que le docteur al-Aboub s'enfonçait dans Beyrouth-Ouest, les rues se remplissaient et les commerçants se préparaient à une nouvelle journée. Personne ne s'approchait du docteur. Sa sacoche noire de médecin représentait un symbole de victoire imminente bien plus fort que le plus spectaculaire des actes de destruction. Tout en circulant dans des rues où seuls l'aube et le crépuscule restaient prévisibles, au son de l'appel du muezzin, le docteur Aziz al-Aboub se disait que, il fallait le reconnaître, il aurait fallu plus longtemps au Hezbollah pour devenir la force la plus puissante du Liban sans l'offensive d'Israël. Les Beyrouthins se rappelaient comment les Israéliens avaient attaqué après que leurs avions eurent jeté pendant des mois des prospectus de menace – que d'ingénieux commerçants s'étaient empressés de ramasser et d'agrafer en liasses pour les revendre en tant que papier hygiénique – et qu'ils eurent diffusé, depuis Tel-Aviv, un flot d'avertissements que les stations de radio de la ville avaient rapidement appris à brouiller. En ce dimanche matin du 6 juin 1982, quinze ans jour pour jour après qu'Israël eut lancé une attaque préventive contre l'Égypte pour s'assurer la victoire de la guerre des Six Jours, ses forces armées envahirent le Liban. Israël prétexta qu'il s'agissait de répondre rapidement et fermement à l'assassinat de son ambassadeur en Grande-Bretagne. Quelques jours plus tôt, il avait été abattu à bout portant d'une balle dans la tête par un tueur arabe devant un hôtel londonien.

Ce dimanche-là, à la nuit tombante, le ciel de Beyrouth était enflammé par les lueurs des fusées et des obus israéliens. Des dizaines de milliers de gens durent fuir la ville pour échapper aux forces terrestres israéliennes. Le fait que la férocité de l'attaque ait été condamnée par le monde entier ne leur était d'aucune consolation. La paix, si fragile, même dans les meilleurs moments, pendant les années de guerre civile au Liban – les chrétiens libanais combattaient les musulmans tandis que les chiites s'étaient retournés les uns contre les autres et se ne battaient souvent pour rien de plus que le contrôle d'une rue de Beyrouth-Ouest – fut pulvérisée en miettes sanglantes, tandis qu'heure après heure, on entendait exploser les bombes israéliennes.

Personne ne saura jamais combien y laissèrent la vie. Jour et nuit, des ambulances d'un blanc crasseux, parées de chaque côté d'un croissant vert, circulaient à toute vitesse dans les rues, emportant d'abord les mourants vers les hôpitaux, puis les tués vers les morgues.

Les hommes de l'OLP étaient partout, reconnaissables à leurs keffiehs à damiers rouges et à leurs armes russes. Ils se tenaient aux côtés des soldats du Front de libération de la Palestine et des combattants du Amal islamique. Peu de temps auparavant, ils étaient encore des ennemis jurés. Cheikh Fadlallah voyait cette nouvelle unité d'un bon œil. Aussi terrible qu'ait été le carnage, « Dieu, déclara-t-il plus tard, l'avait ordonné ». Il s'agissait d'une cause divine à laquelle il se devait de donner une voix humaine. Immédiatement. Car c'était immédiatement qu'il fallait le faire. C'est ainsi que commença le recrutement – le début de ce qui justifiait l'arrivée du docteur al-Aboub en ville.

En quelques semaines, le Hezbollah enflamma les imaginations et réveilla la conviction sous-jacente que les seules la loi et la justice islamiques étaient pures. Pendant un an, des milliers de partisans firent circuler le mot, avec un zèle de missionnaires, à travers Beyrouth-Ouest, la fertile vallée de la Beka'a et l'arrière-pays, puis jusqu'aux villages chiites du Sud, la région rurale du pays. Jusqu'à la frontière israélienne, on porta le message que l'heure de la revanche islamique allait sonner.

Malgré le siège implacable des forces israéliennes autour de Beyrouth, la volonté de résister grandissait. Les gens mirent alors un point d'honneur à s'asseoir pour boire de minuscules tasses de thé sucré alors que les fusées ennemies sifflaient au-dessus de leurs têtes. On mesurait le courage d'un homme en observant s'il tressaillait au bruit des avions israéliens qui tournaient à plein régime. Les enfants apprenaient à se retenir de pousser des cris hystériques pendant que les ruelles tremblaient sous le vacarme ou que le sol se soulevait et volait en éclats sous les explosifs. C'est là que l'on commença à entendre des groupes organisés scander : « Hezbollah ! Mort à Israël ! Hezbollah ! Mort aux États-Unis ! Mort au monde extérieur à notre monde ! » Se sentant investis d'une mission sacrée, les prêtres du Hezbollah servaient chaque semaine le même message sans compromis. Une fois que les croyants avaient étendu leurs tapis de prières et s'étaient prosternés trois fois, touchant chaque fois le sol de leur front en murmurant le nom d'Allah, le Grand, il s'accroupissaient et écoutaient les religieux lire une liste de cibles qui ne cessait de s'allonger. En plus d'Israël et du Grand Satan – le surnom que Fadlallah donnait aux États-Unis – la liste citait également l'Arabie Saoudite, qui avait refusé d'arrêter de vendre son pétrole en Occident pour le paralyser ; le pape qui soutenait les chrétiens libanais ; les gouvernements français et allemands ; les journaux occidentaux et les correspondants des médias à Beyrouth à qui ils reprochaient des reportages partiaux ; tous les cafés et magasins de la partie chrétienne de la ville qui vendaient du ketchup, des hamburgers et des revues étrangères. Il arrivait que les religieux passent une bonne heure à rappeler à leur congrégation tous les produits étrangers et dénoncer les endroits qui les vendaient dans cette ville profondément divisée.

Un sermon n'était pas tout à fait complet s'il ne précisait pas que la victoire ultime ne s'obtiendrait pas uniquement en bannissant tous ces maux, mais qu'il fallait également combattre et vaincre les forces postées aux portes du Liban. On répétait aussi que les ennemis étaient dirigés par les États-Unis et Israël. Le nom d'un fonctionnaire diplomatique récemment arrivé à l'ambassade américaine fut ajouté à la liste des cibles. William, dit « Bill », Buckley portait le titre d'officier du protocole. Dans les mosquées, on l'appelait « Buck-lee ».

III

En octobre 2001 – alors que l'Amérique était tétanisée par les conséquences de la destruction des Tours jumelles et les incessantes alarmes à l'anthrax qui avaient conduit le gouvernement à laisser la CIA et le FBI en alerte Delta, le plus haut niveau –, Eric avait rassemblé le maximum d'informations sur les travaux et l'assassinat de son père. Ces renseignements étaient ordonnés dans des classeurs noirs, tous impeccablement rangés. Ensemble, ils formaient une véritable petite bibliothèque dont le contenu retraçait les existences d'Eric et de son père, ainsi que la façon dont elles s'était entremêlées au cours de ses recherches.

L'un des dossiers expliquait en détail comment la famille avait été invitée à rencontrer le président Gerald Ford à la Maison Blanche pour parler de la mort de Frank Olson. Ford s'était montré agréable, affecté et sincèrement désolé de ce qui était arrivé. Selon Eric, le Président avait déclaré : « Cela n'aurait jamais dû se produire ; cela ne doit plus jamais se produire. » Alice, vêtue de ses plus beaux effets, avait serré la main du Président pour les photographes. Les enfants avaient l'air solennel, peut-être intimidés par ce qui les entourait. Les dernières paroles de Ford furent pour dire qu'il allait déposer une motion pour que le Congrès approuve une indemnité de sept cent cinquante mille dollars pour la famille.

Une semaine plus tard, Eric et Alice furent reçus à Langley, dans la suite du septième étage de William Colby, alors directeur de la CIA. Cette rencontre avait lieu à sa demande. Eric avait pris la précaution de faire venir deux avocats. Pour préparer cet entretien, il avait révisé mentalement toutes les questions encore sans réponses puis les avait peaufinées et ordonnées. Au bout du compte, elles se résumaient à celle qui revenait toujours depuis des années : pourquoi a-t-on tué mon père ?

« Je me répétais sans arrêt que Colby devait connaître la réponse », me confia Eric.

La première impression qu'Eric eut de Colby ne changea pas au cours des hostilités verbales qui suivirent. Il écrivit plus tard : « Les manières de Colby étaient froides et retenues. Il semblait tendu et bizarre. » Les deux avocats écoutaient et prenaient des notes en silence. Si Colby avait une objection contre cela, il ne le fit pas savoir. Plus tard, il avoua : « Ce fut l'une des tâches les plus difficiles que j'aie jamais eu à accomplir. » Colby les conduisit dans la salle à manger des cadres. Le repas devint encore plus crispé quand Eric mit le directeur au défi de trouver une justification à la guerre du Viêt-nam. Colby avait dirigé le plus célèbre projet de cette guerre, dont le nom de code était *Phoenix*, et dont on pensait qu'il avait entraîné la mort de vingt mille Vietnamiens.

Eric affirma : « Toute cette affaire est obscène et immorale. »

Colby rétorqua : « Nous aurions pu gagner. Avec plus d'armes, nous aurions pu gagner. »

Eric se demanda si Colby faisait allusion aux armes sur lesquelles son père avait travaillé. Il s'était déjà un peu renseigné sur le sujet. Mais Colby ne lui laissa aucune chance d'approfondir. Il annonça qu'il avait quelque chose à remettre à la famille. Ils retournèrent dans son bureau, suivis des avocats. Il s'y trouvait un dossier épais de trois ou quatre centimètres qu'Eric avait déjà remarqué plus tôt. Colby le prit et regarda Alice avant de décider à qui il allait le donner. Finalement, il le tendit à Eric.

« C'est une copie des documents relatant la mort de votre père. Vous y trouverez tout », déclara Colby.

Eric feuilleta le dossier. Les documents étaient des photocopies des enquêtes internes de l'Agence sur la mort de son père. On y trouvait des termes inexpliqués tels que « Artichoke » ou « Bluebird ».

Colby l'observait. « Tout est là. Toute l'affaire. Emportez-le et lisez-le. Prenez votre temps. Il n'y a plus rien à cacher », conclut-il. Il les remercia d'être venus et les raccompagna à la porte. Il ne leur avoua pas – et le dossier ne le révélait pas non plus – que Frank Olson n'était pas un employé civil du département militaire mais l'un des dirigeants d'un service de la CIA à Fort Detrick.

Chapitre III

La nuit du 4 août 1975, après avoir rédigé le compte rendu de sa visite à Colby, Eric se posa pour lire le dossier. Artichoke et Bluebird étaient les ancêtres du MK-Ultra, un projet né au début de la guerre de Corée. Les documents expliquaient clairement que ce programme avait pour objectif d'étudier l'utilisation du LSD, du sérum de vérité, de la toxine botulique ou de l'anthrax, pour les assassinats secrets. Mais le père d'Eric avait-il travaillé sur ce projet encore plus effrayant qu'était celui des armes biologiques et chimiques destinées à la destruction massive ? C'est avec cette question en tête que le fils du chercheur entreprit un voyage de découverte dont il rédigea soigneusement la chronique.

Il remonta à ce jour du 16 avril 1943 où le professeur Albert Hoffman, directeur de recherche au centre pharmaceutique et chimique Sandoz, situé à Bâle, Suisse, travaillait sur une substance qu'il avait découverte en 1938. Il l'appelait diéthylamide de l'acide lysergique ou LSD. Le professeur Hoffman était l'archétype du savant : des yeux de hibou derrière des lunettes cerclées, les cheveux ras et une longue blouse blanche, symbole de sa position hiérarchique élevée à Sandoz. En effet, les blouses blanches des autres étaient courtes. Le seul plaisir qu'on lui connaissait était de se rendre au travail à vélo depuis son logement situé non loin des laboratoires. À trente-sept ans, le professeur Hoffman était considéré par sa direction comme un enfant prodige.

En ce chaud après-midi d'avril, alors que la guerre qui sévissait en Europe ne se trouvait qu'à quelques heures, pendant que des villes allemandes se faisaient bombarder jour et nuit, le laboratoire du professeur Hoffman était un havre de paix. Depuis des semaines, il travaillait sur une substance permettant d'améliorer la circulation sanguine et, une fois de plus, il était retourné à sa petite réserve de LSD. Cette fois-ci, il décida de le mélanger à une autre substance, l'ergot. L'histoire de l'ergot l'avait toujours fasciné. En Chine, et dans certaines régions du Moyen-Orient, on considérait que ce champignon pouvait guérir de nombreux maux. Mais en Europe, on s'en souvenait comme du fléau qui avait balayé le continent au Moyen Âge, laissant derrière lui un sillage de mort semblable à celui de la peste. Ses symptômes étaient d'ailleurs étonnamment similaires : les doigts et les orteils se transformaient en moignons noircis, les ventres se distendaient. Un cardinal allemand l'avait appelé le Feu de saint Antoine, en affirmant qu'il s'en prenait surtout à ceux qui avaient offensé des saints.

Le professeur Hoffman décida de mélanger un échantillon d'ergot avec du LSD. Dans une fiole, il en mit deux cent cinquante microgrammes (sachant qu'un microgramme vaut un millionième de gramme). Quelques microgrammes touchèrent ses doigts. Il les frotta entre eux pour les en débarrasser. Quarante minutes plus tard, il ne tenait plus en place et tournait en rond dans son laboratoire. De plus en plus perturbé et incapable de se concentrer, il sortit de son laboratoire en titubant. Il rentra chez lui à vélo, sa blouse flottant dans le vent. En arrivant, il tremblait et souffrait de vertiges. La dernière fois qu'il s'était senti ainsi, c'était le soir de son diplôme, après avoir bu trop de schnaps. Son esprit partait dans tous les sens et il ne pouvait pas rester tranquille. Un médecin aurait remarqué ses pupilles dilatées et la rapidité de son pouls. Plus tard, lorsqu'il fut remis, le professeur Hoffman fit le bilan de son expérience. « J'ai vu, dans ma tête, un flot ininterrompu d'images fantastiques. Elles allaient et venaient comme des images kaléidoscopiques. J'étais terrifié. J'avais peur de devenir fou. J'avais l'impression d'être hors de mon corps. Je croyais que j'étais mort. »

Eric relut ces mots plusieurs fois. Était-ce ce qui était arrivé à son père ? Le dossier de Colby semblait indiquer qu'on lui avait fait prendre du LSD à son insu. Se pouvait-il que, contrairement au professeur Hoffman, son père n'en ait pas absorbé une quantité soigneusement mesurée mais une dose beaucoup plus grosse qui l'aurait fait plonger dans ces couleurs kaléidoscopiques dont parlait le scientifique, et ainsi amené à sauter par la fenêtre de sa chambre d'hôtel ?

Tandis que le professeur Hoffman était totalement absorbé par ses stupéfiantes expériences, d'autres scientifiques faisaient des recherches similaires. À environ trois cents kilomètres des laboratoires Sandoz, dans ceux du camp de concentration de Dachau, des docteurs nazis testaient les effets de la mescaline sur les prisonniers. L'un d'entre eux, Walter Neff, expliqua plus tard aux enquêteurs américains que « leur but était de supprimer la volonté des individus. Autrement dit, de prendre le contrôle de leur esprit. » Les docteurs nazis faisaient prendre la mescaline aux prisonniers en la mélangeant subrepticement à leur café. Neff avait noté qu'ils ne tardaient pas à montrer des « sentiments de haine ou de vengeance » et passaient « alternativement de la mélancolie à la gaieté ».

Eric se souvint qu'Alice avait parlé de sautes d'humeur du même type chez son père. Il découvrit qu'au moment où commençaient les expériences de Dachau, l'OSS – *Office of Strategic Services*, l'ancêtre de la CIA – avait constitué un comité qui travaillait sur le sérum de vérité, sous la houlette du docteur Winifred Overholster, le directeur de l'hôpital Saint-Elizabeth, à Washington. C'est également à cette époque que Frank Olson, qui venait d'obtenir son doctorat en biochimie, intégra Fort Detrick sur l'invitation du docteur Ira Baldwin, alors directeur de son département universitaire.

Dans l'un de ses dossiers, Eric écrivit : « Sous la pression des éléments prouvant que la machine de guerre allemande consacrait toute son énergie au développement d'un programme d'armement chimique et biologique, Detrick devint le centre top secret américain pour ce type de recherches. Mon père fut l'un des premiers scientifiques civils à y travailler. » Eric s'interrogeait : outre ses indubitables qualifications scientifiques, avait-il été engagé pour d'autres raisons ? Était-ce parce que le genre de travail effectué à Fort Detrick exigeait que personne ne se pose de questions sur la moralité des recherches ? En 1948, le docteur Baldwin rédigea un document secret qui en donnait la règle de base : « Faire usage des armes biologiques et chimiques par tous les moyens. »

Les investigations d'Eric le ramenèrent aussi à cette sombre période de l'histoire des États-Unis : celle où, dans l'après-guerre, le maccarthysme déclencha une paranoïa nationale responsable de la disgrâce et de la ruine de nombreuses personnes respectables. Le sénateur Joseph McCarthy était un politicien peu recommandable, à la recherche d'un moyen de faire parler de lui.

Il en trouva un grâce à la guerre froide. Il annonça qu'il y avait « deux cent cinq communistes identifiés » au Département d'État. Lors d'un discours prononcé à Wheeling, une petite ville de Virginie-Occidentale, il ajouta que leur loyauté allait à Moscou. On l'y vit agiter une feuille de papier devant son auditoire pour laisser entendre qu'il avait obtenu les noms grâce son « enquête approfondie ». Personne ne vit la liste de près et, lorsque des journalistes la lui demandèrent par la suite, il déclara l'avoir perdue. Du jour au lendemain, sa carrière s'engagea sur la voie rapide. On oublia aussitôt l'époque à laquelle il avait accepté des pots-de-vin de la part d'un lobbyiste de Coca Cola pour brûler cet argent au jeu, et où il transportait toujours une bouteille de whisky dans son attaché-case. Cet homme au regard fuyant, à la voix haut perchée, au rire narquois et au cou de taureau devint une figure nationale, le champion de la lutte contre « la Menace rouge », le sénateur qui savait captiver les médias avec quelques paroles haineuses, le maître de la formule qui ruinait la carrière de quelqu'un de quelques simples mots lancés avec désinvolture. Les chiffres et les statistiques – même s'ils ne semblaient pas fiables – étaient ses armes favorites. Rapidement, il dénonça « douze diplomates qui faisaient entrer le rouble moscovite à la mission américaine et aux Nations unies » ; selon lui, il se pouvait qu'il y ait « jusqu'à trente-quatre cocos au département de l'Agriculture ». « Ils sont partout : dans les studios de la radio nationale Voice of America ; à Hollywood. Partout, partout », affirmait-il.

Toute la nation entendit sa voix grinçante mettre le feu aux poudres ; et l'incendie ne tarda pas à devenir incontrôlable. Aux heures de grande écoute, la chasse aux sorcières envahissait aussi bien la radio que les écrans de télévision. De véritables petites forêts de papier journal étaient noircies par les accusations de McCarthy. Des dizaines de millions d'Américains commencèrent à voir en ce jeune sénateur du Wisconsin un grand croisé en mission contre le communisme. Ceux qui ne le soutenaient pas étaient perçus comme des parasites. Quels que soient les moyens nécessaires, les masses voulaient l'éradication totale du communisme que prônait McCarthy.

Eric se demandait si c'était pour cela que son père – ironie du sort, lui aussi enfant du Wisconsin – était l'un des scientifiques à qui l'on avait demandé de fabriquer des armes bactériologiques capables d'anéantir toute la population de l'Union soviétique. Durant les longs mois que dura la suspicion généralisée déclenchée par McCarthy, la loyauté de Frank Olson ne fit jamais l'ombre d'un doute. Parmi ceux qui effectuaient des recherches secrètes, certains s'étaient fait retirer leurs autorisations de sécurité sans préavis. Olson, lui, conservait sa réputation de scientifique méthodique et totalement impliqué dans sa participation à l'élaboration de ce qui allait devenir le plus grand arsenal d'armes toxiques du monde entier.

Dans le dossier de la CIA donné par Colby, le nom de Sidney Gottlieb était rarement plus qu'une signature en bas d'une note de service qui approuvait le financement d'un projet ou en interrompait un autre. Mais il était bien présent, ce qui convainquait de plus en plus Eric que les dossiers étaient loin de tout révéler. « C'était comme si on me disait de m'en accommoder et de me taire », me confia-t-il plus tard.

À cause des monstrueuses affirmations de McCarthy, des sommes de plus en plus énormes furent secrètement consacrées au financement et à la sécurité de Fort Detrick – ce qui n'était pas sans évoquer le projet Manhattan, auquel on devait la bombe atomique. Là, cinq ans plus tard, on s'affairait à la préparation de catastrophes encore plus dévastatrices. Mais les cas de conscience n'embarrassaient pas les savants de Fort Detrick qui travaillaient pour la SOD, la récente Division des opérations spéciales de la CIA. Il s'agissait de la plus secrète des unités de l'Agence. Ses laboratoires étaient protégés par des patrouilles de gardes armés qui avaient reçu l'ordre de tirer à vue sur le moindre intrus. L'air était chargé de l'odeur du matériel de cuisson, des cocottes-minute géantes utilisées pour la stérilisation.

Mais ce ne que fut que lorsqu'il commença à s'intéresser à un remarquable événement des années 1950 que le cheminement d'Eric vers la découverte prit un nouveau tournant.

Durant le dernier week-end de juin 1980, l'Amérique connaissait sa première vague de chaleur de l'été avec des températures dépassant les 38° C à Washington. Dans le confort d'une voiture climatisée, le président Harry Truman s'était fait conduire à Baltimore pour l'inauguration du nouvel aéroport Friendship International. Il le dédia à « la cause de la paix », puis prit un avion à destination du Kansas pour y passer le week-end avec son frère Vivian. Plusieurs autres membres haut placés de son administration étaient également absents de la capitale. Louis Johnson, le secrétaire à la Défense, et Omar Bradley, le héros de la Seconde Guerre mondiale alors à la tête des chefs d'état-major des armées, se trouvaient dans un avion militaire en provenance de Tokyo qui survolait le Pacifique. Dean Acheson, le secrétaire d'État, était chez lui dans le Maryland, occupé à jardiner. Devant sa clôture, des gardes armés patrouillaient pour le protéger des intrus qui pourraient lui vouloir du mal à cause des communistes qu'il aurait « abrités » dans son service. Dean Rusk, son assistant, était lui aussi loin de Washington.

À Fort Detrick, c'était une journée de travail comme les autres. Frank Olson et ses collègues de la SOD faisaient de nouveaux tests sur diverses bactéries dont ils espéraient faire des armes. Au-delà de l'horizon, les épis de maïs avaient commencé à mûrir parmi les bosquets bruns ou ambrés de noyers et de frênes. Des fermes blanches mouchetaient le paysage jusqu'aux Appalaches qu'on apercevait au loin. À midi, comme d'habitude, Frank Olson prit sa pause déjeuner. À l'autre bout du monde, sur le trente-huitième parallèle, il était quatre heures du matin. À cet instant, ainsi que le formula plus tard le général Douglas McArthur, qui commandait alors toutes les forces américaines du Pacifique, « la Corée du Nord attaqua comme un cobra ».

Le 25 juin 1950, le jour du cinquième anniversaire de la naissance des Nations unies, trente-huit mille soldats nord-coréens, soutenus par des escadrons de tanks soviétiques, traversèrent le trente-huitième parallèle. Leur objectif était d'annexer la Corée du Sud.

En 1945, à la libération de la Corée après une pénible période d'occupation japonaise, les États-Unis et l'Union soviétique s'entendirent sur le fait que le pays devait être dirigé par un gouvernement national unique. Mais ils eurent du mal à s'accorder sur le gouvernement à choisir et le côté duquel il devrait se situer. Des frictions, de plus en plus fréquentes, s'ensuivirent et dégénérèrent en une guérilla qui finit par conduire la Corée du Nord à franchir la ligne cartographique imaginaire qui la séparait du Sud.

Le Conseil de sécurité de l'ONU appela ses états membres à condamner cette invasion. Cinquante-trois nations le firent : vingt-six proposèrent d'envoyer une aide militaire à la Corée du Sud ; seize finirent par engager leurs troupes dans le conflit. Un territoire plus petit que l'Oregon devint le champ de bataille de presque trois millions de combattants.

Deux mois après le déclenchement de la guerre, le 21 août 1950, le général Walter Bedell Smith fut nommé à la tête de la CIA par le président Truman. Cet ancien ambassadeur des États-Unis en Union soviétique était convaincu que les Russes et les Chinois avaient l'intention de s'unir contre son pays. Fort Detrick fut l'un des premiers endroits où il se rendit. Il y rencontra le docteur Gottlieb et ils conclurent ensemble que la guerre de Corée était l'occasion rêvée de tester les armes secrètes de l'OPC (*Office of Policy Coordination*). Dans le milieu du renseignement de Washington, on surnommait l'OPC « le financier des coups fourrés ». Smith assura au docteur Gottlieb que Fort Detrick n'aurait pas à se soucier du budget pour ses essais d'armement biologique.

En septembre 1950, au lendemain de la fête du travail, le docteur Gottlieb s'envola pour Tokyo. C'était à partir de là que les 24e et 25e régiments d'infanterie des États-Unis s'embarquaient vers la Corée du Sud pour contenir les avancées de la Corée du Nord. Faute d'une expérience suffisante en matière de combat, et handicapés par un armement obsolète, ils ne faisaient pas le poids face aux puissants chars T-34 soviétiques. Les deux divisions furent repoussées, après avoir subi de lourdes pertes ; les prisonniers américains eurent les mains attachées dans le dos avant d'être passés à la baïonnette par les Nord-Coréens. Seules les compétences militaires de McArthur permirent d'éviter une déroute absolue. Il créa un périmètre de défense de cent quatre-vingt kilomètres autour de Busan ; sa tête de pont en arc de cercle partait, à l'ouest, de la mer du Japon pour rejoindre le détroit de Corée, au sud. Le président

Truman autorisa l'envoi d'un détachement de six cent mille hommes. Mais le docteur Gottlieb était convaincu que les armes biologiques secrètes qu'élaborait son équipe auraient plus d'effet sur l'issue de la guerre que tous les jeunes hommes que l'on pourrait appeler.

Au Japon, le docteur Gottlieb se rendit à la base secrète de la CIA, installée à la base aéronavale d'Atsugi, près de Yokohama. Depuis son enceinte sécurisée de plus de deux cents hectares, l'Agence commença à lancer des opérations secrètes en Corée du Nord. Elles se déroulaient sous le commandement de Hans Tofte, un vétéran de l'OSS. Il se targuait de connaître « chaque pouce de la campagne » depuis qu'il avait chassé le gros gibier dans la région. Pendant la Seconde Guerre mondiale, il avait efficacement dirigé la guérilla contre les Japonais. Depuis, il mettait son expérience au service de la CIA. « Je crois que je suis un mercenaire de base », expliqua-t-il un jour. Le docteur Gottlieb demanda à Tofte de rassembler une sélection d'insectes et de petits animaux sauvages, tels que des rats de la jungle et des campagnols. Ensuite, le scientifique se rendit à Busan pour y rencontrer Henry Alderholt, le capitaine de l'armée américaine, dont les pilotes étaient surnommés les « Gitans de Kyushu » à cause de leur aptitude à sauter dans les clairières de la jungle et faire des ravages derrière les lignes ennemies. Avec ses six avions C-47, Alderholt commandait son équipe en toute indépendance. Cela plut à Gottlieb – tout comme ses manières fanfaronnes et sa mentalité aussi intrépide qu'optimiste. Le docteur lui remit la même liste de courses qu'à Tofte.

Frank Olson et ses collègues chercheurs se mirent à travailler sur les insectes et les petits mammifères. Tous les scientifiques avaient signé une décharge stipulant que, dans l'éventualité d'un décès dû à une maladie contractée dans le cadre de leurs travaux, il léguaient leur corps au gouvernement américain. Ils étaient également tous vaccinés contre les bactéries qu'ils allaient utiliser pour infecter les animaux importés de Corée. Chaque matin, comme tout le monde, Frank Olson avalait plusieurs antibiotiques et se douchait avec une puissante solution antiseptique avant de prendre le travail. Vêtu d'une combinaison à capuche et de bottes de protection, il respirait de l'air purifié dès qu'il entrait dans les laboratoires qui baignaient dans la lumière ultraviolette. Quand il devait plonger la main dans une boîte pour manipuler les microbes qui grouillaient sur des lamelles de verre, Olson enfilait des gants de caoutchouc. Un par un, les insectes et divers petits animaux étaient tous examinés pour déterminer ceux qui pouvaient servir de vecteur.

L'opération était lente et risquée. Les bactéries étaient testées sur des cobayes, des lapins, des macaques rhésus et des porcs. Cela se déroulait à l'intérieur d'un immeuble sans fenêtres qui s'élevait sur huit étages et faisait figure de gratte-ciel au milieu des bâtiments de plain-pied de Fort Detrick. Il s'agissait du bâtiment 527 ; entre ses murs se trouvait une sphère métallique d'environ douze mètres de circonférence. C'était là que l'on pulvérisait les bactéries sur les animaux pour vérifier qu'ils pouvaient être de bons vecteurs pour des maladies telles, par exemple, que l'encéphalite – une maladie cérébrale, souvent fatale, qui déclenche rapidement des crises et des comas.

Durant les mois qui suivirent, Frank Olson et ses collègues découvrirent que la collection coréenne du docteur Gottlieb permettait également de propager beaucoup d'autres virus de guerre bactériologique.

Le 5 décembre 1950, une note de service secrète du comité de l'armement biologique du département de la Défense arriva au bureau de Gottlieb. On demandait des « éclaircissements sur la mesure dans laquelle les déserteurs ennemis et les prisonniers de guerre seraient immunisés contre les maladies générées par l'armement biologique ». Une semaine plus tard, le docteur reçut un autre message. Celui-ci émanait du commandement oriental, à Tokyo, qui demandait comment « progressaient les travaux sur l'armement biologique » et était signé du colonel Richard Mason, commandant de l'unité 406.

Le docteur Gottlieb décida qu'il était temps de retourner à Tokyo pour rendre visite à l'unité 406. Cette fois-ci, il emmena Frank Olson avec lui. Ils arrivèrent au début du mois de janvier 1951. Le laboratoire médical général de l'unité 406 du commandement oriental existait depuis 1946 et avait maintenant son quartier général au Mitsubishi

Hagashi Building, dans la banlieue de Tokyo. Sa mission originelle consistait à fournir divers services de santé publique aux occupants américains et à la population civile. Ce travail jouait encore un rôle important, et le personnel était constitué des meilleurs spécialistes américains. Mais l'unité 406 avait un autre aspect, connu uniquement du colonel Mason et de quelques-uns des plus haut gradés de ses subalternes. Dans des laboratoires secrets, des chercheurs étudiaient le potentiel guerrier de la peste, de l'anthrax, de la fièvre de Malte et du choléra. Chaque mois, quelques vingt mille souris, ainsi que des centaines de cobayes et autres petits mammifères, étaient sacrifiés pour ces expériences. Les savants américains étaient assistés par des scientifiques japonais qui avaient été amenés à Fort Detrick en 1945. En échange d'une totale immunité pour leurs crimes de guerre, ils avaient tout révélé des essais d'armes biologiques qu'ils avaient effectués sur des prisonniers ennemis pendant la Seconde Guerre mondiale.

À la demande expresse du colonel Mason, l'unité 406 renforça ses relations avec de nombreux laboratoires publics japonais dans le but d'être toujours informée des recherches susceptibles d'être utiles à ses travaux. Elle reçut une étude sur la capacité des oiseaux à véhiculer l'encéphalite équine, une autre sur la population des rats à Tokyo, puis une autre encore sur la salmonelle.

Le docteur Gottlieb et Frank Olson arrivèrent à un moment où l'unité 406 était sur le point de s'investir plus encore dans le monde sinistre de l'armement biologique. Une autre unité ultrasecrète, connue simplement sous le nom de 8003, se trouvait à un autre étage. Elle en était encore au stade de la mise en route. La première mission japonaise de Frank Olson fut de faciliter sa collaboration avec les laboratoires de Fort Detrick – le cœur du programme secret d'armement biologique américain.

En avril 1951, les États-Unis et les forces alliées contre-attaquèrent sauvagement et firent de nombreux prisonniers nord-coréens. Ces derniers furent enfermés dans un camp sur l'île de Koje, en Corée du Sud. Ce mois-là, un porte-avion de la US Navy transformé en laboratoire par l'unité 406 s'immobilisa près des côtes. Le docteur Gottlieb se trouvait à bord. Officiellement, le bateau se trouvait là pour régler un problème d'épidémie de dysenterie amibienne parmi les prisonniers. On procéda à trois mille prélèvements oraux et rectaux.

Au cours des mois qui suivirent, presque vingt mille prisonniers furent victimes de la maladie ; mille huit cent périrent. La rumeur courut dans toute l'Asie qu'on utilisait des prisonniers pour tester un microbe destiné à la guerre bactériologique. *Newsweek* résuma ainsi ces allégations : « La Corée du Nord et la Chine soupçonnent que la peste bubonique a été testée sur des communistes chinois à bord d'un bateau. » L'*Associated Press* couvrit l'affaire de façon à peu près identique. Quant au respectable *Journal of Tropical Medicine and Hygiene*, l'organe de la Société américaine de médecine tropicale, il estima que « la caractéristique la plus inhabituelle de cette épidémie était son ampleur ».

Les commentaires à ce sujet s'éteignirent d'un seul coup. Des années plus tard, William Colby expliqua au Congrès que les registres concernant le programme d'armement biologique de la CIA à cette époque étaient « très incomplets » parce qu'une grande partie d'entre eux avait été détruite en 1972 et 1973. Il déclara ne plus savoir pourquoi. Les documents détruits révélaient peut-être tous les détails de la mystérieuse épidémie de dysenterie qui avait frappé les prisonniers coréens. Avaient-ils été infectés volontairement ?

Près d'un demi-siècle plus tard, en octobre 2001, Eric Olson avait finalement réussi à assembler les pièces du puzzle de la vie de son père. Il était maintenant au courant de ses voyages secrets en Corée du Sud et de l'histoire des prisonniers de l'US Air Force qui avaient avoué avoir utilisé des armes biologiques pendant la guerre. La plupart des dépositions venaient d'hommes de la cinquième compagnie aérienne ; deux colonels, deux capitaines et vingt lieutenants. Ils avaient décrit comment les bombes bactériologiques n'étaient chargées que quelques minutes avant le décollage pour limiter le risque d'un accident qui aurait pu anéantir toute leur base aérienne. L'un après l'autre, les aviateurs avaient tous reconnu que l'objectif des attaques était de contaminer le centre de la Corée du Nord pour arrêter le mouvement des soldats et l'approvisionnement au sud du trente-huitième parallèle. Ils avaient révélé qu'on leur avait expliqué, à tous, que le but final de leur mission était « d'écourter la guerre et, donc, de sauver des vies américaines ». Un briefing s'était même terminé par : « C'est la bombe atomique qui a mis fin à la dernière guerre. » Chaque pilote avait également affirmé avoir été clairement informé que les bombes bactériologiques allaient « engendrer des épidémies chez l'ennemi ». À la fin de la guerre, en 1953, lorsque les aviateurs furent rapatriés, ils renièrent leurs aveux. Mais leurs rétractations n'étaient pas aussi convaincantes que ce qu'ils avaient divulgué à leurs geôliers. Là, ils signalèrent tous qu'ils risquaient la cour martiale américaine s'ils ne faisaient pas leur devoir.

Eric entendit le témoignage direct de plusieurs Coréens et Chinois qui avaient survécu aux attaques biologiques. Tout comme celles des pilotes, leurs déclarations furent démenties par les États-Unis.

Eric savait désormais que Frank Olson, en dépit de son patriotisme et de sa volonté d'accomplir son devoir d'apôtre de la biologie meurtrière, avait finalement laissé son sens moral prendre le dessus. C'était pour cela qu'il était devenu un « sujet jetable » de plus dans le monde sinistre du docteur Gottlieb.

La vie de William Buckley, un authentique héros américain de la guerre de Corée, fut également inextricablement liée au travail du docteur Gottlieb et au meurtre de Frank Olson.

IV

Bill Buckley est né le 31 mai 1928 à Medford, dans le Massachusetts. Son père était agent de change ; sa mère l'éleva, ainsi que ses deux sœurs, dans le respect de l'autorité, l'obligation d'obtenir de bonnes notes et l'amour de la patrie. Sa famille était religieuse mais sans ferveur excessive ; catholique romaine, elle assistait à la messe du dimanche et aux grandes célébrations.

Bill grandit à un moment capital. Il avait à peine quatre ans et apprenait encore à lire les gros titres du *New York Times* de son père lorsque, durant l'été 1932, on lui expliqua que la ville de Washington était assiégée – non par des envahisseurs, mais par ses propres vétérans de la Première Guerre mondiale. La Grande Dépression ravageait la nation comme aucun ennemi n'y était jamais parvenu ; des millions de gens étaient au chômage et au bord de la famine. Les vétérans étaient venus demander de l'aide pour leurs familles ; ils étaient près de cent mille campés autour de la Maison Blanche. Le président Herbert C. Hoover leur répondit en envoyant des troupes armées, commandées par le major George Patton, qui s'illustra plus tard dans la Seconde Guerre mondiale. Washington fut son premier champ de bataille.

Dans leur confort bourgeois, les parents de Bill furent choqués par ce qui se passait ; mais ils faisaient néanmoins partie de ceux, de plus en plus nombreux, qui pensaient que les pauvres étaient toujours plus ou moins responsables de leur sort. Ils étaient alors loin d'imaginer que viendrait un temps où la mère de Bill devrait vendre son alliance et mettre ses meubles au clou, ou que son père devrait se faire rembourser sa police d'assurance, emprunter de l'argent ou même mendier dans les rues. Mais ce fut le cas de millions de personnes.

Lentement mais sûrement, les États-Unis retrouvèrent leur solvabilité. Bill avait onze ans lorsque la Seconde Guerre mondiale éclata en Europe. Cela semblait bien lointain pour une Amérique qui s'intéressait alors à l'exposition internationale de New York, à l'enlèvement du bébé Lindbergh ou au canular d'Orson Welles qui avait annoncé à la radio que les Martiens venaient de débarquer. Puis il y eut Pearl Harbor. La guerre européenne devint alors la guerre mondiale des Américains. Bill, adolescent, trouvait cette époque passionnante ; il suivait chaque bataille avec fascination. Des années plus tard, il se souvenait encore parfaitement de certains gros titres – « Le 9e régiment à moins de quatre-vingt-dix kilomètres de Berlin » ou « Les marines l'emportent sur Okinawa ». Puis, bien sûr, « Roosevelt est mort – Truman est élu président », suivi de « Des villes japonaises détruites par de nouvelles bombes » et, pour finir, le plus important, « Le Japon vaincu ». Dans les années d'après-guerre que connut Bill, il y eut le plan Marshall, la mode New Look, les premiers récits de témoins de soucoupes volantes et la naissance de la République populaire de Chine. Les souvenirs sont innombrables, certains personnels et intimes : son premier rendez-vous galant et son premier baiser ; sa première beuverie ; sa première bagarre avec le dur du quartier, remportée par K.-O. ; ce que vivait tout adolescent qui grandissait durant cette première décennie de paix.

Cela faisait déjà longtemps que son père avait programmé sa vie pour lui. Pour cela, il s'était inspiré de son propre exemple, celui d'un homme qui menait une existence saine et sans tache ; un homme sachant faire preuve d'abnégation et profondément convaincu que la réussite ne s'obtient que par le travail acharné ; un homme d'une probité sans faille, comme il se doit en Nouvelle-Angleterre. Dans un ce monde-là, Bill irait au lycée, ferait ses humanités et se forgerait de solides connaissances dans le domaine des affaires. Ensuite, il viendrait travailler à l'agence de son père. Un jour, il rencontrerait la femme de sa vie, se marierait, fonderait une famille et reproduirait le schéma que son père lui avait inculqué. Avec un peu de chance, cela garantirait une succession de Buckley qui voteraient républicain, s'enorgueilleraient d'être de bons patriotes et croiraient en la grandeur des États-Unis.

Chapitre IV

Bill voyait les choses différemment. Dès sa plus tendre enfance, il avait toujours eu le goût de l'intrigue ; il était sans cesse plongé dans les bandes dessinées, les journaux, les magazines et les livres : tout ce qui pouvait augmenter ses connaissances en matière de guerre. Préadolescent, il donnait de véritables cours à ses camarades de classe sur les complexités des grandes batailles de la Première Guerre mondiale ; à quinze ans, il en savait plus que ses professeurs sur l'idéologie de Napoléon ou de Wellington. Chez lui, il jouait sans cesse à la guerre sur le sol de sa chambre, passant des heures à regrouper des armées de soldats de plomb. Les hommes de métal en belles rangées bien alignées se faisaient balayer par les tirs des canons cachés derrière les pieds de son lit et de sa commode. Cette obsession pour les guerres et les situations politiques qui les engendrent était totalement personnelle ; dans sa famille, personne d'autre n'avait le moindre intérêt pour ces sujets.

En juin 1945, Buckley s'engagea dans l'armée des États-Unis en tant que simple soldat. Il considérait cela comme un devoir envers la patrie. Il regrettait seulement qu'il soit trop tard pour voir de l'action ; le Japon avait capitulé juste deux mois après son entrée à la caserne. Quatre ans plus tard, alors qu'il était devenu officier, la guerre de Corée éclata. Buckley fut l'un des premiers à mener sa génération dans le bourbier asiatique. En quelques mois, il obtint sa première étoile d'argent, la médaille militaire qui récompense la bravoure. Seul, il avait réussi à détruire un dépôt de mitraillettes nord-coréen. Peu de temps après, il fut promu capitaine. Deux Purple Hearts, décorations remises pour blessures au combat, ne tardèrent pas à suivre. Il reçut la première pour avoir détruit un autre dépôt de mitraillettes malgré une balle dans le bras. Pour la seconde, sur un champ de bataille, il commença par mettre ses hommes en sécurité. Une fois assuré qu'ils étaient à l'abri du danger, il attrapa une mitraillette, passa des bandes de balles en bandoulière et retourna à la charge. Ce jour-là, beaucoup moururent sous ses rafales. La veille, il avait passé la nuit à se saouler dans un bordel et dansé jusqu'à l'aube. À partir de là, on le surnomma « l'Homme d'acier ».

En Corée, il tomba sur un article dans un journal américain, dont il se souvint plus tard en ces termes : « Rien que des salades. Les Nord-

Coréens affirmaient avoir capturé des aviateurs de chez nous et que ces derniers avaient avoué avoir largué des « bombes bactériologiques ». Ils prétendaient même avoir des photographies des bombes qui n'avaient pas explosé. Bien sûr, tout le monde savait qu'il arrivait que certaines pièces de notre arsenal n'explosent pas. Mais une « bombe bactériologique » qui n'explose pas, je me suis dit : « Nom de Dieu, ça doit être une blague. » Je me souviens quand McArthur [le général Douglas McArthur] est venu dire à la radio que c'était n'importe quoi. » Buckley ne se doutait pas du tout qu'il découvrirait plus tard que les affirmations des Chinois avaient déclenché un « tollé effroyable à Washington ».

Le tapage tournait autour du fait qu'on accusait les États-Unis d'avoir utilisé des armes bactériologiques en Corée. « Il s'agissait principalement de travail expérimental. Des expériences utilisant des « vecteurs », des insectes qui, comme le moustique, peut être porteur de la fièvre jaune, sont capables de transmettre des maladies d'un organisme à un autre ». Telle est l'explication claire qu'en donna le docteur Joseph Needham, un expert en médecine orientale, qui devint plus tard maître de conférences au Gonville and Caius College d'Oxford, l'un des plus prestigieux piliers de la bonne société anglaise. Il s'était rendu en Corée du Nord en compagnie des plus grands scientifiques soviétiques, italiens, français et suédois. La conclusion du groupe de savants fut la suivante : « La Corée sert effectivement de cible pour des tests d'armement bactériologique. »

Washington nia énergiquement – et se garda bien de dire que les docteurs Sidney Gottlieb et Frank Olson étaient allés en Corée pour superviser le lancement des « bombes bactériologiques ». Lorsque Buckley découvrit cela, sa vie devint inextricablement liée au travaux de Gottlieb.

Après trente-sept mois de combats sanglants, qui laissèrent derrière eux deux millions de morts dont cinquante-quatre mille américains, une paix relative s'installa enfin en Corée. Le Sud avait obtenu six mille cinq cents kilomètres carrés et le Nord, vingt-deux mille. Le reste ne changea pas vraiment. D'un côté comme de l'autre, aucun grand principe ne fut défendu avec succès. Les négociations entamées par le président Truman furent achevées par son successeur, le président Dwight Eisenhower. Lorsqu'on lui demanda ce qu'il en pensait, la première chose qu'il répondit fut : « J'espère seulement que mon fiston va bientôt rentrer à la maison. » Ce sentiment était partagé par de nombreux parents dont les enfants servaient en Corée.

Le 27 juillet 1953, à 10 h 01, à Panmunjom, sur le 38e parallèle (alors qu'à Washington, on n'était encore le 26 juillet, à 8 h 01), dix-huit copies de l'armistice furent signées sur une table fraîchement laquée. Les signataires adverses n'échangèrent pas le moindre mot. Il n'y eut pas non plus de poignée de main au-dessus de la table.

Devenu un vétéran aguerri, Bill Buckley rentra de Corée une semaine après cette cérémonie. En arrivant, il trouva un monde très différent de celui qu'il avait quitté plus de deux ans auparavant. Une nouvelle sous-culture adolescente était apparue. Elle avait des rites et des codes bien à elle : banane et manches relevées à une hauteur bien précise pour les garçons, bouclettes et collier descendant jusqu'à la taille pour les filles. Ceux qui ne suivaient pas cette mode se faisaient traiter de « ringards ». On parlait constamment des « choses de l'amour » ; on appelait les *drive-in* des « fosses à passion ». Seuls ceux qui avaient une voiture (« une caisse ») pouvaient entrer. Une enquête de l'été 1953 révéla que soixante-quinze pour cent des étudiants en première année étaient détenteurs du permis de conduire et que soixante pour cent empruntaient le véhicule de leurs parents pour leurs « loisirs ». La télévision était devenu le plus grand magasin du pays ; quatre-vingt-quatorze pour cent des mères de famille déclaraient que leurs enfants leur demandaient des produits dont on diffusait la publicité.

C'était un monde dans lequel Bill Buckley avait du mal à trouver sa place. Il avait vingt-six ans mais se sentait plus vieux à cause de ses expériences en Corée et il était mal à l'aise pour en parler. Avec sa coupe de cheveux militaire et son uniforme, même à Washington, il se sentait différent des autres. Vu ce que devenait l'Amérique, il lui arrivait de se demander si cela valait la peine de s'être battu pour elle.

On l'affecta au Pentagone mais personne ne savait trop quoi faire d'un authentique héros. On ne pouvait pas l'envoyer en tournée pour promouvoir la vie militaire; trop de familles avaient subi des pertes en Corée et rechignaient à encourager un autre fils à s'engager dans les forces armées. Finalement, on nomma Buckley aux archives du Pentagone pour participer au recoupement des documents concernant la Corée. On lui expliqua que, s'il le souhaitait, ce pouvait être un emploi pour la vie.

Aux archives, les dossiers qui l'intéressaient portaient encore la mention « confidentiel ». Il en avait déjà vu en Corée : des rapports des services secrets, des rapports d'accident ou des rapports de moralité. Mais ceux qu'il avait sous les yeux étaient différents. Ils concernaient les confessions des pilotes de l'US Air Force qui avaient avoué à leurs geôliers chinois avoir lâché des bombes biologiques sur la Corée du Nord. Certains prisonniers avaient été enfermés dans un camp sécurisé proche de la rivière Yalu. Il y avait plusieurs autres camps dans la région, mais celui qui était réservé aux officiers était un peu éloigné des autres, près d'un hameau où vivaient les gardiens. À la fin de la guerre, il restait environ trois cents prisonniers derrière les barbelés. Ils venaient des États-Unis, de Grande-Bretagne et d'Australie.

Lorsque les premiers aveux furent diffusés à la radio, le gouvernement américain affirma que les aviateurs avaient subi des lavages de cerveau. Le terme avait été utilisé pour la première fois en septembre 1950, dans un article d'Edward Hunter paru dans le *Miami News* et intitulé « On utilise le lavage de cerveau pour forcer les Chinois à s'inscrire au parti communiste ». L'expression devint courante dans les articles consacrés aux méthodes des soviétiques durant la guerre froide. Hunter était en fait un agent de la CIA qui, sous sa couverture d'auteur, écrivit plusieurs ouvrages sur le lavage de cerveau. Sur une note jointe aux copies de ses écrits, Buckley découvrit que Hunter avait créé l'expression à partir du mandarin « hsi-nao » qui signifie « nettoyer l'esprit ». Cette expression n'a absolument aucune connotation politique en mandarin. Cela ne l'a pas empêché de bien contribuer à former l'opinion publique américaine quant à la manière dont les aveux avaient été obtenus.

Dans d'autres dossiers, Buckley apprit qu'après leur rapatriement, les pilotes avaient été soumis à des interrogatoires poussés dont certaines questions étaient posées par des psychiatres militaires. Tout le monde s'accorda sur le fait qu'ils n'avaient subi ni lavage de cerveau, ni violence physique, ni torture. Les rapports des médecins portaient la mention : « Hautement confidentiel, ne pas divulguer. » Cela rendait encore plus croustillant le compte rendu des aveux. Les aviateurs avaient parlé des divers types de bombes qu'ils avaient transportées afin de propager les bactéries ou les animaux qui leur servaient de vecteurs. Ils avaient donné des détails sur les bases de l'US Air Force d'où ils décollaient, et sur les missions auxquelles ils avaient participé avant d'être pris. Un compte rendu d'aveux expliquait que la bombe bactériologique la plus utilisée pesait deux cent cinquante kilos. Chacune de ces bombes contenait plusieurs types de vecteurs enfermés dans plusieurs compartiments. Les insectes tels que les puces et les araignées étaient séparés des rats et des campagnols.

Dans ses aveux, le colonel Frank H. Schwable, le plus haut gradé des pilotes prisonniers, expliquait que certaines bombes étaient accrochées à des parachutes. Arrivés à une certaine hauteur, ceux-ci s'ouvraient pour mieux disperser la « poussière bactériologique ». Buckley sortit le dossier de Schwable. Son père s'était illustré au combat lors de la révolte des Boxers, à Pékin, en 1909. Durant la Seconde Guerre mondiale, il avait reçu quatre fois la Distinguished Flying Cross et, en Corée, on lui avait décerné la Gold Star. Alors comment se faisait-il qu'il ait parlé ? Tous les pilotes étaient des hommes rompus au combat, formés pour ne pas révéler les secrets militaires. Pourtant, Schwable et les autres avaient tous signé des aveux aussi détaillés que préjudiciables. Pourquoi avaient-ils décidé de trahir le code moral qui leur avait été inculqué dès leurs premiers jours à l'école d'aviation ?

Buckley se tourna ensuite vers les démentis sous serment que les pilotes avaient tous rédigés à leur retour aux États-Unis. Ils commençaient tous par les mêmes mots : « Je me rétracte de mon plein gré, sans motivation pécuniaire et suis informé que cette déclaration, ou toute partie de cette déclaration, pourra être utilisée contre moi en cour martiale. » Mais il n'y eut jamais de procès. Schwable ne fut confronté qu'à une commission d'enquête. Ensuite, on lui accorda une promotion et l'autorisa à prendre sa retraite dans sa maison de Norfolk, en Virginie.

Au début du mois de février 1954, William Buckley reçut un coup de téléphone du bureau du personnel de la CIA. On lui demanda de travailler comme « auxiliaire d'accueil » pour une réception que donnait Clover Dulles, l'épouse d'Allen W. Dulles, le directeur de l'Agence. Buckley avait déjà entendu parler de ce genre de mission. « On met son plus bel uniforme et on se mélange aux invités, en s'assurant que personne ne soit à l'écart, ne s'ennuie ou n'ait besoin d'un verre ». Ce n'était rien de plus qu'un travail de « nounou améliorée ». Buckley fut bien tenté de trouver une ruse pour se défiler mais la perspective de rencontrer le légendaire Allen W. Dulles lui plaisait particulièrement. Il prit soin de se faire une silhouette très élégante, repassa impeccablement son pantalon et donna un petit coup de cirage supplémentaire à ses chaussures. En début d'après-midi, une voiture passa le chercher pour le conduire, avec les autres auxiliaires, dans la banlieue de Washington, au domicile des Dulles.

Clover accueillit tout le monde avec une poignée de main et indiqua aux auxiliaires d'accueil les pièces dont ils étaient chargés. Chaque homme reçut une boisson ; ils avaient pour instruction d'accueillir les invités et de se mêler à eux. Dans son uniforme immaculé, Buckley faisait un très bon spécimen de héros de guerre. Avec ses manières décontractées, son sourire poli et sa tendance à minimiser ses exploits en Corée, il remporta un succès immédiat auprès des invités.

Se déplaçant parmi les gens, prenant le temps de saluer un sénateur par-ci, un amiral par-là, ou encore un groupe d'officiels du Foreign Service assemblés auprès de la cheminée, Allen Dulles était l'hôte attentif par excellence. Il avait ce petit rire dont certains disaient qu'il n'était pas un signe d'amusement mais plutôt une façon de libérer son stress. Parfois, il prenait une jolie femme par le coude. Pour ce maître espion d'âge mûr, une réception n'était pas réussie si elle ne comportait pas son quota de top models et de starlettes, sans compter les plus élégantes secrétaires à longues jambes de Capitol Hill. Cela le réjouissait et le détendait à la fois de constater combien il les séduisait par son intellect. Dans le milieu de ceux qui fréquentaient les réceptions des ambassades de la ville, on spéculait constamment sur le nom de la prochaine conquête, assez jeune pour être sa fille, qu'il amènerait dans son lit. Personne ne savait jamais vraiment. En quelque sorte, on pourrait dire que Dulles était un homme de secrets.

Buckley observait le comportement du directeur avec un amusement qu'il prenait grand soin de dissimuler. Pour sa part, plusieurs femmes, dont certaines étaient assez âgées pour être sa mère, lui avaient fait des propositions. Avec tact, il donnait de bons prétextes et rejoignait un autre groupe tout en faisant signe aux serveurs qui passaient avec un plateau de cocktails. Depuis le Noël où il avait aidé son père à recevoir ses invités, il savait qu'il était préférable de ne pas trop boire. Il espérait que cette réception lui ouvrirait les portes d'un poste à la CIA. En attendant, il continuait de circuler parmi les invités et de sourire poliment lorsqu'ils désignaient ses médailles en répondant : « En vérité, il en a beaucoup qui ont la même chose » ou « Je n'ai fait que mon travail ».

L'un des groupes était constitué d'avocats, le visage neutre et de circonstance. On reconnaissait les plus âgés à la chaîne de montre-gousset qui pendait à leur gilet et à ce que Clover appelait des « regards de salle d'audience ». Dulles tenait toujours à ce que chaque réception ait également son quota de magistrats. Ils savaient comment joindre toutes sortes de gens et les mettre en contact entre eux : les riches et puissants, les malins, les téméraires, ou encore ceux qui vivaient à la limite de la légalité, voire au-delà. Les avocats savaient presque tout des squelettes qui traînaient dans les placards de Washington et fournissaient à Dulles des informations aussi complètes qu'au président Hoover.

Leonard W. Hall était probablement le plus riche des avocats présents. Une partie de sa fortune provenait de son cabinet new-yorkais ; le reste, des actions. Il était également président du *Republican National Committee* (le parti républicain). Chaque fois qu'il se rendait à une réception, il venait avec un associé différent, un avocat qu'il considérait comme une étoile montante dans la profession, à qui il donnait l'occasion de se frotter à l'élite de Washington. Ce soir-là, celui qui l'accompagnait n'osait pas regarder son hôtesse dans les yeux et marmonna son nom de façon si indistincte que Hall dut faire les présentations : « Voici Bill Casey. Si jamais vous avez le moindre problème avec vos investissements, c'est l'homme de la situation. »

Clover sourit poliment, en se disant qu'elle connaissait une bonne centaine d'avocats qu'elle consulterait avant même de penser à s'adresser à ce drôle de personnage aux joues tombantes, aux lèvres épaisses et aux dents écartées. Pourtant, son mari accueillit Casey comme un vieil ami. Il lui apporta un verre, le prit par le bras et l'entraîna vers un coin de la pièce où ils oublièrent tout le monde et eurent une longue conversation. William Casey, tout comme Dulles, était un vétéran de la Seconde Guerre mondiale pendant laquelle il avait été au service de l'OSS, l'ancêtre de la CIA. Lorsque qu'il avait quitté l'OSS pour ouvrir son cabinet juridique, Dulles lui avait prédit : « Vous reviendrez. Une fois qu'on a ce truc-là dans le sang, on ne peut plus s'en passer. »

L'un des groupes était dominé par le Texan Lyndon Johnson, membre du Congrès. Il parlait des derniers rebondissements de la crise de plus en plus grave qui opposait la Maison Blanche aux dirigeants républicains qui voulaient durcir le ton avec Moscou. Ils demandaient l'annulation des accords passés, en temps de guerre, à Téhéran, Yalta et Potsdam. Le président Eisenhower avait biaisé en acceptant de présenter au Congrès une ébauche qui était loin de répondre aux exigences des républicains.

Ce document – rédigé par le frère d'Allen, John F. Dulles, alors secrétaire d'État – reposait en grande partie sur l'analyse de leur sœur, Eleanor L. Dulles, elle-même responsable des affaires berlinoises au Département d'État. Ce triumvirat familial concevait et contrôlait la politique extérieure des États-Unis.

Johnson déclara qu'il allait signaler au Président que les démocrates étaient eux aussi mécontents de son attitude contradictoire envers les soviétiques, mais qu'il n'irait pas jusqu'à mettre la Maison Blanche dans l'embarras et aggraver la division nationale en votant contre l'ébauche. Johnson pouvait être certain que « Foster et Eleanor le sauraient avant l'aube. Clover Dulles écrivit plus tard que les réceptions d'Allen étaient comme un canal de circulation des informations. »

Dulles s'approcha de l'endroit où Curtis Le May, le général de l'Air Force, tenait sa cour. Ce vétéran robuste et athlétique de la Seconde

Guerre mondiale avait participé au bombardement de Tokyo et aux missions atomiques d'Hiroshima et Nagasaki. Il expliquait à un groupe attentif d'officiels du Département d'État que la seule façon d'arrêter les Russes et les Chinois était d'utiliser des tactiques similaires. Comme Johnson, Le May savait que ses paroles seraient entendues.

Un autre groupe tournait autour d'Edward J. Hughes, un confident du Président, qui parlait, entre autres, à un Britannique et un Allemand qui exerçaient des professions assez vagues auprès de leurs ambassades. Dulles n'ignorait évidemment pas qu'ils appartenaient aux services secrets de leurs pays respectifs. Hughes leur donna un aperçu des idées d'Eisenhower. Dulles ne doutait pas que les points de vue du Président atteindraient Bonn et Londres quelques heures plus tard et n'était donc pas fâché de ces indiscrétions : après tout, c'était tout de même lui qui avait suggéré à Hughes d'utiliser cette méthode pour faire connaître la position d'Eisenhower – tout comme il espérait secrètement que, lorsque ces paroles seraient digérées, le Premier ministre britannique et le chancelier allemand ne manqueraient pas de faire pression, à leur tour, sur le Président pour qu'il n'abandonne pas la politique rigide de son frère. Telles étaient les manipulations de la famille Dulles.

Allen Dulles était au sommet de sa carrière. Avec l'absolutisme d'un monarque médiéval, il dirigeait une organisation qui disposait à la fois d'un budget annuel plus élevé que celui de certaines grandes villes européennes, du meilleur matériel que l'on puisse concevoir en matière de renseignement, et de ressources humaines inégalables. Chaque année, il pouvait dépenser cent millions de dollars comme bon lui semblait. Ni le Congrès ni le Président ne savaient vraiment où partait l'argent. Sans avoir à en rendre compte à qui que ce soit d'extérieur à l'Agence, il pouvait envoyer des agents travailler contre n'importe quel pays, fusse-t-il ami ou ennemi.

Dulles continuait à se déplacer avec grâce parmi ses invités. Il se penchait légèrement pour écouter une conversation, puis se redressait pour aller un peu plus loin. Ces gestes étaient dus au fait que, malgré les interventions chirurgicales, son équilibre laissait à désirer à cause de son pied-bot de naissance. Dans les moments calmes, il arrivait encore que cette malformation le fasse bougonner, et certains pensaient que cela avait influencé son caractère. Il avait fait jurer solennellement à sa famille que ce sujet ne serait jamais évoqué en présence d'étrangers. Quelques personnes trouvaient que cela avait marqué l'arrivée d'Allen aux services secrets, car un autre y souffrait de la même chose : le docteur Sidney Gottlieb. Il gérait cela en irradiant l'assurance et la réussite. L'intensité de son regard était saisissante. Il avait beau ne pas avoir plus de quarante-cinq ans, tout en lui était paternel et rassurant. Seuls Dulles et Richard Helms, l'un de ses plus proches collaborateurs, avaient connaissance d'un document remarquable rédigé par Gottlieb. Il y était question d'un « programme secret de contrôle du comportement humain qui semblait obtenir de bons résultats chez les communistes ».

À chaque minute, de nouveaux invités arrivaient. Clover avait l'air satisfait d'une hôtesse qui sait que sa réception va être réussie. Dans sa jeunesse, elle avait été une femme d'une beauté envoûtante et le sourire qu'elle arborait en accueillant ses invités ne manquait pas de le rappeler. Elle avait fini par accepter le fonctionnement de son mariage : le fait que son mari ait besoin d'être adoré par les femmes pour conserver sa confiance en lui ; le fait qu'il passe sa vie dans les salons, les antichambres et les comités électoraux ; ou encore celui qu'il ait l'art et la manière de se faire apprécier dans le milieu politique et juridique de Washington. Lors d'occasions telles que celles-ci, il savait très bien cacher l'homme sombre, impitoyable et sans scrupule qu'il pouvait être et ne montrait que la face joyeuse, volubile et spirituelle de sa personnalité. Pourtant, rien qu'à le voir passer ainsi d'un groupe de personnes à l'autre, Clover savait que quelque chose le travaillait. Elle connaissait les signes : ce rire retenu qui revenait un peu trop souvent et sa manière de remplir son verre plus fréquemment que d'habitude – même s'il y avait suffisamment d'adrénaline dans son grand corps pour brûler tout l'alcool qu'il ingérait. Mais, surtout, elle ne l'avait pas vu sélectionner la moindre femme pour lui donner rendez-vous plus tard. Cela lui ressemblait tellement peu qu'il y avait forcément quelque chose d'assez sérieux pour l'emporter, momentanément au moins, sur ses fortes pulsions sexuelles.

Clover ne réagissait plus aux frasques de son mari, principalement parce que les scènes qu'elle lui faisait au début l'avaient épuisée, mais aussi parce qu'elle avait fini par avoir peur de sa propre colère. À l'époque, ses émotions avaient été si violentes qu'elle avait même pensé au suicide. Dans ces moments-là, elle se consolait de la seule façon qu'elle connaissait : en le faisant payer de la façon qui le blessait le plus. Chaque fois qu'elle découvrait un nouvel acte d'adultère, elle allait chez *Cartier*. Elle avait maintenant une pleine boîte de bijoux hors de prix dont chacun représentait une infidélité. Au fil des ans, Clover consulta également plusieurs psychiatres qui lui prescrirent des médicaments qui soulagèrent momentanément sa douleur. Ce fut le docteur Gottlieb qui, un 14 juillet, la prit à part, lors d'une réception à l'ambassade de France, pour lui conseiller de prendre rendez-vous avec le docteur Ewen Cameron.

Il lui expliqua que le docteur Cameron avait la réputation de bien s'occuper des problèmes sentimentaux des femmes, que son travail était respecté dans tout le milieu médical et que son hôpital, situé à Montréal, recevait des patients de toute l'Amérique du nord. Elle répondit qu'il lui serait impossible d'aller au Canada. Le docteur Gottlieb précisa que le docteur Cameron venait souvent à Washington. Ayant désespérément besoin d'aide, elle accepta de le rencontrer. Quelques semaines plus tard, le docteur Gottlieb la rappela pour lui annoncer que le docteur Cameron aimerait déjeuner avec elle. Durant le repas, elle parla au docteur Cameron des aventures de son mari et de l'effet qu'elles produisaient sur elle ; à son tour, le médecin lui expliqua que travailler dans un milieu clandestin générait de grandes tensions ; que les métiers des services secrets étaient différents de tous les autres ; et qu'en de telles circonstances, même le plus fort des hommes était forcément victime de doutes et d'incertitudes. Selon lui, il fallait qu'elle essaie de voir les escapades sexuelles de son mari comme un moyen d'échapper à la pression. Elle ne devait pas en déduire qu'il ne l'aimait pas. Il l'aimait, bien sûr, mais d'une façon qu'elle devait apprendre à accepter. Le médecin lui suggéra de venir à Montréal pour qu'il puisse la suivre : « C'est la seule solution, mon petit. » Le docteur Cameron était à la réception et Clover fut, une fois de plus, frappée par son apparence : une sorte de taureau avec un énorme front et des sourcils broussailleux. Ses muscles ondulaient sous l'étoffe de son costume sur mesure. Après sa première proposition, il n'avait plus jamais parlé de la faire venir à Montréal. Clover expliqua à Buckley de quoi il retournait. Aucun d'entre eux ne savait qu'il était à la réception pour une raison bien précise, liée à la guerre de Corée.

L'ennemi n'avait pas seulement capturé des aviateurs mais également des hommes de l'infanterie américaine qui, depuis, avaient été rapatriés. Durant les mois qui suivirent leur retour aux États-Unis, ces soldats avaient fait l'apologie de la vie sous un régime communiste. Le Président avait demandé qu'on lui explique comment on avait pu en arriver là. Comment l'ennemi avait-il pu s'emparer de l'esprit d'Américains purs et durs ? Comment se pouvait-il que ces hommes tiennent aujourd'hui des discours de semeurs de trouble ? Comment des soldats superbement entraînés pouvaient-ils se laisser aller à devenir des traîtres ? Les questions sans réponses ne manquaient pas. Pour la CIA, résoudre ces énigmes devint une priorité. L'Agence rassembla des centaines d'articles procommunistes écrits par certains de ces prisonniers, parus, selon toute vraisemblance, dans la presse européenne, africaine et asiatique. Le FBI fit quelques vérifications sur les auteurs : la plupart d'entre eux n'avaient jamais montré la moindre aptitude rédactionnelle auparavant. Cependant, les articles étaient bien rédigés. À leur retour aux États-Unis, les vétérans avaient clairement fait savoir qu'ils ne voulaient pas rester y vivre. Cela déclencha un énorme tapage et de violentes confrontations eurent lieu entre eux et les citoyens médusés ; beaucoup pensaient qu'il s'agissait là de la plus grande menace qu'aient jamais connue les États-Unis. Si l'on n'y prenait pas garde, cette situation allait corrompre les générations futures. On prédisait même qu'il n'y aurait pas d'avenir pour les États-Unis tant que cet odieux esclavage mental ne serait pas éradiqué. Et si Allen Dulles était si préoccupé le soir de sa réception, c'était parce qu'il cherchait comment y parvenir. Quelques heures plus tôt, il était assis dans le bureau ovale avec le président Eisenhower. Il lui avait dressé le bilan de ce que savait la CIA et des mesures qui avaient déjà été prises pour combattre ce danger. À ce moment-là, Fort Detrick était passé à la vitesse supérieure pour créer un vaste arsenal bactériologique. Les États-Unis avaient secrètement abandonné l'idée de n'utiliser les armes biochimiques que dans le cas où des représailles s'avéreraient nécessaires. Un document confidentiel, préparé par le Pentagone et intitulé « Doctrine des forces armées concernant l'utilisation des armes chimiques et biologiques et la défense », établissait que « désormais, la décision de permettre aux forces américaines d'utiliser les armes chimiques et biologiques ne devait appartenir qu'aux États-Unis ». La politique de contre-attaque avait laissé place à une politique de première attaque. Avec ses collègues, le docteur Gottlieb se lança dans des jeux guerriers où l'ennemi était la Chine. Il fit parvenir une note au général de brigade J. H. Rothschild, un parent éloigné de la famille de banquiers, qui dirigeait Fort Detrick : « L'armement biologique pourrait s'avérer un argument de poids pour dissuader les Chinois d'entamer une guerre. En effet, la Chine est sujette aux advections polaires. D'octobre à mars, des courants d'air froid, venus de Sibérie, soufflent sur les zones peuplées de la côte chinoise. De mai à août, les vents de la mousson d'été forment une couche de trois mille mètres d'épaisseur qui part du sud de la mer de Chine et de l'océan Pacifique pour rejoindre ces mêmes zones. Il est possible d'introduire des agents biologiques dans chacune de ces régions par le biais de l'air ou de l'eau. L'anthrax ou la fièvre jaune pourraient convenir. » Fort Detrick disposait alors de quantités suffisantes pour contaminer l'ensemble des côtes chinoises. Mais pour l'instant, il fallait s'occuper de trouver ce qui avait transformé des prisonniers de guerre en balances et les avait poussés à parler de ce que les États-unis avaient fait en Corée du Nord. Dulles s'appuya sur le document de Gottlieb pour en parler au Président.

Le directeur de la CIA commença par rappeler les célèbres procès de la purge russe de 1930, durant laquelle on avait vu de nombreux dirigeants communistes avouer des crimes que, de toute évidence, ils n'avaient pas commis. Les journalistes qui couvraient ces procès étaient tous convaincus qu'on avait drogué les accusés. On arriva à la même conclusion, en 1949, lors du procès du chef de l'Église catholique hongroise, le cardinal Josef Mindszenty. Face à ses juges soviétiques, pendant qu'il reconnaissait divers actes de trahison, il parlait et bougeait comme un robot. Dulles expliqua au Président que c'était ce procès qui avait convaincu l'Agence qu'elle devait s'intéresser au contrôle du comportement.

En 1951, une équipe de scientifiques de la CIA, menée par le docteur Gottlieb, décolla pour Tokyo. Quatre Japonais soupçonnés de travailler pour les Russes furent secrètement amenés à une annexe, où les médecins de la CIA leur injectèrent des dépresseurs et des stimulants pendant vingt-quatre heures. Privés de sommeil, ils perdaient la tête. Pendant des interrogatoires musclés, ils avouèrent travailler pour les Russes. Ils furent emmenés dans la baie de Tokyo, fusillés et passés par-dessus bord. L'équipe de la CIA s'envola ensuite pour Séoul, en Corée du Sud, et répéta l'expérience sur vingt-cinq prisonniers de guerre nord-coréens. On leur demanda de renier le communisme. Ils refusèrent et furent exécutés.

Le docteur Gottlieb était devenu l'expert en poisons attitré de Fort Detrick. Plus il utilisait de rares substances exotiques, mieux c'était. Il avait parcouru la jungle en Afrique, en Amérique et en Asie pour trouver de nouvelles toxines plus efficaces. Ses idées sur l'assassinat étaient claires et nettes. « De manière générale, on ne doit pas tuer, mais si la sécurité des États-Unis en dépend, c'est permis. La décision de tuer ne doit pas être prise à la légère. En revanche, une fois qu'elle est prise, il faut aller jusqu'au bout. Ce n'est plus le moment de se poser des questions de morale », écrivit-il plus tard.

En 1952, Dulles amena le docteur Gottlieb et son équipe au sud de l'Allemagne, dans le Munich d'après-guerre. Ils installèrent leur base dans une planque de la région, située près de plusieurs camps de réfugiés. Le médecin et son équipe commencèrent à les visiter. Il expliqua à ses hommes qu'ils devaient chercher « des individus de loyauté douteuse ou soupçonnés d'être des agents doubles soviétiques ». Au cours de l'hiver 1952-1953, de très nombreux « sujets jetables » furent conduits à la planque. On leur administra d'énormes doses de drogues, dont certaines avaient été préparées par Frank Olson à Fort Detrick, pour voir si leur psychisme pouvait être modifié. D'autres reçurent des chocs électro-convulsifs. Toutes les expériences échouèrent. On abattit les sujets jetables et leurs corps furent brûlés. Avec son équipe, le docteur Gottlieb rentra à Langley et commença à expérimenter une nouvelle drogue qu'il venait de recevoir. Il s'agissait de LSD. On le testa d'abord sur plusieurs membres de l'équipe. Un grand nombre d'entre eux « se comportèrent comme des fous » mais cette substance ne semblait pas pouvoir transformer définitivement le psychisme humain.

En ce jour de février 1954, dans le bureau ovale, Dulles expliquait que le docteur Gottlieb avait consulté de vieux grimoires et étudié les registres de l'Inquisition. Il n'y avait rien trouvé qui puisse l'aider à comprendre comment les Nord-Coréens avaient réussi. Pourtant, il était bien arrivé quelque chose aux prisonniers américains durant leur captivité en Corée, et Gottlieb pensait que la seule façon de trouver la réponse était de reproduire tout ce que les prisonniers de guerre avaient subi. Cela nécessiterait des essais cliniques d'un type encore inédit. Cela exigerait d'avoir accès à un hôpital et ses patients. Alors que Dulles errait au milieu de la réception, il prit une décision. Il commença à prévenir certains des invités qu'il aimerait qu'ils le rejoignent dans son bureau, au fond de la maison.

Clover Dulles regardait avec résignation son mari guider les gens vers son sanctuaire. Postée à côté d'un portrait du père de son époux en tenue cléricale – le révérend Allen M. Dulles était un pasteur presbytérien –, elle expliqua à Buckley que toutes leurs réceptions s'achevaient de cette façon : par un conclave dans la tanière de Dulles. En regardant ses invités s'y diriger discrètement, Clover donna à Buckley des détails qu'il trouva passionnants. Richard Helms passa à côté d'eux. Clover le qualifia de « très snob », ajoutant qu'il avait eu son heure de gloire en obtenant une interview remarquablement franche d'Hitler à la veille de Pearl Harbor. À l'époque, Helms était l'un des correspondants de la United Press à Berlin. L'homme réservé qui se dirigeait également vers la tanière était le docteur James Monroe. Lui aussi travaillait avec son mari. Il était suivi de la silhouette minuscule du docteur Harold Wolff. Clover affirma à Buckley que même lorsque ce neurologue était dans une autre pièce, elle pouvait « sentir la force de sa personnalité ». Buckley l'interrogea sur l'homme grand et aux cheveux argentés qui marchait à côté du docteur Cameron. Elle lui expliqua que le docteur William Sargant était un célèbre psychiatre britannique qui venait souvent à Washington. Il lui avait fait cadeau d'une épreuve de son ouvrage à paraître, *Battle for the Mind*. Buckley remarqua la dédicace : « Pour Clover Dulles, gracieuse lady. » Elle, en retour, trouvait que Sargant était « un homme charmant ».

Grand et musclé, doté d'un sourire éclatant qui ne montait jamais vraiment jusqu'à ses yeux, le docteur William Sargant marchait d'un pas athlétique qui remontait au temps où il courait dans l'équipe de l'université de Cambridge. Buckley avait déjà remarqué qu'il avalait la moitié de ses mots et que son regard pénétrant ne supportait aucune comparaison. Le docteur Sargant s'efforçait, avec un zèle presque messianique, de conduire la psychiatrie vers un monde nouveau. Pour cela, ses armes étaient les convulsions épileptiques, produites par électrochocs ; le coma hypoglycémique, provoqué par l'insuline ; et la lobotomie préfrontale, l'une des techniques de la psychochirurgie.

À la fin de la guerre froide, le MI-5 et le MI-6 mirent tout en œuvre pour trouver, le plus rapidement possible, de nouveaux moyens de comprendre, combattre et surpasser les manipulations médicales des psychiatres soviétiques et chinois. En la personne du docteur Sargant, il trouvèrent un professeur motivé. Sur diverses bases militaires britanniques, dont celle de Maresfield, près de la station balnéaire de Brighton sur la côte sud, Sargant conduisait diverses expériences sur des soldats « volontaires ». Ensuite, il en mena d'autres au centre d'armement biochimique britannique de Porton Down, sur la plaine de Salisbury. Une nouvelle fois, on eut recours à des « volontaires » sélectionnés dans les prisons et les hôpitaux psychiatrique de l'armée (en mars 2005, trois « cobayes volontaires » ont finalement réussi à obtenir que le MI-6 leur verse une indemnité de dix mille livres).

La CIA envoya plusieurs fois le docteur Sidney Gottlieb et Frank Olson superviser les tests du docteur Sargant. Les trois hommes finirent par devenir bons amis. À chaque voyage, les Américains étudiaient les registres des patients de leur confrère et l'informaient, en retour, des résultats des dernières recherches sur la manipulation psychique que l'on avait obtenus à Fort Detrick, l'équivalent américain de Porton Down. Sargant était aussi le chef suprême du département de médecine psychologique à l'hôpital Saint-Thomas, l'un des plus important centres hospitaliers universitaires de Londres. Il avait créé ce département après avoir quitté – « non sans une certaine amertume » – l'autre citadelle britannique de la psychiatrie, l'hôpital Maudsley, également situé à Londres. En arrivant à Saint-Thomas, le docteur Sargant découvrit qu'il allait devoir créer son département « pratiquement à partir de rien, dans une cave sombre, humide et infestée de rats, que l'on surnommait Scatari ». Il ne comprenait qu'un service, un endroit lugubre où l'on entendait que les cris et les gémissements des malades sous l'effet des médicaments. C'était là que le docteur Sargant, fils d'une riche famille méthodiste bien établie, avait fait ses premières expériences sur ce qu'il appelait « l'utilisation de diverses combinaisons de drogues en doses surpuissantes ». L'homme était sombre et secret. Son appétit sexuel était tel qu'il ne pouvait le satisfaire avec des relations normales. Il résolvait ce problème en participant à des « parties fines ». De nombreux invités étaient des médecins ou des magistrats, grands fidèles de leur paroisse. Et c'était donc dans l'isolement de maisons bourgeoises anglaises que le docteur Sargant satisfaisait ses fantasmes physiques.

À la réception des Dulles, il s'agissait de tout autre chose. Sargant faisait partie de ceux qui avaient été discrètement invités à rejoindre leur hôte dans son bureau. Vers 22 h 30, les autres invités étaient tous partis. À Washington, le gouvernement se couchait de bonne heure et se levait tôt. Pourtant, dans le bureau, la réunion dura toute la nuit.

Le docteur Sargant se rappela plus tard avoir été le premier à lancer la discussion. Il commença par expliquer le fonctionnement de la conversion religieuse et ce que l'on pouvait accomplir grâce au jeûne, à l'inconfort physique et à la douleur ; bien utilisées, toutes ces méthodes pouvaient déclencher de puissants sentiments de culpabilité, d'anxiété ou de détresse et aboutir à l'effondrement nerveux. Telles étaient les conditions préalables nécessaires pour provoquer l'état indispensable pour qu'une personne soit prête à se convertir ou à abandonner une conviction pour une autre. Il décrivit la technique qu'utilisait l'évangéliste anglais John Wesley pour pousser quelqu'un à se convertir. Wesley repérait quelqu'un dans son auditoire et établissait un contact sympathique avec cette personne. C'était une méthode de manipulation mentale aussi simple qu'efficace. Sargant ajouta que le rite catholique de la confession était également très efficace. Pour finir, il aborda son sujet de prédilection, les vertus du vaudou en matière de manipulation mentale. Par le biais de ses divinités, il pouvait provoquer de nombreuses stimulations visuelles. Gérée correctement, cette méthode était très efficace pour pousser un individu au bord de la folie.

Le docteur Sargant conclut ses commentaires en rappelant les leçons qu'il fallait retenir de ce que l'on appelait la Renaissance du Kentucky de 1800. Un prédicateur calviniste, le révérend James McGready, avait instauré une tension dans sa congrégation en utilisant intelligemment l'obscurité et de continuels rythmes de tambour joués par ses acolytes. Au bout d'un moment, même des hommes robustes finissaient par perdre connaissance. D'un point de vue psychologique, c'était un impressionnant exemple d'abandon de soi ; les vieilles valeurs étaient remplacées par de nouvelles.

Le docteur Monroe fut le suivant à prendre la parole. Il passa brièvement en revue les nouveaux médicaments disponibles pour traiter les patients mentalement perturbés. Selon lui, leur effet était limité parce qu'ils n'étaient pas utilisés en conjonction avec d'autres techniques. L'une de ces méthodes avait commencé à se développer. Il s'agissait de la privation sensorielle. Il avait récemment lu un article qui décrivait comment elle pouvait « modifier les objectifs, les valeurs et les idéaux de toute une vie ».

Le docteur Cameron s'exprima en dernier. Il expliqua qu'il avait étudié un grand nombre d'aveux faits par les prisonniers nord-coréens. Il s'avérait qu'ils avaient tous un dénominateur commun. On avait obtenu leurs confessions en créant chez eux ce que le docteur Cameron appelait « un grand sentiment de conflit intérieur ». Il rappela à son auditoire que la personnalité n'était pas uniquement liée au comportement de rôle mais également à la perception de rôle. Ses « R » roulés à l'écossaise renforçaient ses paroles. Le point critique consistait à faire la distinction entre une personne qui joue un rôle et quelqu'un qui accepte la réalité d'une situation. Il était, selon lui, crucial de bien saisir l'importance de la perception de soi. Dans le cas des prisonniers de guerre, les geôliers avaient pris le temps et la peine de sonder la personnalité de chacun pour découvrir ses faiblesses et ses particularités.

Le docteur Cameron parla particulièrement de ce que l'on appelait « l'infantilisme psychologique traumatique », qui amène le sujet « à se tourner vers la personne qui le menace ou, même met sa vie en danger ». Ainsi qu'il l'écrirait plus tard, il ajouta : « Les prisonniers ont donc probablement fini par considérer leurs geôliers comme des gens biens. C'est ce que l'on appelle le transfert pathologique. »

Les discussions qui eurent lieu dans le bureau restèrent toutes dans cette veine. Allen s'était réservé le mot de la fin. Tout ce qu'il avait entendu avait renforcé sa conviction que l'on pouvait « percer le mystère du lavage de cerveau ». Il décida donc d'attribuer trois cent mille dollars au financement de nouvelles recherches, qui seraient dirigées par le docteur Gottlieb. Ce dernier reçut pour mandat de « chercher tous les méthodes permettant de modifier le comportement humain », aussi bien technologiques, scientifiques et médicales que psychophysiques. Il aurait carte blanche en matière d' « action exécutive », l'euphémisme interne de l'Agence pour « assassinat ». Le programme – nom de code MK-Ultra – resterait top secret. À moins que cela ne soit strictement indispensable, les chercheurs extérieurs ne devraient en aucun cas savoir qu'ils travaillaient pour la CIA ou connaître l'usage que l'on comptait faire de leurs recherches. En contrepartie, l'Agence s'engageait à protéger tous ceux qui seraient recrutés pour ce projet. Le docteur Wolff et ses collègues de l'université de Cornell seraient chargés d'étudier les sept mille cent quatre-vingt-dix dossiers que détenait la CIA sur les prisonniers de guerre américains. Le docteur Monroe aurait non seulement pour mission d'évaluer ce que l'on connaissait des méthodes d'interrogation russes et chinoises, mais également de créer une fondation qui puisse servir de couverture aux recherches. Elle s'appellerait

Société de recherche en écologie humaine (*Society for the Investigation of Human Ecology*) et son siège social se trouverait sur la 78e rue est, à New York, près de Cornell. Le docteur Wolff présiderait cette fondation. Dulles demanda au docteur Sargant s'il voulait bien continuer à servir de liaison entre la fondation et les centres de recherches britanniques de Porton Down, qui exerçaient des activités similaires. L'Anglais accepta. Dulles demanda ensuite au docteur Cameron s'il pouvait participer d'une façon ou d'une autre. Il répondit qu'il considérerait l'affaire avec le plus grand intérêt. Ce fut sur cette note que s'acheva la rencontre.

La soirée de Buckley, elle, se termina en aidant les traiteurs à débarrasser. Ensuite, Clover l'invita à la rejoindre pour prendre un café avec les autres « auxiliaires d'accueil ». Elle leur posa à tous des questions sur leur avenir. Buckley dit qu'il voulait faire carrière à la CIA. Bien plus tard, il se souvenait encore de la façon dont elle avait souri et déclaré que c'était « une noble ambition dont elle ne manquerait pas de parler à son mari ».

Un mois après la réception, Buckley fut convoqué dans l'un des bureaux de la CIA au Pentagone. Après qu'un recruteur ait examiné ses rapports militaires, on lui annonça qu'il allait devoir se soumettre à une multitude de tests et à un « entraînement spécial » particulièrement intense. Il fut alors envoyé au centre d'entraînement de la CIA de Fayetteville, en Caroline-du-Nord. Plus tard, il raconta cette expérience en ces termes : « Tout ce que l'on apprenait servait à savoir si quelqu'un mentait et comment lui faire dire la vérité. J'ai tout appris sur les boîtes aux lettres mortes, comment mettre un téléphone sur écoute ou envoyer des messages rédigés à l'encre sympathique. Il y avait beaucoup de choses physiques, telles que de se faire tirer du lit au milieu de la nuit, se faire emmener à l'interrogatoire ou se retrouver enfermé dans le plus total isolement. Le genre de choses qu'il fallait s'attendre à ce que les Russes ou les Chinois nous fassent s'ils nous prenaient. » Il fut le seul de sa promotion a être accepté. On l'affecta au département du docteur Gottlieb. Bien que ses fonctions relèvent des « travaux généraux », ce qui signifiait transporter des document scellés d'un bureau à l'autre, il avait l'intuition qu'il finirait par être « au cœur de l'action ». Avec le recul, Buckley trouvait que 1953 avait été une année riche en événements. Staline était mort. Che Guevara se déchaînait au Guatemala. Le shah d'Iran avait récupéré son trône. On avait découvert la structure en double hélice de l'ADN. On établissait les premiers liens entre la tabagie et le cancer. Puerto Rico devenait le premier Commonwealth des États-Unis et Aristote Onassis était accusé d'avoir essayé d'escroquer les américains lors de l'achat de bateaux démobilisés. Buckley s'était également beaucoup amusé du sens de l'humour de Willie Sutton, l'un des hommes les plus recherchés par le FBI. Quand, après son arrestation, on lui avait demandé pourquoi il pillait les banques, Sutton avait répondu : « Parce que c'est là que se trouve l'argent. » Buckley ne manqua pas de rire non plus lorsque l'amiral de la flotte, Chester Nimitz, avoua qu'il avait systématiquement le mal de mer.

La menace de Moscou s'amplifiait de jour en jour et tout le monde évoquait la possibilité d'une nouvelle guerre encore plus terrifiante que les autres. Bill Buckley savait qu'il voulait faire partie de ceux qui tenteraient d'éviter cela.

Le 30 novembre de la même année, Buckley, ainsi que tout le personnel de la division chimique, fut convoqué dans la salle de conférence de l'un des plus grands immeubles de Washington de la CIA. Le visage grave, le docteur Gottlieb leur annonça la mauvaise nouvelle : certaines personnes présentes avaient peut-être déjà entendu dire qu'un membre du personnel de Fort Detrick était mort. Il s'appelait Frank Olson.

V

Le 7 mars 1954, Buckley fut affecté à de nouvelles fonctions. On lui donna un bureau dans l'immeuble où le docteur Gottlieb avait annoncé la mort de Frank Olson et où se trouvait de département des Opérations de la CIA. Bien que son passe de sécurité lui donne plus de droits qu'auparavant, Buckley n'avait toujours pas accès aux étages supérieurs, point de départ et d'arrivée des espions de l'Agence. La suite du docteur Gottlieb se trouvait à l'extrémité du couloir opposée à celle du bureau de Buckley. Son bureau de métal, son siège, son armoire cadenassée, son téléphone et ses étagères étaient les meubles standard approuvés par le Pentagone.

Le docteur Gottlieb fit appeler Buckley : c'était la première fois qu'ils se rencontraient officiellement. Jusque-là, ils n'avaient échangé que quelques regards furtifs dans les couloirs ou lorsque Buckley passait devant la porte ouverte du bureau du médecin. Maintenant, les scientifiques souriaient à Bill et échangeaient deux ou trois mots avec lui pour le mettre à l'aise, sans oublier pour autant de l'examiner attentivement. Buckley admit qu'il aimait travailler pour la CIA, mais qu'il n'était pas encore tout à fait habitué à Washington. Soudain, le docteur Gottlieb se recula dans son grand fauteuil de bureau.

« Savez-vous pourquoi vous êtes là ? lui demanda-t-il.

– Non, monsieur.

– Parce que j'ai besoin de vous. À partir de maintenant, vous allez travailler pour moi, c'est compris ?

– Oui, monsieur. »

Ce n'est que plus tard que Buckley découvrit que Sidney Gottlieb commençait toujours de cette façon avec ceux qui travaillaient pour lui.

Mais ce n'était pas tout. Le docteur Gottlieb ordonna ensuite à Buckley de rester immobile et silencieux. Derrière le grand fauteuil de bureau se trouvaient quelques vitrines remplies de bocaux et de fioles contenant des insectes et des morceaux de champignons préservés dans des solutions liquides. Certains spécimens étaient ceux que Gottlieb avait rapportés de ses expéditions, lorsqu'il se rendait en Amérique centrale ou latine pour y chercher des plantes mortelles. Buckley sentait que Gottlieb l'étudiait avec le même soin que celui dont il avait dû faire preuve en rangeant ses flacons sur les étagères. Après un instant, le médecin commença à hocher la tête. Buckley sentit qu'il venait de réussir une sorte de test. Lorsque Gottlieb reprit la parole, il s'exprima lentement, comme s'il savait que c'était le meilleur moyen de contrôler son bégaiement. Il expliqua à Buckley qu'il devait inspecter les planques de la Division ; le Travel Office lui transmettrait la liste des adresses. Pour les étrangers, il serait un agent immobilier chargé de visiter des propriétés. En attendant, il devait se familiariser avec les projets du programme MK-Ultra.

Une fois de plus, il se recula dans son siège et expliqua qu'il se prononçait M, K, Ultra. Le sigle MK correspondait au projet en cours. Il avait lui-même choisi Ultra, en référence au programme qui, pendant la Seconde Guerre mondiale, avait permis de décrypter les codes que les Allemands utilisaient pour communiquer avec leurs sous-marins.

« Vous remarquerez que nous sommes engagés dans quelque chose d'encore plus important – tenter de comprendre ce que les Chinois ont fait à nos prisonniers en Corée », ajouta Gottlieb.

Buckley fut surpris. Dans les dossiers du Pentagone, il avait lu que l'affaire était classée. Plus tard, il se souvint d'avoir entendu Gottlieb expliquer : « Aujourd'hui, ces pratiques ne sont plus uniquement chinoises mais également soviétiques. Nous devons absolument découvrir comment ils s'y prennent pour trouver le moyen de les contrer. » Il se souvenait aussi avoir pensé que s'il était entré à la CIA, c'était précisément parce qu'il voulait participer à une guerre secrète.

Les dossiers seraient livrés au bureau de Buckley chaque matin par un messager, « votre remplaçant », avait dit Gottlieb en souriant. S'il avait à s'absenter dans la journée, il devrait ranger tous ses dossiers dans son armoire, la fermer à clé et en faire de même avec la porte de son bureau. Chaque semaine, il devrait rendre des rapports sur ce qu'il avait lu ; ses évaluations de la progression des travaux seraient bienvenues. Chaque rapport devrait se trouver sur le bureau du docteur Gottlieb tous les lundis matins à 7 h 30 précises.

Au cours des trois mois suivants, Buckley inspecta plus de vingt planques, des appartements situés dans les quartiers les plus huppés de plusieurs grandes villes. À New York, il y en avait un sur Madison Avenue, à San Francisco, il y en avait un autre à Nob Hill. À Washington, il y en avaient deux tout près de la Maison Blanche. Il y en avait encore à Chicago et Seattle, près des campus universitaires. Les appartements étaient tous bien meublés, équipés de miroirs sans tain et de micros cachés. Buckley se demandait si la CIA utilisait ces aménagements pour interroger ses informateurs. Dans chaque planque, caché derrière un meuble spécialement conçu pour cela, se trouvait un petit espace réservé au stockage du matériel d'enregistrement et des bandes vierges. Un système d'alarme sophistiqué protégeait les fenêtres et les portes.

Entre ses déplacements, Buckley étudiait les dossiers sur le MK-Ultra. Beaucoup d'entre eux comportaient des blancs. Il supposa que s'il manquait certaines choses, c'était parce que, bien que son passe de sécurité ait été amélioré, il ne lui permettait pas encore d'avoir accès à tout. Il commença alors à découvrir les recherches – visant à modifier la perception de la réalité chez l'humain – que la Division menait avec le LSD, et diverses autres substances. En 1954, ces expériences s'étaient élargies à plusieurs grands centres médicaux américains. À l'université d'Oklahoma, le docteur Louis J. (Jolyon) West testait les effets du LSD sur des sujets qu'il se gardait bien d'informer. Des travaux similaires avaient lieu au *Boston Psychopathic* et au département médecine de l'université de Columbia, à New York. En tout, il existait vingt-trois campus où des scientifiques faisaient des recherches secrètes sur leurs patients, et se faisaient rémunérer grâce aux fonds tout aussi secrets du docteur Gottlieb.

L'argent provenait de la Fondation Geschickter pour la recherche médicale, à Washington. Cet institut familial privé était dirigé par un très bon ami de Gottlieb, le docteur Charles Geschickter. Grâce à la fondation, des dons de quarante mille dollars et plus – une somme considérable en 1954 –, étaient régulièrement versés aux chercheurs qui étudiaient la manipulation du comportement humain.

En juin 1954, le docteur Gottlieb envoya Buckley effectuer sa première mission sous couverture. Il devait se faire passer pour un journaliste *free-lance* qui préparait un article scientifique. Pour avoir l'air d'un vrai journaliste, Buckley passa un peu de temps avec Richard Helms ; cet agent des services secrets, grand et élégant, était le fameux reporter qui avait réussi à interviewer Adolf Hitler et qui était aujourd'hui un fervent partisan du docteur Gottlieb et de ses travaux. La tâche de Buckley consistait à tester la sécurité des centres de recherche pour voir ce qu'il parviendrait à découvrir. Gottlieb expliqua que si les Russes se rendaient compte de l'importance stratégique des travaux qui se déroulaient sur les campus américains, ils pourraient mettre en place une contre-attaque. Buckley visita tous les sites, il y interviewa les psychiatres, les psychologues, les physiologistes et les cliniciens. Il leur dit qu'il préparait une série d'articles sur les avantages de l'utilisation des drogues. Tous lui remirent des copies de leurs articles parus dans la presse professionnelle, mais personne ne fit la moindre allusion aux travaux secrets. Gottlieb eut le plaisir de constater que la sécurité restait étanche autour de ses projets.

Sidney Gottlieb travaillait maintenant sur deux fronts différents. Le premier consistait à découvrir comment les Chinois et les Russes procédaient aux lavages de cerveau, le second, à continuer le développement d'un arsenal biologique qui permette de leur faire face. Fort Detrick avait pris beaucoup d'ampleur depuis la première fois qu'il y avait travaillé. Des ouvriers bâtissaient de nouveaux laboratoires destinés à accueillir les nombreux scientifiques et techniciens que l'on recrutait. On construisait également des logements pour leurs familles, à l'abri des clôtures barbelées sur lesquelles étaient accrochés des panneaux interdisant de prendre des photos. Des gardes armés patrouillaient autour de l'enceinte. La SOD (La Division des opérations spéciales) avait ses quartiers à l'intérieur d'une longue structure de plain-pied, d'un jaune incongru, la couleur du maïs qui arrive à maturation. C'était là que Frank Olson conduisait ses expériences secrètes. Le bâtiment 470 était une structure d'un seul bloc, plus imposante, à la façade de briques rouges ; c'était ici que l'on testait les armes et leur contenu, en vue de leur utilisation par l'Air Force en Corée.

Il existait un service d'appareillage, successeur de l'unité de l'OSS qui produisait du matériel spécial pour les agents secrets pendant la Seconde Guerre mondiale. Ce service fabriquait les appareils qui permettaient aux agents de la CIA d'utiliser les armes biologiques. Le service des agents, lui, employait quelques-uns des plus grands botanistes américains. Tous ces experts connaissaient très bien les moisissures, dont un champignon utilisé comme poison depuis plus de deux mille ans. L'impératrice Agrippa ne s'était d'ailleurs pas trompée pour empoisonner son mari, l'empereur Claudius, afin que Néron puisse s'asseoir sur le trône impérial. Les scientifiques du service des agents étaient en train de créer un poison similaire, tiré des moisissures rapportées des jungles d'Amérique centrale. Leur réserve de lotions et potions était sans égale. De temps en temps, le docteur Gottlieb faisait venir un officier supérieur des opérations clandestines pour parler avec les scientifiques de l'usage des produits botaniques dans les assassinats.

Parmi ceux qui avaient intégré Detrick, il y avait William Capers Patrick, dont les origines se situaient sur les lointaines tourbières d'Irlande et d'Écosse. Son second prénom était celui d'un évêque méthodiste et il avait été élevé dans un pays de chasse et de pêche, le long du fleuve Savannah. Gottlieb avait suivi l'évolution de la carrière de ce jeune microbiologiste. Bill Patrick était très indépendant et toujours prêt à relever un défi pour en savoir plus sur ce monde invisible où les bactéries se livrent des guerres microscopiques. Le docteur Gottlieb envoya une discrète invitation au docteur Patrick pour lui proposer d'entrer à Fort Detrick. Il lui promit des fonds comme il n'en avait jamais eu et la possibilité d'accomplir un travail crucial pour la protection des États-Unis. Gottlieb jouait souvent « la carte du patriotisme pour convaincre quelqu'un de venir à Detrick», se rappelait plus tard Buckley.

Peu après le vingt-cinquième anniversaire du docteur Patrick, sa voiture passa les barrières gardées du Fort et entra dans un monde dont très peu de gens connaissaient l'existence. En quelques mois à peine, encouragé par le docteur Gottlieb et supervisé par Frank Olson, le microbiologiste créa de minuscules bombes biologiques. Ces mini bombes étaient conçues pour pénétrer jusqu'au fond du système respiratoire humain, en entrant par la bouche et le nez pour atteindre les poumons. Là, dans l'humidité spongieuse des bronches, les organismes se développaient à une vitesse hallucinante, ce qui les faisait se multiplier par millions.

Pour vérifier leur efficacité, on fit des tests sur des centaines de soldats américains qui ne soupçonnaient rien. Ces expériences furent conduites à Fort Detrick, dans des salles hermétiques, et au terrain d'essais de Dugway, un site d'essais militaires, dans le désert de l'Utah. On avait fait croire aux troupes, entièrement composées de volontaires, qu'elles participaient à un projet de recherche pour trouver un remède contre le rhume. Des prisonniers du pénitencier d'État de l'Ohio furent également recrutés, après qu'on leur ait promis des réductions de peine. Les prélèvements de crachat confirmèrent que les minibombes étaient idéales pour transmettre tout un éventail de bactéries. Le docteur Patrick et Frank Olson travaillèrent ensuite sur l'utilisation de l'anthrax en tant qu'arme. Ils calculèrent que sous forme d'aérosol, un peu moins de quatre litres de bactéries pouvaient donner huit milliards de doses, une quantité suffisante pour éradiquer toute vie humaine et animale de la planète.

Pour tous ceux qui participaient aux recherches, les risques étaient considérables. Deux techniciennes qui travaillaient dans un laboratoire «à haut risque» tombèrent enceintes. Leurs bébés naquirent avec de si affreuses malformations que leur mort fut indubitablement un grand soulagement. Les deux nouveaux-nés furent autopsiés par les pathologistes de Detrick, puis on incinéra leurs dépouilles. En 1953, l'année où Frank Olson fut assassiné, on comptait déjà plus de cinq cents décès dus au fait que certains de ses collègues avaient été contaminés par l'anthrax ou le typhus bolivien. Comme le parquat, ces maladies rongent tous les organes internes et transforment le sang en une espèce de vase plus ou moins transparente. Sur la décharge qu'elles avaient toutes signée, les victimes acceptaient que leur corps soit autopsié. Les résultats ne furent jamais transmis aux familles. Gottlieb appelaient ceux qui avaient perdu la vie « nos héros méconnus ».

Le docteur Patrick contracta la fièvre de Queensland, ainsi nommée parce que c'est dans l'État australien du même nom qu'elle fut découverte en 1953. Ses symptômes de type grippal entraînent également des hallucinations. Si ses effets sont débilitants et mettent longtemps à guérir, son taux de mortalité est très bas. Gottlieb décida que la fièvre de Queensland faisait une arme idéale : les troupes de terrain seraient réduites à l'incapacité et auraient besoin de soins considérables. Une armée contaminée ne serait absolument pas en état de combattre.

Pour en tester l'efficacité, on décida d'utiliser des adventistes du septième jour. Cette religion repose sur le commandement de l'ancien testament : « Tu ne tueras point. » Les adventistes sont objecteurs de conscience et refusent de porter des armes. Mais ils acceptent de servir en tant que porteurs de brancards, infirmiers ou tout autre rôle non-violent. Ils ont également le droit de participer aux essais médicaux, à condition que leur objectif soit de faire le bien ; on leur inculque qu'ils doivent faire tout ce qui est en leur pouvoir pour soutenir la loi de leur pays et le gouvernement du moment.

Le docteur Gottlieb envoya un message soigneusement rédigé aux adventistes. Il demandait des volontaires pour un test de « médecine militaire qui pourrait également avoir des effets bénéfiques sur la santé publique ». En tout, deux mille deux cent personnes se portèrent volontaires. Le docteur Gottlieb avait trouvé ses cobayes pour le projet dont le nom de code était CD-22. Si les tests de la fièvre de Queensland fonctionnaient, on pourrait de nouveau les utiliser pour tester des bactéries pathogènes plus dangereuses. Des groupes entiers d'adventistes furent amenés par avion à la base aérienne d'Andrews, aux alentours de Washington. Buckley les escorta à Fort Detrick. Gottlieb et plusieurs autres scientifiques de la Division des opérations spéciales les y attendaient. Ils avaient passé les semaines précédentes à préparer des fournées de petites doses de fièvre de Queensland.

On escorta les adventistes vers les bâtiments sans fenêtres qui surplombaient le camp et abritaient la sphère où Frank Olson avait débuté en sacrifiant les insectes que le docteur Gottlieb avait rapportés de Corée. Cette sphère avait maintenant un nom, la Boule 8. Les adventistes prirent un ascenseur vers une station de travail. Ils reçurent chacun une longue blouse blanche de laboratoire et furent conduits dans une pièce aux murs de verre, où on leur demanda de mettre un masque connecté à un tuyau de caoutchouc. La porte se referma avec un léger sifflement indiquant qu'elle était hermétiquement close. Dans la cabine de contrôle adjacente, un technicien pressa un bouton sur le tableau de commandes et une quantité mesurée de fièvre de Queensland passa en silence dans les tuyaux pour arriver jusqu'aux masques. Au bout d'une minute, le test était terminé. On demanda aux volontaires de retirer leurs masques. On ouvrit la porte et ils furent conduits dans une salle d'isolement, dans un autre service. On fit venir le groupe suivant pour répéter le processus. Les trente-quatre volontaires de ce groupe montrèrent tous des symptômes de la fièvre de Queensland dans les jours qui suivirent. Ils réagirent rapidement à l'oxytétracycline, un antibiotique puissant, et furent tous guéris. Les résultats des analyses de crachat révélèrent que les bactéries pathogènes s'étaient logées dans leurs systèmes respiratoires. La fièvre de Queensland se prêtait donc parfaitement à la propagation par aérosol. Il ne restait plus qu'à en augmenter la puissance, ce qu'ordonna immédiatement Gottlieb. Il se rendit ensuite à son bureau de Washington où il devait rencontrer le docteur Ewen Cameron.

Cela faisait presque un an que le docteur Cameron avait assisté à la réception des Dulles. Il expliqua à Gottlieb qu'il en était arrivé à la conclusion que c'était grâce à un mélange de drogues, peut-être associé à la privation sensorielle et à l'hypnotisme, qu'on avait manipulé le psychisme des prisonniers de guerre américains pour les faire parler. Il ajouta que cette hypothèse lui donnait envie de continuer à se documenter et à chercher. Mais c'était également un homme pragmatique. Un projet de cette envergure allait nécessiter « un énorme budget et un très haut niveau de sécurité ». Il était indispensable qu'on lui garantisse les deux. C'est ce que fit Dulles, le directeur de la CIA. Plus tard, Cameron passa une journée avec le docteur Wolff dans les bureaux de la toute nouvelle Société de recherche en écologie humaine à New York. Elle était désormais la façade des travaux du docteur Cameron. Il allait être crucial de bien dissocier ce qui allait se faire à Montréal de la CIA. Le MK-Ultra allait opérer hors des États-Unis, à l'abri des frontières d'un voisin ami. Les répercussions politiques qui suivraient la découverte seraient immenses. Cameron continuait néanmoins à peser le pour et le contre des options. On lui proposait un budget comme il n'en avait encore jamais obtenu. S'il réussissait, il gagnerait encore en réputation. En s'y prenant bien, il devait être possible de minimiser les risques.

Il prit l'avion pour rencontrer le docteur Sargant à Londres. Ensemble, ils déterminèrent comment combiner leur travaux, sachant que Sargant reproduirait les expériences de Montréal dans son service de l'hôpital Saint-Thomas. Ils se rendirent à une ancienne base de la RAF à Maresfield, près des Sussex Downs, où l'on testait des drogues sur des volontaires de l'armée britannique. Le programme était supervisé par Sargant et, pour l'instant, ses expériences donnaient peu de résultats. De retour à Montréal, Cameron autorisa les préparations nécessaires pour convertir la cave de l'Allan Memorial Institut en une réplique des centres d'interrogatoire coréens que Dulles lui avait décrits. Le MK-Ultra prit alors un nouvel essor.

Ayant effectué deux essais de bombe atomique, l'Union soviétique était sur le point de procéder au troisième. Quoi qu'il en soit, ce serait toujours moins que les cinq essais qu'avaient fait les États-Unis dans le désert du Nevada. Lors de la dernière visite de Cameron à Washington, Dulles lui avait parlé d'une expérience de la CIA à Boston. Le docteur Louis Lasagnar avait administré du LSD à plusieurs volontaires. Les effets avaient été impressionnants. Dulles expliqua qu'après cela, ils avaient avoué toutes sortes de choses. Cette nouvelle fut déterminante dans la décision du docteur Cameron de continuer à travailler avec la CIA.

Pendant ce temps-là, le docteur Gottlieb avait ordonné à Buckley de superviser la sécurité de la seconde expérience sur la fièvre de Queensland, pour laquelle on allait utiliser des bactéries plus puissantes.

Une fois de plus, le test eut lieu au terrain d'essais de Dugway, dans l'Utah. L'armée l'utilisait pour essayer ses armes depuis 1942. En 1944, les pilotes du 509e escadron de l'US Air Force y avaient largué des obus remplis de gravats pour se préparer au largage de la bombe atomique sur Hiroshima. C'était également à Dugway que Frank Olson avait fait ses premiers essais pratiques au retour de son premier séjour en Corée. Il y avait testé plusieurs conditionnements afin de voir ceux qui diffusaient le mieux les bactéries, en utilisant à la place une poudre inoffensive. Il avait obtenu des résultats satisfaisants. Gottlieb avait alors donné l'ordre que ces obus – remplis de bactéries par les scientifiques de l'unité 8003 – soient expédiés en Corée par voie maritime. Aucun document écrit ne stipule s'ils ont ou non été utilisés au combat.

Au début de l'été 1954, un avion de transport rempli d'adventistes se posa sur la piste d'atterrissage de Dugway. Buckley se souvenait plus tard qu'il avait eu l'impression d'être sur la Lune. « Il n'y avait que le désert qui s'étendait à perte du vue jusqu'aux montagnes de Dugway. » Le test aurait lieu après le coucher du soleil lorsque que les vents qui faisait tournoyer les boules de désert sur le sable retomberaient. La violente lumière du soleil aurait également tué les bactéries. Au crépuscule, Buckley escorta les adventistes vers la zone d'essais, une rangée de plateformes de bois d'une longueur de sept cent cinquante mètres. Tout le monde pris une douche en utilisant l'eau d'un camion citerne et reçut des vêtements propres. Bien à l'écart de la zone d'essais, la police militaire montait la garde. Buckley vérifia lui-même une dernière fois que personne n'avait réussi à faire entrer une caméra en cachette pour filmer ce qui allait ce passer.

Sur chacune des plateformes sur lesquelles se tenaient les adventistes, il y avait une cage contenant plusieurs macaques rhésus enfermés dans des boîtes métalliques d'où seule sortait leur tête. Sur certaines des estrades, on avait également placé des cobayes enfermés de la même façon. Sur toutes, se trouvait du matériel de laboratoire qui permettrait de recueillir des échantillons d'air avant, pendant et après le test. Les bras le long du corps et regardant calmement droit devant eux, tandis que la brise nocturne faisait frémir les taillis, les adventistes donnaient l'impression de participer à quelque rituel ancien. La pâle lueur des étoiles intensifiait l'étrangeté de la situation.

Le silence fut brisé par un générateur qui se mit en route en toussant pour faire tourner le demi-cercle de diffuseurs qui se trouvaient à sept cent cinquante mètres de là. Les microbes commencèrent à s'échapper des bouches des diffuseurs et, invisibles à l'œil nu, commencèrent à dériver dans le vent en direction des plateformes. L'un des scientifiques enclencha son chronomètre au début du test. À l'aide d'un porte-voix, un autre s'adressa aux adventistes : « Pensez bien à respirer normalement. » La voix désincarnée répéta une fois de plus cette instruction dans l'obscurité du désert. Deux minutes après sa première pression, le savant chargé du chronomètre appuya une seconde fois. Le test était terminé. Deux camions s'approchèrent des plateformes. Les chauffeurs portaient des combinaisons de caoutchouc, des lunettes de protection et des masques. Ils ressemblaient à des extra-terrestres. L'un des camions emmena les adventistes, l'autre les animaux en cage et le matériel de contrôle. On guida les adventistes jusqu'aux douches et on leur demanda de se déshabiller. Leurs vêtements furent portés à un incinérateur hermétique et brûlés pendant qu'ils se douchaient sous de l'eau couleur violette. On leur indiqua ensuite qu'ils pouvaient remettre la tenue dans laquelle ils étaient arrivés.

Buckley escorta les adventistes jusqu'à la piste de décollage. À l'aller, il s'était assis avec eux et ils lui avaient un peu parlé de leur foi ; du fait que leur religion reposait sur l'attente d'une deuxième venue du Christ. Ils lui avaient également expliqué que leur église était l'une des plus riches des États-Unis et qu'elle possédait ses propres universités et écoles de médecine – dans lesquelles on apprenait aux élèves qu'il fallait servir Dieu et sa patrie en temps de guerre. Mais, pour le vol de retour, il avait reçu l'ordre de voyager dans un avion séparé, avec toute l'équipe de Fort Detrick. L'un des scientifiques lui expliqua qu'il fallait que les adventistes restent aussi isolés que possible pour garantir la « pureté du test ».

Plus tard, Buckley apprit que l'expérience avait été un franc succès. On avait ajouté une petite quantité de LSD à la bactérie de la fièvre de Queensland. Quelques jours plus tard, certains adventistes avaient montré des signes de comportement irrationnel qui les avaient par exemple amenés à détruire leur objet préféré ou à écouter le même disque toute la journée. Ces schémas comportementaux furent observés de près par les agents médicaux de Fort Detrick qui leur rendaient visite quotidiennement dans leur salle d'isolement. Leurs notes furent envoyées au docteur Gottlieb. Il en fit des copies qu'il fit suivre au docteur Cameron à Montréal.

En décembre 1954, on put voir, une fois de plus, comment Gottlieb sut mettre fin à la nouvelle vague d'allégations des médias asiatiques et européens qui accusaient la CIA de préparer des armes biologiques pour les utiliser en Corée. Il élabora un dossier de presse convaincant qu'il distribua aux nombreux journalistes auxquels la CIA avait recours pour faire passer les articles qui lui convenaient. Chaque dossier contenait une copie du *New York Times* de mars 1952, dans lequel on expliquait que les accusations de la Chine au sujet de l'armement bactériologique étaient « bidon ». On y trouvait également deux rapports rédigé par des « experts certifiés indépendants » qui affirmaient que les accusations chinoises étaient aussi crédibles que s'ils proclamaient : « Des soucoupes volantes viennent d'atterrir. » Ces deux spécialistes étaient, en fait, des connaissances personnelles de Gottlieb. Et l'article du *Times* avait était rédigé par un journaliste dont les papiers précédents étaient toujours favorables à la CIA. De nombreux journaux étrangers publièrent également leur version du dossier de presse. Une fois de plus, la vérité sur la guerre biologique en Corée était de retour dans sa boîte, en toute sécurité.

Début juin 1955, Buckley assista à une rencontre entre le docteur Gottlieb et le docteur Cameron à Washington. Leur conversation portait sur la question de trouver suffisamment de cobayes humains pour leurs recherches à Montréal. Cameron se montra rassurant ; il avait assez de patients pour satisfaire ses exigences. De même, il ne pensait pas que son personnel soulèverait de problèmes éthiques, aussi révolutionnaires que soient ses expériences.

De toute façon, en cas de litige, il était sûr de remporter la bataille. Aucun médecin n'avait jamais apporté un tel prestige à l'université de McGill. Le docteur Cameron était président de la toute puissante *American Psychiatric Association* et allait bientôt devenir celui de son équivalent canadien. De plus, il était sur le point de recevoir l'honneur suprême de sa profession, la première présidence de l'Association mondiale des psychiatres. Il avait déjà fondé l'Association canadienne pour la santé mentale et dirigé le comité canadien de planification scientifique. Aucun psychiatre de la faculté de McGill n'avait publié autant de documents scientifiques que lui et certainement pas à la même échelle. Personne n'avait donné autant de conférences que Cameron. Personne non plus ne jouissait d'une plus grande notoriété dans le monde médical, ni n'avait attiré autant d'étudiants au campus.

Gottlieb lui expliqua que Buckley serait son agent de liaison personnel. À la CIA, Bill avait déjà lu le dossier du docteur Cameron. Il existait un dossier de ce type pour chacun des membres du personnel de haut niveau qui travaillaient sur le MK-Ultra. Indubitablement, dans le monde de Gottlieb, le savoir, c'était le pouvoir.

Ewen Cameron, né le 24 décembre 1901, était le fils du révérend Duncan Cameron, ministre de la paroisse de Bridge of Allan, une petite ville située à une trentaine de kilomètres au nord de Glasgow, en Écosse. Il grandit au son du clairon et des tambours qui appelaient ses aînés pour la Grande Guerre. Ceux qui en revenaient rentraient médaillés, aveugles ou estropiés. Il lut tout ce qu'il put trouver sur l'utilisation que faisaient les Allemands du gaz chlorine – précurseur de l'armement chimique, apparu dès la Première Guerre mondiale et qui coûta la vie à cinq mille soldats canadiens. Des années plus tard, Cameron avait toujours dans sa bibliothèque personnelle une copie du rapport d'autopsie qui détaillait les effets du gaz chlorine sur l'un des soldats : « Le corps montrait clairement une décoloration du visage, du cou et des mains. En ouvrant la cage thoracique, les poumons sont sortis d'eux-mêmes.

Pendant que l'on finissait de les retirer, ils exsudaient un liquide mousseux et jaune clair, de toute évidence très albumineux qu'il suffisait de battre légèrement pour qu'il se solidifie comme du blanc d'œuf. Les veines à la surface du cerveau étaient très encombrées et les petits vaisseaux ressortaient de façon proéminente. »

À la fin de la Grande Guerre, il commença ses études de médecine à l'université de Glasgow et se passionna pour le cerveau. À peine diplômé, le docteur Cameron décida de consacrer sa carrière au problème complexe du comportement humain. Après avoir fait son internat à la *Western Infirmary* de Glasgow, il entra à l'université de Londres pour y entamer son troisième cycle. Il obtint son diplôme de médecine psychologique, et, en 1926, il quitta la Grande-Bretagne pour rejoindre la faculté de l'un des hôpitaux les plus avancés d'Amérique du nord – Johns Hopkins, à Baltimore. À la grande surprise de ses collègues, il décida de faire prendre à sa carrière un tournant qui l'éloignait de la simple médecine. Il entra à l'hôpital psychiatrique Brandon, à Manitoba. Cet asile, situé dans la prairie, était une sorte de maison de repos pour les rebuts de la société canadienne, un lieu de brutalité, de dépersonnalisation et de crasse – une institution fermée, où les gardiens ne faisaient aucune distinction entre les divers types de maladie mentale. Cameron obtint carte blanche pour traiter les centaines de patients que représentaient les cas les plus aigus de l'institution.

Il fonda ses réformes sur le principe que, pour toutes les maladies mentales, il fallait savoir prendre des décisions audacieuses. Il ne disposait pour cela que de quelques substances pharmaceutiques. Il faudrait attendre encore presque vingt ans avant la « chimie de la libération ». Mais, à Brandon, il commença à imposer l'idée que la fin justifiait les moyens. Âgé d'à peine vingt-huit ans, il avait les coudées franches pour étudier les divers mécanismes schizoïdes, les fantasmes psychotiques et le monde étrange de la paranoïa – un univers où les réalités intérieures et extérieures sont constamment dissociées. Il n'avait jamais été aussi heureux.

Il lut les travaux de Frederick W. Taylor, pionnier de l'« organisation scientifique du travail » et grand prêtre de l'« ingénierie humaine ». Taylor avait publié en 1911 une étude gigantesque qui, bien que son but originel soit d'expliquer aux patrons comment obtenir plus de leurs ouvriers, pouvait, selon Cameron, être adaptée à l'amélioration de l'état de ses patients. Il commença ses premières recherches psychologiques en s'inspirant à la fois des enseignements de Taylor et des tests conduits par l'armée américaine durant la Première Guerre mondiale. On utilisait des listes de questions pour essayer de trouver des réponses. On quantifiait des diagnostics tels que « dangereux », « violent », « non coopératif » – des classifications courantes pour les patients de Brandon. C'était la première fois que Cameron se plongeait dans les sciences du comportement. Il fut immédiatement conquis. Alors qu'il s'efforçait de restructurer Brandon, il parvint à une conclusion décisive : « La science comportementale donne une légitimité au fait de manipuler ses patients. » Une très grande majorité de patients étaient d'origine étrangère, généralement d'Europe de l'Est ; des épaves humaines qui, d'une façon ou d'une autre, avaient échoué à Manitoba ; des Polonais, des Bulgares, des Lituaniens ou des Russes qui avaient fui la Révolution bolchevique. En trouvant dans le Nouveau Monde une vie aussi dure que chez eux, ils avaient fini par craquer. Cameron était convaincu que ces tests pourraient également être utiles pour filtrer l'immigration et éviter que de tels individus viennent « pourrir » la société. Il était de plus en plus persuadé que la psychiatrie avait le pouvoir d'identifier et de régler tous les problèmes sociaux. « La menace imminente d'une dégénération de la race, la perspective d'une batardisation nationale due au laxisme eugénique, la croissance de la délinquance et de l'immoralité – une approche radicale du traitement peut changer tout cela », écrivit-il. Brandon était un bon endroit pour tester les théories qu'il voulait utiliser pour créer une nouvelle Jérusalem. Il commença à publier des articles médicaux affirmant que la maladie mentale pouvait être guérie : « Les neurones sont réanimés puis ramenés à leur état normal de liberté », écrivit-il.

Quand il quitta Brandon, il revint aux États-Unis, à l'hôpital d'État de Worcester, dans le Massachusetts, où il fut nommé directeur des recherches. Ne tenant pas en place, tant il était avide d'expériences, en 1939, il devint professeur de psychiatrie à la faculté de médecine d'Albany, dans l'État de New York. Là, il devint un fervent adepte d'une nouvelle forme radicale de traitement. Quatre ans plus tôt – le 12 novembre 1935 –, dans un hôpital de Lisbonne, le neurochirurgien Egaz Moniz, avait percé un trou de chaque côté du front de l'une de ses patientes. Il avait ensuite injecté de l'alcool pur directement dans les lobes frontaux du cerveau de cette femme qu'il espérait guérir de sa violence. Ce ne fut qu'une réussite partielle. Il répéta l'expérience sur sept autres patients. Puis, la huitième fois, il modifia fondamentalement son intervention. Il inséra dans chaque trou un instrument de sa fabrication, une sorte de vide-pomme. Il s'en servait pour détruire toutes les fibres nerveuses qu'il pouvait. Le docteur Moniz appela tout d'abord sa nouvelle technique « leucotomie préfrontale, du grec *leuco*, fibres nerveuses et *tome*, couteau. Après une vingtaine d'opérations, il la renomma lobotomie, puis enfin psychochirurgie. Par la suite, cette technique devint très répandue. En 2006, la leucotomie est encore pratiquée, au laser en Grande-Bretagne et dans quelques autres pays.

Cameron commença donc à envoyer ses patients en chirurgie. Il avait l'habitude de rester au bloc opératoire pour regarder le neurochirurgien sectionner les lobes frontaux dans la région ventromédiale, celle qui régule les émotions. La destruction de cette zone générait des changements spectaculaires. La violence laissait place à la stupeur. Avec leurs cicatrices sur le front, leur regards vides et leur démarche de monstre, les patients ressemblaient souvent à la créature de Frankenstein. Mais ils étaient plus contrôlables et s'intégraient mieux au fonctionnement du milieu hospitalier. Au bout du compte, c'était là ce qui importait – et non leur perte d'imagination, la diminution de leurs réactions sexuelles, leur logique décalée ou leur incapacité à avoir un jugement personnel. Le docteur Cameron estima alors que des malades mentaux n'avaient nul besoin de ces fonctions. Un principe de plus pour sa nouvelle Jérusalem.

Peu de temps avant que les Japonais n'attaquent Pearl Harbor, Cameron devint membre du comité de mobilisation militaire de l'Association des psychiatres américains. Sa nomination coïncida avec de nouveaux événements qui préoccupaient grandement l'administration Roosevelt. De plus en plus d'objecteurs de conscience étaient prêts à endurer la brutalité des hôpitaux psychiatriques américains plutôt que d'être enrôlés. Le nombre grandissant de recrues réformées pour raisons neuropsychiatriques était une autre cause d'inquiétude. En tout, aux États-Unis, sur quinze millions d'appelés, deux millions étaient exemptés pour de tels motifs. Pendant la Seconde Guerre mondiale, aucune autre nation n'enregistra d'aussi mauvais chiffres.

À Albany, le docteur Cameron entama une série d'études génétiques, biochimiques, interculturelles et neurologiques ayant pour objectif d'identifier les processus électrochimiques cérébraux susceptibles d'avoir généré ce qu'il considérait comme un manque de fibre morale chez les objecteurs de conscience.

La Seconde Guerre mondiale annonça une nouvelle ère pour le milieu médical. Aucune maladie ne semblait trop grave ou trop bénigne pour justifier des études ou des disputes dans la presse spécialisée. Et ce fut dans le domaine de la psychiatrie que l'on instaura le plus de nouvelles bases. On n'arrêtait pas de définir, spécifier et répertorier les maladies mentales. Le docteur Cameron, lui, ne s'intéressait pas beaucoup à ces débats. Au cours des premières années de guerre, la fabrication d'appareils à électrochocs, de camisoles de force, de drogues et de produits chimiques augmenta considérablement. La différence entre les traitements volontaires et forcés devint floue, souvent jusqu'à s'estomper. Presque chaque mois, de nouveaux syndromes, symptômes et maladies mentales entraient dans le dictionnaire médical. On n'avait pas vraiment le temps de contrôler les méthodes de traitement. Comme tout le reste, la psychiatrie n'échappait pas au cri généralisé : « Nous avons une guerre à faire. » Lorsque c'était possible, les malades mentaux devaient retourner dans les magasins et les usines, quand on ne les envoyait pas au front. Pour Ewen Cameron, le début des années 1940 ne fut pas uniquement une époque de décisions audacieuses par rapport à ses patients mais également pour son propre avenir. Albany ne lui suffisait plus. En revanche, à Montréal, il sentait, à juste titre, qu'il existait une opportunité qui ne se représenterait probablement jamais. L'université McGill commençait déjà à jouir d'une certaine notoriété sous la houlette du célèbre neurologue Wilder Penfield. En 1943, sur les recommandations du professeur, on offrit le poste à Cameron qui l'accepta immédiatement. Son protecteur lui donna une garantie et deux conseils. Il aurait carte blanche. En retour, il devrait essayer d'apprendre le français et devenir citoyen canadien. Si la promesse d'indépendance fut respectée, le docteur Cameron ignora joyeusement les recommandations. Son dossier à la CIA stipulait que beaucoup de ses collègues francophones le qualifiaient de « Rhodésien de Wellmount », une référence péjorative à la communauté anglophone qui vivait dans son enclave de Montréal, où l'on buvait jusqu'au petit matin et où l'on portait des cravates d'écoles anglaises en chantant « The Eton boating song ». Écossais de naissance, Cameron n'aimait pas cela non plus. Mais il avouait tout de même parfois à Dorothy Trainor, sa secrétaire, qu'il ne trouvait pas grand-chose d'intéressant, à l'exception de son travail, dans cette demeure bourgeoise de style renaissance italienne qui était devenue sa citadelle, l'Allan Memorial Institut, annexe de l'université McGill.

À la page du 12 janvier 1955 du journal qu'il avait commencé à tenir, Buckley avait écrit : « Rencontré EC (Cameron). A fait semblant d'avoir oublié m'avoir rencontré chez CD (Clover Dulles). Froid. Le docteur G (Gottlieb) m'a fait clairement comprendre que mon travail consistait à m'assurer qu'il soit toujours possible de nier les activités de Montréal. »

Par un matin glacial de janvier 1955, le docteur Cameron, au volant de sa Cadillac noire, conduisait sur l'autoroute 87 en direction du nord, s'éloignant du lac Placide pour passer dans l'État de New York. Malgré des conditions de route peu sûres, il roulait vite, une main gantée sur le volant, l'autre tenant un micro. Ce dernier était branché sur un magnétophone portable posé sur le siège passager. Ses paroles seraient transcrites avant la tombée de la nuit par une de ses secrétaires. Elle taperait ses commentaires sur les notes détaillées qu'il avait revues pendant le week-end, chez lui à Albany, tandis que sa femme, Jean, et leurs enfants, trois garçons et une fille, jouaient aux échecs. Une autre secrétaire s'occupait de l'administration et une troisième de ses publications : livres, articles pour la presse professionnelle, conférences et communiqués de presse. Il était conscient de l'importance de la publicité mais savait également quand il fallait l'éviter. Il n'y en aurait pas sur ce qu'il était en train de dicter en conduisant. Ces paroles seraient transcrites par la secrétaire chargée de ses travaux les plus confidentiels, l'inépuisable Dorothy Trainor.

« Nous demandons des subventions pour financer des études sur les effets de la répétition des signaux verbaux sur le comportement humain. Notre intérêt actuel est orienté vers la production de changements du comportement et de modifications du fonctionnement physiologique. Nous insistons principalement sur le second point parce qu'il est plus facile à mesurer. »

Ainsi formula-t-il sa requête de financement à la Société de recherche en écologie humaine. De sa longue expérience des demandes de subventions, il avait appris comment attirer immédiatement l'attention. Au cours des treize années précédentes, il avait réuni plus de fonds que n'importe quel autre médecin canadien, à commencer par les quarante mille dollars en 1943 de la Fondation Rockefeller pour créer l'Allan Memorial Institut. Il avait ensuite trouvé de nouvelles sommes substantielles pour l'agrandir, aucun donateur n'était trop petit ou trop grand pour lui : les agences gouvernementales, les fondations philanthropiques, les hommes d'affaires fortunés, jusqu'aux bénéfices des vide-greniers, tombolas et collectes scolaires. Mais la Société d'écologie humaine avait les moyens de financer ses rêves secrets et de le payer pour trouver les réponses aux questions que se posait la psychiatrie depuis le jour où elle était devenue une discipline à part entière. Ce défi était la stimulation de toute sa carrière. Cependant, la célébrité dont il rêvait tant, une notoriété telle que celle de Freud, Jung et les autres pionniers de l'analyse, n'arrivait toujours pas. William Sargant était beaucoup plus connu que lui. Et si Cameron en souffrait, cela lui donnait également une motivation supplémentaire.

Le docteur Cameron enregistra une séance de thérapie avec une femme maniaco-dépressive âgée de quarante ans. Il monta ensuite la bande de manière à ne conserver que les passages clé. Il les assembla en boucles répétitives. Il s'assit face à cette femme et fit passer l'enregistrement qui ressassait inlassablement ses souvenirs d'enfance, à l'époque où sa mère la menaçait de l'abandonner. Le psychiatre était convaincu que cette menace était à l'origine de la dépression de sa patiente. Cette femme n'avait jamais réussi à accepter ce rejet maternel.

Après avoir fait passer la bande sept fois, la femme lui demanda : « Il faut vraiment que j'écoute ça ? » Il continua à faire tourner l'enregistrement. Au bout de la onzième fois, la femme hurla : « Je déteste écouter ça ! » Il persista. Après quatre répétitions supplémentaires, la femme éclata en sanglot et dit : « C'est la vérité. » À la dix-neuvième fois, elle commença à trembler et cria qu'elle haïssait le son de sa propre voix. À la trentième fois, elle se mit à respirer rapidement et à trembler de manière incontrôlable en gémissant qu'elle haïssait sa mère. À la trente-cinquième répétition, elle psalmodiait : « Je hais ! Je hais ! » Trois répétitions plus tard, elle supplia qu'on arrête la bande. Inexorablement, le son de sa voix continuait de résonner dans la pièce. Elle commença à geindre et implorer. À la quarante-cinquième répétition, il arrêta la bande. Le docteur Cameron remarqua à quel point cette méthode avait pénétré le système de défense de sa patiente. Était-ce là ce que les communistes avaient fait ? Était-ce ainsi qu'ils détruisaient des convictions déjà établies pour les remplacer par d'autres ? Il appela sa découverte la « conduite psychique ». Elle allait devenir le point central de ses travaux pour le docteur Gottlieb.

À Washington, le docteur Gottlieb rencontra des problèmes inattendus, résumés dans une note de service qu'il fit circuler parmi son personnel le 4 mars 1955 :

« Comme vous le savez, avec les appareils d'écoute que l'on cache dans un mur ou sous un tapis, le problème, c'est qu'ils sont comme les appareils photos qui ne prennent que des clichés de ce qu'ils voient et non de ce que votre propre vue aurait su interpréter grâce au cerveau. Les êtres humains ont dans chaque oreille une cochlée, qui filtre les bruits ; c'est elle qui nous permet, par exemple, d'avoir une conversation dans un cocktail. Mais si vous enregistrez un cocktail, vous entendez tous les bruits de fond et vous ne pouvez pas distinguer les conversations. Nous travaillons sur un appareil qui élimine ces parasites. Nous avons utilisé une véritable cochlée, une cochlée de chat. Nous avons fait divers branchements sur un chat pour qu'il filtre tous les sons indésirables. Et nous avons ensuite entraîné l'animal à n'écouter que les conversations et non le bruit d'ambiance.

Nous avons dépensé beaucoup d'argent. Nous avons ouvert le chat, placé des batteries à l'intérieur, et nous l'avons rebranché. Sa queue faisait antenne. Puis nous l'avons testé de nombreuses fois. Nous nous sommes alors aperçus qu'il cessait de travailler dès qu'il avait faim et nous avons résolu cela en ajoutant un autre branchement qui l'empêchait de ressentir la faim. Ensuite, nous l'avons amené au parc et nous lui avons dit : « Va écouter ces deux types. N'écoute rien d'autre – ni oiseau, ni chat, ni chien. Juste ces deux types ! » Le chat a traversé la rue, un taxi est arrivé, et il l'a écrasé. Nous étions là, assis dans notre camionnette, prêts à enregistrer le chat qui relaierait la conversation des deux types, et le chat, il était mort ! »

Le docteur Richard Wendt, directeur du département de psychologie de l'université de Rochester, causa lui aussi quelques problèmes. Il avait reçu trente mille dollars pour faire une expérience. Après quelques mois, il annonça qu'il avait créé une poudre capable de faire parler n'importe qui. Il insista sur le fait qu'elle était si puissante qu'il fallait la tester sur des sujets jetables. Dulles décida donc d'envoyer Wendt en Europe et que Buckley l'y accompagnerait. Ce dernier transportait un exemplaire du manuel d'assassinat du docteur Gottlieb dans son attaché-case car telle était la procédure obligatoire pour tout agent qui partait en mission à l'étranger. Cependant, Bill n'avait pas l'intention de s'en servir. Gottlieb avait clairement défini son rôle. Il devait simplement rédiger un rapport sur l'expérience du docteur Wendt. En arrivant à l'aéroport, Buckley eut la surprise de trouver Wendt en compagnie d'une ravissante jeune femme. Il la présenta comme son assistante. Buckley lui fit remarquer qu'elle n'était pas autorisée à partir avec eux mais Wendt fut inflexible : soit elle venait, soit il n'y allait pas. Buckley appela Gottlieb. Wendt argua que son assistante l'avait aidé à mettre la poudre au point et qu'il avait absolument besoin d'elle et Gottlieb finit par accepter.

Deux agents de la CIA les attendaient sur une base de l'US Air Force, près de Francfort. Il les conduisirent à une planque située dans un petit village proche de la Forêt-Noire. Elle était aménagée exactement comme toutes celles que Buckley avait inspectées, avec des micros cachés et des miroirs sans tain qui permettaient à Buckley et aux autres agents de regarder le docteur Wendt travailler. Son premier sujet fut un homme. Pendant trois jours, on mélangea de plus en plus de poudre à sa nourriture et à ses boissons. Il n'y eut aucun résultat et Wendt déclara que « le sujet ne convenait pas ». Les deux agents emmenèrent l'homme. Ce n'est que plus tard que Buckley découvrit qu'il avait été tué et enterré. Quatre autres sujets furent ainsi amenés à la planque. Les trois premiers furent, eux aussi, rejetés après quelques heures de « traitement » et également exécutés. Le quatrième était un agent soviétique du KGB. En plus de la poudre, on lui injecta une grande quantité de drogues – une étonnante combinaison de piqûres : cinquante milligrammes de Dexédrine, suivis de vingt-cinq milligrammes de Seconal et de doses équivalentes de marijuana. Il partit en transe, comme s'il rêvait, il passait des heures et des heures à ricaner. Wendt se tourna vers l'agent et essaya une plaisanterie : « J'ai l'impression qu'il va falloir retourner au tableau noir ». Le Russe fut, lui aussi, exécuté.

Entre ses expériences, Wendt s'asseyait pendant des heures devant le piano de la planque et jouait toujours la même berceuse à son assistante. Ces séances prirent fin lorsque la femme de Wendt arriva à Francfort sans prévenir. Il avait laissé l'adresse en cas d'urgence familiale. Madame Wendt n'apprécia pas du tout de trouver là l'accompagnatrice de son mari. Peut-être en réaction à ce qui avait été un moment de stress, Wendt sortit en courant de la planque pour se réfugier dans une église des environs. Il fut maîtrisé par Buckley alors qu'il s'apprêtait à sauter du clocher. Après avoir été calmé avec du Seconal, Wendt fut rapatrié aux États-Unis, avec les deux femmes de sa vie. Il mourut quelques années plus tard, toujours convaincu qu'il avait été indignement traité.

Buckley rentra à Washington, le jour où la CIA commençait la surveillance de l'Union soviétique avec ses avions espions U2. Le pilote cherchait des preuves photographiques que, dans l'immensité de la Sibérie, les Russes avait construit une base d'armement biologique près de la ville de Novosibirsk. Cela prendrait encore des années avant que la CIA n'apprenne qu'on l'appelait le Centre de recherches en virologie et biotechnologie, et que les recherches qu'on y effectuait portaient un nom de code aussi insignifiant pour les non-initiés que l'était MK-Ultra : Biopreparat. Son directeur des recherches adjoint était le docteur Kanatjan Alibekov. Plus tard, en 1992, lorsqu'il passa aux États-Unis, son nom fut abrégé en Ken Alibek. En Sibérie, trente-deux mille scientifiques et techniciens travaillaient pour lui à l'élaboration d'armes utilisant l'anthrax et diverses autres substances mortelles. Tout ce que savait Buckley, c'était que son rapport sur ce qui s'était passé à Francfort n'avait pas vraiment passionné Gottlieb. Un lundi matin, un messager apporta un nouveau tas de dossier au bureau de Buckley. Il s'agissait de copies de rapports du docteur Cameron qu'il devait lire avant de se rendre à Montréal pour la première fois.

VI

En lisant les dossiers, Buckley constata que le docteur Cameron était beaucoup plus radical que les autres psychiatres qu'il avait rencontrés jusqu'alors. L'utilisation massive de drogues était à la base de son traitement à l'institut. Les notes des patients montraient qu'il s'intéressait plus aux effets secondaires d'une drogue qu'à son objectif thérapeutique original. En parlant d'un médicament conçu pour faciliter l'anesthésie durant la chirurgie, il avait écrit : « Administré en grandes quantités, il devient une sorte de lobotomie pharmaceutique. Ensuite, le patient est beaucoup plus facile à gérer. » D'après ces mêmes notes, il apparaissait clairement que les patients n'étaient jamais informés des troubles que certains produits pouvaient entraîner.

Dans l'un des dossiers concernant une patiente, nommée Madeleine Lacroix, se trouvait une note récapitulant une brève conversation entre elle et son psychiatre. « Elle m'a demandé pourquoi les infirmières la regardaient comme si elle était bizarre. À mon tour, je lui ai demandé ce qui lui faisait penser qu'elle était bizarre. Elle a répondu qu'elle ne savait pas. » Plus tard, Madeleine déclara qu'elle se sentait « comme doit se sentir un zombie », avait noté le docteur Cameron. Le dossier indiquait qu'elle avait pris, trois fois par jour, un « cocktail de somnifères » composé de cent milligrammes de Thorazine, cent milligrammes de Nembutal, cent milligrammes de Seconal et cent cinquante milligrammes de Veronal. Indépendamment, chacune de ces drogues était susceptible de provoquer des perturbations psychologiques. Buckley pensait que, compte tenu de la quantité qu'on lui donnait, il n'y avait rien de surprenant à ce qu'elle se sente comme un zombie. Il rédigea une demande écrite pour rendre visite à Madeleine si elle était toujours internée à l'institut. D'après ce qu'il avait lu, il était évident que Cameron adorait utiliser ce que les compagnies pharmaceutiques appelaient, dans leurs publicités, les nouvelles « drogues héroïques ». L'une était la chlorpromazine, vendue sous le nom de Largactil. Elle avait tout d'abord été conçue pour soigner le mal de mer des troupes alliées quand elles se préparaient à envahir l'Europe nazie. Elle ne résolut pas ce problème, mais les anesthésistes militaires constatèrent qu'elle déclenchait l'hypothermie et ralentissait les battements du cœur, ce qui s'avéra très utile dans les hôpitaux de campagne. Le docteur Cameron, lui, le prescrivait comme sédatif puissant à ses patients schizophrènes ; il avait constaté qu'il mettait fin aux crises d'hallucinations. Pour lui, c'était une preuve de plus que les maladies mentales avaient des causes chimiques et n'étaient pas uniquement psychologiques. « Par conséquent, les drogues sont la réponse et non l'oreille plus ou moins compatissante du psychanalyste », écrivit-il dans l'un de ses articles médicaux de plus en plus nombreux. Sa décision de prescrire de grandes quantités de médicaments, sous diverses combinaisons, perdit toute limite. Il essayait énormément de mélanges que les fabricants n'avaient pas testés. On donnait, par exemple, de la Desoxyne avec du Largactil, et le Sodium amytal était mélangé à du Prolixin. Les patients développèrent ce que les infirmières de l'institut appelaient « la perturbation Thorazine », qui fut qualifiée dans un dossier de « problème uniquement temporaire auquel il fallait s'attendre ».

Une patiente qui souffrait de dépression post-natale, après avoir eu des jumeaux, fut choisie pour recevoir cinq médicaments différents trois fois par jour. Dans le dossier d'un autre patient, Cameron fit l'observation suivante : « Cet homme montre de bons signes de progrès quand on augmente la dose de Meprobamate en plus du reste de son traitement. » Le dossier d'une autre patiente stipulait que « de plus fortes doses d'Equanil donnent de bons résultats sur son insomnie ». Partout, on retrouvait des références aux effets bénéfiques de l'association des drogues et de la TEC, c'est-à-dire la thérapie par électrochocs. Des électrodes étaient placées sur les tempes du patient et l'on envoyait le courant pendant une demi-seconde ou une seconde entière à une puissance variant entre soixante-dix et cent cinquante volts – la puissance nécessaire pour faire fonctionner une ampoule de cent watts. Ce processus déclenchait systématiquement une crise d'épilepsie. Le traitement standard consistait en deux ou trois chocs à intervalles réguliers. Cameron utilisait un voltage plus fort et prescrivait plus de séances sur des périodes plus courtes. Parmi ses patients se trouvaient un homme de soixante ans, dont le diagnostic principal était l'alcoolisme, et un jeune homme de vingt-cinq ans qui avait des problèmes conjugaux. On donna également un traitement de choc à un ancien athlète célèbre qui, à cinquante ans, était angoissé à l'idée de vieillir. Une femme, diagnostiquée comme arriérée, devenue « difficile à gérer » chez elle, reçut également un long traitement d'électrochocs.

Buckley se demandait si, comme Madeleine Lacroix, ces patients faisaient partie des expériences que faisait Cameron pour le MK-Ultra. Pour sa visite à Montréal, Buckley avait une nouvelle fois pris la couverture d'un journaliste scientifique *free-lance* qui préparait une série d'articles sur les dernières techniques thérapeutiques. Le psychiatre, le seul employé de l'institut à savoir qui il était vraiment, lui conseilla de se renseigner auprès des compagnies qui fournissaient les médicaments qu'utilisait l'institut avant de se présenter.

C'est ainsi que Buckley apprit qu'il existait des médicaments pour traiter les quinze formes de schizophrénie, d'autres pour obtenir une « réaction d'adaptation à la vie adulte » ou d'autres encore pour lutter contre l'« inaptitude à la vie sociale », l'« inaptitude à la vie maritale » et les « comportements asociaux ». Apparemment, il existait un médicament apportant des solutions chimiques pour chaque problème mental – de l'anxiété et l'hystérie jusqu'à la névrose caractérisée. Les médecins des laboratoires pharmaceutiques s'entendaient rarement sur les définitions de termes tels que psychose et névrose. Même des termes comme « syndrome » et « symptôme » avaient des significations différentes pour eux. L'un d'entre eux parla d'un médicament pour soigner la « compulsion prépondérante ». Un autre déclara que sa compagnie « travaillait sur une pilule pour aider le patient dépressif à comprendre un peu mieux sa maladie ». Un autre encore affirma que sa société pharmaceutique était sur le point de mettre sur le marché un médicament qui résoudrait la dépression que connaissent de nombreuses femmes au moment de la ménopause.

Buckley prit un vol pour Montréal et arriva au Allan Memorial Institut au début du mois de juin 1955. On le fit entrer dans le bureau du docteur Cameron, où ce dernier l'attendait avec son adjoint le docteur Robert Cleghorn et le docteur Peter Roper, le chef du service de médecine interne. Buckley fut impressionné par ces deux hommes. Les présentations passées, le docteur Cameron lui fit visiter l'institut tout en lui expliquant que le bâtiment avait appartenu à un riche armateur qui l'avait fait construire ici pour pouvoir regarder ses bateaux à vapeur monter et descendre le Saint-Laurent, qui coulait juste au-dessous du mont Royal. Le manoir était un mélange décousu de renaissance italienne et de pierre à chaux d'Europe du Nord. Ses trente-quatre chambres originelles avaient été converties en dortoirs ou en chambres individuelles pour les patients qui en avaient les moyens. La salle de bal servait désormais aux réunions. Les deux salons avaient été divisés en salles de soin. La salle de billard et la bibliothèque étaient devenus un cabinet de consultation et une pharmacie. Les anciennes écuries, au fond, avaient été converties en laboratoires et en espaces de recherche. Du temps de la reine Victoria, des membres de la famille royale d'Angleterre avaient même été hébergés ici lors de leurs visites au Canada. La serre, dans le jardin, avait été construite pour y cultiver des pêches. La véranda et la vigne adjacentes avaient été ajoutées pour un autre invité royal, le prince Fushimi du Japon. La haute société de Montréal assistait aux goûters estivaux sur les pelouses et aux concerts dans la salle de bal. Des portes imposantes sous lesquelles étaient passés maints grands d'autrefois portaient aujourd'hui des panneaux annonçant qu'il s'agissait du laboratoire électrophysiologique ou de l'unité d'études transculturelles. Une autre porte menait aux thérapies expérimentales, et une autre encore aux études artériographiques. Les placards, les cages d'escaliers et même la vieille tour de guet avaient été transformés pour loger les unités de recherche. Buckley remarqua que l'énergie de Cameron semblait être contagieuse et que tout le monde avait l'air pressé, ne s'interrompant brièvement que pour saluer poliment le patron d'un hochement de la tête. Lorsqu'il leur rendait la politesse, il appelait les infirmières « mon petit » ; Buckley se souvint que c'était ainsi qu'il s'adressait aux femmes à la réception de Dulles. Le docteur Cameron appelait ses confrères « doc », comme s'il voulait que ses rapports personnels avec eux se limitent au minimum. Le psychiatre expliqua à Buckley qu'il encourageait ses employés à régler leur montre avec un quart d'heure d'avance sur les pendules murales pour que leurs journées, déjà longues, durent encore un peu plus. « Une nouvelle infirmière me dit un jour que pour suivre le rythme, il lui faudrait des patins à roulettes. Le lendemain, je lui en ai acheté une paire. Elle a vite compris. » raconta-t-il.

Buckley nota dans son carnet : « Pour Cameron, courir en permanence est un mode de vie. » Il remarqua également que la présence d'un journaliste ne surprenait en rien le personnel. Visiblement, les employés étaient habitués à voir des reporters rendre visite au psychiatre pour en savoir plus sur le contenu des conférences qu'il donnait au Canada et aux États-Unis. Buckley trouva qu'il avait un don naturel pour communiquer avec son personnel. Lors d'une tournée, Cameron interrogea un autre médecin : « Que devez-vous faire lorsque tous vos confrères, ailleurs, ont abandonné ? » Il répondit à sa propre question : « Vous continuez ! Vos patients sont des gens désespérés ! Par conséquent, vous devez être inventif ! Vous devez découvrir de nouvelles façons de faire ! De nouvelles combinaisons de traitement ! On ne manque pas de médicaments ici ! Vous devez trouver ! Ne vous occupez pas de la posologie sur les emballages ! Les étiquettes ne soignent personne ! L'état des patients s'améliore quand on prend des décisions courageuses ! »

Tout en prenant des notes, il continua de marcher à côté de Buckley qui commençait à comprendre pourquoi le docteur Gottlieb l'avait choisi : comme lui, il avait la certitude que tout ce que Cameron disait ou faisait était bien. C'était aussi impressionnant qu'agaçant. Mais Buckley se rappela que le docteur Cameron s'occupait de patients qui avaient confiance en lui. Et comme s'il avait deviné ce qui lui passait par la tête, le psychiatre s'arrêta au milieu d'un couloir :

« Je dois décider s'il est encore possible de soigner mes patients ou s'il me faut les renvoyer vers un misérable avenir d'internement dans une institution où ils seront enfermés jour et nuit. Ici, on leur donne un espoir. Ils retourneront peut-être dans le monde en étant des personnes différentes mais ce sera toujours mieux que là d'où ils viennent. » Ces paroles s'inscrirent directement dans le carnet de Buckley.

Cameron conduisit son invité dans une petite pièce sombre dans laquelle l'unique patiente dormait. « C'est la petite que vous avez demandé à voir. » Buckley posa les yeux sur Madeleine Lacroix. Elle portait une sorte de casque semblable à ceux des joueurs de football américain si ce n'est qu'on y avait ajouté deux pièces métalliques au niveau des oreilles. Cameron poussa Buckley pour qu'il s'approche. Des pièces métalliques sortait la voix susurrante du psychiatre.

« Nous appelons ça la déstructuration. Elle se trouve actuellement au beau milieu de sa cure de sommeil. On ne la réveille que pour lui donner ses médicaments et lui faire des électrochocs », expliqua Cameron. Buckley regardait cette femme comateuse sans savoir quoi dire. L'énorme dossier qu'il avait lu comportait les moindres détails sur les origines de sa maladie, rédigés de l'écriture énergique de Cameron. Il affirma à Buckley que « rien n'était trop insignifiant pour être noté ». Buckley avait déjà vu des rapports d'interrogatoires moins précis que cela.

Le dossier stipulait qu'un mois plus tôt, Madeleine Lacroix s'était réveillée chez elle, en chemise de nuit, avec des sueurs froides. Elle était présentatrice dans une radio locale de Montréal jusqu'au matin où elle avait refusé d'entrer dans le studio parce que « les Rois mages étaient assis sur le micro. Elle n'était jamais retourné travailler après cela », avait noté Cameron. Depuis, à travers son brouillard médicamenteux, cette femme de vingt-sept ans écoutait souvent le présentateur qui l'avait remplacée. Lorsqu'il partit travailler pour une autre radio, elle changea de station pour le suivre.

« Elle ne sait pas pourquoi, pas plus qu'elle ne peut expliquer pourquoi quelque chose la pousse à chercher dans son appartement les flacons de cachets que son mari, Eddie, a cachés. Elle raconte qu'elle court d'une pièce à l'autre un balai-brosse à la main pour chasser les Rois mages de chez elle. Elle dit qu'ils sont trop malins, tout comme son mari qui cache ses médicaments pour éviter qu'elle fasse une overdose », expliquait le dossier.

Madeleine avait raconté à Cameron qu'Eddie rentrait souvent fatigué et affamé, après avoir passé la journée à faire le tour de toutes les pharmacies de Montréal et de ses environs. Elle, de son côté, avait été trop occupée à fouiller les lieux de fond en comble pour trouver le temps de préparer le dîner mais il ne se plaignait jamais. Au lieu de cela, il la serrait fort dans ses bras pendant qu'elle tremblait et essayait de pleurer. Les larmes ne venaient jamais ; elles semblaient s'arrêter juste derrière les yeux, comme si quelque chose l'empêchait de confier à Eddie ce qu'elle pensait de son père. En essayant d'oublier, elle se blottissait contre le corps de son mari. Mais lorsqu'il essayait simplement de la tenir dans ses bras, elle paniquait et s'éloignait de lui. « Dans ces moments-là, elle se sentait infidèle envers son père », affirmait le dossier.

Eddie préparait le dîner – la plupart du temps, des conserves – et ils mangeaient sur des plateaux en regardant la télévision. Pendant qu'il débarrassait, elle essayait de se concentrer sur l'écran. Mais c'était difficile, surtout quand les Rois mages apparaissaient et dansaient d'avant en arrière sur la télé. Une fois, elle rit si fort de leurs pitreries qu'Eddie revint de la cuisine en la regardant bizarrement. Le premier film de la soirée avait été une histoire de meurtre. Chaque soir, vers 21 h, droguée et épuisée, Madeleine s'endormait et mettait ainsi un point final à une journée qui ressemblait aux précédentes. « Elle avait le cauchemar récurrent de se faire enfermer dans un four de boulangerie où elle rôtissait vivante. Elle arrivait à ouvrir la porte à coups de pieds tandis que du gras gouttait de sa peau », signalait le dossier.

Une fois rasé et habillé, son époux avait l'habitude de l'embrasser pour lui dire au revoir avant de lui laisser ses cachets de la journée à côté d'un verre d'eau dans la cuisine. Dès que Madeleine les avait pris, elle recommençait à vider les placards et les tiroirs pour chercher le flacon. Elle avait expliqué au docteur Cameron que les Rois mages, dans leurs longues robes grises et leurs pieds nus entourés de brume, grimpaient sans peine sur le moulin à café avant de se jeter en sautillant sur le séchoir à vaisselle et de danser d'un bocal d'épices à l'autre, tandis qu'ils la narguaient parce qu'elle ne trouverait jamais, jamais, le flacon. C'était ce qui la poussait à vider les tiroirs par terre jusqu'à ce que le centre de la cuisine ne soit plus qu'un tas de linge de table, de couverts, de vaisselle et de vieilles factures. N'ayant toujours pas trouvé le flacon, Madeleine se rendait alors dans le salon, où les Rois mages l'attendaient assis sur le grand miroir qui surplombait la fausse cheminée. Elle essayait de s'approcher du miroir, mais l'aîné des Rois mages – celui dont la barbe se situait juste au-dessous du grand œil qui se trouvait à la place de sa bouche – lui faisait signe de s'éloigner. Elle avait décidé que leurs barbes indiquaient leur âge : le plus jeune portait une barbichette alors que les deux autres portaient des barbes de plus en plus longues, au point que celle du plus vieux des Rois mages, celui qui l'avait repoussée d'un geste, lui arrivait aux orteils. Cette description confirmait le diagnostic de Cameron : « schizophrénie profonde ».

Avec son dossier, il y avait une lettre que Madeleine avait écrite peu de temps avant d'avoir été admise à l'institut. « Cherche Eddie, je suis heureuse que tu veuilles... » La phrase suivante disait : « Cher heureux, tu veux être Eddie. » Elle continuait : « Toi cher, je Eddie... »

Là, quatre semaines après son internement, Buckley prit le temps de la regarder. Il écoutait sa respiration, que son traitement rendait bruyante, alors que, pendant ce temps, dans les oreilles de Madeleine, la voix de Cameron murmurait constamment des instructions dont le but était qu'elle abandonne ses fantasmes sexuels sur la personne de son père. Ensuite, il suivit le psychiatre hors de la chambre.

Dans le couloir, le docteur Cameron expliqua que le traitement qu'il avait baptisé « déstructuration » avait pour objectif de mettre fin au comportement actuel de Madeleine, « aussi bien normal que schizophrénique », et qu'il cherchait à « vider totalement sa mémoire », nota Buckley. Après avoir reçu d'autres médicaments, elle vivrait un état que Cameron appelait « amnésie différentielle » et qui la libérerait pour toujours de « son ancien comportement schizophrénique ». Buckley demanda si elle pouvait espérer un rétablissement complet et nota la réponse du psychiatre :

Chapitre VI

« Cela va dépendre de sa réaction à la conduite psychique. C'est à cela que sert le casque. Dans les écouteurs, je lui envoie des "phrases de signal" pour faire disparaître les aspects indésirables de son comportement. »

Comme tous ceux qui suivaient le même traitement, Madeleine avait été enregistrée pendant plusieurs séances durant lesquelles sa relation avec son père avait été abordée. Ces bandes étaient montées en boucles puis on les lui repassait. C'était « la conduite psychique ». L'idée était de « briser ses défenses naturelles, dans son cas précis ses fantasmes sexuels par rapport à son père », expliqua Cameron.

Buckley demanda ce qui se serait produit si Madeleine avait refusé de coopérer, ou quitté la séance. La réponse du médecin fut encore une surprise. On lui aurait fait une piqûre de curare qui l'aurait momentanément paralysée. « Lorsque ses défenses sont enfin tombées, elle entame la thérapie par le sommeil. Un mois à chaque fois. Mais j'envisage de l'allonger à soixante jours », expliqua Cameron. Buckley nota également cette révélation dans son carnet. Il ne lui restait plus qu'une seule question à poser. Le docteur Cameron pensait-il que c'était ainsi que l'on avait manipulé les prisonniers de guerre en Corée pour obtenir leurs aveux ? Il répondit qu'il était trop tôt pour tirer des conclusions.

À la fin de la visite, Cameron conduisit Buckley à la cave. Dans ses notes, le faux journaliste écrivit : « J'ai été très surpris par toute l'installation. Il y avait une sorte de cagibi dans lequel il faisait complètement noir et tout un tas de matériel que je n'avais vu nulle part ailleurs dans l'hôpital. Cameron m'a dit qu'il s'agissait du cœur même de ses recherches. Il a refusé d'en dire plus et a ajouté : « Les vôtres seront informés en temps voulu. »

Pendant l'été 1955, des avions espions U2 continuèrent à apporter de nouvelles preuves au docteur Gottlieb que l'Union soviétique était bel et bien en train d'augmenter la puissance de son arsenal biologique. Il recevait régulièrement des photos en haute résolution. Le complexe original entouré de forêts de mélèzes et de bouleaux près de Novosibirsk, en Sibérie, avait poussé comme un champignon et comportait dorénavant une douzaine de sites supplémentaires dont les analystes photographiques affirmaient que les bâtiments – baignant dans la fumée – prouvaient que les Russes faisaient de la production massive de virus et rickettsies.

Ce scénario apocalyptique mena à l'agrandissement de Fort Detrick. Le site devint officiellement un « fort » le 3 février 1956, à l'heure de son treizième anniversaire. On construisit de nombreux nouveaux laboratoires et on engagea des centaines de scientifiques et de techniciens pour y travailler. Le docteur Gottlieb était maintenant l'un des membres les plus importants de cet imposant empire secret, à la fois expansionniste et souverain. Il y avait peu de gens à qui le Fort devait rendre des comptes, et son budget sans précédent s'élevait à plusieurs millions de dollars. En plus de toutes ses autres activités extérieures, le docteur Gottlieb se proposa de devenir l'assistant spécialisé du département des projets scientifiques du directeur adjoint de la CIA, ce qui le rendrait responsable des toutes les exigences techniques des opérations d'assassinat. Il deviendrait le scientifique qui choisirait quelle arme biologique servirait à tuer ou invalider ceux que l'Agence désignerait.

Au départ, Frank Olson avait reçu l'ordre de rassembler un éventail d'agents biologiques susceptibles de tuer ou estropier sans attirer les soupçons. Pour bien faire, il fallait que les microbes proviennent de la zone où ils seraient utilisés : la variole en Afrique, l'anthrax en Asie, la brucellose en Europe. Après sa mort, on continua les recherches qu'il avait commencées sur les microbes de Gottlieb.

Ce dernier supervisait également l'augmentation de la production de l'arsenal de Pine Bluff, une base militaire reprise par la division chimique afin qu'elle puisse se lancer dans la fabrication en masse de suspensions de Brucella destinées à être envoyées en Europe, par bateau, dans des bombes compartimentées. On pourrait ensuite les larguer sur des cibles soviétiques si la guerre froide devait dégénérer en conflit militaire. Des milliers de bombes de Brucella furent expédiées aux bases américaines d'Allemagne de l'Est et de Grande-Bretagne. Chaque bombe, d'un poids de deux cent cinquante kilos, était conçue pour infecter une zone de quatre cent mètres carrés. Au panthéon des armes biologiques dont disposait le docteur Gottlieb, la Brucella était une arme relativement modérée, qui handicapait les victimes plutôt que de les tuer. Cependant, elle pouvait tout de même invalider quelqu'un pendant un an et engendrer des dégâts irréversibles sur la charpente osseuse et la région génito-urinaire. C'était donc l'arme idéale pour rendre inefficace une force de combat ennemie et sérieusement affaiblir la population civile pour une durée considérable.

De retour à Washington, Buckley rédigea pour Gottlieb le rapport de sa visite à l'institut. Il l'intitula « *Eyes only* ». Ensuite, il alla manger, seul, dans un restaurant à fermeture tardive. À minuit, il était endormi. Le lendemain matin, il s'éveilla dès 6 h 30, prêt pour une nouvelle journée. En prenant son petit déjeuner dans un snack de quartier, il lut le *Washington Post*, puis se remit au travail. « C'était aussi régulier que le jour qui vient après la nuit », se souvenait-il plus tard. Il vivait dans un monde où Grace Kelly devenait princesse ; où l'engouement pour Davy Crockett laissait place à la *beat generation* et où Richard Nixon commençait à devenir un acteur important de la scène politique. Sur son écran de télévision, dans le salon de son appartement, « *I Love Lucy* » continuait à dominer les indices d'écoute. Buckley trouvait la télé trop vulgaire et lui préférait la radio. Celle-ci lui permettait également de se tenir au courant de l'évolution d'une histoire qui le passionnait : le docteur J. Robert Oppenheimer – l'un des savants qui avaient participé à l'élaboration de la bombe atomique – était accusé d'avoir tout fait, par la suite, pour qu'elle ne puisse pas être utilisée comme arme de défense contre l'Union soviétique. Le tribunal chargé de l'enquête avait démenti l'allégation selon laquelle ce scientifique de renom pourrait être un agent soviétique. Mais la carrière d'Oppenheimer était terminée. Quelques temps plus tard, les États-Unis firent sauter leur deuxième bombe à hydrogène sur l'atoll de Bikini, dans le Pacifique.

On releva des traces de retombées radioactives jusqu'en Europe. On les baptisa Strontium 90. Leur demi-vie était de vingt ans. Chez l'humain, elle se déposaient sur les os et entraînaient des cancers. Généralement fatals.

Dans son agenda, Bill Buckley nota : « Mes amis, quel monde. »

Le docteur Gottlieb se rendit en Alaska pour y lâcher certains microbes dans les steppes sibériennes et vérifier comment ils réagissaient dans le cercle arctique. Dans le Midwest, des sites de lancement de missiles furent modifiés de manière à ce qu'ils puissent envoyer des armes biologiques sur des cibles russes. Gottlieb assista à plusieurs réunions dont le but était de dépoussiérer, écrire ou réécrire divers projets. Buckley supervisa la sécurité de tests effectués à Okinawa, Panama et aux Îles Marianne, dans le Pacifique. Dans son agenda, il écrivit : « Mes fesses sont en train de prendre la forme d'un siège d'avion ! »

De retour à Washington, il fit plusieurs déplacements à Montréal pour y recueillir des informations sur l'évolution des recherches du docteur Cameron sur le lavage de cerveau.

Il aida le docteur Gottlieb à établir un nouveau centre d'essais dans une base de l'armée désaffectée, près de Salt Lake City, dans l'Utah – un site qui devait permettre d'évaluer les résultats de plus de cent expériences conduites, dans le monde entier, par le MK-Ultra pour tester des armes biologiques et chimiques. Le scientifique fut satisfait. Les expériences donnaient des résultats positifs. « Il était nettement moins content de l'absence de résultats à Montréal », rapporta Buckley. Une fois de plus, on lui demanda de se rendre à l'institut pour assister à une nouvelle expérience.

Les expérimentations se déroulaient principalement dans la cave, dans la « cage grillagée » et le « caisson d'isolement ».

Dans la cage grillagée, on avait tracé des lignes sur l'un des murs et placé juste en face une chaise au dossier solide. À l'extrémité opposée de la pièce, on avait percé dans la paroi un trou discret dans lequel on avait glissé l'objectif d'une caméra. Ceux qui s'asseyaient sur la chaise ignoraient qu'ils étaient filmés. Le docteur Cameron expliqua que la cage grillagée était conçue pour mesurer « l'angle de l'axe du tronc en position assise » du patient et garder une trace filmée de sa dépense d'« énergie » lorsqu'il bougeait. On plaçait sur le patient des électrodes qu'il appelait des « potentiomètres », et qui pouvaient « convertir un signal analogique et le transmettre à une borne de réception » – un cagibi rempli de matériel électronique dans un coin de la cave. On y trouvait, entre autres, une grosse machine couverte de cadrans et de boutons que Cameron appelait le « transducteur de mouvements corporels ». Il affirmait que cet appareil pouvait produire « jusqu'à cent mille informations par minute » pour chaque patient. La cage grillagée était également équipée de micros cachés.

Le caisson d'isolement ne laissait passer aucun bruit. Avec sa lourde porte et ses murs capitonnés, il ressemblait à une cellule de prison. Cameron expliqua qu'il était « bon pour les patients de commencer par les isoler, puis de les désorienter avant d'essayer de restructurer leurs attitudes ». Le simple fait de rester quelques minutes dans cette pièce donna à Buckley « une sale impression ».

Cameron lui expliqua que les patients y restaient enfermés plusieurs semaines, parfois plusieurs mois. Il avait dressé la liste des patients qui avaient « quelque chose d'important » à cacher dans leur passé ; des souvenirs dont ils avaient honte et qui leur donnaient un sentiment de culpabilité. Il pensait alors que les Chinois avaient sélectionné uniquement les prisonniers qu'ils pensaient pouvoir rendre suffisamment dépendants pour finir par adopter les opinions de leurs geôliers. « Les Chinois n'ont travaillé que sur des combattants en bonne santé mentale. En ce qui me concerne, il va être infiniment plus difficile de laver le cerveau de ces personnes perturbées. Quoi qu'il en soit, en manipulant correctement leurs mécanismes psychologiques, je suis certain que je vais percer le mystère du contrôle psychique. » Buckley prit note de cette promesse dans son agenda.

Buckley vit deux infirmières amener Madeleine Lacroix sur un lit roulant et la pousser jusqu'au caisson d'isolement. On ferma la porte et Madeleine resta dans l'obscurité complète. Le docteur spécifia qu'il n'y aurait pas de résultats avant quelques semaines.

Mary M. Morrow voulait être médecin. Elle voulait aussi être respectée, admirée et aimée comme son père l'avait été par ses patients. Encouragée par cet illustre prédécesseur, elle étudia l'histoire de la médecine du XIXe siècle, durant lequel se firent toutes les grandes avancées médicales, à commencer par la découverte, en 1846, de l'anesthésie qui a permis la chirurgie sans douleur. Selon son père, tout ce qu'il y avait eu avant appartenait à l'ère de l'ignorance, de la torture et des obscurs tâtonnements sans résultats. En apprenant par ses lectures comment s'était passée la première opération sous gaz anesthésiant au Massachusetts General Hospital de Boston, comment Louis Pasteur avait découvert des microbes mortels sous la lentille de son microscope, et comment Joseph Lister avait devancé les progrès de la chirurgie en utilisant le premier vaporisateur carbolique, elle devint de plus en plus sûre de vouloir faire carrière dans la médecine. Ces pionniers avaient tous eu à lutter contre l'adversité pour faire valoir leurs idées. La jeune fille n'avait que quatorze ans, mais elle n'en retint pas moins la leçon.

Elle ne s'arrêta pas là. Si la chirurgie et les autres spécialités médicales étaient bien représentées à Montréal, la ville ne différait en rien des autres villes canadiennes sur le plan de son attitude envers les malades mentaux. Les deux grandes institutions d'internement de Montréal étaient l'hôpital protestant Verdun et l'hôpital catholique Saint-Jean-de-Dieu – un endroit tellement immense que, pour transporter les malades d'un bâtiment monolithique à l'autre, on y avait construit un réseau ferroviaire. Son père lui expliqua qu'on n'y soignait pratiquement pas les patients et que le gouvernement ne donnait que soixante-quinze cents par personne et par jour pour les habiller, les nourrir et les chauffer. Cela lui donna encore plus envie de devenir médecin – même si cela devait l'amener à travailler dans l'un de ces sinistres bâtiments de pierre grise. Elle était persuadée que, de la même façon que certains avaient sorti la chirurgie du milieu des abattoirs, d'autres viendraient faire évoluer la psychiatrie, ainsi que les disciplines qui en découlent telles que la neurologie et la neuro-anatomie.

Elle réussit son examen d'entrée dans l'une des plus prestigieuses facultés de médecine du Canada, l'université McGill de Montréal. Une fois diplômée en médecine générale, le docteur Morrow se fit la réflexion que ce que son père lui avait dit de Montréal était toujours d'actualité : « Proche de Québec, cette ville est la seule du Canada où, pour pouvoir travailler, un médecin doit aussi bien maîtriser son chapelet que la façon de lire la pression sanguine. » Non seulement l'Église catholique contrôlait matériellement la ville puisqu'elle y était le plus gros propriétaire immobilier, mais elle était très ancrée dans l'esprit de ses habitants. Mary voyait beaucoup de patients souffrant d'anxiété et de culpabilité d'origine religieuse ; pour la plupart, il s'agissait de gens de la campagne qui étaient arrivés à Montréal attirés par la promesse de salaires élevés. Selon le docteur Morrow : « Ils portaient en eux toute une vie durant laquelle les prêtres leur avaient appris à garder leurs sous-vêtements quand ils prenaient un bain pour ne pas pécher en montrant leur chair. »

Le fonctionnement du cerveau humain et du système nerveux la fascinaient. Elle espérait apporter un jour sa contribution à une meilleure compréhension du système limbique, centre des émotions et du processus d'apprentissage ; du cervelet, responsable de tous les mouvements musculaires ; du lobe occipital, qui contrôle la vue ; et du lobe temporal, qui régule l'ouïe.

Pendant quatre ans, Mary occupa divers postes de début de carrière aux États-Unis. Mais son envie de rentrer à Montréal l'emporta et elle y ouvrit son propre cabinet. Il est probable qu'aucun médecin de la ville ne travaillait plus dur qu'elle. Il lui arrivait parfois d'être brusque, mais elle avait réussi à se modérer en adoptant une sorte de froideur impersonnelle avec ses collègues. Parallèlement, une question la préoccupait de plus en plus : la lobotomie était-elle vraiment la meilleure solution ? Chaque année, à Montréal, de très nombreux patients dépressifs, violents, schizophrènes et alcooliques se faisaient sectionner les lobes frontaux. Elle était convaincue qu'il devait y avoir une meilleure méthode que l'ablation des cellules des lobes temporaux qui, pensait-on, contrôlaient les réactions émotionnelles. Hélas, elle n'avait pas encore suffisamment d'expérience pour proposer une alternative.

Pour enrichir son expérience professionnelle, le docteur Morrow accepta un poste à mi-temps à l'institut neurologique de Montréal. En même temps, elle faisait des recherches très spécialisées sur les vaisseaux sanguins du cerveau et trouvait le temps d'assister à des conférences ou de se tenir au courant de ce qui était publié dans son domaine de prédilection. Il lui arrivait parfois de se demander si elle pourrait supporter longtemps de travailler autant. Elle décida également de donner un nouveau tournant à sa carrière en étudiant la psychiatrie avec le docteur

Cameron. Elle avait relu récemment certains de ses articles médicaux ; rédigés dans un style fluide, ils étaient convaincants voire messianiques. Il était clair qu'il considérait pratiquement la psychiatrie comme une nouvelle religion médicale.

Il avait fait du Allan Memorial Institut l'un des hôpitaux psychiatriques universitaires les plus réputés d'Amérique du Nord – du monde, selon certains. Il s'y trouvait un laboratoire comportemental spécialisé dans l'étude des réactions humaines à l'aide d'enregistrements sonores et visuels. L'unité de thérapies expérimentales était sous la direction du docteur Robert Cleghorn, l'un des chercheurs les plus respectés du Canada. Le laboratoire électrophysiologique était dirigé par un autre médecin réputé, le docteur Lloyd Hisey. L'hôpital comptait, entre autres, un service d'artériographie, un de pharmacologie et un d'études interculturelles. D'après ce qu'avait entendu le docteur Morrow, le moindre recoin du vieux manoir de Mont-Royal était occupé, soit pour la recherche, soit pour les soins.

Elle avait entendu dire que les traitements étaient radicaux. Le docteur Cameron prescrivait de grandes quantités de médicament et de fréquentes séances d'électrochocs. En outre il utilisait une technique de son invention qu'il avait baptisée « conduite psychique » et qui consistait à faire écouter au patient ses propres paroles jusqu'à ce que ses barrières psychologiques s'effondrent et qu'il ouvre son inconscient.

Mais pour l'instant, Mary avait un problème plus urgent. Elle avait beau travailler comme une forcenée, elle restait désespérément à court d'argent. Elle n'était pourtant pas particulièrement dépensière ; elle menait même une vie plutôt frugale, presque monastique, non par choix mais parce que son emploi du temps ne lui permettait pas d'avoir des loisirs ou de voir des amis. Elle utilisait le peu de temps libre dont elle disposait pour encadrer des étudiants qui travaillaient sur sa spécialité : la neuro-anatomie. Souvent, elle ne les faisait pas payer. À la fin de la semaine, elle se retrouvait avec « une faim de loup et pas le moindre dollar pour la satisfaire ». À l'approche de la quarantaine, célibataire, elle était un médecin consciencieux et ambitieux. À quel moment sa vie était-elle donc partie de travers ? Quand elle prenait le temps de se poser la question, elle n'avait pas celui de chercher la réponse. Elle repoussait son anxiété dans un coin de sa tête.

Dans son bureau, Buckley était complètement absorbé : il essayait de comprendre les mécanismes physiologiques complexes qui, selon le docteur Cameron, isolés ou combinés, entraient en jeu dans le lavage de cerveau d'un individu. Quand il comparait ses documents à d'autres informations, il semblait y avoir peu de différence entre ses méthodes et celles de l'Inquisition espagnole ou, plus récemment, celles des Russes et des Chinois. Ces derniers commençaient par instaurer chez la personne des sentiments d'anxiété et de culpabilité infondée pour la faire douter de ses convictions. Là encore, les mécanismes physiologiques susceptibles, selon Cameron, de donner les résultats voulus étaient incroyablement similaires aux schémas comportementaux qu'exige la doctrine calviniste des puritains de Nouvelle-Angleterre. Eux aussi transmettaient, dès le début, un sentiment de culpabilité et une forte appréhension à ceux qui se convertissaient à leur religion. Buckley écrivit : « Je me demandais jusqu'où Cameron était capable d'aller. Il avait parfois quelque chose d'un prêcheur de l'apocalypse. Il semblait considérer qu'il était indispensable de commencer par terroriser ceux dont ils voulaient contrôler le psychisme. »

Cameron était le premier à l'admettre. Parmi ses articles, que Gottlieb avait transmis à Buckley, certains expliquaient comment il pensait que les Chinois avaient procédé pour obtenir les aveux des prisonniers pendant la guerre de Corée.

« Les Chinois, et j'en soupçonne également les soviétiques, ont compris l'importance d'instaurer la culpabilité et le conflit intérieur chez le prisonnier. Il semblerait qu'ils y parviennent en soumettant le sujet à un bombardement d'accusations et de continuelles vérifications jusqu'à ce que l'anxiété lui brouille complètement les idées et qu'il en arrive à se contredire sur les détails. On s'en sert ensuite comme du « bâton psychologique » qui va permettre de le battre ; à la fin, son cerveau cesse de fonctionner normalement. À force, mentalement, le sujet s'effondre. À ce stade, son état le rend très influençable. Ses schémas de pensée originels sont annihilés. Il est fin prêt, il n'y a plus qu'à lui demander pour qu'il passe aux aveux», écrivit le psychiatre.

Buckley se demandait si Cameron allait faire ça avec ses patients. Jour après jour, il commandait de nouveaux ouvrages à la bibliothèque – *Conférences sur le renouveau des religions* de William Sorague, *1984* de George Orwell et *Les Diables de Loudun* d'Aldous Huxley. L'un après l'autre, ses carnets réglementaires se remplissaient. Voici ce qu'il écrivit sur la célèbre œuvre de saint Ignace de Loyola, les *Exercices spirituels*, le manuel d'apprentissage des jésuites :

« Tous les exercices sont conçus pour tourmenter le sujet. Les premiers ont pour but de réduire le novice à la contrition, la honte et la peur. Son esprit est plein d'images effrayantes dont on augmente l'impact en l'affaiblissant physiquement et en le privant de nourriture et de sommeil. On le réduit à l'état d'épave. Ensuite, de but en blanc, on lui offre le salut avec de nouveaux exercices. On lui explique qu'accepter totalement l'idéal du Christ est la seule façon d'avancer. On le pousse à croire que ce qu'il a enduré jusque-là n'est rien d'autre que la route qui le lui permettra. Ces exercices sont probablement la méthode la plus efficace jamais imaginée pour prendre le contrôle de l'âme d'un homme. On y parvient en le préparant à l'avance grâce à l'utilisation permanente de la terreur et de la honte. »

Là encore, Buckley se demanda si Cameron avait adapté les *Exercices spirituels* à ses activités.

Soir après soir, Bill lisait tard ; jusqu'à ce que la lumière de son bureau soit la dernière à rester allumée. Il fut particulièrement fasciné par *1984* parce qu'il avait remarqué que Cameron en avait un exemplaire sur ses étagères. Dans l'un de ses moments forts, ce livre décrit comment le héros, pendant qu'il est en train de se faire endoctriner, avoue qu'il a une peur incontrôlable des rats depuis sa plus tendre enfance. Ceux qui l'interrogent utilisent ensuite cette phobie pour lui faire accepter « Big Brother ».

Buckley nota : « Orwell a inventé quelque chose de très proche des méthodes de Cameron. Ses dossiers indiquent qu'il cherche constamment à savoir ce qui peut effrayer son patient. Il joue ostensiblement de ces peurs puisqu'il prétend le faire pour les éliminer. Mais il se peut que

Cameron force ses patients à affronter leurs phobies pour mieux les assujettir. Pour qu'ils acceptent mieux ce qu'il leur demande. »

Plus il lisait, plus Buckley se demandait si, en réalité, ces méthodes ne risquaient pas plutôt de démolir les patients.

Comme un voleur dans la nuit, Cameron revint et brisa le calme fragile de Jeannine Huard en lui bourrant l'esprit de frayeur et de honte. Personne – ni son mari, ni sa famille, ni ses amis – ne savait ce que c'était que d'être affligé d'une telle dépression, si forte qu'elle affectait son élocution et ses mouvements, qu'elle l'empêchait de dormir la nuit, qu'elle l'emplissait de reproches envers elle-même, lui coupait l'appétit, annihilait son désir sexuel, déréglait ses cycles menstruels et lui faisait perdre les quelques kilos qui constituaient sa frêle silhouette. De l'extérieur, on ne voyait qu'une jeune femme au visage blafard avec un mari attentionné et une petite fille en bonne santé.

Elle avait récemment été opérée de l'appendicite dans un autre hôpital. À la suite de cela, son médecin de famille pensa qu'elle était anémique et lui prescrivit un fortifiant. Cela ne changea rien. Elle commença à s'inquiéter, puis à s'alarmer, quand elle perdit deux kilos et demi en une semaine. Elle se demandait si elle n'avait pas le cancer. N'ayant pas les moyens de s'offrir un traitement dans une clinique privée, elle se rendit dans un établissement public de Montréal, le Royal Victoria Hospital. Le médecin l'orienta vers l'Allan Memorial Institute. Quelques jours plus tard, elle entra par sa porte principale, en passant sous le linteau sur lequel on pouvait lire *Spero*, « J'espère » en latin.

Au bureau des admissions, une infirmière remplit plusieurs formulaires et lui demanda d'en signer un dont le titre était « Consentement pour examen et traitement ». Ensuite, on conduisit Jeannine à sa chambre. Pendant des jours, il ne se passa rien. Elle restait étendue sur son lit à regarder le plafond ou à essayer de dormir en se demandant pourquoi on lui avait fait signer un formulaire si elle ne recevait pas de traitement. Enfin, un docteur se présenta et lui posa de nombreuses questions sur sa vie. Bien que ce questionnaire l'angoissât, elle y répondit du mieux qu'elle put. Le médecin revint quelques jours plus tard – cette fois-ci accompagné d'un homme grand et pratiquement chauve qui ne sourcillait jamais. Il lui dit qu'il était le docteur Cameron et l'appela « mon petit ». Il demanda s'il lui arrivait d'avoir l'impression que son cœur s'emballait et qu'il allait s'arrêter, ou si elle ressentait parfois des spasmes au niveau de la gorge. Il lui demanda aussi si elle était facilement irritable, si elle avait envie qu'on la laisse seule ou si elle était bouleversée pour un rien. À ce moment-là, elle n'arrivait pas à se rappeler toutes les questions. Elle avait de plus en plus peur. Les questions du docteur Cameron lui firent se demander s'il pensait qu'elle était vraiment folle.

Un jour, il commença à lui administrer des drogues. Elle expliqua plus tard qu'elle avalait « jusqu'à quarante cachets par jour ». À demi comateuse à cause des effets secondaires des médicaments, sa mémoire commença à lui jouer des tours. Elle finit par être incapable de savoir la date du jour, puis quel était le moment de la journée ; matin, midi et soir étaient devenus un même flou. Cameron se tenait à côté de ce qui ressemblait à une chaise électrique. Elle y était attachée, affublée d'un casque métallique. Soudain, elle reçut dans les yeux un flash si intense qu'elle crut devenir aveugle.

Le lendemain, on la conduisit dans une autre salle de soins. Cette fois, un médecin lui ordonna de se tenir debout devant lui. Il lui fit une piqûre dans le bras. Ensuite, il lui passa des lunettes de protection munies d'épais écrans de plastique montés sur charnière. Jeannine sentit des doigts en soulever un, ce qui lui permit de voir d'un œil. Ce qu'elle vit la pétrifia. Plus tard, dans une déclaration écrite sous serment (dont je détiens une copie), Jeannine déclara : « Le médecin pointait un revolver sur mon visage. Un tuyau partait de l'arrière de l'arme pour rejoindre le barillet. Avant que j'ai eu le temps de le supplier de ne pas tirer, il pressa la détente et un puissant jet d'air comprimé me vint droit dans l'œil. J'étais sur le point de m'écrouler à terre lorsque le docteur m'a rattrapée et remise sur mes pieds en m'ordonnant de rester immobile. Il abaissa l'écran sur mon œil, me laissant tremblante dans l'obscurité. Ensuite, il leva l'autre écran et, une nouvelle fois, à bout portant, il m'envoya un second jet d'air dans l'œil. »

Tandis qu'elle se roulait par terre à cause du choc et de la douleur, les yeux en feu, on l'attacha sur une chaise avec des fils électriques aux bras et aux jambes. Les fils étaient fixés à ses doigts par de la bande adhésive. Debout derrière la chaise, le docteur commença à l'interroger. Il ne lui épargna rien – depuis ses fantasmes d'enfance jusqu'à sa nuit de noce ; de ses jours d'écolière à la naissance de son bébé. Avait-elle toujours eu un petit appétit ? Son père l'autorisait-il à ne pas finir son assiette ? Faisait-elle pipi au lit ? Aimait-elle son père plus que sa mère ? Autant ? S'aimait-elle, elle-même ? Pensait-elle qu'elle était une mauvaise épouse et une mauvaise mère ? Se mettait-elle en colère pour des broutilles ? Tenait-elle sa maison impeccable ? Ou bien se fichait-elle du ménage ? Avait-elle peur de la solitude ? Aimait-elle être seule ? Aimait-elle faire l'amour ? L'idée de faire l'amour l'effrayait-elle parfois ? Avait-elle apprécié sa nuit de noces ? Faisait-elle des rêves érotiques ?

Jeannine avait l'impression que ces questions duraient depuis « des heures et des heures ». Finalement, son esprit finit par atteindre le point ou elle était « si bouleversée qu'elle n'était plus capable de rien ». On enleva les fils et on la reconduisit dans sa chambre – où on lui fit une nouvelle injection qui la plongea dans une profonde inconscience. Elle apprit plus tard ce qui avait causé cet état : un coma provoqué par insuline, qu'elle trouva aussi terrifiant que le fait d'avoir été mise face à un revolver et de recevoir un jet d'air dans chaque œil. Personne, ni médecin ni infirmière, ne lui expliqua le but de ce qu'on lui avait fait. Après plusieurs semaines de ce traitement, elle quitta l'hôpital, sans se sentir mieux.

Elle essaya – « Mon Dieu, comme j'ai essayé », me confia-t-elle – de faire face, de se débarrasser de l'impression d'avoir manqué à tous ses devoirs envers son mari et de ne pas avoir été à la hauteur de ses responsabilités. « Mon Dieu », murmurait-elle, « je vous en prie, aidez-moi. Je vous en prie... Je vous en prie... »

Une fois de plus, sa dépression était revenue, ce qui la décourageait jusqu'à la paralysie, tourmentée qu'elle était à l'idée de retourner dans ce qu'elle appelait « la maison des horreurs sur la colline ».

Pour elle, comme pour les innombrables autres patients admis au Allan Memorial Institut, on avait ajouté pas mal de nouvelles choses au traitement depuis sa dernière hospitalisation. Les fonds secrets que le docteur recevait de la CIA lui permettaient d'approfondir ses recherches expérimentales sur des gens souvent trop malades pour s'en rendre compte. On avait bâti une nouvelle aile qui portait la capacité d'accueil à cent lits.

Alors que 1956 touchait à sa fin et qu'on faisait des projets pour l'arbre de Noël du personnel, où Cameron ferait sa traditionnelle brève apparition, le monde s'était un peu assombri suite à la crise de Suez et au soulèvement hongrois. L'une comme l'autre, la République populaire de Chine et l'Union soviétique semblaient plus menaçantes cet hiver-là – malgré la victoire électorale écrasante qui avait ramené le président Eisenhower à la Maison Blanche. Ce vieux héros de la guerre ne paraissait pas faire le poids contre un communisme qui gagnait continuellement du terrain.

William Buckley figurait parmi les invités de la fête de l'institut. Toujours sous sa couverture de journaliste, il expliqua au personnel qu'il était revenu pour découvrir les nouveaux développements. Personne ne lui posa de questions ; en vérité, personne n'était surpris de sa présence. Le docteur Cameron était très connu pour informer les reporters, même si ses confrères de haut rang n'approuvaient pas forcément son goût pour ce genre de publicité. Parmi les gens à qui s'adressa Buckley se trouvait le docteur Morrow qui avait récemment intégré l'institut. Il fut frappé par son enthousiasme et apprit par certains de ses collègues qu'elle commençait à se forger la réputation de quelqu'un qui n'était jamais pressé de quitter l'institut et y passait souvent le week-end, même lorsqu'elle n'était pas de garde, pour vérifier l'état d'un patient. Il eut l'impression qu'elle était de ceux qui trouvent toutes leurs satisfactions dans le travail. Il y avait beaucoup de gens comme elle à la CIA.

Cette fois encore, Cameron confia à Buckley un dossier à remettre en main propre à Sidney Gottlieb qui lui avoua plus tard qu'il contenait les toutes dernières évaluations cliniques du psychiatre sur ses expériences de contrôle psychique. Gottlieb en fut tellement ravi qu'il offrit un cadeau de Noël à Buckley : une bouteille de lait de chèvre, de son propre élevage.

VII

Les résultats de Montréal furent analysés en même temps qu'une série d'autres programmes du MK-Ultra que le docteur Gottlieb avait désignés dans une note de service comme « tests d'administration de substances déterminées sur des personnes non informées et sans symptômes d'instabilité mentale ». À l'origine, il n'y avait que deux projets, dont les noms de code étaient Bluebird et Artichoke ; un oiseau et un légume qui comptaient parmi ses préférés. Plus tard il y eut Naomi, du nom d'une cousine éloignée. Mais bientôt, il y eut tant de projets qu'il eut recours aux chiffres. À ce moment, le nombre total de projets dépassait la centaine (ils atteignirent le nombre de cent quarante neuf). Le projet MK 94 consistait à enquêter sur « le contrôle directionnel à distance des activités de certains centres spécifiques du cerveau ». Le projet MK 142 portait sur « l'étude des stimulations électriques du cerveau ».

Constamment à la recherche d'informations susceptibles d'être utiles à son programme d'armement biologique, le docteur Gottlieb fit appel aux archivistes de la CIA. Ils retrouvèrent un carton de documents que les agents des services secrets de l'armée américaine avaient trouvé à Munich en 1945. Sur l'étiquette du carton, on avait écrit « Expériences du ministère de la Guerre allemand 1934-1939 ». On pouvait toujours lire la mention « secret » qu'avaient apposée les Allemands sur les documents. On y parlait, entre autres, du repérage des courants d'air dans les réseaux de métro parisiens et londoniens. « En cas de guerre, ces tunnels pourraient faire des cibles de premier choix si les Londoniens et les Parisiens s'y abritaient pendant les attaques aériennes. En utilisant des bactéries qui se déplacent bien horizontalement, les souterrains pourraient devenir des sites d'épidémies de masse » – cette note avait été rédigée en juillet 1934, après l'arrivée au pouvoir des nazis.

Selon un autre document, deux mois après la rédaction du précédent, par une chaude journée d'été, des agents allemands pulvérisèrent « des milliards de microbes dans le réseau de métro parisien depuis des voitures avec lesquelles ils étaient entrés dans les bouches. Les gaz d'échappement masquaient le lâcher de microbes provenant de réservoirs connectés aux pots des voitures ». Un troisième écrit expliquait que « six heures plus tard, à la station République, à deux kilomètres cinq cents du point de pulvérisation, les agents allemands trouvèrent des milliers de colonies de microbes ». À Berlin, on avait étudié tout cela de près. Une note, provenant du ministère de la Guerre allemand et adressée à Hermann Goering, qui commandait la Luftwaffe, expliquait : « En larguant une bombe biologique adaptée, on peut être certain que les bactéries pénètrent dans le réseau souterrain. » Les Allemands avaient effectué des essais similaires à Londres et obtenu des « résultats tout aussi satisfaisants ».

Quarante ans plus tard, le docteur Gottlieb se disait que les Russes pouvaient faire aux citoyens américains la même chose que ce que les nazis avaient fait en Europe.

Au printemps 1957, Buckley commença à douter du MK-Ultra. S'il appréciait le fait que sa participation lui donne accès aux échelons les plus élevés de la CIA – il était souvent invité à des réunions top secret au septième étage, dans le bureau de Dulles, le directeur –, il en arrivait de plus en plus souvent à la conclusion que le programme avait moins de chances de réussir que les projets obsessionnels du docteur Gottlieb sur le lavage de cerveau. Lors d'une réunion du personnel, le 15 octobre de cette même année, Gottlieb déclara : « Nous avons bien trop avancé dans le domaine du contrôle comportemental pour abandonner maintenant. Nous sommes forcément voués à faire de nouvelles découvertes. Et, si nous ne trouvons pas les réponses, soyez assurés que les soviétiques les trouveront. Alors, nos concitoyens et tous les peuples libres de la terre seront leurs prisonniers. Par conséquent, il est d'une importance capitale que nous trouvions l'antidote à ce qu'ils sont en train de faire. Pour cela, il nous faut découvrir tout ce que l'on peut savoir sur le contrôle psychique. »

Il annonça à l'assistance qu'il était persuadé que « la réussite du lavage de cerveau » dépendait de l'utilisation des drogues : LSD, mescaline, cocaïne, voire nicotine. Il ne savait pas encore laquelle, « mais ce devait être quelque chose de cet ordre ». Il leur rappela que dans tous les centres de recherche des États-Unis, tels que le Boston Psychopathic, l'École médicale de l'université de l'Illinois, le Centre de recherche sur les dépendances de Lexington, dans le Kentucky, ou encore les universités de Chicago et de Rochester, là et dans tous les autres centres, les chercheurs menaient des projets financés par la CIA pour essayer de prouver sa théorie.

Une partie des devoirs de Buckley consistait à visiter régulièrement les campus et recueillir des rapports qu'il valait mieux éviter d'envoyer par la poste. Ces déplacements avaient leurs compensations : il dormait dans de bons hôtels et mangeait dans des restaurants de qualité. Il lui arrivait à l'occasion de trouver une fille, souvent une étudiante, et de passer la nuit avec elle. La situation se prêtait parfois à l'humour noir. À Boston, pendant une expérience avec du LSD, des scientifiques s'étaient amusé à droguer le café de leurs confrères. Ils étaient si défoncés que Buckley dut attendre plusieurs jours pour qu'ils soient de nouveau en état de lui remettre les documents qu'il était venu chercher. À l'université d'Oklahoma, un scientifique en pleine hallucination décida, tout d'un coup, qu'il était Fred Astaire et attrapa sa secrétaire la plus proche, convaincu qu'elle était Ginger Rogers. La dactylo avait elle aussi mangé un sandwich drogué. Le couple passa l'après-midi entière à danser sur la table d'une salle de conférence avant que des collègues inquiets ne les emmènent ailleurs et restent avec eux toute la nuit jusqu'à ce qu'ils reviennent à la normale. La situation fut plus préoccupante le jour où un médecin de Rochester, qui avait bu un café contenant un stupéfiant, sortit de son bureau en criant qu'il allait se suicider. Ses collègues le maîtrisèrent juste avant qu'il n'ait le temps de sauter par-dessus le parapet. Gottlieb avait affirmé à Buckley que de tels incidents faisaient partie des « petits cahots routiniers de la recherche de la technique magique utilisée par les communistes ».

Buckley commença également à se rendre régulièrement en Angleterre et en Allemagne. À Londres, il fit la connaissance du docteur William Sargant. Il l'accompagna à Porton Down et dans plusieurs autres centres où les savants britanniques faisaient des expériences secrètes sur le lavage de cerveau.

Quand ils visitèrent Porton Down, ils passèrent la nuit dans une vieille auberge située près du centre de recherches. Pendant le dîner, Sargant expliqua que le but de leur présence ici était de recueillir les résultats des dernières recherches concernant l'injection de deux virus rares à des patients cancéreux, en phase terminale, de l'hôpital Saint-Thomas ; le virus mortel Langat et, pire encore, celui de la maladie de la forêt de Kyasanur. Les patients ignoraient qu'ils servaient de cobayes. Ces virus étaient considérés comme des armes biologiques potentielles. Les tests durent s'arrêter parce que tous les patients périrent. En plus de leur cancer, ils avaient contracté des encéphalites. Sargant était là pour prendre les rapports des autopsies qui avaient été pratiquées à Porton Down, de sorte que Buckley puisse les porter à Gottlieb.

Ils arrivèrent sur place au beau milieu d'une crise mineure. Il n'y avait pratiquement plus d'animaux sur lesquels faire les expériences : on manquait de singes, de cobayes, de rats et de souris. Cela n'empêchait pas les recherches sur le contrôle psychique de continuer ailleurs en Angleterre.

Dans le centre secret qui se trouvait près de Maresfield, dans le Sussex, Buckley fut surpris de découvrir qu'un bâtiment sans fenêtres contenait une réplique de ce que devait être un centre d'interrogatoire chinois. Des soldats, emprisonnés pratiquement nus dans des cellules infectes, subissaient divers abus : on les arrosait à l'eau glacée, on les privait de sommeil et on les battait. On assura à Buckley que ces hommes étaient tous des volontaires.

Depuis l'Angleterre, il partit pour l'Allemagne dans un Dakota de l'US Air Force qui atterrit en zone américaine. En chemin vers une planque de la CIA, on lui montra les sites d'un arsenal secret dans la Forêt-Noire. Très profondément, on y avait enterré suffisamment de conteneurs remplis d'armes biologiques et chimiques, pour un an de contre-attaque en cas d'offensive militaire soviétique. L'endroit était une parfaite illustration de ce que Buckley nomma plus tard dans son agenda de poche « le collier patriote de Gottlieb autour des soviétiques ». Il avait déjà vu des choses similaires sur l'île d'Okinawa, dans le Pacifique. En tout, il y avait suffisamment d'armes biologiques pour tuer tous les hommes, toutes les femmes et tous les enfants d'Union soviétique.

Durant ses visites en Allemagne, Buckley était entre autres chargé de contrôler si les cobayes humains sélectionnés convenaient aux expériences. « Je vérifiais leurs registres et je leur posais des questions. Ceux qui affichaient des sympathies nazis ou communistes, je les envoyais aux médecins. Je cherchais aussi ceux que nous pouvions utiliser parmi les nôtres. » Parfois, il n'avait même pas besoin de chercher très loin. Lors d'un bal de l'US Air Force, aux alentours de Francfort, il rencontra une infirmière : « Une pure beauté qui affirmait être prête à tout pour combattre les Russes. Je me suis arrangé pour qu'elle rencontre des psychologues de chez nous. Ils lui firent passer toute une série de tests et conclurent qu'elle serait prête à coucher avec quelqu'un pour son pays. Il y avait, à Nuremberg, un agent russe que nous voulions recruter. L'infirmière accepta de coucher avec lui. Trois mois plus tard, il avait démissionné et rejoint notre camp. » Mais Buckley trouva rapidement que le piège sexuel n'était pas si intéressant que cela. Non seulement, c'était « ringard, mais le chantage sexuel n'est pas un bon moyen de retourner un agent. Cela démontre une faiblesse psychologique », m'expliqua-t-il plus tard.

De retour aux États-Unis, Buckley reprit ses visites aux universités pour livrer et prendre les informations des scientifiques qui travaillaient pour la CIA. Durant ces déplacements, il avait l'occasion de constater à quel point l'Amérique changeait. Les étudiants commençaient à prendre l'habitude de coucher ensemble « même si la plupart des filles dormaient encore avec leur meilleure amie, la poupée Barbie ». À Berkeley, on lui expliqua que les maladies vénériennes représentaient un véritable problème dans le milieu universitaire. À la librairie du campus, le livre *Le Sexe et l'étudiante* de Gael Green, favorable à la sexualité avant le mariage, était constamment demandé. Bien que *Play Boy* et *Fanny Hill* soient officiellement interdites, ces revues se vendaient ouvertement sur le campus. Buckley s'y trouvait le jour où un étudiant chevelu avait défilé en passant par l'entrée principale transportant une pancarte sur laquelle était inscrit le mot *fuck*. En fait, il s'agissait d'un poète non publié qui essayait d'attirer l'attention sur son œuvre. Buckley se demandait pourquoi on en faisait toute une histoire : ce genre de vocabulaire faisait partie de la vie militaire.

Dans sa vie privée, Buckley bénéficia de l'un des changements sociaux qui commençaient à apparaître dans la plupart des grandes villes en louant un appartement dans un complexe pour célibataires de Washington. Il l'avait pris au retour d'une fête organisée par un club de rencontres pour célibataires à Arlington. Parmi les invités, il y avait des hôtesses de l'air, des professeurs, des mannequins, des secrétaires et plusieurs officiers du Pentagone. Lorsqu'il était à Washington, il se rendait à l'improviste à des réceptions, souvent le vendredi, et se trouvait une fille pour le week-end. Une sexualité sans engagement convenait à son mode de vie. L'arrivée de la pilule avait beaucoup contribué à ces nouvelles mœurs.

En 1958, début février, Buckley se rendit de nouveau à l'institut. Cette fois, il apportait une valise contenant plusieurs bobines d'informations télévisées montées par les techniciens de la CIA. Ces films montraient les aveux des prisonniers américains en Corée du Nord. En voix *off*, on pouvait entendre le commentaire de l'expert qu'était le docteur Wolff. Il expliquait une fois pour toutes comment les Nord-Coréens avaient réussi à laver le cerveau de leurs prisonniers. Quand Buckley arriva à l'institut, on le fit entrer dans la salle d'attente du docteur Cameron après l'avoir informé que le psychiatre faisait sa tournée.

Une fois de plus, Buckley fut frappé par « l'impression que cet endroit avait quelque chose d'étrange ». Ce sentiment augmenta bien plus lorsqu'une jeune femme en robe de chambre passa en hurlant devant la salle d'attente, poursuivie par deux infirmières. La femme réussit à atteindre la porte d'entrée de l'institut avant d'être maîtrisée, et il fallut presque la traîner pour la faire rentrer dans l'hôpital. À ce moment-là, le docteur

Cameron arriva sur les lieux. Il ordonna que l'on mène la patiente dans une pièce voisine. Là, on lui fit une piqûre, on lui attacha des électrodes aux tempes et elle reçut des électrochocs. Inconsciente, semblant dormir comme un bébé, on l'emmena sur un chariot. En s'apercevant que Buckley avait été témoin de la scène, Cameron le fit entrer dans son bureau et lui expliqua que la « déstructuration » consistait en de longues périodes de « thérapie du sommeil » suivies d'électrochocs. Il ajouta : « La plus grosse difficulté est de s'assurer que les patients ne se réveillent pas d'un seul coup et n'essaient pas d'en profiter pour se faire la belle. » La jeune femme en était encore aux premières phases de sa « déstructuration » et commençait à perdre la mémoire. Le psychiatre développa : « Elle sait encore où elle est et pourquoi elle y est. Au stade suivant, elle sera angoissée lorsqu'on le lui demandera. Au troisième et dernier stade, son anxiété aura disparu. » Le docteur Cameron ajouta que la patiente n'aurait plus que « le sens de l'instant présent », qu'elle ne parlerait et ne se souviendrait de rien d'autre. « Le passé aura disparu. Elle ne vivra que dans le présent immédiat. »

Dans la salle de projection de l'institut, le docteur Cameron et Buckley visionnèrent la bobine d'images des informations montrant les prisonniers de guerre américains en Corée du Nord. La voix du docteur Wolff expliquait que les hommes avaient tout d'abord était soumis à l'isolement absolu, généralement dans le noir complet. Leur seul contact avec le monde extérieur était les gardes qui leur portaient à manger une fois par jour. Chaque repas était accompagné d'actes d'humiliation. Les gardes forçaient les prisonniers à manger debout et à uriner couchés. Quand un détenu était autorisé à dormir, on le réveillait au moindre mouvement. « Lentement mais sûrement », continuait la voix du docteur Wolff, « le prisonnier trouve la tension si insupportable qu'il craque. Il pleure. Il marmonne tout seul. Il prie Dieu de lui venir en aide. Puis, il le maudit de ne rien faire. »

Le docteur Cameron continuait de prendre des notes tandis que le docteur Wolff expliquait ce qui suivait ce stade initial.

« On emmène le prisonnier à l'interrogatoire. On ne l'accuse de rien en particulier. En revanche, on lui dit qu'il sait très bien les délits qu'on lui reproche. S'il a envie d'en faire part à un enquêteur, il le peut. Mais l'interrogé ne sait pas quoi avouer. Il ne sait pas quel crime on lui reproche exactement. Lentement mais sûrement, il s'enfonce toujours plus profond dans son propre bourbier mental. »

Après plusieurs semaines de ce traitement, le prisonnier était prêt pour ce que, selon le docteur Wolff, ses geôliers appelaient « la rééducation ». Elle était réussie lorsque le prisonnier avouait.

« Pour que le prisonnier avoue, il doit être bien préparé. Cela exige qu'il lise Marx et Mao, assiste à des conférences et fasse son autocritique. Pendant qu'il acquiert ces nouvelles compétences, on relâche la pression sur lui. Ceux qui l'interrogent lui montrent de l'estime. Ils le récompensent avec un supplément de nourriture, une boisson chaude ou une couverture de plus. »

Ainsi, conclut le docteur Wolff, chaque prisonnier avait été conduit devant une caméra pour renier ce qu'il avait chéri autrefois.

« Nous devons copier ce qu'ils ont fait à ces prisonniers », dit-il pour finir. « Non seulement nous devons le copier, mais nous devons faire mieux, beaucoup mieux. »

Sans un mot, Cameron sortit de son bureau.

Dans le bloc Sud-2, Madeleine était étendue sur l'alèse de son lit étroit, regardant les premières lueurs de l'aube faire apparaître les meubles et sa robe de chambre suspendue à un crochet derrière la porte. Son dossier affirmait qu'elle ne savait plus combien de fois on avait approché la machine de son lit pour la faire tomber dans l'inconscience avec des électrochocs. On y lisait également qu'à son réveil, elle se plaignait de douloureuses pulsations dans la tête et qu'elle avait l'impression que son esprit était « un vide flou ponctué de martèlements ». Pourtant, si sa mémoire était bel et bien affectée, jusque-là, le traitement n'avait toujours pas chassé de sa tête les Rois mages ou la créature couchée par terre près de la porte qu'elle appelait le « Paresseux ».

Elle avait expliqué au psychiatre que le Paresseux faisait maintenant partie de sa vie, qu'elle avait dit à Eddie qu'elle l'aimait encore alors qu'elle ne l'aimait plus, qu'elle avait dit au docteur Cameron qu'elle voulait vivre alors qu'elle ne voulait plus, et qu'elle avait promis aux Rois mages qu'elle ne les forcerait pas à quitter le bloc Sud-2 s'ils la débarrassaient du Paresseux. Madeleine confia également à une infirmière que la chambre avait été celle de la créature et que le docteur l'y avait installée parce que c'était encore une de « ses punitions », tout comme sa récente décision de limiter ses privilèges en lui interdisant de sortir de sa chambre depuis qu'elle avait été prise à essayer de voler un couteau dans la salle à manger. Le Paresseux apparaissait chaque nuit, une fois que l'infirmière avait regardé Madeleine avaler ses médicaments du soir et avait éteint la lumière. La créature avait à peu près la taille du ballon de plage que son père avait l'habitude de lancer dans un panier derrière la maison. Pendant qu'elle l'observait, trop horrifiée pour crier, la bouche asséchée par les médicaments, le Paresseux s'étirait et glissait sur le tapis pour s'installer sur le sol, juste devant la porte, ce qui empêchait qu'elle puisse s'enfuir ou que l'on puisse venir à son secours. Dans l'obscurité, il dégageait une pâle lueur – et Madeleine imaginait qu'il avait la même odeur âcre que la terre du cimetière où était enterré son père. Son cauchemar était entièrement rapporté dans un dossier qui s'épaississait constamment.

Au cours des trois années précédentes, Madeleine avait été hospitalisée cinq fois ; quarante-quatre semaines en tout, presque un an de sa vie passé au bloc Sud-2. Pendant ce temps, on avait vidé une quantité stupéfiante de seringues dans ses bras, elle avait avalé des milliers de cachets et reçu assez d'électricité pour illuminer une bonne douzaine d'ampoules.

Chaque fois qu'elle était réadmise à l'institut, un médecin lui posait les questions de la liste habituelle. Avait-elle entendu des voix ? Lui arrivait-il de penser que les gens complotaient contre elle ? Elle refusait de répondre. Une infirmière vidait sa valise, celle qu'Eddie appelait « son sac d'allers-retours ». Lorsqu'il lui rendait visite, il s'asseyait sur le lit et elle s'accrochait à lui en oubliant tout le reste. Cameron finit par lui dire qu'il éviterait des souffrances inutiles en ne venant plus. Madeleine lui en était reconnaissante, car c'était aussi le moment où elle se rendait le plus compte de l'affreuse douleur qui se lisait sur le visage de son mari. Elle avait essayé de le réconforter mais n'y était pas parvenue. Peu à peu, ses sentiments pour lui avaient tellement diminué que, la plupart du temps, elle ne ressentait rien d'autre qu'un engourdissement, qui ne s'interrompait que par une nouvelle crise d'envie subite et écrasante de se donner la mort pour rejoindre son père. Quand elle se rendait compte qu'elle n'avait aucun moyen de le faire, elle se sentait de nouveau totalement incapable de toute réaction émotionnelle.

Madeleine entendit dans le couloir le bruit du chariot sur lequel on apportait la machine. Une panique qu'elle connaissait bien recommença à lui ronger l'esprit. Ses cheveux, sa chemise de nuit et ses draps étaient trempés de sueur. Comme d'habitude, elle savait qu'elle n'avait ni l'énergie ni le courage nécessaires pour se lever, ouvrir la porte et s'échapper avant l'arrivée de la machine. Un infirmier entra avec le chariot sur lequel se trouvaient la boîte noire, un tube de lubrifiant et deux spatules de bois couvertes de bandes ouatées de manière à former une boule. L'infirmier parlait gaiement pour essayer de détourner l'attention de Madeleine des cadrans, des boutons et interrupteurs de la machine. Il débrancha la lampe qui se trouvait au-dessus du lit et brancha le câble de la machine sur le secteur. Il ajusta certains des contrôles en regardant osciller les aiguilles des cadrans.

Madeleine supplia l'infirmier de lui faire une piqûre pour l'aider à se détendre. Il lui répondit qu'il fallait attendre le docteur mais que celui-ci avait dit qu'un sédatif n'était pas nécessaire dans son cas. Cameron tripota quelques boutons et régla le chronomètre automatique. Il passa du gel sur les tempes de sa patiente. Ensuite, il lui demanda de se moucher, de respirer profondément et de garder la bouche ouverte. Il plaça la boule ouatée entre ses dents et vérifia qu'elle touchait sa mâchoire inférieure de manière à empêcher sa langue de passer. Il lui demanda de serrer les dents aussi fort que possible, en précisant que, si elle le souhaitait, elle pouvait fermer les yeux. Elle sentit sur sa peau que quelque chose de plus froid et de dur appuyait sur les côtés de sa tête. Il s'agissait des électrodes, couvertes de gel conducteur que le médecin maintenait en position. L'infirmier vérifia un voyant et annonça : « Enclenché. » Comme toujours à ce stade, Madeleine commença à se débattre. Elle ne pouvait pas s'en retenir. Le docteur plaqua plus fermement les électrodes contre la peau de sa patiente, tout en lui disant de ne pas avoir peur car elle ne sentirait rien. Par-dessus son épaule, il donna le signal à l'infirmier : « Prêt. Allons-y ! », et celui-ci appuya sur un bouton.

Durant l'infime laps de temps qui séparait le moment où le docteur dit « Allons-y ! » de celui où l'infirmier enfonça le bouton, Madeleine imagina peut-être l'immense éclair de douleur brûlante qui allait lui traverser la tête. En réalité, cela ne dura qu'une seconde. D'un point de vue technique, elle reçut cent cinquante volts – la puissance nécessaire pour illuminer une ampoule de cent watts. L'électricité fit se convulser son corps de façon incontrôlable et elle commença à baver. Après quatre secondes, le système de chronométrage automatique de la machine répéta l'électrochoc. Cela se reproduisit quatre fois de plus – six fois en tout. Le médecin enleva les électrodes et l'infirmier débrancha l'appareil avant de rebrancher la lampe. Ensuite, il essuya le gel et retira la boule ouatée. Pour finir, il plaça un morceau de tissu sur les lèvres de Madeleine pour absorber sa salive. Le processus avait duré quatre minutes.

Durant la visite suivante de Buckley à Montréal, Cameron l'invita de nouveau à déjeuner d'un en-cas dans son bureau avant de repartir pour Washington. Il profita de ce repas pour demander à Buckley ce qu'il en était des autres recherches menées aux États-Unis. À son tour, Buckley s'enquit des méthodes qui avaient cours à l'institut. Il demanda à Cameron si les patients donnaient leur consentement pour subir de tels traitements. Le psychiatre éluda la question en répondant qu'il ne ferait rien qui puisse porter atteinte à ses patients, mais que ce qu'il était en train de faire était à la pointe du progrès médical.

Il étonna ensuite Buckley en lui demandant s'il serait possible que la CIA lui fournisse quelques étrangers pour qu'il les étudie. « L'idéal serait qu'ils soient communistes. Ils ont peut-être quitté l'Europe pour les États-Unis mais cela ne fait rien. Ils auront toujours l'idéologie communiste en tête », avait déclaré Cameron, selon Buckley.

Bill accepta de transmettre la requête de Cameron au docteur Gottlieb. Il espérait seulement qu'on ne lui confierait pas la tâche de trouver les candidats adaptés. Ce soir-là, pendant son vol de retour vers

Washington, Buckley rédigea le rapport de sa visite. Il y révélait que le docteur Cameron espérait « parvenir sous peu à fabriquer une machine à laver le cerveau ».

Dans un couloir de l'institut, le docteur Morrow vérifiait la liste des patients qui devaient subir, tôt ce matin, un traitement par électrochocs. La prochaine était Jeannine Huard. Le docteur Morrow ouvrit son dossier pour vérifier qu'il contenait une autorisation signée de la patiente. Elle allait encore passer sa matinée à travailler dans la salle de soins, couverte de tuiles blanches, que l'on surnommait « la petite boutique des chocs ». Elle serait la « pousse-boutons » de Cameron. Les jeunes médecins avaient l'obligation de se relayer au poste de pousse-boutons.

Elle en était arrivée à se demander si le traitement électroconvulsif était bénéfique à qui que ce soit. Mais l'une des choses qu'elle avait apprises en travaillant au Allan Memorial Institut était qu'il ne fallait jamais remettre en question les méthodes du docteur Cameron. Il lui avait souvent ordonné de régler le chronomètre de sorte qu'il envoie six décharges au patient, alors que chacune d'entre elles était vingt fois plus puissantes que celles qu'elle avait utilisées ailleurs. Humaine et sensible, le docteur Morrow était souvent bouleversée en constatant que le seul effet immédiat qu'on obtenait en envoyant à plusieurs reprises du courant de très faible ampérage dans le cerveau d'un patient était d'engendrer confusion et perte de mémoire.

Elle était contente d'être dans le service du docteur Cleghorn. Dans tout ce qu'il disait ou faisait, ce psychiatre, qui parlait avec douceur, était le type même de la personne rationnelle obligée de se confronter à l'irrationnel. Elle l'assistait pendant les heures interminables qu'il passait dans son laboratoire à travailler sur des mystères aussi complexes que les effets de l'électrochoc sur le cortex adrénal ou les substances chimiques excrétées par l'hypophyse et l'hypothalamus. Étant donné sa notoriété, les plus grands noms de la médecine étaient venus travailler aux côtés de ce chercheur. Parmi ceux-ci se trouvaient la brillante biochimiste Marian Birmingham, ainsi que Paula Ward et Edward Schonbaum, qui se donnaient tous le plus grand mal pour réussir à isoler un nouveau stéroïde.

Chapitre VII

Dans le laboratoire du docteur Cleghorn, une demi-douzaine de savants cherchaient à comprendre toutes sorte de désordres affectifs.

Le docteur Morrow aimait travailler avec des gens d'une telle renommée. Elle fut donc d'autant plus choquée lorsqu'elle apprit que le docteur Cameron avait fait entrer dans l'équipe de Cleghorn un savant voyou, un médecin persuasif et au discours rapide, qui faillit ruiner la réputation que les recherches dirigées par Cleghorn avaient apportée à l'institut. Le nouveau venu essayait de découvrir si la couleur des yeux d'un patient pouvaient aider à identifier la présence de schizophrénie. Cleghorn condamna ce projet en affirmant qu'il s'agissait d'une sorte de « suite des travaux inachevés du docteur Joseph Mengele à Auschwitz », lequel avait déjà effectué des recherches du même ordre sur des femmes et des enfants juifs. Il redoubla de colère lorsqu'il s'aperçut que son chef avait autorisé le médecin à demander des fonds auprès d'un « financier de très mauvaise réputation soupçonné d'avoir des liens avec la Mafia », expliqua-t-il plus tard dans une déclaration sous serment qu'il m'a permis de lire. L'affaire prit une nouvelle ampleur lorsque Cameron approuva la publication d'un article de ce médecin dans un journal médical canadien qui présentait Cleghorn comme coauteur de l'étude. Ce dernier insista pour que l'article soit supprimé, en affirmant qu'il s'agissait de « la pire recherche qu'il ait jamais vue de sa vie ». Cameron, qui faisait partie du comité de rédaction, rejeta ces protestations d'un haussement d'épaules. L'article fut donc publié. Cleghorn ne décolérant pas, le nouveau venu quitta l'institut. À ce stade, le docteur ne cacha pas que, selon lui, il fallait que Cameron ait une « grave carence personnelle pour être incapable de repérer un imposteur ».

Le docteur Morrow essaya d'ignorer les tensions entre les deux médecins qui pouvaient avoir une influence sur la suite de sa carrière médicale – même si cela lui donnait un peu l'impression de « marcher sur des œufs ». Là, tandis qu'elle se tenait auprès de Jeannine Huard qui, sanglée sur un chariot, attendait ses électrochocs, le docteur Cameron entra dans la chambre sans un mot de salutations. Il piqua l'aiguille dans le bras de la patiente, en regardant le liquide transparent partir dans sa veine, et lui demanda de compter à rebours à partir de dix. Quand elle arriva à cinq, sa mâchoire claqua et elle se mit à respirer bruyamment. Il plaça la boule ouatée entre ses dents, en appuyant sous son menton pour refermer sa mâchoire de force. Il ordonna au docteur Morrow d' « appuyer sur le bouton ». Quand la patiente eut reçut six décharges électriques qui la firent se convulser, le docteur sortit sans un mot. Selon le docteur Morrow : « Sa colère était palpable. Je me demandais quelle bêtise j'avais faite. »

Elle n'en avait commis aucune. Si le psychiatre était en colère, c'était parce qu'il avait appris que William Buckley avait écrit un rapport à Dulles, le directeur de la CIA, dans lequel il évoquait son malaise concernant ce dont il avait été témoin durant ses récentes visites à l'institut. Cameron demanda expressément que Buckley n'ait plus jamais rien à faire avec le MK-Ultra. Normalement, avec une requête émanant d'une personne si haut placée dans le programme, Dulles aurait viré Buckley ou l'aurait muté sur une base de la CIA à l'autre bout du monde. Au lieu de cela, il fit appeler Buckley et lui expliqua combien Ewen Cameron avait été important dans le passé. C'était un signe évident de l'estime que Dulles portait à Buckley.

Les rapports de Dulles avec le docteur Cameron remontaient au temps de la guerre, à l'époque où le maître espion et le médecin s'étaient alliés pour détruire le nazisme. En 1942, Dulles avait été l'un des membres fondateurs de l'OSS – Office of Strategic Services. Il avait organisé l'espionnage, les sabotages et les missions secrètes avec une énergie inépuisable. Il dirigeait ces opérations depuis la Suisse, dans un petit bureau de Genève. De là, il s'occupait de « l'exécution de diverses formes de subversion morale, depuis les fausses rumeurs jusqu'au soutien des activités de la cinquième colonne au sein de l'Allemagne nazie ». On lui attribue l'origine des rumeurs selon lesquelles Hitler n'aurait eu qu'un testicule et Goering aurait été pédophile. À la fin de la guerre, Dulles organisa l'opération Paperclip.

Il s'agissait d'un programme visant à amener des scientifiques allemands soigneusement sélectionnés à travailler pour les États-Unis pendant la guerre froide. Officiellement, aucun d'entre eux n'était censé avoir appartenu au parti nazi. On négligea rapidement ce détail lorsqu'on se rendit compte de l'étendue des connaissances de ces scientifiques, tous nazis. Ils étaient très en avance sur leurs homologues américains en ce qui concernait l'utilisation des rayons lasers, ou particulaires, dans l'armement, la conception des missiles ou les armes électroniques et biologiques.

Pour Dulles, ces scientifiques, ainsi que tout leur réseau d'espionnage, étaient « un don du ciel ». Parmi les savants figurait Reinhard Gehlen, le plus brillant et le plus immoral des maîtres espions d'Hitler. Le directeur de la CIA fit en sorte que les dossiers des espions de son réseau soient blanchis de toute référence à leur passé nazi. Beaucoup d'entre eux reçurent la nationalité américaine, de même que plus de sept cents scientifiques nazis, dont plusieurs avaient fait des expériences sur des êtres humains à Dachau, Bergen-Belsen et Auschwitz. Le docteur Werner von Braun était l'un de ces naturalisés au dossier arrangé. Ce chercheur nazi, spécialisé dans les fusées, devint un ami du président Kennedy après avoir envoyé les États-Unis dans l'espace. À l'origine, il avait été considéré comme une « menace potentielle pour la sécurité ». Cependant, son autorisation de résidence du 18 septembre 1947 stipulait qu'il n'existait « aucune information négative à ce sujet » et qu'il ne représentait pas « une menace pour la sécurité ». Von Braun avait tué des centaines de femmes et d'enfants avec ses attaques de missiles V-1 et V-2 sur Londres en 1945.

Arthur Rudolph avait été directeur des opérations à l'usine du camp de concentration de Dora-Norhausen. Il avait autorisé et supervisé la mort de vingt mille travailleurs battus, pendus ou affamés. C'était un nazi convaincu depuis les premiers jours du parti, et son dossier militaire américain le qualifiait de « dangereux, menace pour la sécurité. Emprisonnement conseillé. » Au lieu de cela, on fit une croix sur son passé. Dès qu'il posa le pied aux États-Unis, il devint citoyen américain et aida von Braun à concevoir la fusée Saturn-5, utilisée pour les alunissages d'Apollo.

Kurt Blome était un ancien membre de haut niveau du programme d'armement biologique nazi. Depuis 1943, il avait tué des milliers de gens dans des camps de concentration, au cours d'expériences durant lesquelles il leur avait injecté la peste, l'anthrax ou d'autres microbes mortels. En 1951, il travaillait à Fort Detrick sur les mêmes agents biologiques que ceux qu'il avait utilisés dans les camps de concentration.

Walter Schreiber avait été le trésorier-payeur de tous les docteurs travaillant sur les programmes d'armement biochimique nazis. En 1951, il travaillait à l'école de médecine de l'Air Force au Texas. Un an plus tard, craignant que les médias ne découvrent son passé, Schreiber obtint un visa et trouva un nouvel emploi en Argentine, où vivait déjà sa fille. Il y arriva en 1952 et y retrouva son vieil ami le docteur Josef Mengele.

Cette année-là, Dulles organisa l'implantation d'une organisation de renseignement en Allemagne de l'Ouest. Elle fut baptisée Reinhard Gehlen Organisation. Gehlen promit de ne pas engager d'anciens membres des SS, des SD ou de la Gestapo ; il le fit malgré tout et la CIA ne fit rien pour l'en empêcher. Deux des premières recrues de Gehlen furent Emil Augsburg et le docteur Franz Sixt qui avaient appartenus aux escadrons mobiles d'assassinat qui avaient tué des juifs, des intellectuels et des partisans du régime soviétique partout où ils les trouvaient. Willi Krichbaum, haut dirigeant de la Gestapo en Europe de l'Est et chef de cette même police à Paris, fut également recruté.

La CIA aida Gehlen à élaborer le réseau *ratline* qui permit aux criminels de guerre nazis de quitter l'Europe pour échapper à la justice. Ces derniers reçurent des passeports américains et furent cachés dans des planques de la CIA en Espagne. Durant les années d'après-guerre, plus de cinq milles nazis quittèrent l'Europe et s'installèrent en divers lieux de la planète. Klaus Barbie, le boucher de Lyon, aida les gouvernements à former des escadrons de la mort au Chili, en Argentine, au Salvador et ailleurs. Durant la guerre, Barbie avait appartenu aux SS, et était responsable de la mort de milliers de Français pendant l'Occupation.

Un autre bénéficiaire du projet Paperclip, Heinrich Rupp, devint un agent de la CIA. Plus tard, un grand jury fédéral déclara qu'il croyait que Rupp, William Casey, l'ancien directeur de la CIA – également directeur de la campagne électorale de Ronald Reagan – et Donald Gregg, l'ambassadeur des États-Unis en Corée du Sud, s'étaient rendus à Paris, en 1980, avec George Bush, alors que ce dernier se présentait comme vice-président. Selon la déclaration de ce grand jury, trois réunions eurent lieu les 19 et 20 octobre à l'hôtel Florida et au *Crillon*. Le document affirmait également que ces réunions avaient pour objectif de retarder la libération des otages américains en Iran pour saboter la campagne électorale de Jimmy Carter, qui se présentait pour un second mandat. Les otages furent libérés le 20 janvier 1981, le lendemain de l'arrivée au pouvoir de Reagan et de Bush. On promit à l'Iran de lui rendre ses finances bloquées aux États-Unis, et on lança la création du marché Iran-Contra.

Mais bien avant cela, à la CIA, le projet Paperclip était arrivé jusqu'au fief du docteur Gottlieb. En septembre 1957, il se rendit à Munich, en Bavière. De toute évidence, il y allait pour voir un chimiste qui avait travaillé pour la Stasi en Allemagne de l'Est. Ses enquêteurs doutaient des affirmations de cet homme. Gottlieb découvrit qu'il ne mentait pas en affirmant avoir inventé un nouveau système de langage codé. On le fit venir à Washington pour travailler avec Gottlieb. Durant les mois qu'il passa en Bavière, Gottlieb assista à plusieurs expériences sur des « sujets jetables ». En 2001, un agent, nommé William Wood, qui avait travaillé avec lui me raconta : « Quand, des décennies plus tard, on a révélé toute l'étendue des recherches de Gottlieb sur les drogues, j'ai été ébahi. Je pense sincèrement qu'il était en total désaccord avec certaines des choses qu'ils faisaient. On ne peut pas comprendre si on n'y a pas participé. Il ne faut pas prendre les services secrets pour des boy-scouts. »

Née des activités de Dulles dans l'Europe d'après-guerre, l'opération Paperclip démontre une fois de plus jusqu'où la CIA peut aller pour recruter quiconque est susceptible de lui être utile. Le choix d'engager Cameron s'était logiquement imposé à l'époque où il rencontrait régulièrement Dulles dans les bureaux de l'Association des psychiatres américains à Washington. Ils s'entendirent aussitôt ; ils avaient la même suspicion à l'égard des Anglais et la même haine des Allemands, que seule celle des Russes égalait. Certains des rapports secrets que Cameron envoya à Dulles portaient des titres tels que « Comment déclencher l'hystérie collective dans la population civile allemande ». Après la guerre, le psychiatre rédigea un document proposant que chaque Allemand « âgé de plus de douze ans reçoive un traitement électroconvulsif suffisant pour effacer de sa mémoire tout vestige du nazisme ». Ce texte a été conservé dans les archives de la CIA.

Dulles fit envoyer le docteur Cameron à Nuremberg pour y évaluer l'état mental de Rudolf Hess avant son procès. En mai 1941, l'adjoint du Führer s'était rendu en Écosse dans le but avoué d'arrêter la guerre. Hess avait été ramené à Nuremberg pour y être jugé en même temps que d'autres dirigeants nazis, déclarés sains d'esprit par un psychiatre britannique. Les Américains, au même titre que les Russes, s'étaient portés partie civile dans ces procès de crimes de guerre et tenaient absolument à faire leur propre expertise psychiatrique. À la fin de l'automne 1945, le docteur Cameron arriva à Nuremberg, une ville qui avait été le berceau du nazisme. En dînant dans les salles voûtées du Grand Hôtel fraîchement refait à neuf, Dulles raconta au psychiatre une histoire ahurissante. Il expliqua avoir de bonnes raisons de penser que l'homme que Cameron était venu examiner n'était pas Rudolf Hess mais un imposteur. Selon lui, le véritable adjoint du Führer avait été exécuté sur ordre de Churchill. Il lui expliqua qu'il suffirait d'un simple examen physique de son torse pour en avoir la preuve. S'il s'agissait du véritable Hess, il devrait trouver une cicatrice au niveau du poumon gauche. Elle datait du jour où le jeune Hess avait été blessé durant la Première Guerre mondiale. Le docteur accepta d'essayer de procéder à un examen physique du prisonnier.

Le lendemain, on le conduisit à la prison où étaient incarcérés les dirigeants nazis. Un policier militaire britannique amena quelqu'un qui portait des menottes dans une salle d'interrogatoire et le présenta officiellement comme « Hess Rudolf, prisonnier en attente de procès ». Les profondes orbites qui abritaient les yeux bleus de Hess donnaient à son visage livide l'aspect d'une tête de mort. Il ne portait ni col, ni cravate, ni ceinture – une précaution pour éviter les tentatives de suicide. Il portait les bottes d'aviateur de la Luftwaffe avec lesquelles il était arrivé en Écosse. Le prisonnier et l'homme qui l'escortaient restèrent menottés l'un à l'autre pendant les nombreuses heures que dura l'interrogatoire, mais lorsque Cameron demanda au policier de détacher Hess pour l'examiner physiquement, celui-ci refusa en expliquant qu'il n'avait pas l'autorité pour cela. Le psychiatre n'insista pas mais il raconta plus tard à Dulles ce qui s'était passé. Si le maître espion était déçu, il n'en montra rien. On ne saura jamais si l'histoire de Dulles au sujet de Hess était autre chose que l'un de « ses petits tests », comme il aimait à les appeler. Au cours des jours qu'ils passèrent ensemble à Nuremberg, les deux hommes découvrirent qu'ils avaient la même conception de l'histoire et pensaient tous deux que, le nazisme vaincu, une nouvelle menace encore plus grande, pour diverses raisons, venait d'émerger. Dulles était convaincu que la Russie s'apprêtait à répandre sa pernicieuse influence à une échelle aussi importante que possible. Lorsqu'ils se séparèrent – après que Cameron eut déclaré Hess « cliniquement sain d'esprit » – ils s'entendirent pour tout faire afin de protéger le monde contre le communisme.

Là, assis dans son bureau, Dulles expliqua à Buckley que le rôle du docteur Cameron dans la bataille pour le contrôle psychique était crucial. Buckley n'oublia jamais comment Dulles s'était assis, avait bourré sa pipe et approché une allumette, si bien que la fumée lui faisait une couronne. « Je n'avais pas besoin qu'on me convainque de la menace que représentait le communisme pour les États-Unis, mais Dulles avait l'art de le présenter comme encore plus dangereux. C'était comme assister à une *master class* de stratégie. À un moment donné, il me sidéra en m'apprenant que, durant la Seconde Guerre mondiale, l'OSS avait mené son propre programme sur les drogues. Les hôpitaux militaires avaient signalé que certains patients parlaient sous l'influence des anesthésiants. Ce que Dulles essayait de prouver, c'était que si aujourd'hui on avait fini par considérer le cannabis comme respectable, le travail de pionnier du Docteur Cameron serait également perçu ainsi un jour », m'expliqua Buckley.

Leur discussion changea brusquement de direction. Le directeur souleva le cas de Frank Olson. Il commença par dire que ce biochimiste avait été « l'un des plus brillants membres de l'équipe du docteur Gottlieb ». Dans un document sur l'armement biologique que Buckley avait lu quelques temps plus tôt, le nom d'Olson revenait régulièrement. Après avoir écouté son directeur, il lui posa une question. Pourquoi Dulles avait-il téléphoné à l'épouse d'Olson peu après la chute qui avait entraîné sa mort ? Buckley se souvint longtemps du regard de Dulles.

« Oui, il y avait un risque. Il y en a toujours avec ce genre de choses. J'aimais bien Frank Olson. C'était un bon scientifique. Mais à la fin, les choses étaient devenues incontrôlables », expliqua le directeur.

– De quelle façon ? demanda Buckley.

– De toutes sortes de façons. Le docteur Gottlieb s'en est sûrement occupé. Enfin, j'espère. Mais allez donc vérifier les dossiers pour en être deux fois plus sûr. »

C'est ainsi que Buckley se retrouva chargé de s'assurer de l'étanchéité des grands secrets de l'histoire d'une agence spécialisée dans la dissimulation de la vérité.

VIII

Sur l'ordre de Dulles, les tâches habituelles de Buckley furent suspendues et on l'installa dans une pièce au bout du couloir de la suite du directeur. « Le docteur Gottlieb me regarda bizarrement mais ne posa pas de questions », me raconta Buckley. En entrant dans son nouveau bureau, il trouva les dossiers concernant Olson. Il y en avait quatre, tous très épais, les différentes parties étant signalées par des onglets. Les rouges portaient la mention « secret », les verts avertissaient « sensible : traiter avec précaution » et les bleus stipulaient « confidentiel ». Dans les sections bleues, il apprit que peu après deux heures du matin, le samedi 23 novembre 1953, Dulles avait été réveillé par l'agent de nuit de Langley. Celui-ci lui avait annoncé que le docteur Frank Rudolph Olson s'était apparemment suicidé en se jetant par la fenêtre d'une chambre du treizième étage de l'hôtel Statler à Manhattan. Dans sa première note sur cette affaire, Dulles avait écrit : « J'ai rencontré Olson à plusieurs occasions. C'est la dernière personne que j'aurais imaginé se suicider. Ce ne peut qu'être le résultat d'un grave problème. »

Sa première réaction fut de demander à l'officier de service de convoquer le docteur Gottlieb dans son bureau. Il appela ensuite le préfet de police de New York et lui expliqua qu'il ne fallait absolument pas que les médias parlent de la mort d'Olson. Si cela s'avérait impossible, il fallait au moins que les liens du scientifique avec la CIA restent absolument secrets. Le troisième appel de Dulles fut pour l'épouse d'Olson, Alice, qui lui répondit qu'elle était déjà inquiète pour son mari car cela faisait quelques jours qu'il n'était pas lui-même. Selon une note jointe au dossier relatif à cette conversation, Dulles lui dit qu'il était clair que Frank avait été « envahi par une crise de dépression soudaine et inexplicable qui l'avait poussé à mettre fin à ses jours». Des années plus tard, Buckley m'avoua : «Dulles était vraiment inquiet. Son plus grand souci était que rien ne transpire. Appeler Alice Olson était l'une des façons d'éviter les fuites. Il devait chasser le moindre soupçon de son esprit. Quand il le fallait, il savait se montrer très compatissant. Je l'ai constaté lorsqu'un employé à perdu un membre de sa famille. Comme disait mon père, il allait "pleurer au bord de la tombe". Dans une telle situation, Dulles était l'homme idéal pour appeler la veuve d'Olson.»

Les dossiers montraient qu'elle ne savait «pratiquement rien» de ce que faisait Frank si ce n'est qu'il travaillait à Fort Detrick. À la maison, c'était un père modèle, toujours prêt à consacrer à ses enfants le peu de temps dont il disposait. Eric, l'aîné, était né en 1944, Lisa en 1946 et Nils en 1948. Olson descendait d'une lignée de fermiers suédois. Il rencontra Alice alors qu'ils étudiaient tous deux à l'université du Wisconsin, et ils se marièrent en 1940 après que Frank eut obtenu son doctorat en biochimie. Alice aimait à penser que leur mariage, plus solide que passionnel, était une réussite. Et même s'il passait énormément de temps au travail, il se débrouillait au moins pour rentrer tous les jours, contrairement aux maris basés en Europe dans l'après-guerre pour se tenir prêts à repousser les soviétiques. Dulles lui expliqua que la police ne l'ennuierait pas mais que si jamais les journaux appelaient, ce qui était improbable, elle devrait les réorienter vers un numéro qu'il lui donna. C'était celui d'une planque new-yorkaise prévue par Gottlieb pour couper court à toute enquête journalistique que le MK-Ultra pourrait susciter.

La section à onglet rouge de l'un des dossiers expliquait qu'à New York, le préfet de police avait mis deux «bleus» sur l'affaire. Il avait ordonné au capitaine de leur circonscription de les informer qu'ils devaient partir du principe qu'Olson avait un petit poste au département de la Défense et souffrait d'«ulcères chroniques». Ce qui l'avait probablement poussé au suicide. Les détectives ne se demandèrent même pas pourquoi Olson était venu à New York, depuis Washington, pour se tuer. Ni comment il avait réussi à prendre assez d'élan dans sa chambre pour passer au travers d'une vitre très épaisse. Après avoir pris la déposition d'Armand Pastore, le veilleur de nuit de l'hôtel qui avait trouvé le corps d'Olson, les détectives ne cherchèrent pas à interroger des témoins qui auraient pu se trouver à l'extérieur de l'hôtel. Leur capitaine leur signala qu'il était inutile d'interroger Alice Olson sur l'état mental de son mari peu avant les faits. Après avoir passé quelques heures sur l'affaire, les détectives conclurent dans leur rapport qu'il ne s'agissait que d'un suicide de plus dans une ville où se jeter du haut d'un gratte-ciel n'était que trop courant. Dulles avait orchestré les premières étapes de la dissimulation du fait que Frank Olson était devenu un « sujet jetable » parce qu'il constituait un véritable danger pour le programme de lavage de cerveau de la CIA – et de nombreux autres projets.

Quatorze ans plus tard, Buckley était assis à son bureau à lire des dossiers dont il devait s'assurer qu'ils resteraient imperméables. Le dossier personnel sur Olson ne lui apprit pas grand-chose ; c'était l'histoire type du garçon issu d'un milieu modeste. Son père, Johan, tenait un commerce de glace. Il la découpait dans le lac en hiver et la revendait aux magasins et aux ménagères pendant les étés torrides du nord du Wisconsin. Il lut que Frank lui donnait parfois un coup de main pendant l'été. Comme avec tout ce qu'il faisait, Buckley fit usage de toutes ses compétences analytiques pour vérifier non seulement comment on avait organisé la dissimulation de l'affaire, mais également pourquoi Frank Olson devait mourir. Les dossiers relataient comment la CIA avait élaboré le plus sinistre programme biologique et chimique jamais créé par une agence gouvernementale américaine. Pendant des années, Frank Olson, malgré son visage d'enfant, participa à ces travaux, bien plus que sa famille n'aurait pu l'en soupçonner et plus que Dulles et ses collègues de l'Agence ne le pensaient. Seuls Sidney Gottlieb et les plus grands savants de Fort Detrick connaissaient bien ses travaux.

Frank Olson était né dans la petite ville de Hurley, dans le Wisconsin, le 17 juillet 1910. Ses études se déroulèrent sans heurts et l'on ne se souvenait de lui que grâce aux hauts diplômes qu'il avait obtenus en science. Il était également très patriote et faisait partie de ceux qui descendaient dans les rues de Hurley pour accueillir les soldats de retour des combats de la Grande Guerre en Europe. Il était indubitable que pour le jeune Frank Olson, ils étaient l'essence même de tout ce qui faisait la gloire de l'Amérique.

Il avait grandi dans une région où l'on pouvait entendre à la radio les discours de haine du père Coughlin, qui commença à prêcher le racisme pur et dur en 1935. Il assista à l'apparition du swing un an plus tard. Et il alla voir *Autant en emporte le vent* à sa sortie, en 1936. Ce fut l'année suivante qu'eurent lieu les *sit-in* de Détroit où, une fois de plus, la loi et l'ordre l'emportèrent. Ce qui se passait en Europe n'affectait pas vraiment le quotidien d'Olson. Au cours de ces dures années de dépression, Frank refusa de perdre son idéalisme pour céder au désespoir – il avait l'intégrité dans le sang. Il était prêt à se battre contre les inégalités, le désordre et l'exploitation sous toutes ses formes. Il était intimement convaincu que le secret d'une bonne vie résidait dans la fidélité aux bons idéaux et leur bon ordonnancement dans son échelle de valeur. Il était patriote des pieds à la tête.

Quand la guerre éclata, ce fut un grand choc pour Frank. Mais l'Europe était loin. Même la défaite française, en 1940, ne l'en rapprocha pas. Pour lui, comme pour des millions d'autres Américains, la guerre n'éclata vraiment que le 7 décembre 1941, ce jour d'infamie où les Japonais bombardèrent la marine américaine à Pearl Harbor. Il n'y eut pas besoin d'expliquer à Frank Olson quel était son devoir patriotique. Il s'engagea dans l'armée. Ses talents de chimiste furent immédiatement remarqués. On l'envoya à Camp Detrick en 1943 (qui ne deviendrait Fort Detrick que plus tard, en 1953, en symbole de son importance).

Olson trouvait que Camp Detrick n'était qu'un cantonnement inconfortable, mais la nourriture y était bonne et il n'y avait qu'une heure de route à faire pour se rendre à Washington pendant les week-ends de permissions. La sécurité du camp était semblable à celle du projet Manhattan, qui travaillait sur la bombe atomique à Los Alamos. L'autre lien entre ces deux sites était que, régulièrement, des visiteurs venaient de Los Alamos à Camp Detrick pour parler de la création de certaines bombes et de certains obus capables de porter des ogives chimiques. Malgré la guerre, plusieurs scientifiques anglais de Porton Down n'hésitaient pas à faire le long et dangereux trajet en avion pour venir à Washington. Les États-Unis approvisionnaient secrètement la Grande-Bretagne en gaz moutarde depuis 1940. Il était fabriqué dans des usines américaines, puis envoyé en Angleterre sur des vaisseaux immatriculés à l'étranger. Pour le président Roosevelt, c'était une façon d'aider la Grande-Bretagne sans briser l'apparente neutralité de son pays. Pearl Harbor signa la fin de ce subterfuge.

Quand Frank Olson y entra, Camp Detrick était en train de devenir le point de départ de l'expansion de l'armement chimique national. Près de Denver, dans le Colorado, l'arsenal de Rocky Mountain, qui s'étalait sur plus de quatre-vingts kilomètres carrés et employait trois mille personnes, travaillait jour et nuit à la production de substances chimiques toxiques. Plus de mille kilomètres carrés furent rachetés par le gouvernement pour créer le terrain d'essais de Dugway dans le désert du Grand Lac Salé, dans l'Utah. Dans les dossiers, Buckley apprit que l'un des premiers voyages d'Olson avait consisté à accompagner des savants de Porton Down à Dugway pour y observer comment des répliques des bâtiments allemands et japonais avaient survécu à diverses attaques chimiques. Ils étudièrent les effets du gaz moutarde quand on le vaporisait dans l'air : après le rapport d'Olson, l'armée américaine commanda plus de cent mille pistolets pulvérisateurs. Au cours de ces premières années de guerre, à Camp Detrick, Olson contribua à la fabrication d'agents chimiques pour des millions de grenades, de bombes et d'obus.

Comme les autres employés de Camp Detrick, Olson savait que le président Roosevelt détestait les armes chimiques. Selon lui, elles étaient « contraires à l'éthique chrétienne et aux lois de la guerre ». Pour faire taire les scrupules du Président, la machine publicitaire de l'armée fit savoir que Churchill n'avait aucune aversion envers l'armement chimique et fit en sorte que soient publiées des photos des victimes des bombes au gaz moutarde larguées par les Japonais sur la ville chinoise d'Inching, qui firent plus de mille morts en 1941. Ces campagnes soigneusement coordonnées furent suivies de sondages d'opinion révélant que plus de cinquante pour cent des personnes interrogées étaient favorables à l'utilisation de gaz contre les Japonais. Roosevelt fut contraint d'avertir le Japon et l'Allemagne que toute attaque chimique contre l'Amérique serait contrée par des représailles du même type à une échelle gigantesque.

Pendant ce temps, à Camp Detrick, Frank Olson, ayant prouvé qu'il était à la pointe de l'armement chimique, s'était lancé dans un domaine encore plus meurtrier – les armes biologiques. C'était le Premier ministre britannique Winston Churchill qui en était l'instigateur, et ce n'était pas la première fois. À la veille du jour J, le 6 juin 1944, il avait fait parvenir à son cabinet de guerre une note demandant d'« étudier les possibilités d'armement biologique et la forme que pourraient prendre les représailles de l'ennemi ». Des sources clandestines en Allemagne avaient rapporté qu'à l'académie médicale militaire de Posen, le programme d'armement biologique nazi était très avancé. À Dachau et Buchenwald, de nombreuses expériences avaient été conduites sur les prisonniers de camps de concentration, parmi lesquels se trouvaient des femmes et des enfants. On y avait testé des poux infectés par le typhus et l'inhalation de spores d'anthrax.

Churchill trouvait cela suffisant pour ordonner à Porton Down de fabriquer une réserve de bombes d'anthrax. Elles avaient pour objectif de compléter celles que l'on fabriquait à Detrick dans le but de les utiliser contre les Japonais si les bombardements d'Hiroshima et Nagasaki ne suffisaient pas à les faire capituler. Là encore, la peur de ce que les Japonais pouvaient détenir l'emportait sur les scrupules qu'aurait pu avoir la Maison Blanche à les attaquer avec des armes biologiques.

Le programme biologique japonais dépassait de loin celui des États-Unis. Presque six mille savants y travaillaient dans dix-huit instituts différents. Des centaines de prisonniers alliés furent exposés à toutes les maladies de leur arsenal biologique. On forçait certains à manger du riz infecté par le bolutisme ; à d'autres on injectait la brucellose. Un plus grand nombre encore était obligé de respirer des spores d'anthrax ou était piqué au tétanos, à la variole ou à la peste bubonique. Il arrivait souvent que les victimes soient disséquées vivantes pour constater les effets que cela produisait sur leurs organes.

À Fort Detrick, comme à Porton Down, le fait de savoir ce qu'avaient fait les Japonais s'avérait un stimulant efficace pour continuer les recherches en armement biologique. Mais c'était désormais l'Union soviétique que l'on considérait comme la menace du moment.

En lisant les dossiers, Buckley fut convaincu que c'était à cette époque que le destin d'Olson avait pris un tournant critique.

Il ne semblait pas y avoir de zones grises dans l'esprit d'Olson en ce qui concernait la différenciation du bien et du mal. Ce que les Japonais et les Allemands avaient fait était mal. En revanche, c'était bien de contribuer à leur destruction. De la même façon, il vaincrait les soviétiques. Pour lui, cela suffisait amplement à justifier ses recherches. L'Union soviétique représentait une menace pour les États-Unis – et à tout ce en quoi Frank Olson croyait. Il n'hésita pas une seconde à répondre aux chants de sirène de Gottlieb en créant des outils pour les combattre. Les dossiers montraient que plusieurs des premières recherches d'Olson étaient assez bizarres. Il avait, par exemple, élaboré une substance qui, l'espérait-il, pourrait modifier l'identité sexuelle du sujet. Cette potion fut testée sur des détenus d'une prison du Kentucky. On ne constata aucun effet discernable. Une autre de ses propositions partait du principe que rien ne pouvait plus déranger l'ennemi que l'odeur de ses propres excréments. Il essaya donc de créer un mélange reproduisant parfaitement l'odeur de la diarrhée. Ce liquide répugnant devait ensuite être conditionné dans des tubes de dentifrice. Ils devaient être distribués derrière le Rideau de fer dans l'espoir que les troupes les utiliseraient. L'idée ne fut pas retenue et Frank Olson se retrouva bientôt à travailler sur le contrôle psychique.

Olson commença comme il l'avait toujours fait : en se renseignant sur ce qui avait déjà été tenté et sur les raisons pour lesquelles cela avait échoué. Pour le savoir, il dut quitter son laboratoire pour évoluer dans un monde dont il n'avait que vaguement entendu parler. Selon ce que Buckley lut dans les dossiers de la CIA, le docteur Gottlieb lui assigna un « guide », George H. White.

Bâti comme un catcheur, avec des biceps plus gros que les cuisses de la plupart des hommes, White avait travaillé pour l'OSS, sous Dulles, pendant la Seconde Guerre mondiale. En 1943, il fut envoyé à Calcutta pour tuer un espion chinois qui s'était avéré travailler pour les Japonais.

White l'assassina dans une rue bondée d'un seul coup de poing suffisamment puissant pour lui faire un trou dans le crâne. Plus tard, il se vanta d'avoir utilisé cette même méthode à la fin de la Seconde Guerre mondiale pour éliminer des hommes soupçonnés de nazisme. Selon lui, aucun crâne ne pouvait résister à un coup de poing bien porté.

Après la guerre, White rejoignit le Bureau fédéral des narcotiques en tant qu'agent de terrain. Son travail, qui consistait à trouver des cargaisons de drogue, l'amena à retourner en Europe et à se rendre en Amérique du Sud. Il était très fier de raconter qu'il injectait à ses suspects d'énormes doses de cocaïne ou d'héroïne pour les faire parler. Les autres, ils les tuait de ses poings. Comme de nombreux membres de l'OSS, White était resté en contact avec ceux de ses anciens collègues qui travaillaient désormais sur l'armement subversif. Lors d'une réunion, il rencontra Stanley Lovell, l'ancien chef des recherches scientifiques de l'OSS dont la philosophie se résumait à un simple slogan : « À la guerre, raisonner, c'est trahir. » Comme il se doit, Lovell, un fonceur énergique, appela le docteur Gottlieb d'une cabine et lui expliqua que s'il cherchait quelqu'un de prêt à tout pour aider l'Amérique à vaincre les communistes, White était l'homme de la situation.

Gottlieb le recruta pour trouver des planques – à San Francisco, la Nouvelle-Orléans et Miami – où l'on pouvait attirer des gens pour leur administrer des drogues. Certaines étaient des bordels. White recrutait des prostituées, soit par la contrainte soit en utilisant le compte de fonds secrets dans lequel Gottlieb l'avait autorisé à puiser. On expliquait à ces femmes comment mettre du LSD dans les boissons de leurs clients. White passait des heures à surveiller à travers un miroir sans tain tout ce qui se passait dans les chambres. Il y avait avec lui un psychologue de la CIA qui interrogeait les filles sur ce qu'avaient dit les sujets.

Buckley suivit la piste écrite qui se trouvait dans les dossiers après le retour de Frank Olson à son laboratoire pour y expérimenter tout un éventail de « cocktails » afin d'« en apprendre plus sur le contrôle psychique ». Ces mélanges étaient apportés à des planques de la CIA en Europe. Olson se concentrait sur la possibilité que l'amanite phalloïde soit un moyen efficace de contrôler l'esprit humain. Ce champignon poussait dans la jungle d'Amérique centrale, où on l'appelait « chair de Dieu ». Le docteur Gottlieb envoya une équipe en ramasser. Ils revinrent avec des sacs pleins. Olson passa des mois de recherches improductives à essayer de créer une substance susceptible de modifier le comportement grâce à cette « chair de Dieu ».

Dans l'une des sections bleues du dossier, on pouvait lire que Dulles avait été informé qu'un transfuge soviétique affirmait qu'il existait en Corée du Nord un hôpital spécial où des médecins soviétiques et tchèques faisaient des expériences sur des prisonniers de guerre américains. Ces expériences avaient pour objectif de tester les effets des agents chimiques et biologiques tout en essayant d'en savoir plus sur l'endurance physiologique et psychologique des captifs. L'hôpital servait également de centre d'essais pour diverses drogues destinées au contrôle psychique. On brûlait les corps des cobayes humains dans un crématorium attenant. Certains prisonniers étaient secrètement conduits en Union soviétique. Dans un site ukrainien, on faisait d'autres expériences sur eux avant de les tuer. Dulles avait écrit : « En savoir plus sur ces expériences doit être la priorité numéro un de l'Agence. »

Il allait falloir attendre quarante ans, jusqu'au 17 septembre 1996, pour que la vérité finisse par éclater. Un homme d'âge moyen, bien habillé, se présenta, à midi pile, à la salle 2118 du Rayburn Building à Washington. Pendant un moment, il observa les hommes qui se trouvaient face à lui, derrière un bureau posé sur une estrade. Il s'agissait de membres du HRNSSCMP (*House of Representatives National Security Sub-Committee on Military Personnel*). Ils avaient été convoqués pour entendre le plus incroyable témoignage qu'ils aient jamais entendu sur les expériences mortelles pratiquées sur les prisonniers de guerre américains pendant la guerre de Corée.

L'homme qui témoignait devant eux était Jan Sejna, l'ancien premier-secrétaire du parti communiste tchécoslovaque, qui avait également été directeur du personnel au ministère de la Défense du même pays. Il avait fait attendre ces hautes instances pendant treize ans, jusqu'à ce que, sentant qu'il allait être arrêté pour « crimes politiques » contre l'État, il s'enfuie vers l'Ouest. Deux jours plus tard, il était aux États-Unis, avec la citoyenneté et un emploi dans les services de renseignement. Il lui fallut trente-cinq minutes pour faire sa déclaration en anglais mais non sans un fort accent. À l'instar des *Méthodes d'assassinat* du docteur Gottlieb, il s'agit de l'un des documents les plus choquants qui existent sur la guerre froide. Il est publié ci-dessous pour la première fois :

« J'obéissais aux ordres des Russes lorsque, en 1956, j'entendis parler pour la première fois des prisonniers de guerre américains et sud-coréens qu'utilisaient les docteurs soviétiques et tchèques. Je n'irais certainement pas prétendre connaître le sort de tous les prisonniers de guerre disparus, mais je sais ce qui est arrivé à un grand nombre d'entre eux. En bref, des centaines d'entre eux ont servi de cobayes humains en Corée et au Viêt-nam. Au début de la guerre de Corée, nous avons reçu de Moscou des instructions nous demandant de construire un hôpital militaire en Corée du Nord. Officiellement, son but était de soigner les blessés de guerre. Mais ce n'était qu'une couverture, une façade. L'objectif top secret de l'hôpital était de faire des expériences sur les prisonniers de guerre américains et sud-coréens. Les prisonniers servaient à former les médecins militaires à la médecine de campagne – comme, par exemple, soigner des blessures graves ou pratiquer des amputations.

« On les utilisait aussi pour tester les effets des agents chimiques et biologiques ou évaluer ceux des radiations atomiques.

« Les soviétiques se servaient également des G.I. américains pour tester leur endurance physiologique et psychologique. Il s'en servaient encore pour expérimenter diverses drogues de contrôle de l'esprit. La Tchécoslovaquie dut aussi construire un crématorium en Corée du Nord pour pouvoir se débarrasser des corps après la fin des expériences.

« Les Américains et les Sud-Coréens n'étaient pas les seuls à servir de cobayes humains.

« Des milliers de prisonniers soviétiques et tchécoslovaques furent aussi utilisés. Les Américains et les Sud-Coréens étaient très importants pour les projets soviétiques parce qu'ils pensaient qu'il était essentiel de comprendre la façon dont différentes drogues, divers agents chimiques et biologiques ou radiations touchaient d'autres races et des sujets élevés différemment, par exemple, avec de meilleurs régimes alimentaires. Les soviétiques voulaient aussi savoir s'il existait des différences, selon leur pays d'origine, dans l'aptitude des soldats à surmonter le stress d'une guerre nucléaire et continuer de se battre.

« Les soviétiques prenaient très au sérieux la préparation de la guerre nucléaire et le développement des drogues et produits chimiques, et cela incluait des tests sur des sujets de diverses nationalités ennemies. Les États-Unis étant l'ennemi principal, les prisonniers de guerre américains étaient des sujets d'expérience très prisés.

« À la fin de la guerre de Corée, seule une centaine de prisonniers de guerre étaient toujours considérés comme utilisables pour les tests. Je crois que tous les autres ont été tués pendant les expériences parce que je n'ai pas souvenir d'avoir lu le moindre rapport indiquant qu'il restait des patients prisonniers encore vivants à l'hôpital – à l'exception des cent qui étaient encore en vie à la fin de la guerre. Ces derniers furent tout d'abord transférés, en quatre fois, en Tchécoslovaquie pour y subir des examens physiques, puis on les envoya en Union soviétique.

« Je tiens cela des médecins tchèques qui dirigeaient l'hôpital et des agents des services secrets militaires tchèques en mission en Corée, ainsi que de conseillers soviétiques et des documents officiels que j'ai dû consulter pour répondre à la demande des soviétiques qui voulaient que la Tchécoslovaquie leur envoie des médecins pour participer à diverses expériences sur les prisonniers de guerre qu'ils venaient de recevoir. J'ai aussi lu des rapports d'autopsie des prisonniers de guerre et on m'a décrit divers aspects des expériences.

« Bien que je n'aie parlé que de ce qui s'est produit en Corée, je tiens à signaler que les mêmes choses se sont passées au Viêt-nam et au Laos pendant la guerre du Viêt-nam. L'unique différence, c'est que ces opérations étaient mieux organisées et donc que plus de prisonniers américains ont été utilisés aussi bien au Viêt-nam qu'au Laos ou en Union soviétique. En plusieurs occasions, mon bureau a été chargé d'organiser l'embarquement des prisonniers de guerre et leur hébergement à Prague avant leur transfert en Union soviétique. J'étais personnellement sur les lieux lorsqu'on a fait descendre les prisonniers des avions, qu'on les a fait monter dans des bus aux vitres peintes en noir et qu'on les a conduits à Prague où ils ont été placés dans divers baraquements militaires ou autres bâtiments sécurisés jusqu'à leur départ pour l'Union soviétique. Entre 1961 et le moment où j'ai quitté la Tchécoslovaquie en 1968, je dirai que deux cents prisonniers de guerre, au moins, ont transité par la Tchécoslovaquie pour être envoyés en Union soviétique. Je crois que d'autres y étaient envoyés en passant par la Corée du Nord et l'Allemagne de l'Est, bien que je n'aie pas été informé personnellement de ces transferts. Je sais qu'on a également remis beaucoup de prisonniers américains à la Chine pour ses expériences pendant la guerre de Corée et les services secrets tchécoslovaques savaient que les Nord-Vietnamiens leur en fournissaient aussi.

« Je tiens à souligner que cette opération s'est déroulée dans la plus grande confidentialité. Les renseignements sur cette opération étaient classés "secret d'État", ce qui est plus que "top secret", et personne n'avait véritablement besoin d'être au courant. Selon moi, en Tchécoslovaquie, il n'y avait pas plus de quinze personnes qui connaissaient l'existence des transferts de prisonniers de guerre américains en Union soviétique. Je n'oublierai jamais les instructions écrites qui figuraient sur l'ordre original soviétique qui a déclenché l'opération en 1951. On y expliquait que l'opération devait se dérouler de manière à ce que "personne n'en entende jamais parler" ».

Un homme aux cheveux argentés, vêtu d'un costume sombre d'homme d'affaires qui ne parvenait pas à cacher son passé de militaire, succéda à Sejna à la barre des témoins. Il s'agissait du colonel à la retraite Philip Corso. Pendant la guerre de Corée, il avait dirigé les services secrets au commandement oriental, tout d'abord sous le général Douglas MacArthur, puis sous le général Matthew Ridgeway, puis enfin sous le général Mark Clark. Corso fit sa déclaration sous serment d'une voix calme et autoritaire. Comme Senja, on l'écoutait dans un silence interloqué. Son témoignage est, lui aussi, publié ici pour la première fois :

« Les lavages de cerveau et les atrocités subies par les prisonniers américains étaient des actes conscients de la part des soviétiques. Non seulement ils faisaient cela à nos prisonniers, mais aussi à leur propre peuple ainsi qu'à d'autres qui se trouvaient sous leur contrôle. Leurs activités reposaient sur la théorie de Pavlov concernant les réflexes conditionnés. J'avais connaissance d'expériences médicales (de type nazi) sur nos prisonniers. La plus diabolique et la plus sournoise des techniques était celle de la modification de l'esprit (Pavlov). Elle était aussi mortelle que la neurochirurgie et beaucoup de prisonniers de guerre américains ont perdu la vie avec ce traitement. Nombre d'entre eux faisaient tout pour mourir.

« Mes découvertes ont révélé que les soviétiques enseignaient à leurs alliés, les communistes chinois et les Nord-Coréens, un processus scientifique précis dont le but était de façonner les prisonniers de guerre de façon à pouvoir les exploiter. Ceux qui ont subi cela et en sont revenus ont rapporté que les experts chargés de les manipuler mentalement étaient extrêmement compétents, efficaces et très cultivés. Ils étaient spécialisés dans la pratique d'un traitement psychologique fatal qui finissait souvent par la torture physique. Cette approche des soviétiques était délibérée et entrait dans le cadre de leur politique générale qui rejette fermement, méprise et annihile les normes des comportements acceptables et l'ensemble des valeurs humaines.

« À mon retour aux États-Unis, j'ai été nommé au Conseil de coordination des opérations de la Maison Blanche et au Conseil national de sécurité, et je me suis occupé de presque tous les projets sur les prisonniers de guerre américains. J'ai découvert alors que la politique américaine empêchait la victoire en Corée. Cette politique équivalait à une véritable paralysie et détournait nos efforts pour reprendre nos prisonniers à l'ennemi, dont l'Union soviétique.

« Des années plus tard, j'ai parlé de cette situation avec le secrétaire à la Justice, Robert Kennedy, dans son bureau et il était d'accord avec moi. Cette politique de « défaite » apparaît dans les directives NSC-68, NSC-68/2 et NSC-135/3. Sa base se trouve dans les directives ORE-750, NIE 2, 2/1, 2/2, 10 et 11. Nous l'appelons la « politique de la feuille de vigne ». En 1953, cinq cents prisonniers américains malades et blessés se trouvaient à quinze kilomètres du point d'échange de prisonniers de Panmunjom, mais ils ne furent jamais échangés. Pendant que j'étais en service au commandement oriental, j'ai reçu de nombreux rapports signalant que les prisonniers de guerre américains avaient été envoyés en Union soviétique. Ces rapports provenaient de sources multiples : de prisonniers de guerre chinois et nord-coréens, de rapports d'agents, de comptes rendus de nationalistes chinois, de nos guérilleros, d'intercepteurs de la NSA, de transfuges et des prisonniers américains qui étaient rentrés.

« Mes renseignements concernaient surtout trois convois ferroviaires de quatre cent cinquante prisonniers chacun. L'existence de deux d'entre eux fut confirmée un nombre incalculable de fois, celle du troisième n'était pas une certitude. Par conséquent, au final, nous avions « neuf cents confirmés, mille deux cent possibles ». Tels étaient les chiffres dont j'ai parlé avec le président Eisenhower lorsque j'étais membre de son Conseil national de sécurité.

« Le plus gros des témoignages concernait Manchu-il, à la frontière de la Mandchourie et de l'URSS. À cet endroit les mesures de l'entre-rail changeaient et les prisonniers américains devaient être transférés de l'autre côté du quai dans un train qui les attendait à destination de l'Union soviétique. Ils allaient servir pour des expériences des services secrets avant d'être éliminés. Ces expérimentions n'étaient pas uniquement pratiquées sur nos prisonniers de guerre, mais également sur tous ceux qui tombaient entre les mains des communistes.

« Aux sceptiques et aux démystificateurs, je n'ai qu'une seule chose à dire : je voudrais pouvoir remonter le temps pour que vous soyez présents avec moi durant les échanges de prisonniers en Corée en 1953, et que vous regardiez dans les yeux ces prisonniers malades et blessés – des soldats américains et des alliés – quand ils arrivaient pour l'échange. Si vous aviez pu être témoins de leur sacrifice et de ce qu'ils avaient enduré entre les mains des communistes, vous ne seriez ni critiques ni sceptiques aujourd'hui. »

Bien qu'il y ait des trous dans les terribles pistes que suivait Buckley dans les dossiers sur Olson pour s'assurer que l'affaire reste secrète, elles le conduisirent inévitablement une fois de plus à l'armement biologique – et au rôle des États-Unis pendant qu'on faisait des expériences sur leurs prisonniers de guerre. Il demanda qu'on lui apporte d'autres dossiers.

Chapitre VIII

Il commença à lire des copies des volumineux rapports de la CIA sur l'immense réserve d'armes chimiques et biologiques de l'Union soviétique à la fin de la Seconde Guerre mondiale. Elles étaient entreposées en Ukraine, dans les montagnes de l'Oural et dans les républiques islamiques. Ces arsenaux avaient été constitués pour le cas où l'Union soviétique se trouverait en conflit avec la Chine. Dans les dossiers, Buckley trouva plusieurs dossiers des services de renseignement allemands qui dataient de la Seconde Guerre mondiale et détaillaient les capacités soviétiques en matière d'armement biologique. Pendant la guerre, les recherches avaient lieu dans des laboratoires situés près de Moscou. Après, les travaux furent transférés à l'Institut biologique de l'Armée rouge, sur les rives de la Volga. Plus tard encore, ils furent déplacés dans la ville d'Octashkov, au nord-est de Moscou, et s'orientèrent particulièrement vers l'utilisation de l'anthrax, du choléra et de la peste.

Un rapport de ces dossiers décrivait comment des rats allaient être infectés par la peste et parachutés dans des cages qui se briseraient au contact du sol et libéreraient les rongeurs pour aller répandre la maladie à grande échelle.

La Chine avait également entassé d'énormes quantités d'armes biologiques. Elle avait lancé son programme biologique à partir de 1940, après qu'un avion japonais eut largué des grains de riz et de blé chargés d'anthrax sur la ville de Chunsein, dans la province du Chekiang. Un an plus tard, une autre ville chinoise, Changteh, dans la province du Hunan, subissait le même sort mais, cette fois, avec la peste bubonique. Le virus fit un nombre stupéfiant de victimes. Durant la Seconde Guerre mondiale, des milliers de soldats chinois moururent à cause de microbes largués par des avions. Mais la Chine ne riposta jamais. Avec le déclenchement de la guerre de Corée, la peur grandit à Washington que Pékin n'utilise des armes biologiques. On sélectionna quatre maladies pour les utiliser contre la Corée du Nord : l'anthrax, la brucellose, la tularémie et la psittacose. Frank Olson travailla sur les quatre. Buckley en déduisit que c'était pour cela qu'il avait accompagné le docteur Gottlieb en Corée du Sud en 1952.

Buckley étudia le rapport de la Commission scientifique internationale pour l'investigation des faits concernant l'armement bactériologique en Corée et en Chine. Publié en 1952, le rapport de sept cents pages concluait que « les populations coréennes et chinoises servaient effectivement de cibles pour les armes bactériologiques ». Le document dressait la liste des armes qui avaient été utilisées contre la Corée du Nord. On y trouvait notamment des stylos remplis d'encre infectée ; des plumes couvertes d'anthrax ; des puces, des poux et des moustiques porteurs de la peste et de la fièvre jaune.

Buckley savait par expérience que toutes ces méthodes étaient celles que promouvait Gottlieb. Mais jusqu'où était allé Frank Olson pour l'assister ? Le laissant dans l'incertitude, les dossiers ne le précisaient pas. Cela avait-il suffi à ce que Frank Olson découvre la terrible vérité qui valut sa mort – et le secret que Dulles craignait tant de voir éventé ?

Frank Olson faisait partie de ceux que l'on envoya en Angleterre pour étudier l'armement biologique avec le docteur William Sargant, qui me le décrivit plus tard : « Le type même de l'Américain à l'étranger. Tout ce qu'il voyait le fascinait. La nourriture, la façon dont les gens s'habillaient, parlaient et se comportaient. Il n'arrêtait pas de dire que c'était très différent de chez lui. Il avait quelque chose de bien-pensant et désuet, très américain. Étant donné que je savais ce qu'il faisait, cela lui donnait quelque chose d'attendrissant, de presque innocent. »

En parcourant les dossiers, Buckley découvrit qu'Olson avait fait plusieurs voyages en Grande-Bretagne. Le 9 mai 1950, il s'était rendu à Bovington Airfield, à l'époque une base de la RAF qu'utilisaient les agents de la CIA et du MI-6 pour se rendre en Europe. Bovington n'était pas loin de Porton Down et Olson y passa cinq jours avant de s'envoler pour Hendon, près de Londres. Il y retourna le 2 juin et resta à nouveau un certain temps à Porton Down. On insinuait dans les dossiers que certaines de ces rencontres s'étaient avérées plutôt insolites. Un chercheur de Porton Down lui avait expliqué, par exemple, qu'il essayait d'obtenir un poison à partir d'un extrait de la vésicule biliaire d'un crocodile. Il fallait que l'animal soit vivant pour que l'extrait soit efficace. Le chercheur avait même pensé demander à *Harrods*, le grand magasin de Knightsbridge, si leur ambitieux slogan – « nous vendons tout » – s'étendait à l'importation d'un crocodile d'Afrique. L'idée avait été rejetée par ses supérieurs à cause des risques. Un autre chimiste avait proposé un projet consistant à imprégner un ciment couramment utilisé pour les travaux de construction en Union soviétique avec une substance qui le ferait s'effriter. Pendant ses séjours en Grande-Bretagne, Olson recueillit également plusieurs sortes de poisons issus de coquillages pour les rapporter à son laboratoire de Fort Detrick.

En mai 1953, Olson était de retour en Europe. Le registre indiquait qu'il était arrivé à Liverpool le 3 mai. Buckley en déduisit qu'il était probablement arrivé par bateau, peut-être en provenance de Norvège ou de Suède. S'était-il uniquement rendu en Scandinavie pour rendre visite à sa famille ? Ou bien pouvait-il y avoir une autre raison ? Selon certains rapports, Gottlieb semblait avoir autorisé des expériences sur des Quisling – des Norvégiens qui avaient soutenu les nazis pendant la Seconde Guerre mondiale. Ces brèves allusions dans les dossiers n'étaient accessibles qu'avec l'autorisation de Dulles. Pendant son séjour en Angleterre en 1953, Olson avait obtenu une mention sur son passeport qui lui permettait de visiter les zones britanniques, françaises et américaines d'Allemagne de l'Ouest, et aussi de se rendre à Berlin.

Avant de quitter l'Angleterre après ce temps passé en Europe, Olson dîna avec le docteur Sargant à Londres. Le psychiatre me raconta :

« Par rapport au flegme dont il avait fait preuve lors de nos rencontres précédentes, il semblait assez tendu et peut-être même angoissé. Il m'annonça qu'il allait voir pour la première fois l'une de ses créations être utilisée sur des sujets jetables. Je compris donc qu'il n'avait encore jamais assisté à ce que l'on appelait des "expériences terminales". J'en fus très étonné, compte tenu du fait qu'il effectuait ce genre de recherches depuis un certain temps déjà. »

Le docteur Sargant proposa qu'ils se revoient lorsque Olson reviendrait d'Allemagne avant de repartir pour les États-Unis. Ce fut la rencontre qui détermina le destin de Frank Olson.

IX

Lorsque Frank Olson revint à Londres, le docteur Sargant fut immédiatement frappé par les changements psychologiques qu'il constata chez lui. Le psychiatre pensa qu'Olson venait d'être « confronté pour la première fois à la réalité de ce qu'il faisait. Il ne cachait pas qu'il avait assisté à au meurtre de "sujets jetables" qu'employait la CIA pour ses expériences en Allemagne. Il se posait beaucoup de questions et avait besoin qu'on le rassure quant à son envie de parler à ses supérieurs directs de ce qu'il avait vu. Olson était l'exemple classique du scientifique de laboratoire qui vient de voir le résultat final de son travail », m'expliqua plus tard le docteur Sargant.

La seule chose certaine était que les sujets jetables avaient connu une mort atroce. Olson en avait-il été témoin ? Dans ce cas, cela expliquerait ce qui suivit, à commencer par les terribles aveux qu'il fit à Sargant en rentrant en Angleterre.

Le savant décolla pour les États-Unis au départ de Northolt, une base de la RAF située juste à côté de Londres. À ce moment-là, le docteur Sargant fit ce qu'il considérait être de son devoir. Il recommanda à ses propres supérieurs des services secrets britanniques de ne plus laisser Olson accéder aux recherches qui se déroulaient dans les divers établissements secrets qu'il avait visités en Grande-Bretagne. De l'avis du psychiatre, Olson montrait tous les signes de la future balance, « une personne capable d'aller voir les médias pour leur révéler ce qui se passait. Olson considérerait cela comme un devoir patriotique. Il ne comprenait pas que le véritable patriotisme exigeait d'accepter ce qu'il avait vu », m'expliqua Sargant. Il savait que son rapport serait transmis aux supérieurs d'Olson à la CIA. « Il était hors de question que je ne le fasse pas. Les Américains et nous étions toujours très soudés pour tous les problèmes de ce type. Nous avions des intérêts communs à protéger. »

Dans son bureau, Buckley travaillait comme un fou pour assembler les événements qui, selon les dossiers, avaient suivi le retour du savant à Washington. Il était rentré au moment où le docteur Gottlieb pensait avoir fait un remarquable pas en avant en matière de contrôle psychique. Allan Morse, l'un des chercheurs de l'Agence, travaillait sur des plantes et des champignons rapportés de la jungle d'Amérique centrale, et entre autres sur le peyotl. Il en avait écrasé des graines qu'il avait ensuite testées sur des individus entraînés par George H. White dans des planques sous de quelconques prétextes. Morse rédigea un rapport pour le docteur Gottlieb : « Après trente minutes, l'anxiété était tout à fait évidente et s'exprimait par la crainte qu'il se passe quelque chose de mauvais ; la peur de la folie ou de la mort. Parfois, les sujets avaient l'impression de voir leur sang ou leurs os à travers leur peau. Ils relataient de nombreuses visions fantasmagoriques dans lesquelles il leur semblait être ailleurs, comme, par exemple, en route pour la Lune ou dans de somptueux châteaux. Plusieurs ont dit qu'ils sentaient que quelque chose contrôlait leur esprit. »

Gottlieb informa Dulles qu'on avait parlé de ces résultats à Olson, puisqu'il figurait sur la liste des chercheurs qui devaient savoir ce genre de choses, mais qu'il n'avait pas semblé très intéressé.

Quelques jours plus tard, il était venu dans le bureau de Gottlieb pour se plaindre du manque de déontologie des travaux d'Allan Morse. Cette rencontre s'était terminée par une dispute enflammée. Inquiet, Gottlieb en parla à Richard Helms, le directeur des opérations de l'Agence, qui lui signala le rapport que le MI-6 avait envoyé à la CIA. Buckley se souvint plus tard avoir lu dans un dossier que, selon l'évaluation du docteur Sargant, Frank Olson avait été « profondément perturbé par ce dont il avait été témoin dans les planques de la CIA en Allemagne. Divers éléments indiquaient qu'il n'avait pas l'intention de garder le secret sur ce qu'il avait vu. »

Chapitre IX

Le samedi 23 novembre 1953, après avoir téléphoné à Alice Olson pour lui annoncer la mort de son mari, Dulles organisa dans l'urgence une réunion dans la matinée pour savoir comment on s'était occupé d'Olson. Helms expliqua que le scientifique avait été placé sous haute surveillance. « Aucune constatation fâcheuse », pouvait-on lire dans le dossier. Une note décrivait comment le docteur Gottlieb avait perçu chez lui un « bouleversement » : « Olson avait perdu sa gaieté et s'était renfermé sur lui-même. Quelque chose le tracassait. » Il avait donc envoyé un psychologue de la CIA lui rendre visite dans son laboratoire. Cela n'avait rien d'inhabituel, car le travail des chercheurs était indubitablement stressant et, de ce fait, Gottlieb demandait souvent à des psychologues d'aller voir comment ils s'en sortaient. La conclusion du psychologue fut qu'il n'avait rien trouvé d'anormal au comportement d'Olson. Ce fut sur cette note que Dulles mit fin à la réunion.

Depuis plusieurs semaines, Gottlieb ne concentrait plus ses recherches que sur une seule substance : le LSD. Il avait déjà découvert qu'une minuscule dose de cette drogue pouvait donner des résultats spectaculaires. « Les sujets perdent la notion du temps, du lieu où il se trouvent et de la différence entre le bien et le mal. Ils perdent leurs inhibitions, abandonnent leurs prétentions et disent à haute voix ce qu'ils sont en train de penser. Des hommes solides et sains d'esprit deviennent temporairement fous ; les femmes disposent plus librement de leur corps. Un homme dont la boisson avait été trafiquée avec du LSD s'est soudain mis à "voir des arcs-en-ciel sortir de terre puis des monstres jaillir des murs". Il est tombé en s'écriant qu'il avouerait n'importe quoi pour que cela s'arrête. »

Plusieurs des sujets montraient des symptômes prononcés de paranoïa. Dans une planque de Washington, un homme de la CIA qui avait avalé du LSD par accident sortit en courant dans la rue, tout en essayant d'enlever tous ses vêtements. Ses collègues durent le maîtriser et lui passer une camisole de force jusqu'à ce qu'il aille mieux. Un autre se prit pour le seul survivant d'un holocauste nucléaire et passa plusieurs heures à faire le récit de sa vie, croyant parler à Dieu. Ces résultats encourageants conduisirent Gottlieb à penser qu'il devrait utiliser Olson comme cobaye. Sous LSD, il serait plus facile d'en savoir plus sur ses dispositions. Buckley en trouva la preuve formelle et la relata dans un document daté du 29 octobre 1983.

Au début du mois de novembre, on informa Olson qu'il devait assister à un séminaire de trois jours où seraient abordées les dernières évolutions du MK-Ultra. Le 18 de ce mois, il prit sa voiture pour se rendre à Deep Creek Lodge, une maison de pierre au fond des bois, dans l'ouest du Maryland. Située près d'un lac, avec les pics des Appalaches pour toile de fond, la demeure était une planque sûre. Deux membres importants de l'équipe de Fort Detrick, le docteur John Schwab et le lieutenant-colonel Vincent Ruwet, étaient déjà sur place lorsque Frank arriva. Gottlieb – qui devait diriger la rencontre – arriva ensuite accompagné de son adjoint, le docteur Robert Lashbrook, et de Richard Helms. George Hunter White était également invité. Frank Olson trouva les autres rassemblés dans le grand salon, devant un feu de bois qui brûlait dans une immense cheminée. En tout, une douzaine de personnes étaient présentes. Quelles que soient les méthodes, tous étaient des experts de l'assassinat, surtout White. Il n'avait aucune connaissance scientifique, si ce n'est qu'il savait identifier les narcotiques.

Dans son discours d'introduction, Gottlieb énuméra les problèmes qu'il restait à résoudre en matière de contrôle psychique, mais ajouta également qu'il avait bon espoir d'y parvenir. Au dîner, il insista pour qu'Olson soit assis près de lui. Pendant le repas, on parla surtout de ce que Frank pensait de la vie en Grande-Bretagne. Il estimait que le pays était en train de se remettre sur pied.

Benjamin Wilson, l'un des membres de l'équipe de Fort Detrick, trouva que Gottlieb faisait « de gros efforts pour l'intégrer au groupe. Il lui demanda des nouvelles d'Alice et de ses trois enfants. Frank commença à raconter comment il avait rencontré sa femme quand ils étaient étudiants à l'université du Wisconsin. Helms lui demanda s'il avait toujours l'habitude de faire des blagues et tout le monde éclata de rire quand il répondit qu'il n'en avait plus le temps ces jours-ci. »

Chapitre IX

Après dîner, Gottlieb invita tout le monde à boire un dernier verre avant d'aller se coucher. Jouant le rôle de barman, White nota scrupuleusement la commande de chacun, à la manière d'un professionnel, pour amuser la galerie. Olson opta pour un Cointreau. Des années plus tard, Wilson se souvenait encore qu'il l'avait avalé d'un trait, avait souhaité une bonne nuit à tout le monde et était parti se coucher. Le lendemain, on sépara l'assemblée en trois groupes menés par Gottlieb, Schwab et Ruwet. Ces réunions étaient consacrées à des sujets tels que l'efficacité des pilules de suicide fabriquées à partir de toxines de coquillages ou les effets de la brucellose. Ensuite, Gottlieb rassembla de nouveau tout le monde et délivra une analyse des travaux que Cameron effectuait à Montréal.

À table, les convives se placèrent comme la veille. Gottlieb anima un débat agité sur une critique de l'utilisation des drogues dans des objectifs expérimentaux parue dans le *Washington Post*. Autour de la table, on avait bien ri de la force avec laquelle le journal s'était exprimé en faveur de la défense des chiens. Après le repas, Gottlieb invita de nouveau tout le monde à prendre un verre. Prouvant une fois de plus ses compétences de barman, White avait mémorisé les commandes de la veille et les apporta directement sur un plateau. Il tendit à Olson un verre de Cointreau. Sur les ordres de Gottlieb, il contenait du LSD. Benjamin Wilson fit un compte rendu des plus imagés de la suite des événements. Buckley le retrouva parmi les dossiers :

« Au bout d'une vingtaine de minutes, Gottlieb nous demanda si nous avions remarqué quelque chose d'anormal. Olson n'arrêtait pas de répéter qu'il ne comprenait pas ce qui lui arrivait. Il n'arrêtait pas de dire : "Vous, les gars, vous n'êtes qu'une bande de comédiens." Il était vraiment bizarre. Il s'asseyait, se relevait et disait qu'il était surveillé. »

Gottlieb essaya de le questionner. Sa référence aux « comédiens » avait-elle quelque chose à voir avec les amis qu'il avait rencontrés dans le milieu des médias ? Avait-il parlé à un membre du Congrès de son dernier voyage en Angleterre ? Qu'avait-il dit au docteur Sargant ? Frank Olson répétait sans cesse : « Vous n'êtes rien qu'une bande d'espions » et « Il ne faut pas que je vous parle ». Toujours sous l'effet de la drogue, il prit le volant et rentra chez lui. Longtemps après, Alice le revoyait toujours assis sur le canapé : « Il n'a pas dit un mot. Pas une salutation. Il n'a pas demandé comment allaient les enfants, ni comment s'était passée ma journée. Rien. Il restait assis là, complètement silencieux. »

Ce n'était pas le Frank qu'elle connaissait. Pour la première fois, Alice eut « un peu peur. Quelque chose était arrivé à Frank, quelque chose dont il ne pouvait ou ne voulait pas parler. » Après avoir couché les enfants, elle trouva Frank écroulé sur le canapé. Elle lui demanda :

« As-tu enfreint les consignes de sécurité ?

– Non.

– As-tu falsifié des informations ?

– Non.

– Bon, alors tu n'as aucune raison de t'inquiéter. »

Olson se leva brusquement en disant qu'il avait besoin de prendre une douche. C'était également inhabituel. Normalement, il ne prenait jamais de douche chez lui parce que le règlement exigeait qu'il le fasse à Fort Detrick avant d'entrer dans son laboratoire ou de le quitter. Après sa douche, il revint au salon et s'assit de nouveau sur le canapé en tenant la main d'Alice. Elle se souvint plus tard qu'il avait alors dit : « J'étais dans un monde à part et j'avais sacrément la trouille. »

Le lendemain, un dimanche, il était encore sous l'emprise de la torpeur. Dehors, le temps était aussi déprimant que son humeur. Alice essaya d'alléger l'atmosphère en lui proposant d'aller au cinéma. Il se trouva que le film qu'ils virent était *Luther*. C'était l'histoire d'un homme qui luttait seul contre une organisation toute-puissante. Olson rentra et alla se coucher sans mot dire. Le lendemain, il quitta la maison en disant à Alice qu'il devait « s'occuper d'une décision importante ». Avant qu'elle n'ait le temps de lui poser des questions, il était déjà parti, en route pour Fort Detrick. En arrivant, il entra dans le bureau de son supérieur, le colonel Ruwet. Sans lui laisser le temps de parler, Olson se pencha sur son bureau et hurla presque : « Soit vous me virez, soit je démissionne. »

Buckley trouva plus tard dans un dossier un rapport de Ruwet : « J'ai passé la matinée à essayer de comprendre les raisons profondes de l'agitation d'Olson. Je n'arrêtais pas de lui dire qu'il n'avait aucune raison de partir et que je n'en avais aucune de le virer non plus. Il demandait constamment : "Vous êtes sûr?" Au bout d'un moment, il a fini par se calmer et je lui ai proposé de prendre sa journée. » Au lieu de cela, il retourna à son laboratoire et travailla jusqu'à ce qu'il soit l'heure de rentrer. Alice fut soulagée de le trouver de meilleure humeur, à faire des plaisanteries, rire et jouer à un jeu de société avec les enfants. Ce qui avait provoqué sa crise était passé. Olson alla se coucher et dormit profondément. Mais le lendemain matin, il se leva plus tôt que d'habitude et se rendit à Fort Detrick. Lorsque Ruwet arriva, il le trouva en train de marcher de long en large « comme un animal en cage ».

Selon Ruwet, Olson commença à dire qu'il était « complètement bousillé... qu'il n'aurait jamais dû faire ce qu'il avait fait... qu'il n'était pas l'homme qui convenait pour ce boulot. Il dressait une liste interminable de ses prétendus échecs. » Ne réussissant pas à le calmer, Ruwet estima qu'Olson avait besoin de l'aide d'un professionnel. Il appela Gottlieb qui parla ensuite au docteur Lashbrook. Ils décidèrent d'envoyer Frank chez un médecin en qui la CIA avait toute confiance. Il se nommait Harold Abramson et avait son propre cabinet à New York. Officiellement, il n'avait aucune formation en psychiatrie. C'était un allergologue et immunologue qui s'intéressait à ce qu'il appelait « les problèmes de l'esprit ». Gottlieb l'avait choisi parce que cela faisait plusieurs mois qu'il travaillait sur le LSD et faisait des expériences pour le MK-Ultra sur quelques patients sélectionnés. Ruwet et Lashbrook conduisirent Olson à New York. Pendant le trajet, le biochimiste montra des signes d'importantes sautes d'humeur. Un instant, il plaisantait avec ses collègues, celui d'après, il les accusait de comploter contre lui. Selon Ruwet : « Il n'arrêtait pas de répéter qu'on cherchait à l'avoir. »

À New York, les trois hommes s'installèrent à l'hôtel Statler près de Penn Station. George H. White s'était occupé des réservations. Ce soir-là, un client remarqua un homme correspondant à sa description dans le hall de l'hôtel. Ce ne fut que des années plus tard que ce témoin parla de « cette personne » à Eric Olson. À 22 h 30, ce soir-là, le docteur Abramson prit l'ascenseur pour se rendre à la chambre d'Olson. Lashbrook et Ruwet attendaient. De sa sacoche, le médecin sortit une bouteille de bourbon et un flacon de Nembutal, un sédatif. Il ordonna à Olson d'avaler une lampée de bourbon et de prendre deux cachets. Lors d'un échange téléphonique avec le docteur Gottlieb, il fut le premier à admettre que c'était un traitement « plutôt inhabituel pour quelqu'un qui souffre de dépression ».

Gottlieb suggéra que, le lendemain matin, Lashbrook et Ruwet emmènent Olson voir un prestidigitateur new-yorkais répondant au nom de John Mulholland. Le psychiatre avait récemment enrôlé le magicien pour « utiliser ses compétences pour les missions secrètes ». Il voulait que Mulholland apprenne à ses agents à verser des drogues dans les boissons et à « administrer diverses substances sans que le sujet ne s'en aperçoive ».

Dans les dossiers de la CIA, Buckley apprit ce qui se passa lorsque Olson et ses deux accompagnateurs arrivèrent chez le prestidigitateur. Mulholland commença son spectacle en tirant un lapin de son chapeau et un dollar en argent de derrière l'oreille d'Olson. Cela déclencha une crise chez le biochimiste, qui était persuadé que la pièce était empoisonnée. Afin de prouver qu'elle ne l'était pas, le magicien la mordit. Olson exigea qu'ils partent immédiatement sous prétexte que l'artiste était probablement à la solde des Russes. Lashbrook et Ruwet déposèrent Olson au cabinet d'Abramson et convinrent de le retrouver au Statler. Le savant passa une heure avec le médecin qui déclara qu'il montrait « de bons signes de rétablissement » et qu'il devrait rentrer chez lui le lendemain, le jour de Thanksgiving. Olson rentra à l'hôtel. Ruwet réserva des billets d'avion pour le lendemain matin. Pendant ce temps, conformément aux ordres de Gottlieb qui avait demandé de « toujours proposer des distractions », Lashbrook réserva trois places pour le spectacle à succès de Rodgers et Hammerstein, *Me and Juliet*. Ils étaient à peine assis qu'Olson se mit à hurler : « Dehors, il y a des gens qui m'attendent pour m'arrêter à cause de ce que j'ai fait ! » Stupéfaits, les spectateurs regardèrent Ruwet sortir précipitamment Olson de la salle. Selon sa propre déclaration, qui figure dans un dossier de la CIA, Lashbrook resta voir le spectacle. De retour au Statler, Ruwet estima qu'il était plus prudent de s'installer sur le second lit de la chambre d'Olson. Mais il s'endormit rapidement et ne vit pas Frank quitter l'hôtel. Pendant des heures, le savant erra dans Manhattan en déchirant ses billets de banque et il finit par jeter son portefeuille qui contenait son passe et sa carte d'identification de Fort Detrick. Après l'avoir cherché toute la nuit, Lashbrook rentra à l'hôtel à 5 h 30. À un moment donné, White se joignit aux recherches et fit le tour des planques où il avait déjà emmené le scientifique. Plus tard, après qu'Olson fut rentré, il commanda une limousine pour conduire les trois hommes à l'aéroport de La Guardia afin qu'ils y prennent leur vol pour Washington. Il demanda également qu'un chauffeur de la CIA attende Olson à son arrivée pour le reconduire chez lui, à Frederick. En arrivant au National Airport, Ruwet jugea « plus raisonnable » de l'accompagner jusque chez lui.

Alors que le véhicule de la CIA remontait Wisconsin Avenue, Olson demanda au chauffeur de s'arrêter sur le parking d'un motel. Il se tourna vers Ruwet et fondit en larmes en expliquant qu'il avait peur de faire du mal à sa femme et à ses enfants s'il rentrait chez lui. Selon Ruwet, Frank affirma qu'il sentait, à l'intérieur de lui, quelque chose qui l'y poussait. Une fois de plus, toutes les précisions se trouvaient dans des documents que Buckley trouva dans les dossiers de la CIA. Ruwet y expliquait qu'il avait jugé le comportement d'Olson suffisamment alarmant pour demander au chauffeur des les conduire chez Lashbrook, près de Dupont Circle. Ce dernier, après avoir rapidement constaté l'état du savant, téléphona à Gottlieb. Le psychiatre lui ordonna de ramener Frank à New York pour y revoir le docteur Abramson. Pendant ce temps, Ruwet devait aller à Frederick expliquer la situation à Alice. Il décida qu'il lui téléphonerait plutôt le lendemain matin.

Lashbrook et Olson reprirent un avion pour La Guardia, puis se rendirent en taxi au domicile d'Abramson. Il déclara qu'il n'avait jamais vu un pareil cas et qu'Olson était « en état de psychose… avec délire de persécution ». À ce stade, Lashbrook prit une initiative. Il téléphona à une clinique psychiatrique privée dans le Maryland et parla à un jeune psychiatre, le docteur Robert Gibson, qui accepta de recevoir le scientifique. Mais Lashbrook eut moins de chance avec les vols pour

Washington. Il n'y en avait plus avant le lendemain matin. Lashbrook réserva donc une nouvelle nuit à l'hôtel Statler.

Sept heures plus tard, Frank Olson était mort.

Quand Dulles entendit le récit des faits dans son bureau, ce samedi matin, il demanda à Lashbrook comment il avait pu ne pas entendre Olson se lever, aller au fond de la pièce, se retourner, courir vers la fenêtre et sauter au travers, alors que leurs lits n'étaient distants que d'une soixantaine de centimètres. Lashbrook répondit seulement qu'à ce moment-là, il se trouvait dans le cabinet de toilette. Dulles regarda chacun des hommes qui se trouvaient dans son bureau et resta silencieux pendant un certain temps. Enfin, il se tourna vers Richard Helms, le plus haut placé des hommes présents, et dit : « Il faut mettre de l'ordre dans ce foutoir. Je veux que ce soit vite fait et bien fait. » La mobilisation pour étouffer l'affaire passa à la vitesse supérieure.

On commença par s'assurer que Ruwet, Lashbrook et Gottlieb tiendraient le même discours pendant l'enquête interne de la CIA qui n'allait pas tarder à arriver. Ils s'entendirent pour présenter la mort d'Olson comme un suicide. Lashbrook informa Abramson qu'il devait s'en tenir à la même histoire. Alice Olson reçut la visite de Ruwet. Il lui dit que c'était une tragédie personnelle pour lui de ne pas s'être aperçu que son « grand ami Frank s'était surmené au point de perdre le contrôle des valeurs qui l'avaient toujours guidé ». Il lui répéta plusieurs fois que c'était « une horrible, une affreuse tragédie ». Alice Olson, aimable jusque dans la douleur, répondit poliment qu'elle ne pouvait pas croire que Frank se soit suicidé ; il avait trop de raisons de vivre. Il adorait ses enfants, surtout Eric qui lui ressemblait tellement, tant par son apparence que par ses manières. À l'heure où Ruwet quittait la famille, Gottlieb contacta George H. White. Il demanda à l'homme qui avait servi à Olson sa boisson trafiquée et qui avait la réputation de tuer de son seul poing de s'assurer que personne ne puisse découvrir qu'il était à New York au moment des faits.

La presse s'en tint à la version du suicide. Alice Olson ne reçut aucun appel des médias. Il y eut beaucoup de monde à l'enterrement, dont plusieurs collègues de Fort Detrick, menés par Ruwet. Gottlieb et Lashbrook vinrent également à la cérémonie et regardèrent le cercueil d'Olson descendre dans sa tombe.

Deux semaines plus tard, Gottlieb appela Alice. Il voulait venir chez elle avec Lashbrook. Elle n'avait pas la moindre idée de qui ils étaient, Frank n'avait jamais parlé d'eux. Elle leur demanda pour qui ils travaillaient. Gottlieb répondit : « Nous travaillons en collaboration avec le gouvernement. » En leur présence, Alice était si anxieuse que ses mains tremblaient au point qu'elle avait du mal à tenir sa tasse de café. Elle ne posa pas les questions que d'autres veuves auraient posées. Que faisait Frank à New York ? Pourquoi personne n'avait-il remarqué l'étrangeté de son comportement sur son lieu de travail ? Pourquoi n'avait-elle pas été autorisée à voir son corps dans le cercueil ? Pourquoi la police de New York ne l'avait-elle pas contactée ? Comment avaient-ils fait pour être si rapidement sûrs qu'il s'agissait d'un suicide ? Il n'y avait pas de réponses à ces questions. Pas encore.

En la personne de son fils Eric, Alice avait un allié capable de poser des questions. Dès le jour de la mort de son père, Eric prit le rôle de chef de famille et réconforta sa mère, son frère et sa sœur. Non seulement on lui avait pris son père, mais on lui volait son enfance. Il avança vers l'âge adulte en se posant les questions qui « torturaient probablement sa mère en secret ». Il constata aussi ce que la mort de son père fit à cette femme. Elle sombra dans l'alcoolisme. Elle avait commencé à voir Ruwet à l'heure où il quittait son travail à Fort Detrick ; l'heure à laquelle Frank aurait dû rentrer. Elle prenait sa sollicitude pour « un geste de gentillesse et de soutien ». Ni elle ni Eric ne se doutaient encore que Dulles avait demandé à Ruwet de « garder un œil sur l'épouse ».

Au cours des années qui suivirent, Ruwet ne l'ayant jamais laissé manquer de cocktails, Alice dut entrer en hôpital psychiatrique à cause d'un grave problème de boisson. À ce moment-là, Eric était sur le point de devenir psychologue ; à Harvard, il avait étudié le rapport entre l'alcoolisme et le fait de ne pas exprimer sa douleur. Il fit en sorte que sa mère suive une thérapie. Alice commença à s'en sortir et joua un rôle important dans la création d'un lieu de transition pour les alcooliques en voie de guérison à Frederick.

Eric commença son analyse jungienne. Dans le premier rêve qu'il aborda, il « fouillait les replis d'un vieux fauteuil à la recherche d'un manteau qui avait appartenu à son père ». L'analyste lui dit qu'il devait l'interpréter comme « ses premiers pas sur les traces de son père ».

Dans l'après-midi du 12 juin 1975, Eric fut tellement abasourdi en voyant la une du *Washington Post* qu'il dut s'asseoir. Bien en évidence, se trouvait un article sur les conditions dans lesquelles son père avait trouvé la mort vingt-deux ans plus tôt. Avec le concours de sa famille, Eric organisa, le 9 juillet, une conférence de presse dans la cour de la maison familiale. Des journalistes vinrent de tous les États-Unis pour entendre Eric, Nils et Lisa exiger la divulgation de toutes les informations relatives à la mort de leur père. L'histoire fut couverte par les trois réseaux de télévision américains et fit la première page des journaux dans le monde entier.

Le 21 juillet 1975, le président Gerald Ford fit des excuses publiques à la famille Olson et annonça que le Congrès allait lui verser un million et demi de dollars de dommages et intérêts dans les plus brefs délais. Encore une fois, en coulisses, Gottlieb et Lashbrook étaient les cerveaux qui avaient réussi à empêcher la vérité d'éclater en achetant le silence de la famille Olson. Pour ces derniers, le versement de cette somme fut suivi d'une autre tragédie. En mars 1978, Lisa, alors enceinte d'un deuxième enfant, son mari et leur petit garçon périrent dans un accident d'avion près du lac Placide – ironie du sort, tout près de chez le docteur Cameron. Heureusement, cette catastrophe ne fit pas rechuter Alice dans l'alcoolisme.

Quand les indemnités furent versées – finalement, elles avaient été diminuées de moitié par la Chambre des représentants, et donc réduites à soixante-quinze mille dollars – Eric Olson lança ses propres recherches sur les circonstances toujours mystérieuses du décès de son père. Il passa une nuit dans la chambre 1018 A du Statler, celle que Frank occupait le soir de sa mort. Il était « hanté » par l'idée que son père avait pu être poussé par quelqu'un. Il se garda bien d'en parler à quiconque.

Chapitre IX

Le 19 octobre 1993, Alice Olson mourut d'un cancer. Même si sa mère était partie sans connaître la vérité, Eric avait la conviction profonde que son devoir était de la découvrir. Il rendit visite à un ami de la famille, James Starrs, professeur de droit et de médecine légale à l'université George Washington. Il désirait savoir si, dans le cas où il parviendrait à faire exhumer le corps de son père, Starrs accepterait de l'examiner. Le professeur accepta.

Le 2 juin, le corps de Frank Olson fut exhumé. La tombe se trouvait à flanc de coteau, au Frederick Memorial Park, dans le Maryland. Eric assista à l'enlèvement de la dalle de ciment qui la couvrait. L'émotion se lisait facilement sur son visage lorsqu'il vit le sombre cercueil de bois être retiré de son caveau de béton, scellé au goudron, puis enveloppé dans une bâche de plastique noir avant d'être chargé dans une camionnette. La CIA rappela une fois de plus que la mort de Frank Olson était « un tragique événement » et fit, dans un communiqué, la précision suivante : « Aucune de nos informations ne nous autorise à soupçonner un homicide. »

Au moment d'ouvrir le cercueil, Starrs prit Eric à part et lui demanda de sortir, craignant que ce spectacle ne le bouleverse. Par expérience, le médecin savait qu'il avait de fortes chances de trouver un affreux cadavre rabougri dans ce cercueil. Lorsqu'on l'ouvrit, il fut fort étonné : « Nous avons été très surpris de ce que nous avons trouvé. La peau de Frank Olson était foncée et fripée mais on le reconnaissait bien et il avait l'air en bon état après tout ce temps. » Le médecin légiste fut encore plus stupéfait de ne pas constater de plaies sur la tête et le cou de Frank Olson : « Je m'attendais à en trouver sur un homme qui s'était précipité à travers une fenêtre. Le gros hématome qu'il portait au-dessus de l'œil gauche, près de la tempe, et qui évoquait immédiatement un coup très puissant, me parut encore plus singulier. »

Eric Olson poursuivit son enquête en prenant soin de noter les moindres détails et débuts d'indices dans ses dossiers. Le 26 juillet 1994, à l'hôtel Marriot de Unionsdale, à Long Island, il rencontra Ike Feldman, un homme qui avait recruté de nombreuses prostituées pour les planques du MK-Ultra. Il se présenta comme « un proche collaborateur de Sidney Gottlieb et de George H. White ». Ce n'était pas la première fois qu'Eric entendait le nom de White. Feldman lui en esquissa un rapide portrait verbal. Après quoi, il stupéfia Eric Olson en disant : « Mon propre père a été assassiné. » Il refusa d'en dire plus et se fraya un chemin vers la sortie du motel en laissant à Eric l'impression que « Feldman en avait déjà trop dit ». Empli de ce qu'il admit plus tard être « un mélange d'horreur et d'exaltation », il s'empressa de rentrer à Washington pour parler de cette conversation à Harry Huge, son avocat. Ce dernier lui rappela qu'en acceptant les dommages et intérêts, la famille Olson avait renoncé à son droit de poursuivre le gouvernement, à moins de pouvoir prouver une fraude de sa part. Huge, une figure puissante et respectée du milieu juridique américain, expliqua que la seule façon d'avancer était de persuader Robert Morgenthau, le procureur de la République de New York, d'ouvrir une enquête criminelle « fondée sur le soupçon d'homicide » pour lequel il n'existait pas de statut de restriction.

Le 28 novembre 1994, après pratiquement six mois d'examens légaux, le professeur Starrs conclut que la mort de Frank Olson faisait « absolument penser à un homicide ». Cette déduction reposait principalement sur le trou de la taille d'un poing qui se trouvait sur la gauche du crâne. Ce coup était du style de ceux que George H. White avait si souvent utilisés. L'hématome à la tête avait convaincu Starrs que Frank Olson avait été frappé avant de tomber par la fenêtre. Cet indice était corroboré par le manuel d'assassinat du docteur Gottlieb. Eric écrivit : « La meilleure façon de maquiller un meurtre en accident est de frapper la victime à la tête, à l'endroit précis où Starrs a découvert le trou dans le crâne de mon père, puis de le jeter par une fenêtre du haut d'un bâtiment. Ce meurtre porte la signature de White. »

À ce moment-là, Eric en savait beaucoup plus sur lui.

En 1950, la CIA l'avait envoyé en Europe pour y trouver de bons sujets jetables parmi les nombreux officiers SS et de la Gestapo incarcérés dans diverses prisons. White dirigeait une équipe de spécialistes de l'interrogatoire qui lui proposaient des sujets jetables pour les torturer – quelquefois des femmes. Évidemment, ces brutalités avaient pour but d'en savoir plus sur leurs activités pendant la guerre. Quand il les avait suffisamment torturés pour ne plus rien attendre d'eux, White les remettait aux agents de la CIA qui travaillaient sur le MK-Ultra en Allemagne. Buckley était convaincu que certains d'entre eux étaient les mêmes qui avaient subi des expériences terminales devant Olson peu de temps avant sa mort.

L'Europe de l'après-guerre était, elle aussi, inondée par les drogues et autres substances vendues au marché noir. White commença donc à travailler dans ce monde souterrain. Après cela, il partit pour l'Amérique du Sud où il établit des contacts dans le but de retrouver la trace de nazis expatriés. Plus tard, il en fit profiter le docteur Gottlieb, à l'époque où ce dernier était à la recherche de ces fameux « champignons magiques qu'utilisaient les Indiens ». Le médecin était persuadé que ces champignons pouvaient lui servir à créer une drogue efficace pour les lavages de cerveau. En 1952, de retour en Europe, White devint l'un des membres d'une opération conduite par la CIA dans une enceinte sécurisée située à côté de Francfort, en Allemagne. On surnommait le bâtiment Hôtel Himmler. On y effectuait des expériences sur des sujets jetables dans le cadre du projet Artichoke, qui lui-même dépendait du MK-Ultra. Les sujets jetables étaient bourrés de drogues et d'agents biologiques. S'ils survivaient mais ne pouvaient plus servir à rien, on les tuait.

Eric Olson découvrit que certaines de ses malheureuses victimes fournissaient à George H. White un moyen de perfectionner ses techniques de tueur professionnel. Brutal et impitoyable, dénué du moindre scrupule, il était bien loin des bonnes manières et de l'apparente respectabilité que cultivait le docteur Gottlieb. White était l'homme qui lui apportait ce dont il avait besoin. Il était aussi celui que l'on avait choisi pour éliminer Olson selon l'une des méthodes du manuel d'assassinat de la CIA dont le psychiatre était l'auteur. Eric était maintenant persuadé qu'il avait utilisé sa technique préférée : un simple coup de poing dans la tête, aux premières heures de la journée, à l'hôtel Statler, à New York. Il était presque certain qu'il était entré dans la chambre

1018 A grâce à un passe-partout. Soit en l'obtenant d'un contact qu'il avait à l'hôtel – il se targuait d'en avoir un dans chaque hôtel de Manhattan –, soit que le Statler ait été choisi parce qu'il était facile pour lui d'y circuler sans se faire remarquer. Que ce soit par hasard ou sur ordre, Lashbrook se trouvait dans la salle de bain lorsque White était entré, avait porté le coup fatal et jeté Olson par la fenêtre. Le temps qu'Armand Pastore, l'ancien veilleur de nuit, se précipite dans la rue, le tueur avait pu prendre la fuite sans difficulté, peut-être en empruntant l'escalier. C'était généralement par là que passaient les prostituées lorsqu'elles montaient voir des clients de l'établissement ou en repartaient.

Mais il restait à le prouver légalement. Eric Olson persuada Robert Morgenthau, le procureur de la République de Manhattan, de rouvrir l'enquête sur la mort de son père. Le magistrat fit alors appel à Steve Sorocco, un spécialiste des affaires classées. Il découvrit pratiquement aussitôt les problèmes qu'il allait devoir affronter. William Colby, ancien directeur de la CIA et témoin clé de ce qui était arrivé à Olson, disparut. On retrouva son corps après ce qui ressemblait à un accident de bateau. Après cela, Lashbrook rejeta les assignations à comparaître de Sorocco sous prétexte de santé fragile et de « trous de mémoire ».

Ce ne fut qu'en juillet 2002 que toute la vérité au sujet de Frank Olson éclata enfin. Des documents que j'avais réussi à me procurer prouvaient que le vice-président Dick Cheney et le secrétaire à la Défense Donald Rumsfeld avaient contribué à étouffer l'affaire. Conservées à la bibliothèque Gerald Ford, et écrites par Cheney et Rumsfeld eux-mêmes, ces notes prouvaient qu'Eric Olson avait raison d'affirmer que ces deux hommes étaient liés au meurtre de son père.

Cheney et Rumsfeld avaient pour mission de dissimuler les circonstances de la mort de Frank Olson. À l'époque, Rumsfeld était chef du personnel à la Maison Blanche pour le président Gerald Ford. Dick Cheney y travaillait aussi, en tant qu'assistant de haut niveau. Sur l'un des documents, on pouvait lire : « Les activités du docteur Olson étaient si sensibles qu'il est très improbable que nous fournissions de véritables informations. » Sur un autre, Cheney admettait : « Les avocats de la famille de la victime vont vouloir connaître les détails des activités professionnelles du docteur Olson et les circonstances de sa mort. Dans tout procès, il est possible qu'il devienne visible que nous dissimulons des indices pour des raisons de Sécurité nationale et qu'à partir de là, toute indemnité ou jugement soit perçu comme une tentative de préserver le secret des activités de la CIA par le versement d'argent. »

En 2006, les bureaux de Rumsfeld et Cheney se refusaient toujours, l'un comme l'autre, à tout commentaire sur le rôle des deux hommes dans le meurtre de Frank Olson. Mais Eric Olson n'avait pas fini de s'exprimer au sujet des documents qui les impliquaient : « Ils montrent bien qu'il y a des questions auxquelles ils doivent répondre. On a étouffé l'affaire pendant des décennies. Puis, on a refait la même chose en prétendant tout révéler. » William Buckley savait cela depuis longtemps.

Lorsque Buckley eut terminé de lire les dossiers Olson et de remplir un carnet entier de notes, il prit une journée pour rédiger son rapport pour Dulles. L'agent y recommandait que ces dossiers soient scellés et portent une mention spécifiant que seul le directeur en place pouvait y accéder. Il porta tous les documents à la suite du directeur et les lui remit. Dulles le remercia, alluma sa pipe et s'installa confortablement au fond de son siège pour lire le rapport. Ensuite, il le mit de côté et remercia de nouveau Buckley. Enfin, il lui annonça qu'il allait retourner travailler dans le service de Gottlieb.

Des années plus tard, lorsque j'ai commencé à connaître Buckley, il me montra le carnet original qu'il conservait dans la malle où il entassait les livres et les documents qu'il apportait avec lui chaque fois qu'il changeait de lieu de travail. Ces notes l'aidèrent à se souvenir des événements qui avaient conduit à la mort de Frank Olson. Il m'affirma : « Je n'ai pas le moindre doute sur le fait que White ait tué Olson. » À l'époque, White était mort.

Le 20 novembre 1998, à la demande de Steve Sorocco, le procureur public de New York qui enquêtait sur la mort de Frank Olson, je lui ai moi-même fourni une déclaration qui contenait les informations que je tenais de William Buckley et le compte rendu de mes entretiens avec le docteur William Sargant. « Il se souvenait des moindres détails avec beaucoup de clarté. Un jour, par exemple, nous eûmes une étrange conversation sur la façon dont Patty Hearst – le docteur Sargant avait participé à son procès en tant qu'expert –, aurait survécu à certaines des techniques de manipulation mentale élaborées par la CIA. De temps en temps, il faisait référence au « meurtre de Frank Olson » et affirmait que, d'après tout ce qu'il avait pu apprendre de ses contacts dans les services secrets, aussi bien à Londres qu'à Washington, il avait de fortes présomptions. Quand il m'autorisa à utiliser ses informations, il stipula néanmoins que ce ne pourrait être qu'après sa mort. Il est décédé en 1988. » Ma déclaration racontait en détail le meurtre de Frank Olson, selon le docteur Sargant et William Buckley. L'un comme l'autre considéraient qu'il s'agissait d'une « opération classique ».

En juin 1999, Sorocco m'annonça qu'il allait utiliser ma déclaration pour plaider devant le grand jury et demander que le docteur Gottlieb soit poursuivi pour le meurtre de Frank Olson.

Le procureur public était toujours sur cette affaire lorsque Gottlieb mourut. Sorocco clôtura le dossier et m'avoua : « Je ne peux plus rien faire d'autre. »

X

Remontant le mont Royal, en chemin pour l'institut, William Buckley trouvait que le printemps à Montréal était profondément beau. Ce déplacement était bienvenu, car il l'éloignait des tensions internes qui régnaient à la CIA, où l'on se bataillait au sujet de l'efficacité des méthodes d'espionnage « mécaniques » par rapport aux techniques traditionnelles. Buckley faisait partie de ceux qui pensaient qu'« un gadget ne peut deviner les intentions de personne ». Mais à l'Agence, le lobbying battait son plein, car certains pensaient que les satellites permettraient de recueillir des renseignements beaucoup plus importants que ceux que glanaient les agents de terrain. En ce matin d'avril 1957, la mission de Buckley consistait à s'assurer que le projet 68 du MK-Ultra ne s'attire pas une attention indésirable.

Le projet 68 avait pour but de reproduire les conditions matérielles dans lesquelles le docteur Cameron pensait que les prisonniers américains étaient passés aux aveux en Corée du Nord. Pour cela, il avait recréé un centre d'interrogatoires dans les caves de l'hôpital. En arrivant, Buckley découvrit que, sur l'ordre de Cameron, cette zone était désormais interdite au personnel à l'exception de Rubenstein et Zielinski. Le psychiatre l'accueillit « froidement mais poliment ». Buckley supposa que c'était parce que Dulles avait refusé de le renvoyer à sa demande. Avant de partir, Gottlieb lui avait dit qu'il avait écrit à Cameron pour lui dire qu'il fallait absolument que Buckley continue de participer au MK-Ultra.

Cameron expliqua que les patients resteraient dans la cave pendant plusieurs semaines, voire plusieurs mois. Il pensait que les Nord-Coréens n'avaient sélectionné que des prisonniers qu'ils pourraient réduire à un état de dépendance infantile et, par la suite, pousser à adhérer aux points de vue de leurs interrogateurs. De ce fait, il avait l'intention de dépouiller ses patients de leur identité propre et de leur mettre en tête tout ce à quoi il aurait envie qu'ils croient. Le fait qu'il utilise des malades mentaux ne faisait que rendre la tâche plus difficile. Les Chinois n'avaient eu affaire qu'à des combattants en bonne santé. Il allait être infiniment plus compliqué de laver le cerveau de personnes dérangées, souvent gravement. Il était convaincu que s'il réussissait à manipuler leurs mécanismes psychologiques, il aurait enfin percé le mystère du contrôle psychique.

Il se sentait encouragé par les résultats du docteur William Sargant, dont un grand nombre d'observations avaient été mises en pratique lors d'interrogatoires de la police et des services secrets britanniques. Il avait bien noté que l'une des méthodes qu'approuvait son homologue anglais était de « trouver un point sensible et d'appuyer constamment dessus ». Il écrivit qu'il était également important de faire remplir de longs questionnaires au sujet. « Le but est plus de le fatiguer que d'obtenir des informations de valeur. Lorsque sa mémoire commence à défaillir, ses difficultés à s'en tenir à la même histoire le rendent plus anxieux que jamais. »

Cameron dit qu'il projetait de commencer ses expériences un peu plus tard dans la journée. En attendant, il proposa à Buckley de découvrir les nouveaux progrès constatés parmi d'autres recherches que l'on menait à l'institut.

Buckley passa le reste de la journée à visiter des laboratoires bien équipés. Dans l'un d'entre eux, il trouva le docteur Cleghorn en train de mesurer le taux de corticoïdes dans les urines de ses patients. C'était une méthode d'évaluation du stress. Lors de ses visites précédentes, Buckley avait établi des relations suffisamment bonnes avec Cleghorn, l'adjoint de Cameron, pour qu'il ait confiance en lui. Là, en le regardant préparer une expérience, il ne fut pas surpris outre mesure d'entendre que des dissensions apparaissaient entre les psychanalystes et les psychiatres, ces derniers ne croyant qu'aux médicaments et aux électrochocs. Ces derniers se montraient de moins en moins patients envers leurs collègues analystes dont les méthodes reposaient presque uniquement sur l'observation. Si Cleghorn reconnaissait que la psychanalyse était bien une science, il estimait qu'elle n'était pas d'une grande efficacité en tant que soutien aux traitements médicamenteux. Les analystes s'accrochaient avec acharnement à l'idée qu'on pouvait aider les patients en les encourageant à se dévoiler à un médecin attentif, patient et compatissant. Ils parlaient du « danger des produits chimiques ». Ils affirmaient également que les électrochocs détruisaient le siège des pensées, des émotions, des pulsions, des ambitions et des motivations instinctives, qui ne demandaient qu'à « être correctement orientées sous analyse ». Le dernier en date des désaccords entre les deux factions portait sur la « névrose de transfert ». Les psychiatres doutaient de son existence. Les analystes affirmaient que non seulement elle existait, mais qu'il était vital de la prendre en compte ; ils ajoutaient que, bien souvent, l'intensité des traitements physiques – particulièrement les électrochocs – proscrivait toute chance de réussir un suivi. Buckley avait déjà vu Cameron encourager les dissensions ; il pensait que les querelles faisaient de « meilleurs médecins ». Et, à l'instar d'Allan Dulles, il connaissait les avantages qu'il y avait à régner sur une maison divisée. Les démêlés s'étaient intensifiés avec l'arrivée de nouvelles unités de recherche. Les médecins, tous éminents dans leur domaine de prédilection, se retrouvaient à l'étroit et devaient se battre pour avoir de l'espace ou faire valoir leurs théories. Ils spéculaient de plus en plus sur ce qui se passait à la cave. L'opinion générale était que le docteur Cameron y préparait encore un de ses « projets ». Il lui arrivait de dire que rien ne lui ferait plus plaisir que de pouvoir développer ses théories sans avoir à gérer ce qui était devenu une très grosse équipe : il était responsable de plusieurs centaines de personnes.

Robert Cleghorn confia à Buckley que personne n'avait jamais cru un seul instant qu'Ewen Cameron renoncerait volontairement à sa situation privilégiée. Il lui arrivait parfois de se demander ce qui pouvait bien motiver cet homme. Cela ne pouvait pas être l'argent ; il était déjà relativement riche. Aucune porte du monde de la médecine ne lui était fermée et il était probablement plus puissant que bon nombre d'hommes politiques canadiens. Il arrivait à récolter des fonds comme peu de gens dont c'était la profession y parvenaient. Alors qu'était-ce ? Cette question intriguait de plus en plus Cleghorn. Il avoua à Buckley qu'il n'aimait pas la façon dont Cameron flattait, manipulait et, si nécessaire, exploitait les membres de son personnel en leur infligeant d'étourdissantes démonstrations de politiques médicales durant lesquelles il soutenait un groupe contre un autre avant de brutalement changer de camp. Il était le directeur et le maestro d'un orchestre qui jouait brillamment mais rarement en totale harmonie.

Les médecins allaient et venaient. Mary Morrow était partie travailler dans un autre hôpital de Montréal, et Cleghorn avait bon espoir qu'elle fasse son trou une fois qu'elle aurait réussi à contrôler ses angoisses. S'il ne lui avait rien appris d'autre, il était au moins certain de lui avoir bien fait comprendre que les métiers de la psychiatrie ne convenaient pas aux anxieux.

Dans d'autres laboratoires, Buckley trouva des chercheurs qui travaillaient, entre autres, sur l'impact de la détresse émotionnelle sur les douleurs cardiaques chez certains patients, et si cela était dû au fait que le cœur était moins bien approvisionné en sang à cause de la vasoconstriction, ou à un besoin soudain d'oxygène directement lié aux crises d'angoisse.

Une équipe étudiait les réactions phobiques – des expériences émotionnelles si intenses qu'elles entraînaient une grave paralysie psychologique. Un médecin cherchait les liens entre les obsessions de certains patients et l'irrégularité de leur rythme de sommeil. Un autre travaillait sur les correspondances entre une tension trop élevée et l'anxiété. Il essayait de quantifier les fluctuations de la pression sanguine quand on rendait le patient nerveux en lui posant des questions sur sa vie sexuelle, sa famille ou ses relations.

Le docteur Charles Shagass cherchait à établir la quantité de somnifères qui convenait à chaque type de maladie mentale. Ses recherches aboutirent à une reconnaissance mondiale grâce à son test de seuil sédatif. Le docteur Hassam Azima, dont on disait qu'il était un parent du shah d'Iran, préparait des tests psychologiques visant à mieux adapter l'ergothérapie à chaque type de maladie psychiatrique. Buckley trouvait que l'Iranien, beau, grand et basané faisait parfois penser à un skipper de dhow arabe poussé par le vent plutôt qu'à un scientifique dont les capacités n'avaient pour limite que les fonds que lui accordait la Société de recherche en écologie humaine.

Un grand nombre de recherches ne donnait de résultats qu'au bout de plusieurs années ; certaines étaient abandonnées. En fin de compte, tout dépendait des lubies de Cameron. L'arbitrage final lui revenait quand il s'agissait de déterminer quels projets il fallait financer. Le docteur Cleghorn n'était pas convaincu que cette situation soit idéale parce que le médecin-chef ne se donnait pas souvent le temps d'évaluer soigneusement les mérites des projets qu'on lui proposait. Il décidait parfois sur un coup de tête, souvent en s'arrêtant à peine pour écouter un chercheur qui l'attendait dans le couloir alors qu'il quittait un service pour se rendre en salle de soin. Quand sa décision était prise, on ne pouvait plus l'en faire bouger. Quiconque insistait se retrouvait muté, à l'extérieur, dans une autre partie de l'empire que le psychiatre avait construit. Le réseau d'enseignement de la psychiatrie McGill comptait huit hôpitaux à Montréal, offrait sa propre formation diplômée et donnait à son fondateur plus de pouvoir qu'à n'importe quel autre médecin de la ville. Robert Cleghorn trouvait également ce point ennuyeux.

Le docteur Eve Lester, qui allait bientôt devenir l'un des plus jeunes professeurs de McGill, travaillait sur les adolescents perturbés. D'autres chercheurs examinaient la température des schizophrènes, les effets de la douleur physique sur les dépressifs, les mouvements des ondes électriques du cerveau sous insuline, ou les conséquences de l'adrénaline sur certaines fonctions mentales importantes. Un scientifique étudiait le délire nocturne. Un thérapeute travaillait sur les structures linguistiques des psychotiques. Un comportementaliste répertoriait les changements chez les patients souffrant de stress chronique.

Comme d'habitude, Buckley fit un passage obligé par la bibliothèque très complète de l'institut pour voir si Cameron avait écrit de nouveaux articles. Il trouva plusieurs pleines boîtes de documents aux titres accrocheurs tels que « Ne pas oublier d'oublier », « Recherche et société » ou « La Psychiatrie et le citoyen ». Ses théories étaient faciles à comprendre. Elles n'étaient pas brouillées par le jargon qui compliquait si souvent les autres articles qu'il avait lus. Dans ses écrits, comme pour le reste, Cameron donnait un sentiment de certitude et ses ouvrages étaient aussi clairs que convaincants. Cleghorn avait remarqué que le médecin-chef ne citait pas les précurseurs qui avaient effectué des travaux préliminaires d'une importance cruciale. Il trouvait que cela en disait long sur sa personnalité. Cependant, il était nettement plus préoccupé par l'obsession de Cameron pour la conduite psychique et le fait qu'il ait créé son propre langage pour en parler : « conduite autopsychique », « conduite hétéropsychique », « implant dynamique », « répétitions de signaux ». Selon Cleghorn, ce vocabulaire n'avait rien à voir avec le traitement. Buckley savait qu'il y avait encore autre chose qui contrariait l'adjoint. Deux ans auparavant, à la conférence annuelle de l'Association des psychiatres américains, le docteur Cameron avait fait l'apologie de la conduite psychique dans *Weekend Magazine*, un tabloïd à grand tirage qui, de manière générale, s'intéressait plus à la vie des stars de cinéma et aux conseils domestiques. Il y avait présenté cette technique comme un « lavage de cerveau bénéfique ». L'article était accompagné d'une photo d'une femme dont la légende précisait qu'elle écoutait en boucle ses propres « confessions ». On y expliquait que Cameron avait trouvé « une idée innovatrice pour aider les patients névrotiques ». Ses paroles étaient citées : « Mes patients, comme les prisonniers des communistes, ont tendance à résister et il faut donc les briser. »

De telles affirmations horrifiaient Cleghorn. Il confia également à Buckley qu'il commençait à s'inquiéter de la puissance et de la fréquence des électrochocs qu'administrait son supérieur dans le cadre de ce qu'il appelait la « déstructuration ». Cleghorn ne voyait pas comment, à long terme, l'état d'un patient que l'on endormait pendant trois jours et à qui l'on envoyait de trente à soixante électrochocs sur une courte période, alors qu'il était encore comateux – tout en lui faisant prendre entre les séances des doses de mille milligrammes de Largactil, un puissant anxiolytique –, pouvait s'améliorer.

Ce qui posait problème au sens déontologique de Cleghorn, c'était que lorsqu'il avait fini par faire part au médecin-chef de ses inquiétudes quant à la totale amnésie qu'entraînait ce traitement, ce dernier lui avait répondu que ce serait aux familles d'« aider les patients à remonter un échafaudage d'événements normaux ». Pour l'adjoint, « ce terme emprunté au secteur du bâtiment semblait plutôt inapproprié et n'expliquait rien – de plus, un échafaudage ne s'écroulait jamais sans graves conséquences ». Ces points de vue n'améliorèrent pas les rapports, de plus en plus froids, qu'entretenaient les deux plus importants médecins de l'hôpital. Buckley enregistra tout cela mentalement en vue du rapport qu'il allait rédiger en rentrant à Washington.

Le bureau de Buckley, rempli de livres parfois entassés sur le sol, commençait à ressembler à une bibliothèque. Plus il s'informait sur ce que Cameron essayait de reproduire à Montréal, plus il s'en inquiétait. Mais conscient de l'estime que Dulles et Gottlieb portaient au psychiatre, il n'en fit part à personne.

Cameron s'était toujours présenté à Buckley comme un authentique pionnier. Mais, peu à peu, Buckley découvrait qu'une grande partie de ce qu'il revendiquait découlait directement des travaux d'autres extrémistes de la médecine. Frank Kellman était l'un d'entre eux. Il fut d'abord directeur de recherches à l'Institut psychiatrique d'État, à New York, avant de devenir professeur de psychiatrie à l'université de Columbia. Il avait fait ses études en Allemagne à l'époque de l'arrivée d'Hitler. Alors qu'il était encore sur les bancs de l'université de Berlin, il préconisait déjà des mesures de stérilisation plus radicales que celles des nazis. Selon lui, il fallait qu'elles s'appliquent à « tout membre d'une famille touchée par la schizophrénie, toute personne montrant des signes d'excentricité ou d'anomalies mineures qui pourrait laisser supposer la présence d'un gène de maladie latente ».

En 1938, de retour aux États-Unis, le docteur Kellman exposa ses idées totalitaires dans le *Eugenical News* : « Même les mesures eugéniques les plus extrêmes actuellement acceptées dans ce pays ne s'attaquent que superficiellement au problème de l'éradication des mauvais gènes dans notre société. L'unique solution est de stériliser tous les parents de porteurs de tels gènes et de leur interdire le mariage. Il est nécessaire d'avoir le pouvoir légal de stériliser les enfants contaminés et les familles des schizophrènes afin d'empêcher les excentriques schizoïdes et les cas borderline de se marier. »

Avec un grand enthousiasme, Cameron avait expliqué à Buckley que le docteur Kellman avait été « un homme en avance sur son temps ; quelqu'un qui méritait d'être pris au sérieux et admiré pour son courage et ses idées avant-gardistes ». Buckley se demandait de plus si c'était ainsi que Cameron se considérait lui-même ; le digne successeur d'hommes tels que le docteur Kellman.

Cameron parla à Buckley d'un monde futur dans lequel le traitement par électrochocs pourrait servir, « par exemple, à reprogrammer l'esprit d'une femme pour qu'elle soit plus adaptée aux tâches domestiques ». Il évoqua également « ses efforts pour éradiquer une identité ou une personnalité afin de la reprogrammer. Il appelait cela le "relâchement de la mémoire" et expliquait comment l'état d'infantilisation que provoquaient les électrochocs rendait le patient plus disposé à des changements radicaux. » Cameron ajouta que si la CIA lui donnait un plus gros budget, il pourrait entamer une série de « tests cliniques » pour découvrir s'il était possible, grâce aux électrochocs, de créer de nouvelles personnalités que « les sujets garderaient pendant des années ».

Buckley nota : « Il appelait cela la psychosynthèse et affirmait qu'il s'agissait d'une combinaison de thérapies qui associait la psychodynamique de Freud à la cybernétique et aux électrochocs, dont l'objectif était de transformer une personnalité perturbée en personnalité saine. »

Gottlieb n'accéda pas à sa demande de financement pour cette expérience. Il expliqua à Buckley qu'il voulait que Cameron se contente de tout faire pour réussir les lavages de cerveau.

Dans l'avion qui le ramenait à Washington, Buckley nota que le docteur Cameron était, selon lui, « de plus en plus intéressé par l'utilisation de la peur comme moyen de rendre plus sensible à la suggestion ». « J'ai, par exemple, remarqué sur son bureau un exemplaire du livre *Multiple splendeur* de la romancière chinoise Han Suyin », ajoutait-il. Lorsque je l'ai interrogé sur ce livre, il a absolument tenu à m'en lire un passage : “Car l'homme se battra toujours pour conquérir le monde, pour établir la volonté de l'homme au nom de son Dieu. Pour les communistes, chaque individu est une forteresse qu'il faut prendre par la lutte spirituelle. Ils sont là pour s'emparer des âmes, et les corps suivront”. »

L'infirmière en chef du bloc Sud-2 de l'institut, Peggy Mielke, une femme vive et soignée âgée de vingt-quatre ans, se demandait parfois si ses inquiétudes au sujet de la salle de sommeil – un dortoir de vingt lits qui restait continuellement dans une semi obscurité et se trouvait tout au bout de l'aile – étaient autre chose que l'expression de son incapacité à répondre à une question obsédante. Avait-elle fait ses études pour finir dans cet étrange monde de pénombre, à surveiller un traitement inconnu de ses livres scolaires ou des autres hôpitaux psychiatriques où elle avait travaillé ? Derrière la porte close du dortoir, elle entendait les bruits de la routine quotidienne de l'institut. On commençait à distribuer les cachets et on allait en administrer des milliers. On aspirait dans des seringues le contenu de diverses ampoules pour l'injecter dans des veines ou des muscles ; on étalait du gel sur des tempes avant les électrochocs. L'infirmière Mielke connaissait bien cet univers. Mais, dans le dortoir, il était impossible de distinguer un jour de l'autre. Certaines de ses collègues appelaient cette salle la « tombe des zombies ».

Peggy se tenait immobile à l'entrée du dortoir. Elle attendait de s'habituer à l'obscurité et aux odeurs pharmaceutiques ou humaines. Certains des patients étaient totalement inertes et écoutaient les instructions que les haut-parleurs leur répétaient sans cesse. Parfois, ils bredouillaient de façon inintelligible en entendant des enregistrements de leur propre voix ou de celle du docteur Cameron. D'autres erraient dans la pièce, coiffés d'un casque de football américain spécialement modifié. Au centre de la salle, certains se faisaient nourrir à la cuillère par des infirmières, incapables de prêter attention à autre chose que les enregistrements qu'ils entendaient dans leur casque. C'était précisément ces casques qui avaient commencé à faire douter l'infirmière Mielke. Ce qui lui posait un problème n'était pas seulement qu'elle trouvait « très mal » que ces gens gravement malades doivent porter cet accessoire, ni même que, dans leur stupeur médicamenteuse, ils soient forcés d'écouter les mêmes paroles en boucle pendant des périodes qui pouvaient aller jusqu'à seize heures. Elle s'inquiétait aussi du fait que Leonard Rubenstein et Jan Zielinski étaient autorisés à aller et venir à leur guise pour remplacer une bande enregistrée ou poser un casque à quelqu'un.

Lorsqu'elle posa des questions à ce sujet, on lui répondit que ces deux hommes avaient une « permission spéciale » du docteur Cameron – et qu'ils étaient les deux seules personnes sans qualifications médicales qui aient le droit d'entrer dans la salle de sommeil. Elle trouvait que c'était très loin d'être réglementaire. Elle n'avait encore jamais vu des patients être quotidiennement traités par des gens sans aucune formation, ni de médecin ni d'infirmier – sans parler des connaissances spécifiques nécessaires pour s'occuper des grands malades mentaux. Ce qui la troublait le plus, c'était qu'aucun des deux hommes ne semblait se rendre compte que ce service était réservé à des patients très gravement atteints. Rubenstein ne pouvait pas s'empêcher de charrier les infirmières ou de lancer des blagues dont il était le seul à rire. Il arrivait à Peggy Mielke de penser que cet homme était « complètement à la masse ». Zielinski parlait rarement mais regardait souvent fixement les patients en secouant la tête ; l'infirmière trouvait qu'il ressemblait à une chouette.

Elle sentait qu'ils jouaient un rôle – que, dans leurs blouses blanches, ils se prenaient pour des médecins et ne se contentaient pas d'en prendre les airs. Quand elle parlait avec Rubenstein, il ponctuait son discours de termes médicaux et parlait constamment des ses « recherches en cours » dans son « laboratoire comportemental ». Ce dernier se trouvait derrière le manoir, dans l'une des anciennes écuries. Rubenstein et Zielinski entreposaient leur matériel de montage sonore et leurs casques de football américain contre des murs qui portaient encore des marques de fers à cheval.

Au début, l'infirmière avait mis l'attitude de Rubenstein sur le compte de l'égocentrisme – depuis qu'elle était à l'institut, elle avait vu passer pas mal d'egos surdéveloppés – et s'amusait même un peu du fait qu'il se donne tant d'importance et se comporte « non seulement comme s'il était le bras droit du directeur, mais également comme s'il était son plus proche confident ». Mais elle avait constaté qu'il n'hésitait pas dire à une infirmière, ou même à un médecin, de ne pas toucher un haut-parleur placé dans un oreiller ou de ne pas enlever un casque, en soulignant que c'était ainsi que « le patron et lui » voulaient que l'on traite ce cas. Elle s'était demandé si elle devait en parler au docteur Cameron le jour où Madeleine Lacroix s'était échappée de sa chambre après ses électrochocs du matin et avait réussi à sortir de l'institut, en chemise de nuit et pieds nus, puis avait descendu l'allée jusqu'à la rue, où elle avait semé la pagaille dans la circulation.

Depuis une fenêtre du bloc Sud-2, l'infirmière l'avait remarquée et, après avoir donné l'alerte, s'était lancée à sa poursuite en courant si vite qu'elle en avait perdu sa coiffe. Elle avait failli tomber sous les roues d'une camionnette en rattrapant Madeleine avant de ramener cette femme épuisée et désespérée à l'institut. Cameron était arrivé avec Rubenstein. Madeleine avait pleuré de façon incontrôlable et s'était mis en boule par terre en frappant le sol de ses poings. Cameron se pencha sur elle et lui dit d'un ton ferme : « Arrêtez ça, mon petit. Ce n'est pas comme ça que vous irez mieux. » Rubenstein releva Madeleine. Le psychiatre passa son bras autour des épaules de sa patiente et lui affirma : « Mon petit, je ne veux que vous aider. » Les deux hommes la raccompagnèrent en salle de sommeil. Madeleine fut mise sous sommeil médicamenteux pendant trente-six jours durant lesquels on ne la réveillait que pour manger et recevoir des électrochocs de plus en plus nombreux.

Une nouvelle fois, Buckley revint à Montréal. Il apportait la bobine d'un film tourné par un caméraman de la CIA. Après avoir installé le projecteur, Rubenstein s'installa auprès de Cameron pour visionner le film. Le document montrait des centaines de soldats américains en train de s'entraîner au combat sur un champ de manœuvres secret : ils tiraient à la mitraillette, lançaient des assauts, chargeaient à la baïonnette. Après cela, on les mit tous en rang, un médecin leur administra un cachet et on leur demanda de refaire les mêmes manœuvres. Mais, cette fois, ils se comportèrent différemment. Ils titubaient sur le terrain, éclataient de rire à un moment et fondaient en larmes à la minute suivante. Cameron en fut cloué sur place.

« Magnifique ! s'exclama-t-il. Un simple cachet et leur volonté de combattre a disparu. » Sans un mot de plus, il quitta la salle, suivi de Rubenstein.

Buckley s'interrogea : « Quel peut bien être le rapport avec ce que Cameron est censé faire ? Il est censé travailler sur le contrôle psychique. » Plus tard dans l'après-midi, le psychiatre fit appeler Buckley et lui proposa de rencontrer une patiente qu'il avait sélectionnée pour lancer son projet 68. Elle s'appelait Velma Orlikov et était l'épouse de David Orlikov, un membre de longue date du parlement canadien. Quatre mois auparavant, Velma avait dit à Cameron qu'il était sa « dernière chance. Tous les autres avaient essayé et échoué. »

Il l'avait regardée fixement pendant un long moment, puis lui avait dit : « Mon petit, racontez-moi votre histoire. » Elle s'exécuta, parfois en scrutant le visage du médecin pour y trouver quelque espoir, parfois le visage enfoui dans ses mains, pleurant sans pouvoir s'arrêter. De l'autre côté du bureau, tout ce qu'elle pouvait voir était un masque impassible. La machine à écrire enregistrait tout ce qu'elle disait : elle avait quarante ans. David était pharmacien. Sa fille, Lesley, avait huit ans. Son mariage avait été heureux et c'était pour cela qu'elle était si déroutée par la perte de désir sexuel qui avait suivi la naissance de sa fille. Au début, elle avait pensé qu'il ne s'agissait que d'une phase temporaire et David avait été patient. Mais lorsque, quelques mois plus tard, il voulut faire l'amour avec elle, elle ressentit de vagues douleurs à l'abdomen et se refusa à lui. Non seulement sa perte de libido était de plus en plus importante, mais elle s'accompagnait d'un sentiment de lassitude et de sautes d'humeur. Cette situation durait parfois plusieurs semaines pendant lesquelles elle souffrait de terribles maux de tête et d'insomnie. Sans consulter de médecin, David lui donna du Largactil. Elle en prit pendant un an même si cela lui donnait constamment l'impression que sa peau était en feu. Elle persévérait parce qu'elle voulait être une bonne épouse. Quand elle finit par parler des effets secondaires à son généraliste, il la fit arrêter. Les maux de tête revinrent et elle se tourna vers un médicament connu pour son efficacité et vendu sans ordonnance : « Frosts 2-2-2 » – des cachets composés d'acide acétylsalicylique et de codéine conçus pour soulager les douleurs prémenstruelles. Cela ne fit aucun effet et elle entra à la clinique Mayo à Winnipeg. Un psychologue lui dit que ses symptômes étaient dus à la frigidité. Velma passa quatre ans en thérapie et finit par être si désespérée qu'elle demanda à recevoir un traitement par électrochocs. Elle espérait que cette méthode irait plus vite que la psychanalyse.

Derrière son bureau, Cameron la regardait fixement. Enfin, il lui dit : « Dites-moi tout, mon petit. Absolument tout. »

Elle le fit : elle dit qu'elle avait mentionné les électrochocs à son mari, et qu'il lui avait conseillé de commencer par en parler à son médecin. Ce dernier avait approuvé l'idée. Elle ignorait totalement ce que signifiait ce traitement et le psychiatre ne le lui expliqua pas. Elle n'oublia jamais le sentiment d'impuissance et de peur qu'elle ressentait quand on la conduisait sur un chariot dans la salle d'électrochocs de la clinique Mayo, ni les affreux maux de tête, le brouillard et les trous de mémoires dont elle souffrait en reprenant conscience. Elle commençait à croire qu'elle était incurable. Quoi qu'il en soit, elle avait fini par trouver le courage de faire l'amour avec son mari et était tombée enceinte. Son médecin de Winnipeg lui conseilla très vivement de se faire avorter et sa grossesse fut donc interrompue ; on profita de l'intervention pour lui ligaturer les trompes. Le généraliste lui recommanda également d'aller se faire soigner par Cameron à Montréal. C'était son seul espoir.

Il l'interrogea sur son enfance et ses parents. Même si elle ne comprenait pas vraiment en quoi cela pouvait l'intéresser, elle lui répondit honnêtement. Son père était « un Irlandais aussi charmant qu'irresponsable qui avait des aventures sans les cacher à sa femme ». Il était parti quand elle avait dix-sept ans. Sa mère était très possessive.

Lorsque Cameron en eut fini avec ses questions, on raccompagna Velma à sa chambre. Elle ne s'était jamais sentie aussi seule. Elle remonta les draps sur sa tête pour cacher le malheur qui s'écoulait continuellement d'une inépuisable source intérieure. Le sommeil et les pleurs ne faisaient qu'alterner. Un jour, un jeune homme se présenta avec un magnétophone identique à celui qui se trouvait sur le bureau de Cameron. Il avait un accent étranger et lui expliqua pourquoi : « Je m'appelle Rubenstein. Je suis anglais. » Puisqu'il portait une blouse blanche, elle supposa qu'il était médecin. Le docteur arriva en tenant un haricot dans lequel se trouvait une seringue. Il lui annonça qu'il allait lui faire une piqûre. Elle demanda à quoi elle servait. Il répondit seulement : « Faites-moi confiance, mon petit », et lui planta l'aiguille dans une veine du bras. Il lui tapota l'épaule et sortit de la chambre en lui demandant de dire ou d'écrire tout ce qui lui passait par la tête. Rubenstein lui remit un bloc de papier et un stylo et s'installa dans un fauteuil en lui disant de ne pas prêter attention à lui.

Elle regarda le papier. Elle n'avait pas la moindre idée de ce qu'elle pourrait écrire. Elle fixa Rubenstein. Il lui sourit. Elle parcourut la chambre des yeux. Elle lui semblait assez différente. Elle s'aperçut que le lavabo avait été déplacé. Il se trouvait maintenant au plafond, à l'envers, et les robinets s'approchaient de plus en plus d'elle. Elle se souvint qu'elle devait écrire ce qu'elle voyait et se tourna vers son bloc. Mais ses mains tremblaient tellement qu'elle ne pouvait pas tenir le stylo. Elle secoua la tête en se disant que c'était impossible : les lavabos ne bougent pas. Elle regarda de nouveau Rubenstein. Il était toujours assis sur sa chaise, imperturbable et souriant. Les robinets continuaient de s'approcher. C'était indubitable. Soudain, des jets de flammes sortirent des robinets et elle fut prise d'« une panique terrifiante » que, plus tard, elle relata en ces mots : « Je n'avais aucun contrôle sur moi-même. Et j'avais l'impression que mes os fondaient. » Elle était enfermée dans une chambre qui rétrécissait, les murs et les plafonds se rapprochaient et allaient finir par l'écraser. Son esprit tourbillonnait de plus en plus. L'immense bulle noire de la frayeur la faisait souffrir dans tout son corps. « J'étais comme un écureuil dans une cage. Je ne pouvais pas sortir. J'essayais d'escalader les murs. Et j'avais l'impression d'être obligée de rester couchée et que je n'arriverais plus jamais à me lever », expliqua-t-elle. Dans sa tête, le tumulte dura pendant des heures jusqu'à ce qu'elle s'endorme, épuisée. Lorsqu'elle se réveilla, il n'y avait plus ni Rubenstein ni magnétophone.

Velma téléphona à David. La ligne avec Winnipeg était mauvaise mais, derrière les grésillements, son mari la rassura. Aussi affreux que soit le traitement, il devait y avoir une bonne raison. Il lui répéta de très nombreuses fois qu'il fallait « parfois se sentir plus mal avant de se sentir mieux ».

Cameron lui posa de nouvelles questions. Que symbolisait sa mère pour elle ? Et sa jeune sœur ? Elle dut lutter pour trouver de bonnes réponses. Il lui demanda ce qu'elle avait ressenti à la naissance de sa sœur. S'était-elle sentie rejetée et éclipsée par son arrivée ? Était-ce à ce moment-là qu'elle était devenue timide ? Qu'en était-il de son incapacité à faire l'amour ? Était-ce une façon de punir son mari ?

Quand il en eut fini avec ses questions, il raccompagna Velma à sa chambre, suivi de Rubenstein qui portait un magnétophone. Le psychiatre brancha l'appareil. La voix de Velma sortit des hauts-parleurs. À travers les pleurs, elle distinguait à peine les mots. Au début, elle parlait d'un jeune cousin pour lequel elle n'avait ressenti que de la rancœur lorsqu'elle l'avait vu dans son cercueil « parce que tout le monde ne faisait attention qu'à lui ». Ensuite, elle parlait de sa mère qui la poussait à avoir de meilleures notes à l'école. Puis elle disait que son père, qui était charmant et amusant, lui avait beaucoup manqué et que sa mère semblait toujours écrasée par le fait de devoir à la fois gagner sa croûte et tenir la maison. Elle se souvenait avoir dit tout cela au cours d'un entretien avec le docteur Cameron. Elle lui demanda d'arrêter l'enregistrement. Au lieu de cela, il lui fit une piqûre supplémentaire. Quand elle commença à faire effet, elle se retrouva de nouveau terrorisée, avec l'impression d'être un écureuil enfermé dans une cage.

Quelques jours plus tard, Cameron lui posa encore de nouvelles questions. Qu'avait-elle ressenti quand son père avait quitté la maison ? Se sentait-elle triste ? Coupable ? S'était-elle rapprochée de sa mère ? Sa mère la traitait-elle encore comme une enfant quand elle était adolescente ? Même après qu'elle eut épousé David ? On la ramena à sa chambre où on lui fit une piqûre qui, une nouvelle fois, lui donna des hallucinations.

Elle finit par apprendre ce que contenait la seringue en remarquant son nom sur une fiche dans le bureau de l'infirmière : Acide diéthylamide 25 de Mme Orlikov. Elle ignorait de quoi il s'agissait – et personne ne voulait le lui dire. Elle appela David. Il ne sut pas trop qu'en penser non plus. Il n'y avait rien sur les prospectus que les représentants laissaient à sa pharmacie.

Elle prit une décision. Quoi qu'en dise le docteur Cameron, elle allait dorénavant refuser les piqûres. Déterminée, elle attendit dans son lit. Lorsque Rubenstein arriva avec son magnétophone, elle lui donna l'ordre de le sortir de sa chambre. Il la regarda avec surprise. Cameron et Rubenstein expliquèrent plus tard ce qui avait suivi. Le psychiatre a parlé à Mme Orlikov :

« Vous ne voulez pas aller mieux, mon petit ? »

Une petite voix distante lui répétait ce qu'elle s'était déjà dit maintes fois auparavant : que, tout comme les hallucinations l'effrayaient, elle ne supportait pas non plus d'entendre sa voix lui rappeler des choses qu'elle croyait depuis longtemps oubliées. Le psychiatre lui demanda de se lever. « Allez, mon petit, on va se promener dans le hall. » Dans le couloir, il lui passa le bras autour des épaules et lui dit : « Allez, mon petit, on va accepter sa piqûre pour me faire plaisir. Vous savez bien que vous allez accepter. »

Elle le regarda tandis qu'elle sentait la force de son bras. La chaleur de son corps était apaisante. Elle le regarda encore. Que se passerait-il si elle refusait de faire ce qu'il lui demandait ? Le reste de sa vie ne serait-il que ce vide et cette douleur qui envahissaient son abdomen et l'empêchaient d'être une femme pour David ?

Cameron parla de nouveau : « Mon petit, il faut absolument qu'on vous fasse cette piqûre. »

Elle approuva de la tête.

Le psychiatre expliqua à Buckley que Velma serait la première patiente qu'il utiliserait pour le projet 68.

À l'intérieur de leur écurie aménagée, Leonard Rubenstein et Jan Zielinski faisaient tourner des bobines entières de bandes magnétiques qui contenaient les secrets les plus intimes de Madeleine, pour trouver le passage que le docteur Cameron voulait passer en boucle. Entouré de magnétophones, de bancs de montages et d'étagères couvertes de haut-parleurs pour oreiller, de casques de football américain, de micros, de câbles et de boîtes de bandes vierges, Zielinski trouvait que l'endroit « ressemblait plus à une cabine de studio radiophonique qu'à un laboratoire scientifique ». Mais il devait admettre que le salaire était bon et le travail intéressant ; à part psychiatre, ou peut-être prêtre, il ne pouvait penser à aucun métier susceptible de lui donner un tel accès à la connaissance des faiblesses humaines. Dans quel autre endroit, se remémorait-il souvent, un émigré polonais à l'anglais limité et sans formation médicale aurait-il pu devenir l'assistant de l'un des psychiatres les plus puissants d'Amérique du Nord, voire du monde occidental ?

Quand il passait dans les chambres des malades, Zielinski regardait souvent les patients pour essayer de les associer à ce qu'il avait entendu sur les bandes. Il voyait beaucoup de choses qu'il ne comprenait pas. Pourquoi gardait-on les patients endormis pendant de si longues périodes ? Certains étaient en salle de sommeil depuis deux mois. Pourquoi les patients avaient-ils si peur de la salle des électrochocs ? Il avait vu des hommes et des femmes adultes se débattre désespérément quand les infirmiers essayaient de les maintenir sur le chariot pour les y amener. Pourquoi régnait-il une telle tension entre les médecins ? Et pourquoi certains d'entre eux faisaient-ils clairement comprendre qu'ils n'appréciaient ni Rubenstein ni lui ? Il en était blessé. Après tout, il ne faisait qu'essayer d'aider les patients.

Pendant les quelques mois durant lesquels il travailla à l'institut, les coups bas devinrent de plus en plus courants. Les médecins et les infirmières qui croyaient qu'il ne parlait pas assez bien anglais pour les comprendre se moquaient de l'idée de faire écouter sa propre voix à un patient. Rubenstein lui expliqua qu'ils ne comprenaient pas l'importance des données psychologiques que l'on pouvait recueillir grâce à cette méthode : les changements de rythme, de vitesse ou d'emphase, les plus minuscules blocages mentaux, les hésitations ou les silences. Rubenstein considérait tout cela comme « un univers entier de communication non verbale portée en dessous du niveau de perception ».

Avec de telles descriptions, Zielinski finissait par penser que Rubenstein était sérieux lorsqu'il affirmait qu'un jour, Cameron et lui feraient autorité à l'échelle mondiale dans le domaine de « la radio-télémétrie de l'activité humaine ». Rubenstein voyait déjà le jour où « plus aucun secret de l'esprit ne résisterait à un sondage électrique ».

Tout ce qu'il fallait, c'était que Cameron s'assure d'être toujours suffisamment approvisionné en patients et ce plaisantin de cockney se chargerait de fabriquer le matériel permettant d'« entrer dans les coins les plus reculés de leur esprit ».

Malgré son côté blagueur et rigolard, Rubenstein restait un mystère pour Zielinski. L'Anglais faisait bien comprendre qu'il n'aimait pas qu'on lui pose des questions sur son passé. Mais bien qu'il n'ait pas fait d'études médicales, il était l'un des rares membres du personnel qui pouvaient aller voir le docteur Cameron à n'importe quel moment, et le psychiatre ne s'énervait jamais contre lui comme il le faisait avec les autres. Il arrivait qu'il passe de très longs moments dans le bureau du médecin-chef, souvent jusqu'à une heure tardive. Rubenstein ne révélait jamais de quoi ils avaient parlé. Parfois, le psychiatre venait jusqu'à l'écurie et parlait avec Rubenstein de sujets tels que l'effet éventuel « de l'anti-gravité sur la posture » et le rôle que jouait cette « friction électrique » dans le fonctionnement du cerveau. La conversation finissait presque toujours par retomber sur la conduite psychique : « C'est comme regarder un monde tel que le patient l'imagine par un trou dans le rideau de l'esprit, et y distinguer ce que ce monde pourrait être – si le patient voulait bien le voir différemment. »

En ce soir d'avril, Rubenstein trouva sur les bandes de Madeleine les paroles que Cameron voulait monter en boucle.

« … Je rentrais tard dans la nuit rien que pour le faire enrager. Je voulais le réveiller. Je voulais qu'il m'aime pour pouvoir l'aimer comme ma mère ne l'avait jamais fait. Je le désirais… »

Madeleine allait être le deuxième cobaye du projet 68.

Chapitre X

Finalement, le docteur Cameron décida qu'il serait « inapproprié » que Buckley assiste au lancement du projet. L'agent de la CIA rentra donc à Washington, bien content de savoir qu'il allait bientôt être muté à Bonn en tant qu'adjoint du directeur local. Cela lui permettrait de laisser derrière lui les étranges activités de l'institut. Il ne découvrit que plus tard que c'était Gottlieb qui s'était arrangé pour qu'il parte. Le chef du MK-Ultra n'appréciait pas que l'agent découvre trop de choses à Montréal.

XI

Buckley était conscient que même si le docteur Cameron n'avait pas dit un mot, l'atmosphère, dans l'amphithéâtre de l'institut, crépitait de tension. Le psychiatre était assis, bras croisés, ses manchettes apparentes dans toute leur blancheur amidonnée, une cheville passée par-dessus l'autre, ses chaussettes maintenues en place par des fixe-chaussettes, ses deux lacets noués par des boucles identiques. De ses yeux bleus, il fixait un point indéfini au-dessus de la tête de son personnel. Il était sévère, intimidant et inquiétant.

Le docteur Peter Roper se rappellerait, des années plus tard, « sa capacité, sans dire un mot, à instiller la peur ». Le psychiatre anglais n'avait jamais rencontré personne qui sache le faire à ce point. En six mois passés comme chef des internes du docteur Cameron, Roper avait fréquemment rencontré son regard fixe et son silence intimidants, généralement lorsqu'un patient posait des questions ou qu'un médecin n'avait pas répondu assez vite. La réaction du docteur Cameron exprimait sa colère plus clairement que n'importe quelles paroles.

Le docteur Roper passait à l'institut plus d'heures que tout autre membre de l'équipe. Cameron administrait souvent des électrochocs tard le soir, puis passait de lit en lit dans la salle de sommeil, s'inclinant sur un patient drogué pour écouter un moment les paroles émises par un haut-parleur placé dans un oreiller ou un casque de football américain. Roper se rappelait comment Cameron murmurait invariablement : « Absorbez tout. Tout. C'est votre seul moyen d'aller mieux. Vous irez mieux parce que je vous le dis. »

Après avoir donné encore des ordres aux infirmières ou aux médecins de garde au sujet des médications, il parcourait les couloirs à grandes enjambées, sans un sourire, faisant planer partout sa présence. C'est dans ces moments que le docteur Roper se posait des questions sur les forces compulsives qui consumaient le docteur Cameron et qui, sans aucun doute, contribuaient à la colère froide, silencieuse, qui l'enveloppait dans cette salle de conférence.

L'une des premières choses qui avaient frappé le docteur Roper à son arrivée était que, si les médecins se plaignaient entre eux du psychiatre en chef, ils s'assuraient avec soin de ne pas pouvoir être entendus de lui. Il avait entendu raconter les « petites vengeances du docteur Cameron » : refuser de soutenir une demande de fonds pour un chercheur ; déplacer un scientifique expérimenté vers des quartiers plus exigus ; exiler un médecin qui n'avait pas suivi un traitement à la lettre vers l'un des asiles de la ville, qui tenaient plus de l'hospice, ou vers une petite ville reculée de la Grande Prairie. On lui avait raconté que la règle d'or de la survie était « tu supportes et tu la boucles ». La première fois qu'il avait entendu certains médecins murmurer, à la fin de la tournée quotidienne du docteur Cameron, « le seul maître à bord après Dieu », il avait cru qu'ils exagéraient. Mais il en était venu à comprendre que la vie à l'institut était « sans doute assez proche de l'entrée dans un ordre religieux cloîtré : il y avait la même exigence d'obéissance totale et le même chef de file autoritaire. Le docteur Cameron avait en effet quelque chose d'invincible, comme s'il avait réellement considéré Dieu comme son égal. C'était vraiment très intimidant. »

« Il surgissait par surprise dans une salle de traitement, au chevet d'un malade ou derrière un chercheur travaillant en laboratoire, et au bout d'un moment il tournait les talons. On aurait dit qu'il était toujours en train de faire des vérifications, de s'assurer que personne ne faisait rien à son insu. Mais la réciproque n'était pas vraie. Personne ne savait ce qui se passait derrière les portes de son bureau », m'a raconté Roper.

À présent, dans l'amphithéâtre, Peter Roper sentait l'impatience monter autour de lui. Il regarda le docteur Cameron. Ce dernier fixait toujours un point devant lui, impassible. Le docteur Cleghorn se racla bruyamment la gorge et quelques médecins s'agitèrent.

Chapitre XI

Sans transition, le docteur Cameron se mit à parler. Il avait entendu dire que des rumeurs couraient sur le sort des patients qui suivaient un traitement au sous-sol. Il avait eu la surprise d'apprendre que certains de ses collègues les plus anciens étaient à la tête de ces racontars. Il marqua une pause et étudia chaque visage un à un, puis reprit en roulant de plus belle les « r » à l'écossaise. Ce qu'il trouvait particulièrement lamentable était que pas un d'entre eux ne lui avait demandé d'explications. Une fois de plus, il posa sur eux un regard d'acier. Personne ne dit mot. Son accent rocailleux donnait à ses paroles le tranchant d'une scie. Il s'arrêta pour se recueillir, comme Peter Roper l'avait vu faire avant d'attaquer le sommet d'un discours de collecte de fonds. Le docteur Cameron leur rappela qu'il était avant tout intéressé par les motivations de l'esprit et par la découverte des lois qui les gouvernaient. Ce qu'il avait à cœur d'accomplir dans le sous-sol ne différait pas essentiellement de ce que les Chinois avaient fait aux prisonniers américains pendant la guerre de Corée, à une différence près – une différence de taille. Les techniques chinoises étaient conçues pour nuire. Ses méthodes se voulaient entièrement bénéfiques. Comprenaient-ils ? *Bénéfiques* ? C'est pourquoi il voulait mettre fin – « ici et maintenant » – aux rumeurs. Ce qui se déroulait au sous-sol était du « traitement positif ». Le docteur Roper ne l'oublierait pas : « Ses paroles nous tombaient dessus comme un coup de fouet. Clac, clac. Traitement positif. Nous avions tous intérêt à comprendre cela. »

Le docteur Cameron les regardait sans ciller. Il répéta : « Maintenant. Ici et maintenant. » Il se leva et quitta la salle plongée dans le silence.

Un mois plus tôt, le docteur Gottlieb était venu à l'institut. Le chef du MK-Ultra était un homme inquiet, à juste titre. Les années de sieste à la Maison Blanche sous Eisenhower, comme on les appelait à présent, touchaient à leur fin. Dans les coulisses attendait un jeune homme vigoureux, John F. Kennedy, plus jeune de vingt-six bonnes années que le président en exercice. Dans ses discours électoraux, Kennedy s'était présenté comme un guerrier de la guerre froide, prêt à en découdre avec le communisme. Mais jusqu'où irait-il dans le combat contre ses techniques de lavage de cerveau ? Dulles avait dit que personne n'en saurait rien tant que Kennedy ne serait pas au bureau ovale.

Le docteur Gottlieb avait fait le voyage jusqu'à Montréal, dernière étape d'une tournée de tous les centres de recherche qu'il finançait. Ce qu'il avait vu jusque-là l'avait rassuré sur le fait que Kennedy, une fois élu, n'aurait aucune raison de liquider le MK-Ultra.

Avant de quitter Washington, Gottlieb avait rédigé un article sur l'état actuel du programme de guerre biologique et chimique des États-Unis, dans lequel il arguait que quatre millions de dollars étaient encore nécessaires pour le hisser « à un niveau acceptable ». Il recommandait d'investir cet argent dans l'extension d'installations déjà existantes, y compris le nouveau centre d'essais, dans l'Utah. Ce site serait utilisé pour tester une version améliorée de la tularémie. Il préconisait aussi d'employer une partie de l'argent à tester les possibilités d'ensemencer des nuage à l'anthrax. Il avait appris avec plaisir que Kennedy avait dit à Dulles que l'argent serait mis a diposition s'il était élu.

Le docteur Cameron avait accompagné Gottlieb dans une visite guidée de l'institut, sous-sol compris. Personne ne lui avait prêté particulièrement attention tandis qu'il boitait de couloir en salle de soins et en chambre de patient. Les visites de médecins extérieurs étaient quotidiennes.

Après la visite, le docteur Gottlieb avait suggéré l'idée de désamorcer toute curiosité en disant au personnel médical que l'objet des installations du sous-sol n'était rien de plus qu'une extension des « méthodes normales ». À la suite de quoi le docteur Cameron avait convoqué le personnel dans l'amphithéâtre pour appuyer le fait que le sous-sol était dévolu au « traitement positif ».

De retour à Washington, Gottlieb lut les notes qu'il avait rapportées de l'institut. Le docteur Cameron se concentrait sur la conduite psychique. Un rapport décrivait ses découvertes sur vingt patients qui avaient été « conduits » sur une période de deux mois.

« Dans le but d'explorer les ramifications, diverses applications ont été introduites. Parmi les variantes des techniques de conduite explorées figure le recours à des microphones dissimulés dans le plafond, présentant la conduite de multiples manières, en jouant par exemple le rôle d'une mère encourageante ou d'un jeune pair, tant dans l'intonation que dans le choix des mots », avait-il écrit.

Le docteur Gottlieb savait que le KGB se servait de micros cachés dans l'éclairage du plafond. La voix désincarnée d'un interrogateur soviétique retentissait soudain, venue de nulle part. Plus intéressant pour le docteur Gottlieb, le temps de « conduite » d'un patient avait été augmenté, jusqu'à vingt heures par jour. Avec une interruption de seulement quatre heures dans les émissions de voix par les micros cachés, ou par les oreillers ou les casques, le docteur Cameron touchait au degré maximal quotidien de « conduite ». Le rapport concluait que « vingt-quatre heures de conduite pouvaient s'avérer néfastes ».

Des notes concernant le cas d'une femme, simplement identifiée par la lettre M, accompagnaient le rapport. Elle souffrait de ce que le docteur Cameron décrivait comme « des sentiments marqués d'inadéquation et d'ambivalence envers son mari, qui dérivaient en grande partie d'une relation antérieure avec sa mère ». Les notes décrivaient ce qui s'était produit lorsque M avait écouté de force son propre récit des coups que lui avait portés sa mère. Elles décrivaient aussi ses aveux concernant son père. M avait craqué et confessé son désir sexuel pour lui. M était Madeleine Lacroix.

La description de la manière dont le docteur Cameron était entré par effraction dans son monde secret tomba à une époque où l'agence connaissait, une fois de plus, un sort inégal.

Les survols en U-2 connaissaient un succès spectaculaire, et les données de renseignement qu'ils fournissaient à l'Agence permettaient à Dulles de tirer sur sa pipe avec contentement en étudiant les photographies d'une clarté limpide prises à 15 000 mètres d'altitude, non seulement au-dessus des installations russes, mais aussi en Chine, en Mandchourie et au Tibet. Le chef de la base de la CIA à Taïwan, Ray S. Clin, avait des agents en place à Pékin et à Shanghai. Mais un plan minutieusement préparé par l'Agence pour renverser le régime procommuniste du président indonésien Sukarno – opération que Dulles avait dotée d'un budget de dix millions de dollars – avait échoué. L'un des hommes qui y avaient pris part, Alan Pope, avait été capturé.

Le docteur Gottlieb avait la conviction que Pope avait subi, d'une manière ou d'une autre, un lavage de cerveau. Comment expliquer, sinon, qu'il ait abjectement avoué travailler pour la CIA ? Dulles avait persuadé son frère, John F. Dulles, d'autoriser l'envoi à l'Indonésie de trente-sept mille tonnes de riz et d'armes pour une valeur d'un million de dollars en signe de contrition. Le cadeau s'accompagnait d'une requête polie du secrétaire d'État demandant le retour immédiat et sûr de Pope. Sukarno avait accepté les offrandes, mais Pope se morfondait toujours dans une geôle indonésienne. Il allait y rester jusqu'en 1962.

La décision prise par l'université Cornell de rompre ses liens avec l'Agence fut un coup personnel pour Gottlieb. Le docteur Harold Wolff, toutefois, demeura étroitement connecté avec le MK-Ultra. Président de la Société de recherches en écologie humaine, il avait usé de ses contacts pour garnir le conseil d'administration de certains des plus grands noms de la médecine nord-américaine. Y figuraient l'énergique Carl Rogers, professeur de psychologie et de psychiatrie à l'université du Wisconsin ; le courtois John Whitehorn, président du département de psychiatrie de l'université Johns Hopkins ; le docteur Joseph Hinsey, président de l'hôpital de New York – Centre médical Cornell. Le docteur Charles Hinkle, qui avait travaillé sur la première étude des techniques de lavage de cerveau, était vice-président de la société. Allaient bientôt les rejoindre Leonard Carmichael, à la tête du Smithsonian Institute ; George Kelly, professeur de psychiatrie à l'université de l'État de l'Ohio et le professeur Barnaby Keeney, président de l'université Brown.

Le docteur Cameron avait poursuivi ses visites officielles à Washington en qualité de président de l'Association des psychiatres américains. Velma Orlikov s'était trouvée dans son bureau à l'écouter organiser ses déplacements, et elle avait trouvé particulièrement « curieux » que son médecin ait tant à faire dans la capitale américaine. Mais elle n'aurait jamais osé aborder le sujet. Cela aurait risqué de pousser le docteur Cameron à l'ignorer de nouveau pour une période de temps indéterminée; plusieurs fois, il l'avait croisée sans s'arrêter dans le couloir ou avait refusé de la recevoir dans son bureau parce qu'elle avait osé demander pourquoi elle devait passer des heures à mettre par écrit ses réactions à ses propres paroles enregistrées sur les bandes. « Je devais écrire tous les matins, tous les après-midis et tous les soirs. Encore et encore et encore. Et encore et encore et encore. Jusqu'à vouloir tout déchirer », témoigna-t-elle par la suite. Parfois il l'ignorait pendant des jours, ce qui la laissait « en petits morceaux ». Mais il restait insensible à ses supplications éplorées : « S'il vous plaît, parlez-moi, docteur. Aidez-moi. »

Lorsque le docteur Cameron se décidait à la revoir, il commençait toujours par ces mots : « Mon petit. Il faut faire exactement ce que je vous dis. » Elle avait essayé, mais les heures et les heures d'écriture la perturbaient de plus en plus lorsqu'elle échouait : elle redoutait d'être chassée de sa présence. Affronter tous les souvenirs qu'il avait remués la bouleversait. Il voulait lui faire accepter ce qu'elle ne pouvait accepter : des pulsions sexuelles envers sa mère et, peut-être, une absence d'amour pour son mari. « J'avais l'impression qu'il voulait saccager mon esprit », avait-elle pensé à travers ses larmes.

Le docteur Cameron décida soudain qu'elle devait être une patiente de jour : il lui ordonna de prendre une chambre à Montréal et de se présenter quotidiennement à l'hôpital. « Je devais me rendre chaque jour dans une petite chambre avec un lit, une chaise et un magnétophone, et faire mes enregistrements. Ensuite, on me donnait mes somnifères pour la nuit et je rentrais. Tous les jours de la semaine, je devais faire mes cassettes, sinon on ne me donnait pas mes pilules », raconta-t-elle plus tard.

Les réactions de Velma figuraient dans les rapports du docteur Cameron au docteur Gottlieb. Les patients qui refusaient d'exécuter les tâches qu'il leur confiait étaient confinés dans leur chambre. Son « approche par le conditionnement opérant » de Velma supposait implicitement qu'on pouvait la « motiver » à fournir ses enregistrements. Le docteur Cameron avait débattu de cette approche avec le docteur Sargant. Ils continuaient à se rencontrer dans les congrès médicaux où tous deux apportaient leur contribution, et parlaient de ce que Cameron appelait toujours « le projet ».

Le docteur Sargant m'a confirmé plus tard que la conversation s'était parfois orientée vers l'utilisation des armes biochimiques, et qu'il lui avait parlé du recours aux patients atteints de cancers au stade terminal pratiqué dans son propre hôpital londonien. Le docteur Cameron s'était interrogé sur les risques que cela impliquait « si des familles découvraient la vérité ou si quelqu'un allait trouver la presse avec ces informations. » « Je lui ai dit, racontait Sargant, que nous contrôlions bien les choses dans ce domaine. »

Derrière les auto-accusations, le docteur Roper détectait le profond désespoir de Jeannine Huard. Pourtant, il savait que rien dans ce qu'il disait ou faisait ne devait jamais lui laisser croire qu'il partageait son sentiment de défaite.

« Jeannine, savez-vous où vous êtes ?

Elle sanglotait mais aucune larme ne sortait : uniquement un gémissement haché. Elle finit par hocher la tête.

– Savez-vous quel jour nous sommes ?

Après un moment, elle opina de nouveau. Les questions servaient à mesurer la profondeur de sa dépression.

– Savez-vous quelle heure il est ?

Nouveau hochement de tête. Puis elle posa une question :

– Pourquoi est-ce que je ne peux pas être forte ? »

Il lui dit qu'elle le deviendrait, et qu'il était là pour l'y aider. Elle dit quelque chose. Mais aucun son ne passa ses lèvres, sa bouche ne faisait que former des mots silencieux. Jeannine ferma les yeux. Le docteur Roper se leva de la chaise qu'il occupait à son chevet. Il n'y avait rien à faire de plus pour l'instant. Comme tant d'autres, Jeannine revenait sans cesse à l'institut, submergée une fois de plus par le stress quotidien. Le docteur Roper se demandait si elle serait de celles qui passeraient le reste de leur vie dans des institutions psychiatriques. Et pourtant, il était fermement convaincu qu'elle pouvait être aidée par une nouvelle série d'électrochocs multiples. Elle en recevrait deux fois par jour, chaque session comprenant cinq décharges d'électricité distinctes, administrées soit par les tempes, bilatéralement, soit à l'avant et à l'arrière d'un côté de sa tête, unilatéralement. Dix chocs par jour. Cinquante par semaine. Deux cents par mois. Le docteur Roper devait plus tard m'avouer : « Cela paraissait beaucoup. Mais je m'étais habitué à donner un nombre aussi élevé de traitements sous la direction du docteur Cameron. »

Son ignorance des conséquences n'avait pas refroidi l'enthousiasme du docteur Roper pour un traitement qu'il croyait « relativement sûr, avec le grand avantage de traiter un épisode de dépression très rapidement, parfois en quelques jours, généralement en moins d'un mois. Cent décharges d'électricité [étaient] un petit prix à payer pour se débarrasser de ce sentiment effrayant que la fin du monde est imminente. » Le fait que ce traitement obligeait souvent la patiente à être périodiquement « rechargée en électricité » – comme dans le cas de Jeannine – était « une des croix qu'elle devait essayer de porter », comme disait le docteur Roper. Une autre croix était la confusion et l'amnésie qui accompagnaient les électrochocs. Roper pensait même que ces dernières pouvaient être bénéfiques : « Après tout, l'idée était aussi d'effacer les souvenirs qui la rendaient dépressive. »

Il savait qu'il était inutile d'expliquer à Jeannine que le traitement aux électrochocs était une procédure relativement simple, ou que le décontractant musculaire et l'anesthésique qui devaient, sur son insistance, lui être donnés avant le traitement éliminaient pratiquement tout risque de fracture osseuse ou autres blessures orthopédiques causés par l'électrochoc. Il savait que les patients continuaient à s'effrayer mutuellement : on les avait menacés de les traiter s'ils n'étaient pas sages, ou de les sangler et de leur faire subir des électrochocs sans sédation, ou encore de les faire attendre dans le couloir à l'extérieur de la salle de chocs, à écouter les hurlements qui en sortaient. Mais il n'était pas près de mener « un mouvement de contestation à l'encontre du docteur Cameron. Cela [l']aurait exilé vers des régions extérieures au réseau. »

Peter Roper se demandait également si une série d'électrochocs pourrait faire du bien à sa femme Agnes. Depuis un an, sa dépression s'était accentuée. Rares étaient les jours où elle ne proclamait pas des choses comme « L'Église catholique essaie de laver le cerveau de nos enfants. Vraiment, ces catholiques, ils complotent contre les protestants. » Il se rendait compte qu'il ne pouvait pas l'aider lui-même parce qu'il était trop impliqué émotionnellement. Pourtant, lorsqu'il lui suggérait de voir un autre psychiatre, Agnes refusait avec colère en l'accusant de « tenter de se débarrasser d'elle ». Il n'en avait pas discuté plus avant avec elle, mais espérait le faire avec le docteur Cameron. Seulement, il semblait que ce n'était jamais le moment. D'autre part, le psychiatre en chef avait clairement fait comprendre que, tout comme lui-même laissait sa vie privée à la porte de l'institut, il attendait du personnel qu'il en fasse autant.

Le docteur Roper resta un moment debout à regarder Jeannine recroquevillée dans son lit. Elle avait l'air tellement vulnérable et misérable... Mais, au moins, à la différence d'Agnes, elle avait une fois de plus démontré sa volonté d'aller mieux en venant à l'hôpital.

L'infirmière Mielke passait de lit en lit dans la salle de sommeil de l'institut en posant des questions du même ordre que celles que le docteur Roper avait posées à Jeannine, et notait les réponses sur la fiche de chaque patient. Ses observations allaient de « incapable de dire son nom », « incapable d'écrire son nom » et « ne connaît pas l'heure ni la date » à « réaction infantile » et « sons inarticulés uniquement ». Chaque jour, elle ou l'une de ses infirmières enregistrait cette information. Le docteur Cameron avait dit qu'il était important de mesurer jusqu'où chaque patient avait régressé sous les électrochocs. La vue de ces hommes et femmes lourdement drogués et les sons qu'ils émettaient, bafouillant et bredouillant, lui étaient devenus hautement désagréables. Pourtant, ce n'est que ce matin que le docteur Cameron l'avait prise à part. « Mon petit, ce traitement les aide. Ne l'oubliez jamais. Quand on enlève tout ce qui est mauvais, cela laisse de la place pour ce qui est bon. » Il avait tourné les talons et était sorti d'un pas décidé de la chambre assombrie, en laissant une liste de ceux et celles qui devaient recevoir encore des électrochocs.

Chapitre XI

Parmi eux figurait Rosemary Bonner, la jeune femme blonde de vingt ans que Cameron appelait en général « la catatonique au bout de l'allée ». Rosemary était sa patiente depuis sept mois, depuis qu'il avait diagnostiqué qu'elle souffrait d'insomnie et de dépression. Avant d'être envoyée en salle de sommeil, elle avait reçu de l'insuline et du LSD. Rosemary avait alors montré de plus en plus de symptômes de retrait de tout contact avec son entourage. Elle pouvait rester pendant des heures sur la pointe des pieds, à regarder par la fenêtre de sa chambre. Allongée dans son lit, elle était rigide, les coudes collés au corps, les doigts raides tendus en l'air. À d'autres moments, lorsqu'elle se réveillait d'un sommeil drogué, elle trouvait on ne sait comment l'énergie de surmonter sa stupeur chimique et utilisait son lit comme une machine de gymnastique : elle y multipliait les culbutes et faisait le poirier sur le matelas. Puis elle retournait soudain à la fenêtre en se frottant sans fin le pouce ou en grattant un côté de son nez pendant des heures. C'est après l'avoir surprise à s'arracher les cheveux que le docteur Cameron entreprit la série d'électrochocs la plus intense à laquelle l'infirmière Mielke ait jamais assisté.

En trois mois, Rosemary avait subi cent quatre-vingt-quinze traitements distincts, chacun composé de cinq chocs. Ce qui faisait en tout neuf cent soixante-quinze décharges électriques. Rosemary avait continué à régresser visiblement. Elle ne pouvait rien faire toute seule et était incontinente, aphasique, sans aucune coordination physique ni mentale. Elle était aussi dépendante qu'un nouveau-né, gémissant piteusement lorsqu'on la réveillait de son sommeil chimique, incapable de toute autre réaction. Elle était devenue « la chose la plus proche d'un mort vivant » que l'infirmière Mielke ait jamais vue. Pourtant, chaque fois qu'il s'arrêtait à son chevet, le docteur Cameron disait invariablement à l'infirmière : « Encore un peu de traitement et nous pourrions faire une percée. Mais il faut qu'elle régresse encore un peu. C'est son seul espoir. » L'infirmière Mielke voulait intensément croire qu'il avait raison. Cependant, elle ne parvenait pas à se débarrasser du sentiment que l'état de Rosemary « soulevait vraiment la question de savoir si la fin justifiait les moyens ».

Toutefois, elle n'était pas prête non plus à réfléchir bien au-delà. Elle voulait tant croire que « quelque chose d'immense » se passait à l'institut ; qu'elle participait à l'œuvre de pionniers ; plutôt que de l'appréhension, elle aurait dû ressentir de l'impatience, et se dévouer totalement à la tâche de mener cette œuvre à bien. Le docteur Cameron lui avait dit un jour, dans une rare confidence, que « le paysage de l'ancien temps allait être effacé pour toujours ». Il se dressait au-dessus de l'infirmière Mielke, plus proche d'un prophète que d'un clinicien avec sa vision d'un monde nouveau. « Mon petit, nous sommes à un instant historique. Vous. Moi. Les patients. Nous y participons tous. Ne l'oubliez jamais. »

Elle aurait voulu lui poser tant de questions ! Cela voudrait-il dire que l'on ne donnerait plus aux patients de doses si massives de Thorazine ? Serait-ce la fin de la salle de sommeil sombre avec ses silhouettes endormies, leurs oreillers sonorisés et leurs casques de football américain ? Cela mettrait-il fin aux allées et venues sans restriction de Rubenstein et de Zielinski ? Par-dessus tout, était-ce la fin des électrochocs ? Mais déjà il s'était détourné et éloigné. En le regardant partir, elle se dit que s'il y croyait, elle devait y croire aussi. Après tout, elle n'était qu'une simple infirmière, et le docteur Cameron était le médecin le plus puissant et le plus intimidant pour lequel elle ait jamais travaillé. Il devait savoir ce qu'il faisait.

Et pourtant, il y avait Rosemary. Cela pouvait-il être bien de lui administrer des électrochocs jusqu'à ce qu'elle perde littéralement tous ses sens ? Plus l'infirmière Mielke essayait de repousser ces questions, plus elles revenaient avec insistance. « Je me demandais de plus en plus comment cela pouvait être bien », m'a-t-elle raconté.

« Docteur…

Jeannine était incapable de continuer. Le mot resta suspendu entre eux, spectre moqueur du réconfort qu'elle voulait tant.

– De quoi avez-vous peur, mon petit ?

Derrière le docteur Cameron se trouvait l'infirmière, debout à côté du chariot avec la boîte noire. Jeannine essaya encore.

– Je n'ai… pas peur. C'est juste… le traitement.

Le docteur Cameron la regarda.

– Je vous l'ai déjà dit, mon petit. Il n'y a rien à craindre. Allez, donnez-moi votre bras. »

Elle le regarda chercher une veine, en s'efforçant de ne pas regarder la boîte avec ses cadrans qui clignotaient déjà et ses petites lumières jaunes. Le docteur Cameron prit une seringue sur le chariot.

– Mon petit, il faut absolument cesser de me résister. Vraiment. »

Il enfonça l'aiguille, poussa régulièrement le piston en lui disant de compter à rebours, de dix à un.

Jeannine avait consenti à recevoir de nouveaux électrochocs parce qu'elle ne voulait pas finir comme l'une des patientes qu'elle avait vue dans un film d'horreur peu avant de revenir à l'hôpital. Elles avaient toutes été abandonnées par leur médecin et enfermées dans des cellules capitonnées. Elle était certaine que le docteur Cameron ne lui ferait jamais cela. Mais elle savait aussi qu'il ne comprenait pas ses frayeurs, ni pourquoi elle tremblait et se sentait encore plus mal après son traitement. Pourtant, en dépit de la manière dont il lui parlait, elle croyait qu'il voulait aussi qu'elle aille mieux. C'était juste qu'il ne pouvait pas s'imaginer ce qu'elle ressentait à être enfermée, droguée et choquée.

Elle sentit le gel froid que l'on étalait sur ses tempes et la voix du docteur Cameron, au loin, déroulant sa litanie habituelle.

« Ceci va vous aider, mon petit. Vous ne sentirez rien. Prête, infirmière ? Voltage prêt ? Allons-y ! »

En une fraction de seconde, elle avait rejoint les rangs de ceux que l'infirmière Mielke appelait « les morts vivants ».

Un matin de février 1966, Buckley avait découvert en arrivant au travail qu'il était muté dans une base de la CIA en Allemagne de l'Ouest. L'ordre de déplacement était signé du docteur Gottlieb. Dans une note adressée à Buckley, le scientifique lui disait qu'il demeurerait attaché au MK-Ultra et que son rôle était de développer les « forces utiles ». Son travail comprenait de fréquentes visites à des planques que la CIA avait établies à Berlin-Ouest et garnies de prostituées. Sa tâche consisterait à analyser les rapports qu'elles fourniraient sur leurs clients. L'essentiel des informations glanées, en fumant « la cigarette d'après », était sans valeur ou presque.

Buckley en garderait le souvenir d'« une époque où [il] en avait appris beaucoup plus que nécessaire sur les comportements sexuels. Le docteur Gottlieb [lui] envoyait des requêtes pour qu'il voie si certaines des informations pourraient être adaptées à des objectifs opérationnels. Il pensait que cette idée valait la peine d'être approfondie. Il disait que les Russes « utilisaient à grande échelle le sexe comme une arme clandestine, et qu'il faudrait en faire autant ».

L'un des indicateurs de Buckley était un universitaire allemand, le professeur Adolf-Henning Frucht, qui travaillait pour l'Institut de physiologie industrielle à Berlin-Est. Sa spécialité était le développement de nouvelles méthodes pour détecter les poisons dans l'atmosphère. Il lui arrivait de se rendre dans le secteur occidental de la ville divisée. En se faisant une fois de plus passer pour un journaliste scientifique, Buckley avait fait sa connaissance. Frucht lui avait dit que sa dernière invention reposait sur l'idée que les lucioles étaient affectées par la présence de gaz dans l'air ; le principe était le même que celui qu'employaient les mineurs, qui emportaient des oiseaux en cage dans le sous-sol pour être avertis de la présence de grisou sur le front de taille.

Après plusieurs rencontres conviviales dans les bars et clubs du quartier Kudamm de la ville, Buckley avait recruté Frucht comme espion pour la CIA. « Pour être honnête, il n'a pas fallu le pousser beaucoup. Il était convaincu que l'Union soviétique allait déclarer une nouvelle guerre mondiale et que l'Allemagne serait en première ligne », se rappelait Buckley.

Frucht se révéla rapidement d'une grande utilité. Il parvint à faire sortir clandestinement d'Allemagne de l'Est des détails sur le travail mené par les pays du pacte de Varsovie autour des armes biologiques et chimiques. L'une de ces armes était un agent neurotoxique capable de garder sa puissance bien en dessous de 0 °C. Lorsque Buckley envoya ces informations au docteur Gottlieb, elles provoquèrent autant d'enthousiasme que de consternation. Les analystes de la CIA en conclurent que le neurotoxique était conçu pour attaquer les bases d'alerte américaines en Alaska.

Les semaines suivantes, Frucht, en prenant des risques personnels énormes, envoya à un certain nombre de boîtes mortes d'Allemagne de l'Ouest, que Buckley avait mises en place spécialement pour l'occasion, une mine d'informations sur les agents biologiques et chimiques élaborés en Union soviétique. Le centre où se faisait ce travail était en Tchécoslovaquie, à l'Institut d'hygiène militaire de Prague et à l'Institut de recherche biologique, dans le village de Techonin. Frucht avait réussi à identifier la salle même, dans l'institut pragois, où les germes les plus dangereux étaient conservés. C'était la salle 625, qui abritait des germes meurtriers tels que la fièvre du Nil, la rage, la fièvre jaune, plus des conteneurs recelant des spores d'anthrax fabriquées industriellement.

Soudain, cet afflux d'informations sans prix cessa. Buckley mit des semaines à établir ce qui s'était passé. Frucht avait été arrêté par la Stasi, la redoutable police secrète allemande. Tout ce que Buckley en dit plus tard fut : « C'est toujours une possibilité. C'est la loi de ce boulot. »

Buckley était convaincu que son expérience berlinoise avait été la raison de son rappel subit à Washington. Il fut informé par le docteur Gottlieb qu'il devrait mettre à profit les connaissances acquises à Berlin pour porter assistance à une nouvelle opération pour saper le régime d'Ahmed Sukarno, le président d'Indonésie. Ce dernier avait encore resserré ses liens avec Moscou. La CIA avait découvert que ceux-là s'étendaient jusque dans l'alcôve ; il y avait des preuves que Sukarno avait été influencé ou soumis au chantage par un agent soviétique féminin. Gottlieb, qui avait mené une étude sur les usages sexuels en Asie, disait que la meilleure manière d'évincer Sukarno était de montrer qu'il avait laissé une femme prendre le dessus sur lui. Dans la société sur laquelle il régnait, être piégé, trompé ou doublé de quelque manière que ce soit par une femme n'était pas pardonné. Il fallait créer les preuves qui exposeraient sa défaillance.

Buckley fut envoyé à Los Angeles enquêter dans l'industrie du film érotique à la recherches de séquences comportant un sosie de Sukarno.

Il finit par trouver un film granuleux en noir et blanc montrant un homme basané et une femme blanche s'adonnant à des activités sexuelles variées. Après avoir visionné le film, Gottlieb décida qu'il ne conviendrait pas. L'homme ne ressemblait pas assez à Sukarno. Buckley passa encore des semaines à visiter « à peu près tous les restaurants indonésiens entre Washington et New York. Personne ne faisait l'affaire. » Il appela des agents artistiques. Personne dans leurs books ne convenait. Le plan fut finalement abandonné. Buckley fut affecté à un travail de bureau à Fort Detrick, à analyser de la littérature communiste. Il ne tarderait pas à retrouver un travail plus à son goût : entraîner une brigade hétéroclite de Cubains pour qu'ils ravissent à Fidel Castro le contrôle de leur pays. Cette opération deviendrait connue sous le nom de fiasco de la baie des Cochons.

Du jour où il arriva pour participer à l'entraînement de La Brigada, la section cubaine forte de mille cinq cents hommes qui devait être le fer de lance de l'invasion de Cuba, Buckley sentit que l'opération était condamnée. Il avait assisté à plusieurs briefings menés par Allen Dulles, et il était clair que le directeur « ne portait pas l'opération dans son cœur. Au mieux, il était à moitié convaincu par l'idée, mais la pression de l'administration Kennedy le forçait à continuer. L'un des nombreux problèmes était le manque de sécurité. Chaque soir, les Cubains allaient en ville et racontaient à leurs amis ce qui se tramait. Nous savions que Castro avait des espions partout, qui rapportaient chaque jour tous les détails à La Havane », m'a-t-il raconté.

Les choses ne s'arrangèrent pas lorsqu'un messager de Washington perdit une valise remplie de documents de la CIA qui listaient tous les agents et contacts à Cuba. « C'est le moment où nous aurions dû stopper toute l'opération », se rappelait Buckley. « Mais nous étions sous pression pour la mener à bien. Malgré tout, le plan aurait pu marcher. La clé du succès était que La Brigada établisse une tête de pont à Cuba. Celle-ci déclencherait un soulèvement contre Castro. Mais pour que cela fonctionne, il fallait une couverture aérienne adéquate. La CIA allait la fournir. Seulement Kennedy a dit que c'était trop risqué parce que cela pouvait avoir des répercussions politiques très déplaisantes pour lui. On nous a dit de garder un profil bas. Un profil absolument à zéro, si possible. À partir de ce moment, j'ai su que ce serait un désastre. »

L'un des avertissements donnés par Buckley aux Cubains était que, s'ils étaient capturés, ils devaient s'attendre à être durement interrogés par les officiers soviétiques du KGB qui se trouvaient sur l'île. « J'ai balancé certains des trucs qui se passaient dans le programme MK-Ultra. Cela les a vraiment secoués. Mais à leur décharge, il faut dire qu'aucun n'a voulu partir. Ils étaient remplis des foutaises va-t-en-guerre dont les saturait la CIA. »

Buckley se rappelait avoir regardé La Brigada sortir de sa base supposément secrète au Guatemala – où on les avait envoyés pour tenter de renforcer la sécurité – « l'estomac retourné à l'idée que tout cela n'avait été qu'une perte de temps ».

Et, en effet, ce fut le cas. Buckley était « trop bas sur le totem pour que [sa] tête roule. Mais ce fut la fin pour Dulles. Kennedy l'envoya chercher et lui dit de partir. On lui donnerait quelques mois de sursis, mais il partait indéniablement. Pour ceux d'entre nous qui l'avaient servi, ce fut un coup douloureux. En bien des manières, Dulles, pour nous, c'était l'Agence. »

Mais le départ de Dulles n'arrêta en rien le programme MK-Ultra.

À ce moment, la CIA avait pris ses nouveaux quartiers à Langley et tous les matins, Buckley quittait Washington par l'autoroute George Washington avant de prendre la sortie indiquée par un panneau simplement marqué « CIA ». Il avait trouvé « sacrément bizarre » que des services secrets s'affichent sur l'autoroute.

Tous les matins, il garait sa voiture dans la zone réservée à la direction des opérations – la face clandestine de l'Agence – et empruntait une allée piétonne qui menait au bâtiment principal. La disposition du hall principal lui faisait penser à une banque : les gardes attentifs en uniforme, les allées et venues rapides. Mais aucune banque n'avait un sol de marbre gravé d'un aigle. L'oiseau, un aigle d'Amérique de profil, était le symbole de la CIA – ainsi que l'étoile à seize pointes sur le blason qui la soutenait. Le tout s'inscrivait dans un cercle, autour duquel étaient gravés les mots « Central Intelligence Agency » et « United States of America ». Un verset de l'Évangile selon saint Jean était accroché à un mur : « Et la vérité vous apportera la liberté. » La première fois qu'il avait vu la plaque, Buckley avait eu un sourire ironique.

Une fois son identité vérifiée, il avait le choix entre cinq ascenseurs. Le sixième était réservé au directeur. L'ascenseur de Buckley l'enlevait prestement au-dessus des deux premiers étages – qui abritaient la bibliothèque, les installations médicales, le bureau des voyages, le secrétariat des dactylos et les cafétérias. Son bureau était au troisième étage. Il était desservi par un couloir peint en blanc cassé, sans rien sur les murs. C'était un petit bureau, tapissé de la même manière que tous les autres. À 12 h 30 précises, il quittait son bureau, fermait la porte à clé derrière lui et rejoignait tous les autres qui se dirigeaient vers la cafétéria du premier étage pour le déjeuner. Lors de son premier jour à Langley, on l'avait prévenu que, en tant qu'agent de terrain, il devait s'installer dans une zone éloignée des regards curieux des autres membres du personnel et des visiteurs qui se trouvaient à la cafétéria. Le directeur et ses proches collaborateurs mangeaient au septième étage, près de leurs bureaux. Leur menu, avait-on assuré à Buckley, était le même que celui de la cafétéria. « La blague qui courait était que c'était pour réduire les chances que qui que ce soit parvienne à empoisonner les haut gradés », se rappelait-il.

Lorsqu'il rentrait de Montréal en avion et atterrissait à l'aéroport national de Washington, il savait que les pilotes utilisaient le bâtiment de la CIA comme point de repère. Et la plupart des week-ends, les agents du KGB de l'ambassade de Russie de la capitale passaient devant Langley pour jeter un coup d'œil aux quartiers carrés, massifs, qui rappelaient à Buckley certains des bâtiments qu'il avait vus dans le Berlin d'après-guerre. Mais il n'avait que peu de temps pour de telles considérations. Il y avait, comme il le disait, « une sacrée pression pour s'assurer que Cameron apporte des réponses. Et plus vite que ça. »

De retour sur ce qu'il appelait la piste de Montréal, Buckley trouva que l'institut était devenu « une Cocotte-Minute, avec Cameron pour contrôler la soupape». En mars 1961, le psychiatre avait emmené Buckley au sous-sol et ouvert la porte de l'Isolateur.

L'odeur du corps de Madeleine était forte, et elle était recroquevillée dans un coin de la chambre insonorisée, vêtue seulement d'une blouse d'hôpital et d'une culotte. Sur sa tête, un casque de football américain était fixé par des lanières passées sous son menton, de manière à ce qu'elle ne puisse pas l'enlever même si elle en avait eu la force. Le casque était peint du même noir sans vie que la chambre. Quand la porte était fermée, Madeleine n'avait aucun moyen de distinguer la mousse de caoutchouc noire du sol de celle qui couvrait les murs et le plafond. Ailleurs dans le monde, ce matin-là, l'astronaute américain Alan Shepherd passait quinze minutes dans l'espace, les *Freedom Riders* traversaient comme une tornade les États du Sud, et le président Kennedy affrontait Khrouchtchev à Vienne. Rien de tout cela n'avait pénétré le monde isolé de Madeleine, un monde dans lequel il n'y avait ni temps, ni nuit ni jour, ni rien d'autre que l'obscurité de Styx qui l'enveloppait. Sa seule échappatoire était lorsqu'on l'emmenait deux fois par jour aux toilettes.

C'était son trentième jour dans l'Isolateur, totalement coupée du monde. Au début, malgré son état drogué, elle avait lutté pour qu'on la laisse sortir, tapant sa tête casquée contre la porte. Le docteur Cameron avait augmenté sa dose d'Amytal sodium et elle s'était calmée. Au bout de deux semaines, il avait commencé à réduire les quantités de drogues pour qu'elle ait une meilleure conscience de son environnement et sache qu'elle était isolée de tout stimulus extérieur, à l'exception de la cassette qui passait en continu dans son casque. La voix était celle du docteur Cameron, répétant un nouveau message que Rubenstein avait monté à partir de commentaires faits par le psychiatre au cours d'entretiens antérieurs avec Madeleine.

« Votre père est mort. Vous devez oublier de penser à lui sexuellement. Eddie est parti. Il ne fait plus partie de votre vie. Vous allez accepter qu'il ait divorcé de vous. Vous ne vous sentez pas seule car vous êtes forte. Vous allez vous dire qu'aujourd'hui est le départ de votre nouvelle vie. Vous le direz et le croirez. »

Avant d'être placée dans l'Isolateur, Madeleine avait subi en tout presque cent séries d'électrochocs. Les traitements s'étaient poursuivis sur plus d'un an. Elle avait aussi été soumise à plus de cent heures de conduite psychique – l'écoute de cassettes que Rubenstein avait préparées à partir d'enregistrements de sa propre voix.

Buckley avait regardé Madeleine être emmenée dans la cabine d'analyse vocale, au sous-sol. La petite pièce insonorisée, à la charge de Zielinski, était dominée par un spectromètre. Le docteur Cameron dit à Buckley qu'il était conçu pour tenter d'évaluer l'un des traits les plus distinctifs de la schizophrénie : les anomalies d'élocution qui accompagnaient fréquemment la maladie. Il devait faire la distinction entre le langage euphonique du patient maniaque, l'articulation lente du mélancolique, les balbutiements et bégaiements du catatonique, le discours chantant et hésitant de l'épileptique.

Le travail de Zielinski consistait à faire fonctionner l'analyseur pendant que le docteur Cameron posait une série de questions à Madeleine. Il en changeait l'ordre de manière à ce que « Comment vous appelez-vous ? » vienne une fois au milieu, puis la fois suivante à la fin, avant de revenir en haut de la liste. Il y avait des questions sur son lieu de naissance, les noms de ses parents, l'école qu'elle avait fréquentée, la date de son mariage, l'endroit où il avait été célébré, le nom du témoin d'Eddie, le nom de ses demoiselles d'honneur, la date de la mort de son père, le nom du cimetière où il était enterré, le nom de la dernière station de radio où elle avait travaillé, les noms des boutiques où elle achetait ses provisions et ses vêtements et leur localisation. À la fin, les questions se concentrèrent sur son environnement immédiat. Savait-elle où elle se trouvait, quelle année, quel mois, quel jour nous étions, quelle heure il était ?

La plupart de ses réactions se résumaient à de brefs sons gargouillants. Après chaque réponse, le docteur Cameron faisait une pause pour laisser une plage sur la cassette. Plus tard, Zielinski insérerait dans ces espaces la date et l'heure, puis couperait les bandes en petits morceaux pour monter à la suite toutes les réponses de Madeleine à chaque question depuis le début de sa présence dans l'Isolateur. Ces montages étaient ensuite analysés par le spectromètre, qui comparait les réponses enregistrées à tel ou tel moment. Interrogée sur la date de la mort de son père, Madeleine avait d'abord hésité. Plus tard, elle l'avait donnée. Cameron dit à Buckley qu'il ne savait pas encore si c'était lié à son horloge biologique. Comme à son habitude, il avait trouvé une description scientifique pour ce qui était infligé à Madeleine : l'Évaluation du stress ssychologique (PSE). La technique n'était ni nouvelle ni rare, du moins dans les milieux de la police et des renseignements. Le recours au détecteur de mensonges ou à l'analyseur vocal y était habituel pour aider à déterminer le degré de tension dans la voix d'un suspect. Le docteur Cameron se servait de l'analyseur pour tenter de détecter quand Madeleine lui disait la vérité.

Depuis un an, cent autres patients avaient répondu à de telles séries de questions. Zielinski avait observé que les patients dociles et accommodants, qui s'efforçaient de lui répondre rapidement, avaient la préférence de Cameron. Il considérait moins favorablement ceux dont la voix, malgré les drogues, révélait qu'ils étaient encore réfractaires. C'étaient ceux qui refusaient de répondre, ou disaient des choses comme « je n'en sais rien » ou « je vous l'ai déjà dit », ou encore « je ne répondrai plus à aucune question ». Parfois, ces patients ne retournaient pas en cabine d'analyse vocale, et lorsque Zielinski les revoyait, c'était dans l'un des lits de la salle de sommeil, en train d'écouter des cassettes sur lesquelles le docteur Cameron leur donnait des injonctions telles que « vous allez écouter tout ce que je dis » et « vous allez coopérer ».

Lors de sa dernière séance en cabine d'analyse vocale, de nouveau Madeleine n'avait fait que baver et suffoquer. Le docteur Cameron nota sur sa fiche qu'elle avait régressé « encore plus que la veille ».

Il l'emmena dans la pièce grillagée et Buckley regarda Rubenstein fixer un potentiomètre en haut de sa cuisse et au bas de son buste, à l'aide d'une bande adhésive. Puis le technicien accrocha à son bras un transmetteur miniature, plus petit qu'un paquet de cigarettes. Il avait récemment amélioré le dispositif de manière à pouvoir se passer de câbles reliés à ce qu'il appelait son transducteur de mouvements corporels : le transmetteur captait les signaux du potentiomètre et les relayait jusqu'au transducteur.

Dans la pièce grillagée, expliqua le docteur Cameron, les marques inscrites sur le papier quadrillé décrivaient, sous la forme de graphiques précis, les complexités de la personnalité et de la maladie de chaque patient : sa manière de bouger, de s'asseoir, d'incliner la tête, de croiser les mains, de murmurer et marmonner, de baver et radoter, ou de regarder dans le vide. Il rappela à Madeleine qu'elle était libre de se déplacer à sa guise devant les lignes tracées sur le mur. Le psychiatre et le technicien quittèrent la pièce en même temps que Buckley, et Rubenstein se mit à filmer les mouvements de Madeleine pendant que le microphone dissimulé dans le plafond captait ses petits gémissements d'animal.

Le docteur Cameron nota une fois de plus ce qu'il appelait les « ondulations caractéristiques » des mouvements de Madeleine. De temps en temps, il lui délivrait des ordres au micro, lui disant de se lever, de se déplacer dans un sens puis dans l'autre, et d'effectuer des mouvements simples, tels que joindre les mains ou lever un bras puis l'autre. Les notes sur son cas montraient qu'au début elle avait semblé perplexe quant à l'origine de cette voix. Ensuite, elle ne s'y était plus du tout intéressée. Elle avait régressé trop loin pour être concernée par ce genre de choses.

Tout en observant le graphique hérissé de pointes que crachait le transducteur, il parlait dans un dictaphone : « Répète sans cesse le même parcours. Mouvements lents et désorganisés. S'asseoit sur une chaise et se relève. Le changement global d'attitude indique que le centre de gravité du corps s'est abaissé. Toutes les actions sont ralenties. »

XII

Après le départ d'Allen W. Dulles, un nouveau directeur, John Alex McCone, avait été nommé par le président John F. Kennedy. Le docteur Gottlieb persuada McCone d'autoriser le transfert de sommes substantielles dans les caisses de Cameron et d'autres chercheurs, à l'institut ou ailleurs, par l'intermédiaire de la Société de recherche en écologie humaine – la couverture de la CIA à New York. L'argent serait consacré à des recherches variées, telles que l'hypnose ou l'analyse des perceptions extrasensorielles de sorciers africains pour découvrir si le vaudou pouvait être utilisé dans le lavage de cerveau. C'était une approche tous azimuts, sans cadre, où les chercheurs étaient totalement affranchis des contraintes universitaires et de la paperasserie que des travaux comme les leurs n'auraient pas manqué de s'attirer dans des conditions normales.

Le docteur Donald Hebb, directeur du département de psychologie de McGill, avait reçu trente mille dollars de la Société d'écologie humaine pour poursuivre ses travaux sur la privation extrasensorielle, dont il était l'un des pionniers. Il avait déjà reçu des subventions de la Fondation Rockefeller et du département de la Défense canadien. L'argent avait servi à convertir une pièce de son laboratoire en « caisson d'isolement », dans lequel étaient placés les volontaires. Ces derniers étaient pleinement informés des objectifs de l'expérience. Ils étaient emmitouflés dans des combinaisons de vol de haute altitude, avec des lunettes protectrices et des bouchons d'oreilles. L'air du caisson était filtré et, de temps à autre, les sujets étaient exposés à un signal sonore continu. Chaque volontaire savait qu'il pouvait être relâché immédiatement, simplement en appuyant sur un bouton d'urgence. Personne, volontaire ou non, n'était laissé plus de six jours dans le caisson. Gottlieb essaya de convaincre le docteur Hebb de confiner des volontaires plus longtemps et de les droguer. Le psychologue refusa fermement de donner suite à ces propositions. Par la suite, c'est « avec horreur » qu'il découvrit que la CIA était à l'origine d'une partie de ses fonds, et il abandonna ses recherches.

Morse Allen, chercheur pour le compte de l'Agence, n'était pas étouffé par de tels scrupules. Il avait persuadé le docteur Maitland Baldwin, de l'Institut national de la santé, de procéder à des expériences « de type terminal ». Le docteur Baldwin avait attiré l'attention d'Allen après avoir gardé en isolement un volontaire de l'armée pendant quarante heures. Le soldat avait cassé la porte pour sortir et, d'après Baldwin, « s'était mis à pleurer et à pousser des sanglots à vous briser le cœur ».

Le docteur Baldwin avait accepté de coopérer avec l'Agence à certaines conditions. La CIA fournirait les volontaires et acceptait le fait que, après une semaine d'isolement, des dommages cérébraux irréversibles apparaissaient presque à coup sûr. Gottlieb avait présidé un certain nombre de réunions pour décider de la meilleure manière de financer Baldwin. En conclusion, la Société d'écologie humaine fut déclarée impropre à cette fonction à cause de la nature potentiellement « terminale » des recherches. Un sujet jetable mort sur le sol américain risquait de soulever des questions embarrassantes et de mettre en danger la couverture de l'Agence. Mais, avant même qu'un financement satisfaisant soit trouvé, McCone avait ordonné l'abandon du projet, qu'il jugeait « trop risqué pour être mis en œuvre à l'intérieur des frontières des États-Unis ». Une fois encore, l'attention de Gottlieb se concentra sur Cameron.

Les rapports de ce dernier étaient devenus de vibrants réquisitoires en faveur de ce que le docteur Gottlieb avait toujours soutenu : l'esprit humain était bien plus résistant qu'on ne le pensait. Ce qui rendait d'autant plus déconcertante la réussite de « l'ennemi » – terme sous lequel il regroupait les Russes et les Chinois. Il devait exister un point où la plus forte des volontés pouvait être brisée. Manifestement, toute la question était de savoir exactement jusqu'où emmener un sujet. L'ennemi avait découvert ce secret, pourquoi pas le docteur Cameron ?

Le docteur Gottlieb nota que les entretiens préliminaires du psychiatre avec ses patients se déroulaient à présent de manière à les obliger à explorer leur vie dans les moindres détails. Cameron lui avait écrit ce qu'il cherchait : « un point sensible, un élément que je qualifierais de "frémissant de vie" dans l'esprit du patient. Ainsi, ce dernier devient de plus en plus nerveux et troublé, et inévitablement sa mémoire perd pied. »

Cameron obligeait ses patients à coucher par écrit tous les souvenirs qui leur venaient à l'esprit. Si les réponses ne correspondaient pas précisément à ce qui avait été dit plus tôt, il se focalisait sur les incohérences. C'était une méthode classique dans les interrogatoires policiers. Mais, comme Cameron l'avait expliqué : « Cette méthode entraîne une désorganisation contrôlée de l'esprit du patient. Il devient alors vulnérable aux suggestions et plus aisé à manipuler. »

« À mon avis, une grande partie de ce que Cameron dit avoir été accompli par les Chinois en termes de lavage de cerveau est fondé sur des techniques éprouvées qui leur ont été transmises par l'Union soviétique », écrivit Gottlieb dans une note au directeur McCone le 21 mai 1961 ; il terminait en exprimant sa conviction que Cameron était sur le point de faire la découverte capitale qui permettrait aux États-Unis d'égaler les découvertes chinoises sur la pratique du lavage de cerveau. Une fois de plus, Buckley fut envoyé à l'institut pour rendre compte des progrès effectués.

Pendant tout l'été 1961, le docteur Morrow voulut croire à ce que le docteur Cameron lui avait promis : quand elle serait rétablie, il envisageait de la reprendre dans son équipe afin qu'elle puisse compléter son cycle de recherches en psychiatrie. Il était resté ferme sur la nécessité de la traiter médicalement au préalable.

En regardant en arrière, elle se disait qu'elle aurait dû repérer les signes de sa maladie : la première palpitation nerveuse dans l'estomac, le premier repas sauté, la première Dexédrine avalée pour tenir un peu plus longtemps, la première gélule de Phénobarbitone pour trouver quelques heures de sommeil, le premier effondrement en larmes, et l'épuisement rampant. Les symptômes s'étaient nourris mutuellement, créant la crise qui avait fini par prendre le contrôle de sa vie.

Elle s'était fait admettre au Royal Victoria de Montréal, l'un des hôpitaux du « réseau » de Cameron. Peu après, ce dernier avait fait son apparition. Elle fut réellement flattée de le voir venir régulièrement s'asseoir sur une chaise dans un coin de sa chambre, haute silhouette immobile en costume classique. Parfois, le soleil de l'après-midi frappait son visage et il était encore plus difficile de voir ses yeux. Il s'arrangeait toujours pour éviter de croiser son regard. Il semblait si calme, si posé... alors qu'elle, assise sur le lit, tortillait ses mains sur ses genoux sans bien savoir quoi dire. Au bout d'un moment, il se levait d'un mouvement fluide et élégant et la toisait du regard. Elle s'était souvent demandé si elle aurait dû sourire et dire quelque chose : qu'après tout elle ne se sentait pas si mal, par exemple. Mais les manières du psychiatre n'encourageaient pas la désinvolture. À chaque fois, après son départ, elle essayait de contrôler ses pensées emballées et de calmer son cœur qui battait la chamade. Elle s'était efforcée de chasser de son esprit la première impression qu'il lui avait faite, celle d'un homme froid, indifférent et dénué d'humour. Elle s'était convaincue qu'il allait la traiter avec compassion et attention. Comme elle me l'a raconté, elle voulait croire à sa qualité de médecin : « Il avait sans doute un jugement médical et une perspicacité que je ne possédais pas, il savait ce qui m'effrayait et me désespérait tant. Je devais lui faire confiance. Je me répétais sans cesse que c'était mon seul moyen de revenir, mon seul espoir d'aller de l'avant. »

Le docteur Morrow aurait aimé parler de tout cela avec lui, discuter de ses symptômes. Par-dessus tout, elle voulait qu'il la rassure sur ses possibilités, une fois guérie, de reprendre la médecine et d'aider les autres. Elle s'était répété sans fin qu'il suffisait de trouver le traitement adéquat : peut-être simplement, dans son cas, la bonne combinaison de médicaments. Étant médecin, elle savait qu'elle souffrait de dépression réactive, aggravée par une psychose due aux amphétamines. Ainsi décrit, ce qui lui était arrivé ne lui semblait ni honteux ni terrifiant. Avant son hospitalisation, sa vie était devenue un cercle vicieux où elle s'endormait épuisée, avant de se réveiller lentement pour une nouvelle journée de grisaille, le corps perclus de douleur, versant des larmes qui ne soulageaient en rien l'agonie et la noirceur qui l'habitaient.

Lorsqu'elle avait quitté l'équipe du docteur Cleghorn pour aller travailler dans un autre hôpital, les exigences de sa charge lui avaient laissé peu de temps pour réviser ses examens de spécialisation en neurologie. Quelques semaines avant les examens finaux, elle avait fait une pansinusite qui l'avait obligée à entrer au Royal Victoria pour y être opérée. Dès sa sortie, elle s'était replongée dans le travail. Elle avait alors eu une double otite très douloureuse. Déterminée à obtenir la certification très convoitée du Royal College, elle s'était surpassée et avait réussi l'examen écrit. Mais, à l'oral, alors qu'elle souffrait encore des oreilles, elle avait eu affaire à un patient atteint d'athérosclérose carotidienne, une affection difficile à diagnostiquer même dans les meilleures conditions. Avec son audition diminuée, elle avait échoué à reconnaître les symptômes au stéthoscope et raté l'examen. C'est à ce moment que les premières larmes de détresse lui étaient montées aux yeux.

Sans la spécialisation, toutes ses perspectives de carrière se trouvaient radicalement modifiées. Ses appointements dans une clinique pour l'épilepsie furent donnés à un collègue. Elle se sentait rejetée. Elle augmenta ses prises de pilules remontantes le jour et de somnifères le soir pour essayer de faire face à la situation. Un jour, elle fut très gênée de fondre en larmes en pleine tournée des malades. Elle savait que c'était la faute de la Dexédrine, tout comme elle savait qu'elle ne pouvait que continuer à prendre des amphétamines pour « garder la tête hors de l'eau ». Des collègues lui exprimèrent leur compassion, mais aucun ne proposa son aide. Les accès de larmes incontrôlables persistèrent, tout comme sa dépendance aux béquilles pharmacologiques qui lui permettaient tout juste de tenir. Elle lutta pour aller de l'avant, sautant des repas, avalant des pilules, consciente que ses collègues échangeaient à présent des regards qui lui donnaient « envie de disparaître dans un nuage de fumée… pour toujours ». Envahie en permanence par le désespoir, elle se demandait pourquoi continuer à faire semblant d'avoir un avenir valable. Elle se sentait incapable de gérer sa souffrance. Par moments, cette dernière lui faisait l'effet d'envelopper tout ce qui l'entourait. Jour et nuit, elle prenait ses pilules. Elle haïssait ce rituel dégradant, mais c'était son seul moyen pour faire face. Elle n'avait personne à qui parler, à qui expliquer les tensions qui l'emplissaient, sa solitude de droguée et l'impression que c'était son esprit lui-même qui s'atrophiait. Elle n'avait vraiment plus aucune raison de vivre.

Cette pensée n'avait pas plus tôt pris racine qu'elle se mit à la cultiver. La mort serait infiniment préférable à cette existence. Elle avait les comprimés qu'il fallait. Pourquoi ne pas les prendre, tous d'un coup ? Elle retournait la question dans son esprit. Pourquoi pas ? Il suffisait de les prendre. Une partie d'elle-même, dont elle savait que c'était la voix de la raison, la suppliait de s'accrocher à la vie, lui disait que cette douleur et cette impression d'être rouée de coups ne dureraient pas toujours.

Elle n'avait trouvé aucune réponse à la question « Pourquoi pas ? ». Si elle n'avait jamais été capable d'imaginer à quoi ressemblait la mort, elle savait que ce ne pourrait pas être plus terrifiant que son état actuel. Finalement, elle choisit la date de son dernier jour sur Terre. Elle le traversa dans une brume, voyant des patients, les encourageant à croire dans l'avenir. Ce soir-là, elle rentra dans son appartement, avala les somnifères – sans prendre la peine de les compter, prenant simplement ce qu'elle estimait suffisant – et s'allongea sur le lit. C'était fait. Il n'y aurait plus de crises de larmes, plus d'angoisse ni de honte pour son avenir. Elle s'endormit. Le lendemain, elle ouvrit les yeux. Elle avait un rugissement dans les oreilles et la vue brouillée. Sa première réaction consciente fut de vouloir dire tout haut : « Je suis vivante. » Mais les mots ne passèrent pas ses lèvres sèches. Elle ne se rappelait pas combien de temps elle était restée couchée ni à quoi d'autre elle avait pensé, ni si elle avait pensé. Mais, peu à peu, son esprit s'était éclairci et elle avait commencé à se concentrer. Elle était en vie. Elle avait raté sa tentative de suicide, tout comme elle avait raté tant de choses. Malgré le martèlement de sa migraine et à travers ses lèvres parcheminées, elle se dit alors que, quelle qu'ait été son intention, elle n'avait toujours aucune solution au tourment qui l'avait reprise dès qu'elle avait été en état de penser clairement. Les jours se traînèrent, alternant avec des nuits d'insomnie. Elle ne sentait presque plus rien d'autre qu'un engourdissement qui s'ancrait dans son corps, à peine consciente de la tempête qui se déchaînait encore sous la surface de son esprit.

Ses derniers liens officiels avec l'exercice de la médecine furent sectionnés lorsqu'on lui demanda de quitter l'institut de neurologie. Après plusieurs semaines à la limite de la misère, elle prit un emploi d'infirmière dans un centre de convalescence. Les deux cents dollars mensuels du salaire payaient son loyer, mais il ne lui restait pas grand-chose pour se nourrir. Elle continua à manger trop peu et à avaler de la Dexédrine. La consommation de médicaments et le manque de nourriture et de sommeil achevèrent de l'épuiser.

Elle finit par se dire que le seul moyen pour sortir de cette crise était de prendre le taureau par les cornes. Tout n'était pas terminé ! Elle allait se battre ! La solution crevait les yeux : c'était le docteur Cameron.

Elle l'appela pour lui demander du travail. Il l'écouta poliment, mais dit qu'elle devait d'abord se soumettre à un examen médical. Et enfin, elle se fit hospitaliser au Royal Victoria.

Pendant les quatre semaines passées là-bas, mis à part un bilan médical approfondi, elle n'avait reçu que peu de traitements en dehors du repos. À sa dernière visite, le docteur Cameron lui avait dit son intention de la transférer à l'institut. Elle voulut expliquer que ce serait « gênant et humiliant » pour elle d'être patiente là où elle avait travaillé. Que diraient et penseraient ses anciens collègues en la voyant couchée sur un lit d'hôpital ? Et pourrait-elle jamais retravailler dans un endroit où elle avait été soignée ? Était-ce même autorisé ? Et qu'allait-on lui faire ? Les questions se bousculaient, mais elle ne trouva pas le courage de les poser. Le docteur Cameron l'avait fixée du regard, impassible, et avait redit : « Je veux vous aider. » Trop déprimée pour parler, elle avait acquiescé. Il était parti sans un mot. Quelques jours plus tard, elle entrait à l'institut en qualité de patiente.

À Langley, Buckley avait encore été chargé d'une étrange mission. Le docteur Gottlieb l'avait envoyé à New York demander à un hypnotiseur récemment mis sous contrat avec la CIA de lui enseigner sa technique. En une semaine, Buckley s'était révélé être un élève doué. À la fin de son séjour, il avait hypnotisé la femme du magicien au point de lui faire croire qu'elle voulait faire l'amour. Il l'avait sortie de sa transe alors qu'elle commençait à se déshabiller.

À Langley, de son côté, le docteur Gottlieb avait manigancé son propre test. Il dit à Buckley d'approcher deux secrétaires qui travaillaient à la section des opérations clandestines et de les hypnotiser. En quelques instants, toutes deux étaient en son pouvoir. Sous le regard de Gottlieb, Buckley leur demanda de voler des dossiers qu'il avait marqués « top secret ». Elles s'exécutèrent, et laissèrent les documents dans un couloir où tout le monde pouvait les voir. Ensuite, il dit à l'une des femmes d'aller voler tout le contenu du casier de sa collègue. Ce qu'elle fit. Observé attentivement par Gottlieb, Buckley claqua des doigts pour sortir les femmes de leur transe. Ni l'une ni l'autre ne se rappelaient ce qu'elles avaient fait.

Le lendemain, on demanda à Buckley d'hypnotiser encore deux secrétaires, qu'il plongea une fois de plus dans une transe profonde. Il dit à l'une d'elles que son amie était une espionne russe et qu'elle devait la tuer avec le revolver que Gottlieb avait placé sur la table. Sans hésiter, la femme appuya sur la détente et « tira » sur sa collègue. Buckley reçut alors l'ordre de les sortir de leur transe. Une fois encore, les femmes n'avaient aucun souvenir de ce qui s'était passé. La secrétaire qui avait tiré eut un mouvement de recul lorsque Buckley lui montra le revolver. Elle lui dit qu'elle avait horreur des armes à feu.

Le docteur Gottlieb était enchanté. Il était convaincu d'avoir effectué une nouvelle « percée significative », dit-il à Buckley, dans l'utilisation de l'hypnose pour contrôler l'esprit. Il ajouta que Buckley allait être envoyé au Viêt-nam pour choisir des sujets jetables viêt-congs à tester. Mais d'abord, il allait accompagner le docteur William Sargant dans une visite à l'Allan Memorial Institute.

Documents et dossiers inédits provenant des archives réunies par Gordon Thomas

A STUDY OF ASSASSINATION

DEFINITION

Assassination is a term thought to be derived from "Hashish," a drug similar to marijuana, said to have been used by Hasan-Dan-Sabah to induce motivation in his followers, who were assigned to carry out political and other murders, usually at the cost of their lives.

It is here used to describe the planned killing of a person who is not under the legal jurisdiction of the killer, who is not physically in the hands of the killer, who has been selected by a resistance organization for death, and whose death provides positive advantages to that organization.

EMPLOYMENT

Assassination is an extreme measure not normally used in clandestine operations. It should be assumed that it will never be ordered or authorized by any U.S. Headquarters, though the latter may in rare instances agree to its execution by members of an associated foreign service. This reticence is partly due to the necessity of committing communications to paper. No assassination instructions should ever be written or recorded. Consequently, the decision to employ this technique must nearly always be reached in the field, at the area where the act will take place. Decision and instructions should be confined to an absolute minimum of persons. Ideally, only one person will be involved. No report may be made, but usually the act will be properly covered by normal news services, whose output is available to all concerned.

Méthodes d'assassinat (« The Assassination Manual »), manuel d'entraînement de la CIA, 1953, p. 1.

JUSTIFICATION

Murder is not morally justifiable. Self-defense may be argued if the victim has knowledge which may destroy the resistance organization if divulged. Assassination of persons responsible for atrocities or reprisals may be regarded as just punishment. Killing a political leader whose burgeoning career is a clear and present danger to the cause of freedom may be held necessary.

But assassination can seldom be employed with a clear conscience. Persons who are morally squeamish should not attempt it.

CLASSIFICATIONS

The techniques employed will vary according to whether the subject is unaware of his danger, aware but unguarded, or guarded. They will also be affected by whether or not the assassin is to be killed with the subject. Hereafter, assassinations in which the subject is unaware will be termed "simple"; those where the subject is aware but unguarded will be termed "chase"; those where the victim is guarded will be termed "guarded."

If the assassin is to die with the subject, the act will be called "lost." If the assassin is to escape, the adjective will be "safe." It should be noted that no compromises should exist here. The assassin must not fall into enemy hands.

A further type division is caused by the need to conceal the fact that the subject was actually the victim of assassination, rather than an accident or natural causes. If such concealment is desirable the operation will be called "secret"; if concealment is immaterial, the act will be called open"; while if the assassination requires publicity to be effective it will be termed "terroristic."

Méthodes d'assassinat (« The Assassination Manual »), manuel d'entraînement de la CIA, 1953, p. 2.

Following these definitions, the assassination of Julius Caesar was safe, simple, and terroristic, while that of Huey Long was lost, guarded and open. Obviously, successful secret assassinations are not recorded as assassination at all. [Illeg] of Thailand and Augustus Caesar may have been the victims of safe, guarded and secret assassination. Chase assassinations usually involve clandestine agents or members of criminal organizations.

THE ASSASSIN

In safe assassinations, the assassin needs the usual qualities of a clandestine agent. He should be determined, courageous, intelligent, resourceful, and physically active. If special equipment is to be used, such as firearms or drugs, it is clear that he must have outstanding skill with such equipment.

Except in terroristic assassinations, it is desirable that the assassin be transient in the area. He should have an absolute minimum of contact with the rest of the organization and his instructions should be given orally by one person only. His safe evacuation after the act is absolutely essential, but here again contact should be as limited as possible. It is preferable that the person issuing instructions also conduct any withdrawal or covering action which may be necessary.

In lost assassination, the assassin must be a fanatic of some sort. Politics, religion, and revenge are about the only feasible motives. Since a fanatic is unstable psychologically, he must be handled with extreme care. He must not know the identities of the other members of the organization, for although it is intended that he die in the act, something may go wrong. While the Assassin of Trotsky has never revealed any significant information, it was unsound to depend on this when the act was planned.

PLANNING

When the decision to assassinate has been reached, the tactics of the operation must be planned, based upon an estimate of the situation similar to that used in military operations. The preliminary estimate will reveal gaps in information and possibly indicate a need for special equipment which must be procured or constructed. When all necessary data has been collected, an effective tactical plan can be prepared. All planning must be mental; no papers should ever contain evidence of the operation.

In resistance situations, assassination may be used as a counter-reprisal. Since this requires advertising to be effective, the resistance organization must be in a position to warn high officials publicly that their lives will be the price of reprisal action against innocent people. Such a threat is of no value unless it can be carried out, so it may be necessary to plan the assassination of various responsible officers of the oppressive regime and hold such plans in readiness to be used only if provoked by excessive brutality. Such plans must be modified frequently to meet changes in the tactical situation.

TECHNIQUES

The essential point of assassination is the death of the subject. A human being may be killed in many ways but sureness is often overlooked by those who may be emotionally unstrung by the seriousness of this act they intend to commit. The specific technique employed will depend upon a large number of variables, but should be constant in one point: Death must be absolutely certain. The attempt on Hitler's life failed because the conspiracy did not give this matter proper attention.

Méthodes d'assassinat (« The Assassination Manual »), manuel d'entraînement de la CIA, 1953, p. 3.

Techniques may be considered as follows:

1. Manual.

It is possible to kill a man with the bare hands, but very few are skillful enough to do it well. Even a highly trained Judo expert will hesitate to risk killing by hand unless he has absolutely no alternative. However, the simplest local tools are often much the most efficient means of assassination. A hammer, axe, wrench, screw driver, fire poker, kitchen knife, lamp stand, or anything hard, heavy and handy will suffice. A length of rope or wire or a belt will do if the assassin is strong and agile. All such improvised weapons have the important advantage of availability and apparent innocence. The obviously lethal machine gun failed to kill Trotsky where an item of sporting goods succeeded.

In all safe cases where the assassin may be subject to search, either before or after the act, specialized weapons should not be used. Even in the lost case, the assassin may accidentally be searched before the act and should not carry an incriminating device if any sort of lethal weapon can be improvised at or near the site. If the assassin normally carries weapons because of the nature of his job, it may still be desirable to improvise and implement at the scene to avoid disclosure of his identity.

2. Accidents.

For secret assassination, either simple or chase, the contrived accident is the most effective technique. When successfully executed, it causes little excitement and is only casually investigated.

The most efficient accident, in simple assassination, is a fall of 75 feet or more onto a hard surface. Elevator shafts, stair wells, unscreened windows and bridges will serve. Bridge falls into water are not reliable. In simple cases a private meeting with the subject may be arranged at a properly-cased location. The act may be executed by sudden, vigorous [excised] of the ankles, tipping the subject over the edge. If the assassin immediately sets up an outcry, playing the "horrified witness", no alibi or surreptitious withdrawal is necessary. In chase cases it will usually be necessary to stun or drug the subject before dropping him. Care is required to insure that no wound or condition not attributable to the fall is discernible after death.

Falls into the sea or swiftly flowing rivers may suffice if the subject cannot swim. It will be more reliable if the assassin can arrange to attempt rescue, as he can thus be sure of the subject's death and at the same time establish a workable alibi.

If the subject's personal habits make it feasible, alcohol may be used [2 words excised] to prepare him for a contrived accident of any kind.

Falls before trains or subway cars are usually effective, but require exact timing and can seldom be free from unexpected observation.

Automobile accidents are a less satisfactory means of assassination. If the subject is deliberately run down, very exact timing is necessary and investigation is likely to be thorough. If the subject's car is tampered with, reliability is very low. The subject may be stunned or drugged and then placed in the car, but this is only reliable when the car can be run off a high cliff or into deep water without observation.

Arson can cause accidental death if the subject is drugged and left in a burning building. Reliability is not satisfactory unless the building is isolated and highly combustible.

Méthodes d'assassinat (« The Assassination Manual »), manuel d'entraînement de la CIA, 1953, p. 4.

3. Drugs.

In all types of assassination except terroristic, drugs can be very effective. If the assassin is trained as a doctor or nurse and the subject is under medical care, this is an easy and rare method. An overdose of morphine administered as a sedative will cause death without disturbance and is difficult to detect. The size of the dose will depend upon whether the subject has been using narcotics regularly. If not, two grains will suffice.

If the subject drinks heavily, morphine or a similar narcotic can be injected at the passing out stage, and the cause of death will often be held to be acute alcoholism.

Specific poisons, such as arsenic or strychine, are effective but their possession or procurement is incriminating, and accurate dosage is problematical. Poison was used unsuccessfully in the assassination of Rasputin and Kolohan, though the latter case is more accurately described as a murder.

4. Edge Weapons

Any locally obtained edge device may be successfully employed. A certain minimum of anatomical knowledge is needed for reliability.

Puncture wounds of the body cavity may not be reliable unless the heart is reached. The heart is protected by the rib cage and is not always easy to locate.

Abdominal wounds were once nearly always mortal, but modern medical treatment has made this no longer true.

Absolute reliability is obtained by severing the spinal cord in the cervical region. This can be done with the point of a knife or a light blow of an axe or hatchet.

Another reliable method is the severing of both jugular and carotid blood vessels on both sides of the windpipe.

If the subject has been rendered unconscious by other wounds or drugs, either of the above methods can be used to insure death.

5. Blunt Weapons

As with edge weapons, blunt weapons require some anatomical knowledge for effective use. Their main advantage is their universal availability. A hammer may be picked up almost anywhere in the world. Baseball and [illeg] bats are very widely distributed. Even a rock or a heavy stick will do, and nothing resembling a weapon need be procured, carried or subsequently disposed of.

Blows should be directed to the temple, the area just below and behind the ear, and the lower, rear portion of the skull. Of course, if the blow is very heavy, any portion of the upper skull will do. The lower frontal portion of the head, from the eyes to the throat, can withstand enormous blows without fatal consequences.

6. Firearms

Firearms are often used in assassination, often very ineffectively. The assassin usually has insufficient technical knowledge of the limitations of weapons, and expects more range, accuracy and killing power than can be provided with reliability. Since certainty of death is the major requirement, firearms should be used which can provide destructive power at least 100% in excess of that thought to be necessary, and ranges should be half that considered practical for the weapon.

Firearms have other drawbacks. Their possession is often incriminating. They may be difficult to obtain. They require a degree of experience from the user. They are [illeg]. Their [illeg] is consistently over-rated.

Méthodes d'assassinat (« The Assassination Manual »), manuel d'entraînement de la CIA, 1953, p. 5.

However, there are many cases in which firearms are probably more efficient than any other means. These cases usually involve distance between the assassin and the subject, or comparative physical weakness of the assassin, as with a woman.

(a) The precision rifle. In guarded assassination, a good hunting or target rifle should always be considered as a possibility. Absolute reliability can nearly always be achieved at a distance of one hundred yards. In ideal circumstances, the range may be extended to 250 yards. The rifle should be a well made bolt or falling block action type, handling a powerful long-range cartridge. The .300 F.A.B. Magnum is probably the best cartridge readily available. Other excellent calibers are .375 M.[illeg]. Magnum, .270 Winchester, .30 - 106 p.s., 8 x 60 MM Magnum, 9.3 x 62 kk and others of this type. These are preferable to ordinary military calibers, since ammunition available for them is usually of the expanding bullet type, whereas most ammunition for military rifles is full jacketed and hence not sufficiently lethal. Military ammunition should not be altered by filing or drilling bullets, as this will adversely affect accuracy.

The rifle may be of the "bull gun" variety, with extra heavy barrel and set triggers, but in any case should be capable of maximum precision. Ideally, the weapon should be able to group in one inch at one hundred yards, but 21/2" groups are adequate. The sight should be telescopic, not only for accuracy, but because such a sight is much better in dim light or near darkness. As long as the bare outline of the target is discernable, a telescope sight will work, even if the rifle and shooter are in total darkness.

An expanding, hunting bullet of such calibers as described above will produce extravagant laceration and shock at short or mid-range. If a man is struck just once in the body cavity, his death is almost entirely certain.

Public figures or guarded officials may be killed with great reliability and some safety if a firing point can be established prior to an official occasion. The propaganda value of this system may be very high.

(b) The machine gun.

Machine guns may be used in most cases where the precision rifle is applicable. Usually, this will require the subversion of a unit of an official guard at a ceremony, though a skillful and determined team might conceivably dispose of a loyal gun crow without commotion and take over the gun at the critical time.

The area fire capacity of the machine gun should not be used to search out a concealed subject. This was tried with predictable lack of success on Trotsky. The automatic feature of the machine gun should rather be used to increase reliability by placing a 5 second burst on the subject. Even with full jacket ammunition, this will be absolute lethal is the burst pattern is no larger than a man. This can be accomplished at about 150 yards. In ideal circumstances, a properly padded and targeted machine gun can do it at 850 yards. The major difficulty is placing the first burst exactly on the target, as most machine gunners are trained to spot their fire on target by observation of strike. This will not do in assassination as the subject will not wait.

(c) The Submachine Gun.

This weapon, known as the "machine-pistol" by the Russians and Germans and "machine-carbine" by the British, is occasionally useful in assassination. Unlike the rifle and machine gun, this is a short range weapon and since it fires pistol ammunition, much less powerful. To be reliable, it should deliver at least 5 rounds into the subject's chest, though the .45 caliber U.S. weapons have a much larger margin of killing efficiency than the 9 mm European arms.

The assassination range of the sub-machine gun is point blank. While accurate single rounds can be delivered by sub-machine gunners at 50 yards or more, this is not

Méthodes d'assassinat (« The Assassination Manual »), manuel d'entraînement de la CIA, 1953, p. 6.

certain enough for assassination. Under ordinary circumstances, the 5MG should be used as a fully automatic weapon. In the hands of a capable gunner, a high cyclic rate is a distinct advantage, as speed of execution is most desirable, particularly in the case of multiple subjects.

The sub-machine gun is especially adapted to indoor work when more than one subject is to be assassinated. An effective technique has been devised for the use of a pair of sub-machine gunners, by which a room containing as many as a dozen subjects can be "purifico" in about twenty seconds with little or no risk to the gunners. It is illustrated below.

While the U.S. sub-machine guns fire the most lethal cartridges, the higher cyclic rate of some foreign weapons enable the gunner to cover a target quicker with acceptable pattern density. The Bergmann Model 1934 is particularly good in this way. The Danish Madman? SMG has a moderately good cyclic rate and is admirably compact and concealable. The Russian SHG's have a good cyclic rate, but are handicapped by a small, light protective which requires more kits for equivalent killing effect.

(d) The Shotgun.

A large bore shotgun is a most effective killing instrument as long as the range is kept under ten yards. It should normally be used only on single targets as it cannot sustain fire successfully. The barrel may be "sawed" off for convenience, but this is not a significant factor in its killing performance. Its optimum range is just out of reach of the subject. 00 buckshot is considered the best shot size for a twelve gage gun, but anything from single balls to bird shot will do if the range is right. The assassin should aim for the solar plexus as the shot pattern is small at close range and can easily [illeg] the head.

(e) The Pistol.

While the handgun is quite inefficient as a weapon of assassination, it is often used, partly because it is readily available and can be concealed on the person, and partly because its limitations are not widely appreciated. While many well known assassinations have been carried out with pistols (Lincoln, Harding, Ghandi), such attempts fail as often as they succeed, (Truman, Roosevelt, Churchill).

If a pistol is used, it should be as powerful as possible and fired from just beyond reach. The pistol and the shotgun are used in similar tactical situations, except that the shotgun is much more lethal and the pistol is much more easily concealed.

In the hands of an expert, a powerful pistol is quite deadly, but such experts are rare and not usually available for assassination missions.

.45 Colt, .44 Special, .455 Kly, .45 A.S.[illeg] (U.S. Service) and .357 Magnum are all efficient calibers. Less powerful rounds can suffice but are less reliable. Sub-power cartridges such as the .32s and .25s should be avoided.

In all cases, the subject should be hit solidly at least three times for complete reliability.

(f) Silent Firearms

The sound of the explosion of the proponent in a firearm can be effectively silenced by appropriate attachments. However, the sound of the projective passing through the air cannot, since this sound is generated outside the weapon. In cases where the velocity of the bullet greatly exceeds that of sound, the noise so generated is much louder than that of the explosion. Since all powerful rifles have muzzle velocities of over 2000 feet per second, they cannot be silenced.

Méthodes d'assassinat (« The Assassination Manual »), manuel d'entraînement de la CIA, 1953, p. 7.

Pistol bullets, on the other hand, usually travel slower than sound and the sound of their flight is negligible. Therefore, pistols, submachine guns and any sort of improvised carbine or rifle which will take a low velocity cartridge can be silenced. The user should not forget that the sound of the operation of a repeating action is considerable, and that the sound of bullet strike, particularly in bone is quite loud.

Silent firearms are only occasionally useful to the assassin, though they have been widely publicized in this connection. Because permissible velocity is low, effective precision range is held to about 100 yards with rifle or carbine type weapons, while with pistols, silent or otherwise, are most efficient just beyond arms length. The silent feature attempts to provide a degree of safety to the assassin, but mere possession of a silent firearm is likely to create enough hazard to counter the advantage of its silence. The silent pistol combines the disadvantages of any pistol with the added one of its obviously clandestine purpose.

A telescopically sighted, closed-action carbine shooting a low velocity bullet of great weight, and built for accuracy, could be very useful to an assassin in certain situations. At the time of writing, no such weapon is known to exist.

7. Explosives.

Bombs and demolition charges of various sorts have been used frequently in assassination. Such devices, in terroristic and open assassination, can provide safety and overcome guard barriers, but it is curious that bombs have often been the implement of lost assassinations.

The major factor which affects reliability is the use of explosives for assassination. the charge must be very large and the detonation must be controlled exactly as to time by the assassin who can observe the subject. A small or moderate explosive charge is highly unreliable as a cause of death, and time delay or booby-trap devices are extremely prone to kill the wrong man. In addition to the moral aspects of indiscriminate killing, the death of casual bystanders can often produce public reactions unfavorable to the cause for which the assassination is carried out.

Bombs or grenades should never be thrown at a subject. While this will always cause a commotion and may even result in the subject's death, it is sloppy, unreliable, and bad propaganda. The charge must be too small and the assassin is never sure of:

(1)reaching his attack position, (2) placing the charge close enough to the target and (3) firing the charge at the right time.

Placing the charge surreptitiously in advance permits a charge of proper size to be employed, but requires accurate prediction of the subject's movements.

Ten pounds of high explosive should normally be regarded as a minimum, and this is explosive of fragmentation material. The latter can consist of any hard, [illeg] material as long as the fragments are large enough. Metal or rock fragments should be walnut-size rather than pen-size. If solid plates are used, to be ruptured by the explosion, cast iron, 1" thick, gives excellent fragmentation. Military or commercial high explosives are practical for use in assassination. Homemade or improvised explosives should be avoided. While possibly powerful, they tend to be dangerous and unreliable. Anti-personnel explosive missiles are excellent, provided the assassin has sufficient technical knowledge to fuse them properly. 81 or 82 mm mortar shells, or the 120 mm mortar shell, are particularly good. Anti-personnel shells for 85, 88, 90, 100 and 105 mm guns and howitzers are both large enough to be completely reliable and small enough to be carried by one man.

The charge should be so placed that the subject is not ever six feet from it at the moment of detonation.

Méthodes d'assassinat (« The Assassination Manual »), manuel d'entraînement de la CIA, 1953, p. 8.

A large, shaped charge with the [illeg] filled with iron fragments (such as 1" nuts and bolts) will fire a highly lethal shotgun-type [illeg] to 50 yards. This reaction has not been thoroughly tested, however, and an exact replica of the proposed device should be fired in advance to determine exact range, pattern-size, and penetration of fragments. Fragments should penetrate at least 1" of seasoned pine or equivalent for minimum reliability. Any firing device may be used which permits exact control by the assassin. An ordinary commercial or military explorer is efficient, as long as it is rigged for instantaneous action with no time fuse in the system. The wise [illeg] electric target can serve as the triggering device and provide exact timing from as far away as the assassin can reliably hit the target. This will avid the disadvantages olitary or commercial high explosives are practical for use in assassination. Homemade or improvised explosives should be avoided. While possibly powerful, they tend to be dangerous and unreliable. Anti-personnel explosive missiles are excellent, provided the assassin has sufficient technical knowledge to fuse them properly. 81 or 82 mm mortar shells, or the 120 mm mortar shell, are particularly good. Anti-personnel shells for 85, 88, 90, 100 and 105 mm guns and howitzers are both large enough to be completely reliable and small enough to be carried by one man.

The charge should be so placed that the subject is not ever six feet from it at the moment of detonation.

A large, shaped charge with the [illeg] filled with iron fragments (such as 1" nuts and bolts) will fire a highly lethal shotgun-type [illeg] to 50 yards. This reaction has not been thoroughly tested, however, and an exact replica of the proposed device should be fired in advance to determine exact range, pattern-size, and penetration of fragments. Fragments should penetrate at least 1" of seasoned pine or equivalent for minimum reliability.

Any firing device may be used which permits exact control by the assassin. An ordinary commercial or military explorer is efficient, as long as it is rigged for instantaneous action with no time fuse in the system.

The wise [illeg] electric target can serve as the triggering device and provide exact timing from as far away as the assassin can reliably hit the target. This will avid the disadvantages of stringing wire between the proposed positions of the assassin and the subject, and also permit the assassin to fire the charge from a variety of possible positions.

The radio switch can be [illeg] to fire [illeg], though its reliability is somewhat lower and its procurement may not be easy.

EXAMPLES

([illeg] may be presented brief outlines, with critical evaluations of the following assassinations and attempts:

Marat	Hedrich
Lincoln	Hitler
Harding	Roosevelt
Grand Duke Sergei	Truman
Pirhivie	Mussolini
Archduke Francis Ferdinand	Benes
Rasputin	Aung Sang
Madero	[illeg]
Kirov	Abdullah
Huey Long	Ghandi
Alexander of Yugoslvia	
Trotsky	

Méthodes d'assassinat (« The Assassination Manual »), manuel d'entraînement de la CIA, 1953, p. 9.

Flash

THE WHITE HOUSE
WASHINGTON

~~Secret~~

July 11, 1975

Cheney

~~SECRET~~

MEMORANDUM FOR: DON RUMSFELD

FROM: DICK CHENEY R. Cheney

SUBJECT: The Olson Matter / CIA Suicide

Attached is a proposed brief statement for the President to use at his Press Conference. It would be best for him to use it in response to a question, although if he wished, he can use it as an opening statement.

There is also attached a four page memo prepared by the Civil Division, the Department of Justice, based upon information obtained from the CIA regarding the events surrounding Mr. Olson's death.

Rod Hills has questions concerning the last paragraph of the Justice Department memo which expresses the Justice Department opinion that court action against the U. S. would be barred. He will pursue the matter with the Attorney General.

At this point, we do not have enough information to be certain we know all of the details of this incident. Furthermore, there are serious legal questions that will have to be resolved concerning the Government's responsibility, the possibility of additional compensation, and the possibility that it might be necessary to disclose highly classified national security information in connection with any court suit, or legislative hearings on a private bill intended to provide additional compensation to the family.

Determined to be an administrative marking
Cancelled per E.O. 12356, Sec. 1.3 and
Archivist's memo of March 16, 1983

By DMD NARS date 5/20/85

Mémorandum de Dick Cheney à l'attention de Donald Rumsfeld, 11 juillet 1975.

-2-

Therefore, Marsh, Hills and Cheney strongly recommend that the President limit his remarks to an expression of regret over this tragic event and a willingness to meet personally with Mrs. Olson and her children to offer an apology on behalf of the Government. Any discussion that goes beyond those issues raises questions which we are not yet in a position to answer.

In response to any questions which go beyond the above, we would recommend that the President indicate that the entire matter, both with regard to the adequacy of compensation and circumstances surrounding Mr. Olson's death, are under review by the Justice Department.

Attachments

cc: Jerry Jones

Cheney

Mémorandum de Dick Cheney à l'attention de Donald Rumsfeld, 11 juillet 1975 (p. 2).

THE WHITE HOUSE

WASHINGTON

August 4, 1975

MEMORANDUM FOR: DICK CHENEY

FROM: RODERICK HILLS

SUBJECT: Attorneys for the Olson Family

The attorneys for the Olson family are pushing very hard for information and are claiming a lack of cooperation with the CIA and DOD. I cannot be certain, of course, but it appears to me that they have been increasingly belligerent. Rex Lee, Assistant Attorney General, Civil Division, believes that there is no way to settle the case and wishes to take a tough stance. I remain somewhat reluctant at having the Attorney General refuse the Olsons' claim on what will be proved to be a technicality and what may eventually seem to be an attempt to "cover up." Accordingly, I believe that sometime in the next week or two we should attempt to contact the attorneys with the help of the Attorney General or perhaps through an intermediary (Mitch Rogovin, Special Counsel to the CIA has a partner at Arnold and Porter who is quite close to the Olson children) to see if a settlement might not be arranged.

Copies of their letters are attached.

cc: Donald Rumsfeld
Philip Buchen

Memo, Hills to Cheney, 8/4/75, folder "Frank Olson Gen CIA," Box 20, Edward C. Schmults Files.

Mémorandum de Roderick Hills à l'attention de Dick Cheney, 4 août 1975.

THE WHITE HOUSE

WASHINGTON

September 30, 1975

MEMORANDUM FOR THE PRESIDENT

THROUGH: RICHARD CHENEY

FROM: RODERICK HILLS

SUBJECT: Olson Family Compensation Claim

The pending law suit by the Olson family against the United States Government by reason of the death of Dr. Olson threatens to be a reality this week if no new effort to settle the case is made. The Attorney General has made a final offer of $500,000 which has been rejected by the Olson family.

The Olson family has countered with a request for $3 million but has indicated a willingness to settle for less.

Essentially, the Attorney General concludes that the claim of the Olson family is worth $1 million, but must be discounted by $500,000 by reason of the possibility that the government will ultimately succeed in the case on the grounds that exclusive remedy for the Olson family comes from the benefits provided by the Federal Employees Compensation Act. In short, the Justice Department argues that there is a substantial possibility that a court will find that Dr. Olson died in the course of his employment.

I frankly disagree with this analysis and believe that there is a real probability that an appellate court would decide that as a matter of law when one dies under the circumstances such as those causing Dr. Olson's death, he cannot be said to have died "in the course of his employment." In any event, the Department of Justice will not

Memo, Hills to GRF, 9/30/75, folder "Frank Olson Gen. (1)" Box 20 Edward C. Schmults Files.

Mémorandum de Roderick Hills pour le Président, concernant la demande d'indemnisation de la famille Olson, 30 septembre 1975 (voir aussi page suivante).

offer a larger sum in settlement. However, the Justice Department would support a private bill which would waive the FECA defense for a total of $1 million and would not object if a private bill provided "compensation for the extraordinary deceit" employed in the case of Dr. Olson. For this element of damages they would provide $250,000.

Adding all the elements of the Justice Department together, they would then support a private bill for $1,250,000 and they would also forego an offset of the approximately $150,000 that the Olson family has received to date in compensatory benefits.

The Justice Department analysis is attached at Tab A.

RECOMMENDATION

I recommend that you authorize Special Counsel to the CIA Mitchell Rogovin to attempt a settlement with the Olson family at a sum not to exceed $1,250,000 plus a waiver of an offset of the monies received to date by the Olson family.

In the event a settlement can be reached within these guidelines, the CIA and the Olson family can jointly petition the Department of Labor to re-consider its 22 year old decision that Dr. Olson did die in the course of his employment. Should the Labor Department so rule, the Justice Department is on record as supporting a settlement of $1 million without an offset.

The CIA could agree in a settlement with the Olson family that any excess amount would be made the subject of a private bill and supported by the Administration. Alternatively, if the Labor Department does waive the FECA decision, we could ask the Justice Department to re-consider its settlement limitation. In the event that the Labor Department should reaffirm the 22 year old decision that Dr. Olson did die in the course of his employment, we would agree that the private bill would be in the amount of $750,000.

Mitchell Rogovin should be authorized to attempt a settlement of the Olson family claim for a sum not to exceed $1,250,000 without an offset.

Agree ______________

Disagree ______________

See Me ______________

Letter, Colby to G.R.F., 10/29/75, folder "Olson Frank Gen (2)" Box 20 Schmults

CENTRAL INTELLIGENCE AGENCY
WASHINGTON, D.C. 20505

29 October 1975

The President
The White House
Washington, D. C. 20500

Dear Mr. President:

Pursuant to your instructions, efforts were made to negotiate a settlement of the claim of the family of Mr. Frank R. Olson against the Government based on the circumstances of his untimely death. Although the family has agreed to settle its far larger initial claim for $1,250,000, the Attorney General is not prepared to certify under existing law that such a settlement is appropriate.

The Olson family is prepared to file suit. Such litigation would doubtless be prolonged and in the view of the Department of Justice, it would fail. Under the circumstances this would not appear to be in the best interests of the nation or the Olson family. I believe in good conscience that the circumstances of this case require an equitable response from the Government.

The only vehicle by which to obtain such recompense would be by passage of private legislation. Consequently, I recommend that you forward a request to the Congress for passage of a private bill in the sum of $1,250,000.

Respectfully,

W. E. Colby
Director

Lettre du 29 octobre 1975 de W. E. Colby au Président, conseillant de déposer une demande au Congrès pour le règlement de l'indemnité due à la famille Olson, fixée d'un commun accord à 1 250 000 dollars.

Memo, James Frey to Schmults, 12/10/75, folder
"Olson, Frank Private Relief Bill (2)" Box 20 Schmults Files

EXECUTIVE OFFICE OF THE PRESIDENT
OFFICE OF MANAGEMENT AND BUDGET
WASHINGTON, D.C. 20503

December 10, 1975

MEMORANDUM TO MR. SCHMULTS

Subject: Private relief bill for the family of Dr. Frank R. Olson

The subject draft bill was sent informally to Labor, Defense, and Justice on the basis that the decision has already been made to support such a bill although it would not be formally proposed by the Executive Branch.

Defense, nevertheless, is extremely concerned about supporting the bill, particularly because of its precedential implications. They indicate that they already have claims from people in the same or similar circumstances as the Olson case. They also questioned the large amount provided in the bill and wondered what it was based on.

Specifically, Defense would like certain changes in the text of the bill as marked on the attached copy. The thrust of their suggestions is that, to mitigate precedential problems, the bill itself need not explicitly accept "responsibility of the United States." They feel that the facts and circumstances of this particular case can better be brought out in the legislative history.

Labor, institutionally, would oppose such a bill as being discriminatory against others covered by FECA. They feel that, if the bill is to be supported, it should at least provide an offset for FECA payments already made to the members of the family. (Their rough guess is that this amounts to $100,000-$200,000, but they are going to work up precise figures for each family member.) The Department's proposed language is also marked on the attached copy of the bill.

Justice, under the circumstances, raised no objections.

Frey
James M. Frey
Assistant Director for
Legislative Reference

Schmults.jps.

Attachments

Mémorandum de James M. Frey à l'attention de Mr. Schmults, 10 décembre 1975.

CENTRAL INTELLIGENCE AGENCY
WASHINGTON, D.C. 20505

6 OCT 1976

Mr. James M. Frey
Assistant Director for Legislative Reference
Office of Management and Budget
Washington, D.C. 20503

Dear Mr. Frey:

This is in response to your request for this Agency's views and recommendations on Enrolled Bill S. 3035, "For the relief of Alice W. Olson, Lisa Olson Hayward, Eric Olson, and Nils Olson."

The Central Intelligence Agency fully supports this Enrolled Bill and recommends its approval by the President.

Sincerely,

George Bush
Director

AMERICAN REVOLUTION BICENTENNIAL 1776-1976

Réponse de George Bush, directeur de la CIA, à James M. Frey du 8 octobre 1976.

Justice Department Report

The Rockefeller Report states on p. 226:

> "In the late 1940's, the CIA began to study the properties of certain behavior-influencing drugs (such as LSD) and how such drugs might be put to intelligence use. This interest was prompted by reports that the Soviet Union was experimenting with such drugs and by speculation that the confessions introduced during trials in the Soviet Union and other Soviet Bloc countries during the late 1940's might have been elicited by the use of drugs or hypnosis. Great concern over Soviet and North Korean techniques in 'brainwashing" continued to be manifested into the early 1950's."

Dr. Frank A. Olson, a bio-chemist, was a civilian employee of the Army working at Fort Detrick in a cooperative effort with the CIA. On November 19, 1953, at one of the periodic meetings of Ft. Detrick and CIA personnel, a dosage of LSD was placed by CIA personnel in drinks consumed by Dr. Olson and others, all of whom were members of the group. Prior to receiving the LSD, Dr. Olson had participated in discussions where the testing of such substances on unsuspecting subjects was agreed to in principle. However, neither Dr. Olson, nor any of the others was made aware that they had been given LSD until about 20 minutes after the fact.

Rapport du département de la Justice sur le règlement de l'affaire Olson.

During the next several days Dr. Olson developed side effects, as a result of which he was taken to New York City on November 24, 1953, to be treated by a doctor who was a consultant to the agency on drug-related matters, Dr. Harold A. Abramson. On November 24, 25 and 26, he met with Dr. Abramson.

After seeing him on the 27th, Dr. Abramson believed that hospitalization would be in Dr. Olson's best interest. Arrangements were made for a hospital room near Dr. Olson's home (in the Washington area), but his room could not be prepared until the following day. Consequently, Dr. Lashbrook, of CIA, and Dr. Olson stayed at the Hotel Statler in New York on the night of November 27.

Dr. Lashbrook reported that during cocktails and dinner Dr. Olson appeared cheerful and spoke freely of his forthcoming hospitalization. Lashbrook and Olson retired at about 11:00 PM. They occupied separate twin beds in the same room on the tenth floor. At approximately 2:30 Saturday morning, Lashbrook was awakened by a loud noise; he reported that Olson had crashed through

Rapport du département de la Justice sur le règlement de l'affaire Olson (voir aussi page suivante).

the closed window blind and closed window and had fallen to his death.

The CIA General Counsel rendered an opinion that the death resulted from "circumstances arising out of an experiment undertaken in the course of his official duties for the U. S. Government.

The Bureau of Employee's Compensation adopted this view, thus awarding survivor benefits to the widow and children. To date $143,582.22 have been paid to the widow and three children. These tax-free benefits continue to be paid in the current total amount of $792.00 per month. The payments to the children terminate when they reach majority (as two already have), but the widow's benefits continue until death or re-marriage, and are periodically adjusted for cost of living increases.

The CIA has never made any contact with the family. Prior to the publication of the Rockefeller Report, no government representative has ever disclosed the full details concerning Dr. Olson's death.

Upon a preliminary review of the facts, it is the opinion of Justice Department lawyers that any tort action against the United States arising out of the above-stated facts would be barred by the Federal Employees' Compensation Act, and specifically 5 USC 8116(c). This Act would not bar suit against any individuals.

~~Document~~ Thirteen: Sworn affidavit of Mrs Alice Olson about the death of her husband at the hands of the CIA.

nty of Frederick)
) ss
te of Maryland)
)

AFFIDAVIT

Mrs. Alice W. Olson, being duly sworn, deposes and ys:

1. I am the widow of Dr. Frank Olson who died when he nped from a window of a hotel in New York City on November 28, 53 as the result of negligent and reckless conduct of the ntral Intelligence Agency.

2. The circumstances surrounding this tragedy which ded Frank's life, shattered mine and deprived our children of eir father, are as follows: In 1953 my husband was a distin- ished biochemist working as a civilian employee of the United ates Army at Camp Detrick, Maryland. My husband and three of s colleagues were given LSD, without warning, by CIA officials dney Gottlieb, Chief of CIA's TSS Chemical Division and his puty, Robert Lashbrook, as part of the CIA experimental brain- ashing program designated as MKULTRA and operating under the irection of Richard Helms, Chief of Staff of CIA's Clandestine ervices. Gottlieb and Lashbrook fed the LSD to my husband and he others in their after-dinner liqueur without telling them hat there was LSD in the cointreau glass, nor that they were the ubject of CIA experiments.

DOCUMENT THIRTEEN

Extrait du témoignage de Mrs Alice W. Olson.

3. When Frank came home on the Saturday following the CIA experiment, he was uncharacteristically moody and depressed. He was in great distress and in obvious need of help. But, instead of being taken to a psychiatrist in Washington or Maryland, Gottlieb and Lashbrook took him to an allergist in New York City, Dr. Harold Abramson, who was working with the CIA on its LSD experiments. Frank had two sessions with Abramson. After the first session he returned to this area, but when he got as far as Bethesda, he told me on the telephone that he was afraid to return home because he might do something wrong in front of the children. So he and Lashbrook returned to New York for a second session with Abramson. That night he jumped from a window of a tenth story hotel room in New York in which he was staying with Lashbrook. There is evidence from the hotel telephone operator that Frank's death may not have been a suicide, but I do not have sufficient proof to make that charge against the CIA in addition to their negligence and recklessness. When I spoke to Abramson years later, he could remember nothing whatever about my husband except that Frank "was a very sick man who needed help" and that he, Abramson, had destroyed all his records on the case. I still find it strange that Abramson destroyed records of a case of such significance.

4. My husband was a remarkably stable man. He had never had any psychiatric problems before he was fed the LSD [...]

2

Extrait du témoignage de Mrs Alice W. Olson (p. 2).

CENTRAL INTELLIGENCE AGENCY
WASHINGTON 25, D. C.

OFFICE OF THE DIRECTOR

Allen Dulles
To: Gottlieb

FEB 10 1954

(93)

PERSONAL

Dr. Sidney Gottlieb
Chief, Chemical Division
Technical Services Staff

Dear Dr. Gottlieb:

I have personally reviewed the files from your office concerning the use of a drug on an unwitting group of individuals. In recommending the unwitting application of the drug to your superior, you apparently did not give sufficient emphasis to the necessity for medical collaboration and for proper consideration of the rights of the individual to whom it was being administered. This is to inform you that it is my opinion that you exercised poor judgment in this case.

Sincerely,

Allen W. Dulles
Director

Lettre d'Allan W. Dulles au docteur Sidney Gottlieb, 10 février 1954.

LANGLEBEN, Florence

North 1

Sept 8/59 DR. CAMERON'S NOTES

This patient's weight is 96 lbs.

She is on
Multivites 1 QID
Sodium Amytal mgms 60 TID
Dormisone mgms 500 QHS

We had to stop her Marsilid because on Sept 2/59 her alk. phos. rose to 15.3

She is being interviewed again under SodiumAmytal and Desoxyn as of Sept. 4/59 and she brings out the fact that she was very much upset by her relations with her brother who is 15 years older than her. He was an important figure in her development. She used to sit on his knee and felt very close tohim, but he developed muscular dystrophy and had to go to hospital. 6 years ago she saw him for the last time and found him to be so ill that it upset her a great deal. She had pains in her chest. From this she dates the beginning of her illness. Quite recently he wrote to her and said that this was the last letter he would be able to write. She decided, however, that she could not go to see him. In any case she got a report that he was not quite so bad as he had implied.

She learned at the age of 14 that the man who was having an affair with her mother at that time was the brother-in-law of a sister of hers by the first marriage. This, she claims, did not upset her as much as one might have expected.

A hysterectomy was carried out in 1952 together with tying of both tubes and removal of the ovaries. She says that this was also an important contributory factor to her illness. Before that time, she slept well, felt good and since, she says she has never felt very well. She relates how when she was 14 and found out about her mother's infidelity that she went to consult a sister by the first marriage. She was not the same person, however, as the wife of the brother-in-law who had the sexual relations with the mother.

This sister did not seem to be unduly alarmed and said that she knew about it. Within a month following her discharge, she was travelling down from Toronto with the same sister who told her that the sister who lies between them and who is 8 years older than the patient was not the child of their father. This apparently also left her relatively acquiescent and unmoved.

The reason for the hysterectomy was menorrhagia for many years.

The patient's condition at the present time is rather fluctuating. At times she feels a lot better and at other times, not. She is quite unwilling, so she says, to continue with therapy but we are urging strongly that this be done.

LANGLEBEN, Florence

North 1

Sept 15/59 DR. CAMERON'S NOTES

This patient's weight has fallen by 2 lbs. to 94 lbs.

She is on
Multivites 1 TID
Sodium Amytal mgms 60 QID
Dormisone mgms 500 QHS
Premarin mgms 1 PRN.

She has been examined under Sodium Amytal and Desoxyn and she brings out the fact that she is concerned because she is very easily hurt. When questioned about the fact that she manipulates everytone around her, she said that she has been much more disturbed after she had her hysterectomy in 1952. The husband himself said the same thing, but we are not altogether clear whether he simply pickedit up from her. In referring back to a very careful Social Service study of her which was made on March 7/57, we see this: after an interview with the husband, the social worker wrote as follows:

"From his description emerged a picture of an extremely compulsive, hostile and manipulative person shose symptoms antedate far prior to the hysterectomy Giving in tothe basis of chronic dissatisfaction with their home, they moved from one home to another at yearly intervals with considerable financial loss involved in each of these transactions, When the husband finally refused to sell the present home the patient threatened him with spending the money anyway and actually retailliated by using up all their savings ($3,000), and making a $2,000 debt in order to change all their furniture."

We find the husband to be cooperative and well motivated towards using help, but he is now becoming quite despondent and has refused to attend the Relatives' Group any further.

Turning again to the patient, we see that she is aware of her hostilities and difficulties and, at times, she has indeed said, "I hate myself." Then she turns her hostility towards the husband again and says, "My husband accused me of not trying."

We feel, under these circumstances, it has probably passed beyond the patient's capacity to reorganize herself under ordinary psychotherapeutic procedures and we are proposing to put her on to continuous sleep as soon as a bed is available, with possible depatterning and driving.

Notes du docteur Cameron sur sa patiente Florence Langleben (ci-contre et ci-dessus), 8 et 15 septembre 1959.

1 December 1953

MEMORANDUM FOR: Inspector General

SUBJECT: Use of LSD

1. Pursuant to your request, Dr. Willis Gibbons, Chief, TSS, was contacted on the evening of 30 November 1953 concerning points hereinafter noted.

2. Dr. Gibbons has impounded all LSD material in CIA Headquarters in a safe adjacent to his desk. No one else has the combination to this safe; the material was so impounded on 29 November 1953.

3. Dr. Gibbons stated that he is stopping any LSD tests which may have been instituted or contemplated under CIA auspices. A cable will be sent to the field on 1 December 1953 to this effect.

4. Only two (2) field stations, Manila and Atsugi, have LSD material. There is none in Germany although Mr. William Harvey recently expressed interest in the subject. A cable to the field on 1 December 1953 will instruct the field as to non-use and request data as to how much is on hand and who has custody and access.

5. CIA has furnished a limited quantity of LSD to Mr. George White, Chief of New York District, Narcotics Division, Treasury Department. Dr. Gibbons does not now know the exact amount in Mr. White's possession. White is fully cleared according to Dr. Gibbons.

6. In summary, LSD material over which CIA has or had distributive responsibility is located in four places: (a) Dr. Gibbons' safe, (b) Manila, (c) Atsugi, and (d) that in possession of George White. Exact amounts in each location are not yet available.

7. There are several "grants in aid" units and individuals in the United States doing research with LSD. None of these received

Mémorandum à l'attention de l'Inspecteur général sur l'utilisation du LSD, 1er décembre 1953.

(12)

- 2 -

material from CIA; some know of the CIA interest and furnish reports to CIA. Only volunteers are used. While some of the work is done with knowledge of CIA interest, it does not appear to be done under the auspices of CIA.

8. Dr. Gibbons said there is very little or no correspondence, either internal or external on the subject, but that he would collect such as existed for the Inspector General.

9. Dr. Gibbons was also asked to collect and have carried to the Inspector General all reports on the use and effects of LSD. He thought by this definition he would have a drawer full of papers.

10. Dr. Gibbons was asked to prepare a list of known clinical grants in aid units and individuals in this country engaged in LSD research. It appears that Dr. Abramson has experimented with this drug.

11. Dr. Gibbons was not clear as to the mechanics of CIA acquisition of LSD but said he would get the answers. The material is not under Federal U.S. Governmental control to the best of his knowledge. It is an experimental drug, and as such, is not allowed to be sold in this country. Most LSD obtained by CIA comes from the Eli Lilly Company with head offices in Indianapolis, Indiana. Dr. Gibbons thought some might have been obtained from other parties but he was not certain. The Eli Lilly Company apparently makes a gift of it to CIA. Dr. Gibbons was not certain whether the company brought it here, to a cut-out arrangement, or whether it is picked up in Indianapolis. The manner of receipting for the material is not clear.

12. Answers to the questions asked by the Inspector General which are not given by the above are being obtained by Dr. Gibbons and will be furnished as soon as he is able to get them to this Staff.

Chief, Inspection and Review

Distribution:
Orig. & 1: addressee
1: I&R Subject file

Mémorandum à l'attention de l'Inspecteur général sur l'utilisation du LSD, 1er décembre 1953.

ngraded-to: CONFIDENTIAL
thority of: 187475
te: June 1977

E2 IMPDET; CL BY 187475

TOP SECRET

DRAFT/eip
17 August 1960

MEMORANDUM FOR: THE RECORD

SUBJECT : Supplement - MKULTRA, Subproject 68

1. Subproject Number 68 is being continued as a means to sustain a research program, the effects upon human behavior of the repetition of verbal signals. The program is under the direction of Dr. D. Ewen Cameron, Chairman of the Department of Psychology, McGill University, Montreal, Canada.

2. The scope of the program will encompass the same studies outlined in the previous draft dated 27 March 1959 which is attached.

3. It is anticipated that long term support for this study will be provided by other organizations (one such organization is the U.S. Air Force) where negotiation assisted by the Society for the Investigation of Human Ecology, Inc. has been underway for approximately 6 months), therefore, this project is being continued for a three month period only. In view of this short continuation, McGill will be authorized delay of the final reporting on expenditures and a terminal technical report.

4. This project will be funded through the Society for the Investigation of Human Ecology, Inc. The cost of the program for a period of three months will be $4,775.00. Charges should be made against Allotment 1525-1009-1902.

5. In lieu of higher overhead rates, title to any permanent equipment purchased by funds granted the University shall remain with the University.

owngraded to: CONFIDENTIAL
y authority of: 187475
ate: June 1977

2 IMPDET; CL BY 187475

TOP SECRET

Document Four: Further evidence of the link between the CIA and Dr Cameron. It is interesting to note that in 1988 these documents are deemed to still be so sensitive that the CIA insisted on blacking out the names of the "Research Director" and "Chief TSD/Research Branch". FOUR

Rapport sur le projet MK-Ultra classé top secret, 17 août 1960.

William Buckley.

Allen W. Dulles, longtemps à la tête de la CIA (Popperfoto).

Docteur Ewen Cameron (Canapress Photo Service).

William Casey en conversation avec Ronald Reagan à la Maison Blanche (Rex Features).

Le docteur Aziz al-Aboub (au centre) dans un café de Beyrouth, peu avant son départ du Liban.

Chapitre XII

Buckley fut heureux de cette occasion de quitter Langley. À la suite du désastre de la baie des Cochons, l'obsession de l'administration Kennedy de se débarrasser de Castro avait été ravivée dans ce que Buckley appela plus tard « un feu de joie d'idées ». Le docteur Gottlieb attisait ce feu. Pressé par Richard Helms, le directeur des opérations, lui-même éperonné personnellement par l'*attorney* général Robert Kennedy – le frère cadet du président –, Gottlieb avait créé toute une gamme de toxines et de dispositifs pour tuer le leader cubain. Buckley n'avait pas été impliqué dans cette opération qui portait le nom de code Mongoose. Mais il m'a raconté en avoir « vu et entendu assez pour savoir que la pression pour trouver un moyen d'éliminer Castro produisait des idées dingues. C'était Robert Kennedy qui poussait les feux. Rien n'était trop fou pour lui. Un bon exemple : cette proposition échafaudée sur la large proportion de catholiques romains à Cuba. L'idée était de répandre la nouvelle que Dieu avait choisi l'île pour le Second Avènement – mais que Jésus n'apparaîtrait que si les gens se débarrassaient de Fidel Castro, l'antéchrist. Pour donner un semblant de vraisemblance à l'idée, la marine devait fournir un sous-marin. Il arriverait au large de La Havane un soir, ferait surface et lancerait une série de fusées éclairantes qui éclateraient au-dessus de la capitale. Au même moment, une station de radio animée par des exilés cubains et financée par l'Agence annoncerait que ces glorieuses illuminations étaient le signe que le Second Avènement était imminent, et qu'il était temps de disposer de Castro. L'idée fut mise au placard lorsque la marine répondit qu'il n'était pas question qu'elle suive un plan pareil. »

Lorsque Buckley quitta Langley pour aller rencontrer le docteur Sargant, Gottlieb était occupé à concocter de nouveaux plans pour assassiner Fidel Castro. Il était aiguillonné par le rapport d'un transfuge cubain disant que des experts en guerre biologique du KGB étaient arrivés à La Havane et avaient mis sur pied un institut de recherches dans une zone fortement gardée proche de la ville. Que ce soit vrai ou non – cela n'a jamais été prouvé –, cela suffisait pour convaincre Gottlieb qu'il était à présent impératif de tuer Castro avant qu'il ne lance une attaque biologique sur la Floride. Les météorologues de la CIA furent sollicités pour préparer des prévisions détaillées du moment le plus favorable pour confier au vent une attaque à l'anthrax. Les chimistes de l'Agence durent examiner les possibilités d'ensemencer des nuages avec ce germe. Les Russes savaient-ils faire cela ? Cuba pouvait-elle servir de base de lancement pour toutes les variétés d'armes que les États-Unis eux-mêmes avaient créées ? Les analystes eurent beau conclure que c'était hautement improbable, cela n'apaisa en rien chez Gottlieb l'obsession de trouver le moyen d'assassiner Fidel Castro.

Comme une phalange invincible menée par le docteur Cameron et le tout aussi autoritaire docteur Sargant marchant du même pas, la tournée médicale du matin progressait dans l'institut. Médecins et infirmières suivaient avec effort la cadence des deux psychiatres expérimentés. Buckley marchait avec eux.

Il accompagnait le docteur Sargant depuis le moment où ce dernier était descendu du vol Londres-New York, deux jours plus tôt. Le psychiatre s'était révélé être un compagnon agréable, et avait insisté pour que Buckley dîne avec lui au Plaza. Pendant le dîner accompagné d'un des plus fins bordeaux de la cave de l'hôtel, la conversation avait roulé sur les renseignements, et Buckley avait évoqué le cas de Frank Olson. Le docteur Sargant avait décrit sa mort comme une sale histoire et avait révélé son rôle dans l'affaire, en commençant par sa dernière rencontre avec Olson. Buckley se rappellerait avoir eu l'impression que Sargant regrettait d'avoir joué un rôle dans le meurtre du biochimiste.

Avant d'aller chercher Sargant à New York, Buckley avait appris qu'il allait être muté à la base de la CIA de Saigon. La perspective de voir enfin « de l'action réelle » lui plaisait. Sachant qu'il allait passer du temps loin des États-Unis, il avait proposé au docteur Sargant de gagner Montréal en train. Ce serait pour lui la dernière occasion d'emmagasiner des souvenirs de la beauté de la Nouvelle-Angleterre. Le trajet confirma Buckley dans l'idée que le psychiatre était extrêmement cultivé et intellectuel, capable d'exprimer avec intelligence ses vues sur les circonvolutions des affaires internationales. Il voyait dans le Viêt-nam « l'assurance de prendre une gamelle » pour les États-Unis, ajoutant que d'après son expérience, jamais les bombes n'avaient soumis un peuple. Le Blitz de Londres en apportait la preuve.

À présent, deux jours plus tard, Buckley marchait aux côtés du docteur Roper, encore un Anglais typique, et l'écoutait murmurer que la relation entre Cameron et Sargant prouvait bien l'attraction des contraires. Le docteur Cameron était taciturne, comme à son habitude. « Donnez à cette petite encore cinquante milligrammes d'Amytal sodium » ; « le maniaco-dépressif de la trois a besoin de plus de Thorazine » ; et « inscrivez-le pour une autre série d'électrochocs ». Comme la tournée passait de chambre en chambre, le docteur Cameron fit remarquer l'ampleur des changements intervenus depuis la première visite du docteur Sargant, au milieu des années 1950. À l'époque, environ un tiers seulement des dépressifs et des schizophrènes – encore de loin les maladies mentales les plus répandues – guérissaient suffisamment pour être renvoyés dans le monde. Le docteur Sargant dit qu'il obtenait des résultats comparables à Londres.

En passant devant des patients qui, sur des brancards, attendaient d'entrer en salle d'électrochocs, le docteur Sargant s'enthousiasma : « De nos jours, il peut suffire de prescrire quatre ou cinq traitements par électrochocs et le patient retrouve ses esprits, sans avoir besoin d'aller chercher des histoires compliqués, des enquêtes sociales et tout le blabla des freudiens. » Ce fut la première fois que Buckley vit Cameron sourire ce matin-là.

Le docteur Roper dit à Buckley qu'il était réellement fier de faire partie d'une révolution en marche, même s'il était de plus en plus difficile de repousser les limites. Non seulement les psychanalystes continuaient à s'opposer aux traitements physiques, mais au sein même de l'institut, la grogne s'était organisée lorsque Rosemary Bonner, une patiente de Cameron, était devenue un légume après son cent troisième choc. Le docteur Cleghorn avait soulevé « les implications de ce cas » avec le docteur Cameron. Ce dernier avait accepté à contrecœur qu'un comité soit mis en place pour sélectionner les meilleurs candidats à la déstructuration. Les membres de ce comité furent choisis à parité parmi les psychiatres et les psychothérapeutes de l'institut. Néanmoins, le docteur Cameron avait insisté pour emporter la décision finale en cas d'impasse. Ce n'étaient pas seulement les problèmes cliniques qui causaient des dissensions. Les frictions se multipliaient avec les médecins francophones, au sujet de la manière dont Cameron se moquait de leur langue et de leur culture. De nombreux analystes stigmatisaient son manque de compréhension envers le bagage ethnique de nombreux patients, une donnée pourtant importante à prendre en considération dans tout traitement. Il y avait une différence marquée entre les idées et les attitudes d'une Montréalaise et celles d'un patient venu des Rocheuses canadiennes. Le débat avait fait des remous dans la salle commune des médecins jusqu'à ce que Cameron finisse par autoriser le déblocage de fonds pour un programme de recherches sur le sujet. Buckley savait que ce dernier serait encore financé par la CIA.

Buckley nota que le docteur Cameron s'adressait à ses patients sur un ton familier : « Vous dormez bien, mon petit ? Vous mangez bien ? On écoute les enregistrements ? » La plupart du temps, les patients conscients répondaient par monosyllabes. Si un patient essayait de donner des détails, Cameron le coupait d'un « nous en reparlerons » sans appel, ou d'un « mon petit, je vous ai déjà dit que c'était sans importance ».

Au sortir d'un pavillon, le docteur Sargant fit remarquer que dans son hôpital, il avait constaté que les épisodes traumatiques devaient être revécus au présent par le malade. « Il ne sert strictement à rien que le patient débite platement le récit de ce qui lui est arrivé. Nous essayons toujours de le faire revenir exactement dans la situation qui a provoqué ses problèmes mentaux. Nous lui faisons revivre la crise, sauf que cette fois, toutes ses sensations et tous ses souvenirs sont notés. » Buckley remarqua la satisfaction visible de Cameron.

Pendant le voyage de retour à New York, le docteur Sargant dit à Buckley que sa visite à l'institut l'avait profondément troublé. Il ne voyait aucune justification scientifique à la plus grande partie de ce qu'il avait vu. Il acceptait volontiers l'idée que l'on puisse difficilement savoir quelle partie précise d'un traitement, comme les électrochocs et les substances chimiques combinés, aidait les patients à guérir, mais il était convaincu d'une chose : « Ce que Cameron faisait à ses patients était mal, mal, mal. »

Dans l'intimité de leur compartiment de chemin de fer, le docteur Sargant continua à s'exprimer sans retenue : « Franchement, j'ai été horrifié. Et je suppose que je n'ai pas tout vu. Par exemple, je ne suis jamais entré dans la salle de sommeil ou dans le sous-sol. J'ai l'impression que Cameron, en voulant aider Washington, en oublie que son premier souci doit être le bien-être de ses patients. Je ne veux rien avoir à faire avec tout cela. Cela sent mauvais. »

Buckley suggéra au psychiatre de communiquer son point de vue au docteur Gottlieb. Sargant répondit qu'il « y penserait ». Il ne le fit jamais. Des années plus tard, il défendrait sa décision en s'appuyant sur cet argument : « Ce n'était pas à moi de dire à Gottlieb ce qu'il devait faire. »

Mais dans ce train qui le ramenait à New York, William Buckley se dit que la perspective d'une mission au Viêt-nam était infiniment plus attirante qu'une visite à Montréal.

Après une semaine passée à l'institut, Mary Morrow était de plus en plus contrariée que le docteur Cameron ne soit pas encore venu la voir. Personne ne semblait en mesure de lui dire où il était, ni ce qu'il en était de son cas à elle. Les seuls événements avaient été la venue d'un jeune médecin qui avait noté son historique, et la visite d'un interne avec qui elle avait travaillé dans le passé. Pourtant, elle avait l'impression que si elle décidait de partir, elle compromettrait tout espoir de retour à l'exercice de la médecine. Cameron utiliserait son réseau pour faire savoir partout qu'elle était incapable d'exercer. Plus tard ce matin-là, elle entendit sa voix dans le couloir. Elle commença à se détendre. Tout allait bien se passer. Mais à la fin de la journée, elle se demandait encore pourquoi il n'était pas venu la voir.

Le lendemain matin, elle entendit encore un tumulte de bruits de pas qui approchaient : la tournée matinale. Elle rassembla son courage pour affronter ses anciens collègues et les jeunes internes. Ce serait gênant de savoir qu'ils étaient probablement tous au courant qu'elle était médecin, mais elle allait essayer de faire bonne figure. Elle reconnut la voix du docteur Cameron, sans comprendre ses paroles. Cela faisait des jours qu'elle attendait ce moment, le début de son voyage de retour vers la santé, guidée par sa main.

Les pas s'approchèrent encore. Le docteur Cameron parlait toujours, mais il avait baissé la voix. Elle se rappela, d'après son expérience de la tournée, qu'il baissait parfois le ton avant d'entrer dans la chambre d'un patient pour donner des instructions sur son traitement. Mais, dans son cas, il ne lui avait même pas parlé du moindre traitement. Les pas ralentirent dans le couloir. Elle imaginait clairement les jeunes médecins et infirmières groupés autour du docteur. Elle composa son visage, décidée à lui cacher son inquiétude. Elle tenta même de sourire. Enfin, le docteur Cameron fut juste derrière sa porte ; à ce moment-là elle était prête à reconnaître sa détresse et l'étendue de son besoin d'aide. L'attente interminable de sa venue était presque terminée. Dans quelques instants, il entrerait à grandes enjambées dans la chambre et sa frayeur désespérée, son sentiment d'être séparée du reste du monde seraient effacés.

De l'autre côté de la porte, elle entendit le docteur Cameron annoncer : « Nous allons donner à cette petite un traitement par électrochocs. » Le piétinement s'éloigna.

Mary Morrow hurla : « Pourquoi ? Pourquoi ? »

XIII

Buckley arriva à Saigon au moment où des scientifiques de Fort Detrick commençaient les tests sur un nouvel agent biologique pour contrer les Nord-Vietnamiens, les Viêt-congs. Il s'agissait de l'encéphalomyélite équine vénézuélienne ; non seulement elle était hautement contagieuse, mais en plus elle avait des effets débilitants, entraînant des nausées et tous les symptômes d'une forte grippe. L'arme était conçue pour mettre l'ennemi hors d'état de combattre une fois le germe inhalé. Le seul inconvénient était qu'elle infectait aussi les troupes américaines et sud-vietnamiennes. Après plusieurs tentatives, la diffusion généralisée de l'agent fut interrompue.

Cependant, un autre programme de Fort Detrick, baptisé Black Magic, fut mis en pratique avec l'approbation personnelle du général Westmoreland, le commandant américain au Viêt-nam. Du gaz CS fut vaporisé sur de larges étendues de jungle où les Viêt-congs étaient soupçonnés de se cacher ; en général, il y avait des villages dans la zone dont les habitants étaient eux aussi soumis aux effets extrêmement pénibles de la substance nocive. Élaboré à l'origine par Porton Down pour être utilisé par les troupes britanniques en Malaisie, le gaz avait été considérablement amélioré pour le Viêt-nam. Temporairement aveuglés et atteints de graves brûlures cutanées, les Viêt-congs étaient débusqués de leurs tunnels, pour être tués par des bombes à fragmentation après les pulvérisations des hélicoptères américains. Des troupes américaines équipées de masques à gaz étaient ensuite envoyées pour tuer les survivants viêt-congs.

Buckley savait que, si le gaz CS ne tuait pas, un programme d'urgence était en cours aux États-Unis pour fabriquer toute une gamme de gaz neurotoxiques mortels, prêts à être utilisés sur une échelle jamais vue dans aucune guerre. Au moins vingt universités, dont beaucoup participaient au programme MK-Ultra, travaillaient sur des armes biologiques ou chimiques. Dans tout le pays, des stocks énormes étaient prêts à être expédiés au Viêt-nam. L'arsenal de Rocky Mountain, dans le Colorado, abritait des dizaines de milliers de bombes à fragmentation remplies de gaz moutarde, de phosgène et d'agents neurotoxiques. Dans la vieille ville minière de Toole, près de Salt Lake City, un dépôt contenait des millions de litres d'armes similaires dans des bidons métalliques qui s'étendaient sur près d'un kilomètre dans le désert. On a calculé que ces bidons, à eux seuls, contenaient assez de poison pour rayer de la carte une grande ville américaine.

Mais, au Viêt-nam, la place d'honneur de l'arsenal de guerre biologique américain revenait à un produit chimique conçu pour dépouiller la jungle de son feuillage dense et, bien sûr, handicaper toute personne qui y était exposée. Il s'appelait l'agent orange, à cause de la couleur des bidons dans lesquels il était arrivé au Viêt-nam. Pour le fabriquer, les scientifiques de Fort Detrick avaient testé le nombre stupéfiant de vingt-six mille variétés de produits chimiques avant de trouver le bon mélange. Des transporteurs C123, des avions lents qui volaient bas, entreprirent la défoliation systématique de la campagne.

La combinaison de deux produits chimiques – l'un appelé 245 T et l'autre, dioxine – fait sans doute de l'agent orange l'arme la plus atroce qui ait été utilisée au Viêt-nam. Il faisait exploser les arbres et flétrir les plantes en quelques instants ; dans son sillage, des jungles entières se retrouvaient nues et rabougries. Les Vietnamiens appelaient les étendues détruites « la terre des morts ». Mais pour les commandants américains, le résultat était gratifiant : les Viêt-congs, pris sous des trombes de défoliant, développèrent les premiers symptômes du cancer. C'était un effet de la dioxine présente dans l'agent orange. Quelques grammes dans les réserves d'eau auraient suffi à empoisonner toute la population de New York.

En tout, deux cent cinquante livres de dioxine furent larguées sur le Viêt-nam. Des indications selon lesquelles la pulvérisation massive faisait plus que détruire la végétation arrivèrent après la première année. Des médecins de l'hôpital pour enfants de Saigon signalèrent une vague significative de spina-bifida et de becs de lièvre à la naissance. Puis cela empira. Les hôpitaux de tout le Viêt-nam signalèrent une augmentation du nombre d'enfants mort-nés. Les autopsies révélèrent de la dioxine dans leur sang. Pourtant, les pulvérisations se poursuivirent. Là, les populations civiles ne furent plus les seules à être exposées à l'agent orange. Le désherbant meurtrier fut largué par erreur sur pas moins de quarante bases américaines. Les militaires se présentèrent aux services médicaux avec de graves éruptions cutanées et des chutes de cheveux ; certains finirent aussi par développer des cancers de la peau et d'autres tumeurs.

Pour Buckley, pourtant endurci par ses combats en Corée et par ce à quoi il avait assisté avec les sujets jetables en Europe, « ce qui se produisait était un film d'horreur de première catégorie ».

Pendant ce temps-là, à Montréal, un autre film d'horreur atteignait son point culminant.

Madeleine avait été transférée par le docteur Cameron dans un service de neurochirurgie de Montréal pour subir une lobotomie préfrontale. La veille au soir, une infirmière lui avait rasé la tête à la tondeuse, puis l'avait passée au blaireau avant d'utiliser un coupe-chou de barbier pour lui faire un crâne parfaitement nu et luisant.

Le jour de son opération, le 13 avril 1963, coïncidait avec le dixième anniversaire du MK-Ultra. Son budget initial de trois cent mille dollars avait été multiplié de nombreuses fois. Même si seul le docteur Gottlieb connaissait les chiffres exacts, car il était l'unique financier des fonds secrets qu'il contrôlait, ces derniers se comptaient en millions de dollars. Des centaines de médecins et de scientifiques de toutes disciplines avaient été enrôlés. Mais le docteur Cameron demeurait le porte-drapeau du programme. Il incarnait le sérieux institutionnel qui, d'après le docteur Gottlieb, conférait au MK-Ultra « sa respectabilité ».

Leurs relations actuelles étaient empreintes de respect mutuel. Le docteur Gottlieb savait qu'il n'avait pas besoin de pousser le docteur Cameron pour qu'il invente de nouvelles expériences ; pour preuve, celui-ci envoyait de son bureau de Montréal une succession ininterrompue de demandes de fonds. En échange, il était toujours disponible pour prendre les appels de Gottlieb lui demandant de rendre compte de ses progrès. Lors de leur dernier entretien téléphonique, il lui avait expliqué sa décision au sujet de Madeleine.

Après quarante jours passés dans l'Isolateur, suivis d'un nouveau séjour en salle de sommeil, sa schizophrénie chronique devait être traitée grâce à un nouveau protocole chirurgical que le docteur Cameron appelait encore « la nouvelle psychiatrie ». La majorité des psychiatres avaient constaté que la lobotomie n'apaisait nullement la maladie. Beaucoup de patients en sortaient encore plus troublés, alternant entre l'inertie et l'entêtement. D'autres manifestaient des symptômes de boulimie, d'attachement amoureux puéril pour les infirmières et les médecins, se roulaient par terre et passaient sans transition du rire aux larmes. Les patients lobotomisés finissaient généralement leur vie à l'asile.

Le docteur Cameron était devenu un fervent défenseur de la procédure grâce à ses contacts avec Walter J. Freeman. Ce flamboyant chirurgien était professeur de neurologie à l'université George Washington. Le menton orné d'un bouc, il portait souvent sous le bras un cerveau humain dans un bocal, et se servait d'une baguette de bois bien effilée – qui lui servait aussi de cure-dents – pour exposer le trajet des influx nerveux. Freeman était depuis longtemps l'expert le plus reconnu, en Amérique du Nord, en matière de lobotomie. Il avait promis à sa première patiente, une femme qui avait de beaux cheveux, d'épargner ses boucles. Au dernier moment, il lui avait rasé le crâne. Mais, comme il le dit un jour au docteur Cameron : « Après, elle n'y pensait plus. » Depuis, Freeman avait procédé à plus de quatre mille lobotomies, détruisant le cerveau de ceux qui souffraient d'appréhension, de dépression, de compulsions, d'obsession, ainsi que des drogués, des déviants sexuels et, bien sûr, des schizophrènes. Il était convaincu que c'étaient les lobes frontaux qui empêchaient les patients de coopérer d'une manière « acceptable », comme il le disait lui-même.

Le docteur Cameron était d'avis que Madeleine remplissait les critères. Droguée, elle avait émis dans l'Isolateur des sons que l'analyseur vocal du laboratoire de radio-télémétrie avait identifiés comme « … père… », « … veux bébé… », « … père… ». Retransférée en salle de sommeil, elle avait réussi à trouver la force de donner un coup de tête à une infirmière avec son casque. Ce genre de comportement entrait justement dans la description, établie par Freeman, des patients sur lesquels la psychochirurgie pouvait être bénéfique. « Le patient gagne à avoir un intellect simplifié. La société peut s'accommoder du plus humble des travailleurs. Mais elle se défie, avec raison, du penseur fou », avait-il écrit.

Madeleine devait être opérée par un neurochirurgien canadien. Elle fut emmenée en fauteuil roulant jusqu'à la salle d'opération, où on l'installa sur la table. Nue, à l'exception d'une blouse chirurgicale, Madeleine, pleinement consciente, plongea les yeux dans le scialytique qui la surplombait. La lobotomie radicale allait être effectuée sous anesthésie locale, pour que le chirurgien puisse juger en temps réel de son degré de désorientation, un indicateur de la réussite de l'ablation des lobes frontaux. Jusqu'à ce qu'il constate les signes requis, il continuerait à détruire des morceaux du cerveau de Madeleine.

Le docteur Cameron arriva en salle d'opération et commença à se laver les mains aux côtés du chirurgien et de son assistant. Le psychiatre assistait fréquemment aux lobotomies de ses patients. Les trois hommes sortirent des lavabos et se placèrent derrière la tête de Madeleine. Le chirurgien ajusta un écran au-dessus des sourcils de la patiente pour protéger ses yeux alors qu'il lui badigeonnait le crâne d'antiseptique. La peau luisait sous le puissant flot de lumière. Le chirurgien demanda un scalpel et dessina de la pointe une marque autour de la zone à inciser. L'interne lui passa une seringue d'anesthésiant local. Il l'injecta tout autour du cercle, et la peau se décolla sous l'effet du produit. Le chirurgien se fit passer une deuxième seringue d'anesthésiant et recommença au même endroit. Cela devait avoir un effet hémostatique, réduisant le saignement lors de l'incision.

« Vous sentez quelque chose, mon petit ? » demanda le docteur Cameron.

Madeleine marmonna. Le trajet de la lame était marqué de sang. L'interne retenait la peau en arrière avec un forceps recourbé. Le seul bruit fut celui de l'instrument lâché dans une cuvette après utilisation. Le chirurgien continua à manier un écarteur pour décoller de l'os une autre portion de cuir chevelu.

« Ça va, mon petit ? »

Le chirurgien plongea ses mains gantées dans une solution antiseptique. Il préférait travailler avec des gants mouillés : ils donnaient plus de sensibilité à ses doigts. L'interne lava le champ opératoire avec une solution antiseptique. Une infirmière passa au chirurgien le trépan crânien avec la mèche en place. Il fora pendant quelques instants, et une fine fumée de poussière d'os s'éleva. Le chirurgien demanda un crochet à dure-mère, un instrument très similaire à ceux que les dentistes utilisent pour localiser les caries, et sonda le trou. S'il détectait une fissure, il savait qu'il avait traversé le crâne. Madeleine avait un crâne plutôt épais. Il n'y avait pas de fissure. Le forage se poursuivit. Lorsqu'il retira finalement le trépan, l'interne recueillit les débris de crâne et les plaça dans un petit pot. La sciure d'os serait utilisée pour combler les bords du trou après l'opération. Le chirurgien utilisa une seringue pour nettoyer la cavité. À sa demande, l'infirmière lui tendit un petit scalpel à la lame bien aiguisée. Il entailla un coin de la dure-mère, la solide membrane qui recouvre le cerveau. Puis, à l'aide d'un ciseau à dure-mère, il commença à la découper, morceau par morceau. Le cerveau de Madeleine était exposé, d'un rose laiteux.

« On sent quelque chose, mon petit ?

Madeleine émit un grognement.

– Mon petit, comptez jusqu'à dix. »

Encore une série de grognements. Le chirurgien inséra une spatule dans la trépanation. Il appliquait une technique bien définie : descendre de quelques millimètres, puis une pause pour déplacer l'instrument latéralement de quelques millimètres. Chaque mouvement endommageait un peu plus le cerveau de Madeleine.

« Mon petit, pouvez-vous nous chanter votre chanson préférée ?

Encore des grognements de Madeleine. Le chirurgien poursuivit la destruction de son cerveau.

– On a sommeil, mon petit ? »

Elle lui répondit par un grognement. Le chirurgien retira le tube et demanda une canule, une seringue hypodermique de gros calibre. Il l'inséra dans le trou et, en appuyant régulièrement, la dirigea jusqu'au sphéroïde, l'arête osseuse à la base du crâne. Il retira la canule pour réinsérer la spatule, dont il poussa le manche vers le haut pour que la lame puisse longer la base du crâne et couper aussi loin que possible dans le cerveau. La spatule fut retirée, et le trou nettoyé du fluide qui suintait. En tout, quatre incisions furent faites, deux de chaque côté du trou.

Le docteur Cameron continuait à poser des questions à Madeleine. Elles faisaient partie intégrante de ce qu'il appelait « mesure de la désorientation » : c'était son moyen d'évaluer l'étendue de la destruction du cerveau. Le chirurgien poursuivit son travail, tâtant et coupant.

« Mon petit, dites-moi quelque chose. »

Encore un grognement. Le chirurgien continua son ouvrage, écrasant pour toujours les principales zones de réactions émotionnelles de Madeleine. Enfin, elle ne fit plus aucun bruit, ferma les yeux et tomba dans un état de stupeur. Le docteur Cameron se pencha sur elle. Retirant l'écran protecteur, il souleva l'une, puis l'autre de ses paupières. Elle posa sur lui un regard vide.

« Mon petit, c'est terminé, vous n'aurez plus mal. »

Il quitta la salle d'opération et rejoignit l'institut pour sa tournée matinale. Plus tard dans la journée, Madeleine fut transférée à l'hôpital Saint-Jean-de-Dieu et placée sous la surveillance des religieuses qui s'occupaient d'un certain nombre de zombies comme elle.

À l'autre bout du monde, à Saigon, William Buckley fit une fois de plus taire ses doutes sur l'implication américaine dans une guerre qui, il en était convaincu, ne pouvait pas être gagnée. Depuis son petit bureau dans une maison de Pasteur Street – le quartier général de la CIA, situé dans le faubourg de Cholon – il se pliait à sa tâche, qui consistait à compliquer autant que possible les efforts des Nord-Vietnamiens. Il s'était fait la réputation de savoir évoluer avec aisance dans le cirque de violence qu'était devenue la guerre. Depuis le jour où il avait vu un moine bouddhiste se verser du pétrole sur la tête et s'immoler dans une rue bondée de Saigon pendant que d'autres moines formaient un cercle protecteur autour de lui, il en avait conclu : « Cela va être une guerre d'un genre nouveau pour moi, pour l'Amérique, pour le monde entier. »

Néanmoins, tout comme la Corée, le Viêt-nam convenait à sa mentalité. Sans perdre de temps, il avait fait d'un regroupement hétéroclite d'autochtones des collines vietnamiennes l'un des meilleurs groupes de combats clandestins opérant dans le pays. À l'aide du manuel d'assassinat de Gottlieb, il les avait entraînés à tuer de diverses manières. En bottes de combat usées, treillis froissé et béret, Buckley avait marché devant ses hommes, et n'avait reculé devant aucun défi. Il leur avait appris à ne montrer et à n'attendre aucune pitié. Dans un rapport confidentiel envoyé à Richard Helms – bientôt directeur des opérations clandestines de Langley –, Elliot Richardson, le chef de la base de la CIA à Saigon, le décrivait comme « une rareté dans ces parages : un homme capable d'analyser une situation, puis de tuer sans scrupule ».

Buckley s'en souvenait comme d'un vrai sacerdoce. « La première fois que je suis descendu dans un tunnel, racontait-il, je me suis dit : "Voilà, c'est ça que je veux vraiment faire. Aller chercher l'ennemi et en découdre au corps à corps." Il fallait aussi que je montre à mes hommes comment s'y prendre. » Il faisait peu de prisonniers « pour une raison toute simple : les centres d'interrogatoire étaient surchargés. Le processus à suivre pour amener un Viêt-cong à un interrogatoire était interminable. Nous recevions aussi des incitations à grossir le décompte des corps. Elles venaient de tout en haut. Donc, c'était plus simple d'éliminer sur le terrain, au lieu d'avoir à se coltiner toute la paperasserie qui accompagne un bon interrogatoire. J'encourageais mes hommes à ne jamais oublier le décompte des corps. Une tête de Viêt-cong ou une oreille, ou même une carte d'identité, suffisait pour recevoir une récompense qui pouvait aller jusqu'à dix mille piastres. Sans doute que parfois nous n'avons pas tué les bons. Mais énormément de méchants ont aussi été éliminés », racontait-il.

Cependant, Buckley avait aussi compris que la brutalité seule ne fonctionnait pas. Plus les Sud-Vietnamiens sortaient de prisonniers viêt-congs des avions américains, plus les Viêt-congs embrochaient de bébés dans les villages pour terroriser les villageois et les forcer à se cacher, à les nourrir et à leur servir d'informateurs.

Opérant avec la liberté dont bénéficiaient tous les agents de la CIA au Viêt-nam, Buckley s'était mis à employer l'hypnose, apprise à New York, à des fins meurtrières. Des prisonniers viêt-congs étaient hypnotisés et, sous influence, on leur disait qu'ils allaient recevoir des grenades et autres armes. Ils étaient ensuite renvoyés dans leur groupe. Le signal de l'attaque contre leurs pairs devait se déclencher lorsqu'ils seraient accueillis à leur arrivée. La réussite éventuelle de l'expérience ne fut jamais connue. Mais Buckley mettait en pratique un certain nombre des « sales tours » qu'il avait appris au contact du docteur Gottlieb. Dans des villages qu'il soupçonnait fortement d'être contrôlés par les Viêt-congs, il déposait de la nourriture empoisonnée à l'anthrax ou autres substances mortelles envoyées de Langley pour son usage.

À la différence du dégoût qui l'avait saisi en voyant ce qui se passait dans l'institut de Montréal, Buckley n'hésitait pas une seconde devant ces méthodes. Pour lui, c'était « la guerre totale ». Cette philosophie contribua à bâtir sa légende. Dans le bâtiment de Pasteur Street, il fut surnommé « Top Spy ». Des collègues allèrent jusqu'à voir en lui la réincarnation de Laurence d'Arabie. Buckley devait d'ailleurs reconnaître qu'il était animé par la même obsession de détruire l'ennemi par tous les moyens. Il savait que les Viêt-congs l'avaient désigné comme l'ennemi à abattre. Il savait qu'ils essayaient de le traquer et qu'ils se tenaient prêts à le descendre à la première occasion. Mais cela ne changeait rien à son mode de vie. Il séduisait les femmes avec une aisance qui faisait des envieux. Il tenait l'alcool aussi bien que n'importe quel soldat. Il masquait à peine son mépris pour la plupart de ses supérieurs, ce qui lui attirait leur antipathie. Mais pour ceux qui comptaient vraiment, les agents vietnamiens qu'il entraînait, c'était un authentique héros.

Ce fut l'époque la plus heureuse de sa vie. Dans les jungles pourrissantes du Viêt-nam, le souvenir de l'odeur âcre des produits chimiques toujours tapis dans les couloirs de l'institut de Montréal avait enfin quitté son esprit.

Mary Morrow avait hurlé pendant des heures qu'elle n'était pas consentante au traitement par électrochocs. Lorsqu'elle n'avait plus la force de crier, elle sanglotait sans répit. Tous les matins, elle entendait le docteur Cameron passer devant sa chambre. Elle le trouvait « cruel, sauvage, inhumain » de ne pas venir la voir. L'attente était aussi pénible que l'incertitude sur ce qu'il fallait faire. Elle se sentait de plus en plus faible et épuisée, jusqu'à ne plus avoir l'énergie de sortir de son lit. Elle était abandonné à un sentiment de « rien ». Cet engourdissement apathique était aussi insupportable que la douleur. Elle avait l'impression que la peur lui serrait littéralement le cœur. Dehors, dans le couloir, elle entendait parfois des infirmières passer en riant. Lorsqu'elles apportaient les repas, elle leur répétait qu'elle n'avait rien à faire là, qu'elle voulait retourner au Royal Victoria et qu'elle ne se laisserait pas passer aux électrochocs. Les infirmières ne disaient rien. Un matin, le docteur Cameron fit son apparition accompagné d'un jeune médecin. Il portait un plateau couvert d'un linge stérile. Elle savait ce qu'il y avait dessous, et répéta qu'elle n'avait pas donné son consentement pour les électrochocs. Le docteur Cameron ne répondit pas, il resta simplement debout à la toiser. Elle m'a raconté qu'elle ne pouvait pas retenir les mots qui se pressaient : « Je n'en veux pas. Ce n'est pas bon pour moi. Je ne veux pas subir d'électrochocs comme cela. Je ne veux pas d'électrochocs. Vous ne pouvez pas me forcer. Vous ne pouvez pas obliger un patient à un traitement dont il ne veut pas. Je suis médecin. Je sais de quoi je parle. Vous comprenez ? Je sais de quoi je parle. »

« Mon petit, écoutez-moi. » Le docteur Cameron articulait avec précision. « Nous allons vous endormir. Et quand nous vous ferons les électrochocs, vous dormirez.

– Non ! »

Le docteur Cameron retira le linge qui couvrait le plateau et prit une seringue, déjà remplie de liquide transparent. Il retira le capuchon de l'aiguille. Elle se dit : « Mon Dieu, il ne peut pas faire ça ! Il ne peut pas, il ne peut pas ! » Elle l'avait l'impression qu'un énorme bandage lui enserrait la poitrine et coupait ses mots.

« Donnez-moi votre bras, mon petit.

– Non ! Je vous en prie, non !

Sans savoir comment, elle avait réussi à parler.

– Vous avez vu que cela aidait les autres. Vous ne voulez pas être aidée ?

Elle secoua la tête. À nouveau, elle était incapable de parler. C'était terrifiant. Elle savait ce qu'il fallait dire, mais aucun son ne franchissait ses lèvres.

– Le bras, mon petit.

Elle le haïssait. Il lui avait menti ; tout cela avait été une ruse de sa part pour la faire venir volontairement dans cet hôpital. Il la surplombait, tenant l'aiguille en l'air.

– Pas d'électrochocs ! S'il vous plaît !

Elle hurlait, elle ne se contrôlait plus.

– Pas d'électrochocs !

Il la piqua. Une infirmière passa la porte en poussant devant elle le chariot des électrochocs.

– N-on... Noooooooon ! »

Le noir.

Robert Cleghorn avait l'impression de plus en plus nette que les méthodes du docteur Cameron souffraient d'un « déficit de validité ». De telles observations remplissaient les carnets qu'il noircissait de ses notes sur la vie à l'institut. Il y consignait tout ce qu'il pensait personnellement de son supérieur, et m'en a donné une copie : « Les méthodes du docteur Cameron ne tiennent pas compte, ou si peu, du fait que la psychiatrie, comme d'autres branches de la médecine, est en pleine mutation, souvent spectaculaire. Le diagnostic s'affine. La définition de la schizophrénie ne s'arrête plus là, il y a maintenant des schizophrénies « latentes », « pseudonévrotiques », « pseudopathologiques », « borderline » et « rampantes ». Les lésions cérébrales organiques ont été différenciées entre « lésion cérébrale minime » et « dysfonctionnement cérébral minime ». Dans le même temps, les méthodes de traitement gagnent en précision. Tous les quelques mois apparaît un nouvel antidépresseur : toute une gamme de tranquillisants, ainsi que les plus puissantes phénothiazines, aident à contrôler les fonctions physiologiques de presque tous les systèmes organiques du corps. L'époque de l'approche à la truelle, où l'on gavait le patient avec un peu de tout en espérant que cela marcherait, est pratiquement révolue. »

C'est à cette époque qu'apparurent aussi les premières indications selon lesquelles la population prenait conscience des dangers d'une médication excessive, les premiers articles de presse relatant des procès intentés par des patients américains qui se disaient victimes de mauvais traitements et les premiers appels à une réglementation gouvernementale. Le docteur Cleghorn avait rappelé à son personnel de ne jamais prescrire de médicaments au hasard et sans avoir procédé à un examen physique approfondi. Aucune substance ne devait jamais être administrée à ses patients simplement pour faciliter « la gestion institutionnelle ».

Néanmoins, le docteur Cameron continuait à régner sur un institut divisé, en exploitant intelligemment le fossé entre psychothérapeutes et psychiatres plus orientés vers la médecine. En quelques mots, il savait monter un chercheur contre un autre, un médecin contre un autre. Plus dérangeant aux yeux du méticuleux docteur Cleghorn, dont les articles scientifiques le plaçaient toujours aux avant-postes de la recherche médicale en Amérique du Nord, le docteur Cameron « continuait à encourager la recherche pirate. Il était toujours aussi aveuglé par les psychopathes. Le fait qu'il admette de tels personnages dans son entourage était profondément inquiétant. »

Le docteur Cleghorn ne soupçonnait pas que l'ombre noire de la culture de la drogue qui balayait les États-Unis avait été déclenchée par le MK-Ultra. Le LSD était baptisé de nouveaux noms, on le disait « psychédélique », il « ouvrait l'esprit ». Sur les campus universitaires, étudiants et professeurs exploraient ses effets. Prendre un trip, planer, devint un symbole de statut social. Dans les discothèques, les flashs de lumières colorées évoquaient l'impact d'une prise de LSD. Se défoncer, flasher et s'éclater la tête : voilà les cadeaux que le docteur Gottlieb avait offerts à la nation. Mais voici aussi qu'apparaissaient les premiers rapports sur les effets secondaires de la drogue. Ce matin-là, une radio de Montréal racontait le cas d'un homme qui se croyait, après une prise de LSD, capable de voler, de se transformer en corbeau ou encore de devenir la réincarnation de Jésus-Christ.

Cette nouvelle avait confirmé les pires craintes du docteur Cleghorn au sujet du LSD : c'était une substance dangereuse qui n'avait pas sa place dans les traitements de l'institut. Sa place était dans le monde des communautés, de la promiscuité sexuelle et des Beatles dans leur sous-marin jaune. En public, il affichait encore une attitude loyale envers le docteur Cameron. Il évitait scrupuleusement de formuler toute critique ouverte sur ses traitements, et il abhorrait les ragots personnels concernant son aîné. Les jeunes médecins avaient répandu la rumeur que le docteur Cameron avait une aventure avec une patiente privée qu'il voyait dans son cabinet, deux fois par semaine, tard le soir. Ils prétendaient avoir entendu des gloussements de rire derrière la porte. Une infirmière du bâtiment Sud-2 affirmait qu'elle avait vu le docteur Cameron étreindre la femme. Un soir où il était resté travailler tard, Cleghorn avait croisé Cameron dans un couloir ; à sa stupéfaction, il avait remarqué sur son col ce qui ressemblait à une trace de rouge à lèvres.

Dans son carnet, le docteur Cleghorn se remémorait que « des gens qui ne savaient même pas écrire "paranoïa" se croyaient qualifiés pour la traiter ». Récemment, il avait découvert que le médecin-chef avait manipulé des preuves. Dans son dernier article sur la conduite psychique, Cameron proclamait un succès total sur tous les patients traités. Cependant, Cleghorn savait que le traitement – qu'il refusait fermement d'appliquer à ses propres patients – n'avait aucun effet. Presque la moitié des sept cents personnes qu'il avait reçues ces cinq dernières années avaient dû être réadmises à l'institut dans les douze mois qui avaient suivi leur sortie. La déstructuration s'était également révélée inefficace sur la schizophrénie. Et pourtant, le docteur Cameron annonçait effrontément un taux élevé de réussite en s'appuyant sur « un méli-mélo de statistiques maquillées par des calculs fantaisistes ». Le docteur Cleghorn avait noté : « Le langage de Madison Avenue convient mal à ce qui veut passer pour une explication scientifique de mécanismes psychiques sérieux. »

Le docteur Cleghorn en vint à comprendre que le défaut dans l'approche de Cameron était l'absence d'une méthodologie convenablement organisée. Il écrivait encore : « Il y avait trop de suppositions et d'incohérences. Le docteur Cameron semblait s'intéresser avant tout à la pacification, la sédation et la répression. Il était trop prompt à coller des étiquettes, à avoir recours au jargon. »

Le docteur Morrow se réveilla avec une migraine épouvantable : « J'avais l'impression d'être dans un trou profond, d'une obscurité infinie, sans pouvoir sentir mon corps, comme un ver. Je ne pouvais m'appuyer sur rien, comme si je n'étais ni sur le sol ni sur l'eau. C'était comme de flotter dans un trou noir, irréel. »

Le matin suivant, elle reçut une nouvelle série de chocs multiples. La nuit, elle rêva qu'on l'électrocutait. Deux matins plus tard, le docteur Cameron revint, accompagné de l'infirmière poussant son chariot. Ils revinrent encore trois fois en une semaine. Mary se demandait combien de temps encore elle pourrait endurer la douleur fulgurante dans sa tête. Elle restait couchée, terrifiée à l'idée que son esprit avait commencé à se désintégrer sous l'effet des quantités d'électricité qui lui avaient traversé le cerveau.

Le onzième jour, un samedi, le docteur Cameron administra à Mary Morrow douze électrochocs consécutifs. Jamais un patient n'en avait reçu autant en une seule séance. Il rentra ensuite chez lui pour le week-end. Mary demeura inconsciente presque toute la journée. Ce soir-là, sa sœur, Margie, se présenta à l'institut. Elle avait fait le voyage de New York après avoir reçu un coup de téléphone de leur mère. Mme Mathilda Morrow avait eu une attaque récemment, ce qui l'avait empêché de se rendre à l'institut depuis son domicile, à Montréal. Mais ses appels quotidiens à sa fille l'avaient alarmée. « La voix de Mary, avait-elle dit à Margie, est de plus en plus bizarre. »

À l'institut, la permission de voir sa sœur fut refusée à Margie. Déjà ravagée par l'angoisse, elle menaça d'appeler la police, si bien qu'une autorisation lui fut délivrée à contrecœur. La vue de sa sœur la bouleversa. Elle se précipita chez sa mère. Malgré son infirmité, Mme Morrow était une femme calme et pleine de ressources. Après avoir écouté le récit de Margie, elle téléphona au docteur Cleghorn. Ce dernier se montra compatissant mais expliqua que Mary Morrow n'étant pas sa patiente, il n'avait aucun moyen d'intervenir. Il lui conseilla d'appeler le docteur Cameron. Dès ce samedi soir, elle le contacta chez lui, à Lake Placide. Il garda une distance polie et la coupa : « Le mieux que vous puissiez espérer est que votre fille soit internée. Elle ne pratiquera plus jamais la médecine. » Et il raccrocha.

Mme Morrow rappela l'institut pour avertir plusieurs infirmières et médecins qu'il n'était pas question que sa fille reçoive d'autres traitements. Le responsable de garde téléphona au docteur Cameron qui prescrivit pour Mary trois cents milligrammes de Largactil. Elle passa encore deux jours dans une stupeur médicamenteuse tandis que le dosage de Largactil était porté à six cents milligrammes. Elle eut une poussée d'urticaire.

De retour de week-end, le docteur Cameron n'alla pas voir Mary Morrow. Cette absence causa à cette dernière une nouvelle frayeur : il était sans doute occupé à préparer autre chose. Cette éventualité lui donna une force qu'elle ne se soupçonnait pas. Une étincelle de colère s'enflamma et grandit rapidement, sauvage, pure et salvatrice. Il s'était comporté comme un vil séducteur, à venir dans sa chambre du Royal Victoria lui faire miroiter la perspective de reprendre la médecine tout en « complotant de [l']utiliser comme une souris blanche dans un laboratoire expérimental ». Sa colère enfla, nourrie par la manière dont il l'avait traitée, et transparut à travers le Largactil. Elle commença à se sentir vivante, vraiment vivante, pour la première fois depuis un an – peut-être même depuis des années. Elle fit un effort pour se rappeler qu'elle avait été très malade et n'était pas entièrement rétablie. Mais elle n'était pas sans défense. Et il n'allait pas la rendre dépendante de lui. Il l'avait traitée comme un « cas désespéré ». Eh bien, ce n'était pas le cas, et elle allait le lui montrer. La colère continuait d'affluer, puissante et revigorante. Pas une fois il ne lui avait demandé comment elle se sentait en tant que personne, jamais il n'avait parlé avec elle de ses sentiments humains. Et pourtant, il lui avait envoyé de l'électricité dans le cerveau. Seigneur, comme il l'avait dupée ! En faisant le point sur toute sa relation avec lui, elle comprit qu'il n'avait même jamais pris la peine de la considérer comme une patiente. Elle n'était qu'un sujet de plus « sur qui tester ses théories ».

Sa colère s'intensifia. Elle avait énormément souffert ces dernières années, et enduré stoïquement une grande partie de ses souffrances. Les trois dernières semaines avaient été particulièrement atroces. Profondément troublée et désespérée, elle avait été traitée de manière inhumaine. Même à présent, ce n'était pas terminé. Elle avait une sensation d'étouffement dans le larynx, et se demandait d'ailleurs si les électrochocs avaient pu endommager ses cordes vocales. Mary Morrow décrocha le téléphone à côté de son lit pour appeler un médecin en qui elle avait confiance au Royal Victoria. Lorsqu'elle lui expliqua ses symptômes, il promit de venir immédiatement.

Tout en l'attendant, elle continua à entretenir sa fureur, consciente que c'était un moyen de garder son esprit en éveil. Elle avait toujours voulu croire que le docteur Cameron se préoccupait de ses patients. « Mais ce n'était pas le cas. Ils n'étaient que des symptômes à qui il administrait des piqûres, des chocs et des somnifères. Il n'entrait jamais en relation avec un patient, mais restait derrière sa propre ligne de démarcation : il était en bonne santé, les patients étaient des malades », raconta-t-elle. « Il était allé jusqu'à me faire culpabiliser d'oser résister à ses méthodes. Il y avait quelque chose en lui de malsain et de malfaisant. »

Le médecin arriva. Il prit des dispositions pour que Mary Morrow soit immédiatement transférée au Royal Victoria. En quittant l'institut, elle remercia Dieu une fois de plus d'avoir pu s'évader, quel que soit le sort que lui réservait le docteur Cameron. Mais les autres ? Cette question envahit ses pensées dans le taxi qui l'emmenait au Royal Victoria. Qu'était-il arrivé aux centaines de patients qui étaient passés entre ses mains au fil des années ? Elle se sentait proche d'eux. Si ce qu'elle avait traversé était courant, et elle était de plus en plus convaincue que c'était le cas, alors il les avait aussi traités comme moins que des humains. Ils avaient besoin d'aide ; et plus tôt elle trouverait le moyen de reprendre la médecine, mieux elle pourrait leur offrir la sienne.

Au Viêt-nam, Buckley écrivit une carte postale à un collègue de Langley : « Ici la vie ne ressemble à rien d'autre. Elle est faite de ce qu'apporte le jour, où que je me trouve. Je mange bien et garde la forme.

J'espère que vous allez tous bien. Amitiés. Bill. » Il n'avait ni femme, ni enfants, ni maison ; pas même une petite amie régulière. Il avait pris de la distance avec sa famille.

« Le Viêt-nam me convenait », disait-il. « Je l'ai su dès ma première sortie dans la jungle. J'ai été touché, quelque chose en moi l'a été. Là-bas, surtout la nuit, le silence figeait le temps, l'obscurité ne ressemblait à aucune autre. Silence et immobilité. C'est un excellent moyen de concentrer son esprit. Dans la jungle, on apprend à respirer différemment ; respirer de manière à ne pas être entendu par l'ennemi. Ce genre de choses apporte une sorte de paix à l'esprit ; cela aide à calmer la peur. Bien sûr, on a peur. Dieu tout-puissant, sans la peur, on se relâcherait trop. »

XIV

William Buckley garderait gravés dans sa mémoire tous les détails de cette matinée du 4 octobre 1963 : la pluie qui balayait le terrain d'aviation militaire proche de Saigon ; la haute silhouette à face de géant de William E. Colby, raide comme un piquet à côté de lui ; les M.P. armés de carabines formant une haie d'honneur vers laquelle roulait l'avion de transport de l'US Air Force. La tension était palpable, dangereux mélange d'espoir de réussite et de peur de l'échec.

À minuit, l'opération avait démarré. Le plan était conçu pour exterminer les chefs de la guérilla viêt-cong en une seule poussée massive à travers Saigon et ses environs. Aucune ville, aucun village ni hameau ne devait échapper aux équipes d'assassins constituées par les deux hommes. Des vétérans des forces spéciales vietnamiennes de Buckley, qu'il avait entraînées à son arrivée à Saigon, étaient rattachés à chaque unité ; eux-mêmes avaient transmis à leurs équipes le savoir qu'il leur avait donné. En échange, les équipes avaient reçu un ordre : tuer. Tuer les guérilleros. Tuer ceux qui les secouraient.

Depuis minuit, plusieurs centaines d'unités s'étaient mises au travail. Les premiers rapports indiquaient qu'elles étaient au bord de la perte de contrôle, poussées par une terrible soif de sang. Buckley redoutait un autre contrecoup lorsque les nouvelles de ce qui se passait atteindraient les États-Unis, ce qui ne manquerait pas d'arriver. Le Viêt-nam était devenu la guerre la plus couverte par les médias dans l'histoire. Si Colby partageait cette inquiétude, il ne le montrait pas, tandis que les moteurs du transporteur s'éteignaient dans un murmure. Colby montrait rarement ses émotions. Diplômé de deux universités, Princeton et Columbia, il avait servi deux ans dans l'OSS en Europe pendant la Seconde Guerre mondiale. C'était là qu'il avait acquis sa philosophie : tuer ou être tué. Dans son cercle d'intimes figurait George Hunter White. Buckley trouvait Colby « chaleureux comme un glacier ». Néanmoins, ils avaient bien travaillé ensemble à la mise en place de l'opération. Buckley avait fait appel à ses connaissances détaillées sur la structure du Viêt-cong, identifiant ses unités embusquées, ses unités de police secrète, ses unités médicales, et les onze unités mobiles distinctes qui constituaient le Viêt-cong dans la région de Saigon. Colby s'était assuré que l'opération recevait l'approbation pleine et entière du président à la Maison Blanche, John F. Kennedy. Armé de cette autorité, Colby avait forcé les agences rivales de renseignement et de police de Saigon à mettre en commun leurs informations afin que les dossiers et les listes noires de ceux qui devaient être assassinés soient établis. Colby voulait qu'au minimum mille guérilleros soient tués chaque mois, et deux fois plus capturés pour interrogatoire.

Juste avant son lancement, Buckley avait compris que les officiels déjà corrompus de Saigon voyaient dans l'opération une nouvelle manière de faire chanter des innocents et d'extorquer des pots-de-vin à ceux qui devaient être arrêtés. Il n'y avait rien à faire à cela ; la corruption semblait faire partie intégrante de la société vietnamienne. En attendant l'apparition des passagers sur la rampe arrière de l'avion, Colby émit son premier avis : « Cette opération va faire des merveilles pour le décompte des corps. » Toutefois, Buckley savait qu'il y avait quelque chose de désespéré dans l'assentiment de la Maison Blanche. Kennedy espérait que cela forcerait le régime nord-vietnamien de Hanoï à s'asseoir à la table des négociations. Un échec ne lui laisserait que deux options, dont il savait que l'une comme l'autre porterait irrévocablement atteinte à ses espoirs de réélection. La première était de se retirer du Sud-Viêt-nam et d'affronter de graves atteintes politiques à l'intérieur et l'humiliation diplomatique à l'étranger. Ou alors, il pouvait intensifier la guerre en lançant une campagne totale de bombardements sur Hanoï, ce qui impliquait d'envoyer encore plus d'hommes et de matériel dans une guerre déjà extrêmement coûteuse.

Chapitre XIV

En silence, ils regardèrent le docteur Sidney Gottlieb descendre la rampe de l'avion en compagnie d'une poignée d'hommes. Buckley savait qui ils étaient, même si le câble « ultra secret » que lui avait envoyé Gottlieb décrivait simplement les hommes sous la mention « personnel médical de spécialités diverses ». Gottlieb était venu au Viêt-nam pour disposer de la guerre comme d'un banc d'essai du MK-Ultra. Il savait qu'il n'y aurait pas pénurie de sujets jetables pour ses expériences les plus récentes. Il avait ordonné à Buckley de s'assurer que tout serait en place pour son arrivée.

Buckley avait choisi la prison de Bien Hoa, située en bordure de Saigon. Dans les dernières heures, ses cellules déjà surpeuplées avaient été remplies d'hommes arrêtés pendant l'opération. En route pour l'aéroport, Buckley s'était arrêté à la prison pour s'assurer que les instructions du docteur Gottlieb avaient bien été suivies. Un bâtiment de l'enceinte avait été réservé. Dans une pièce s'alignaient une demi-douzaine de tables d'opération réquisitionnées dans un hôpital militaire américain de Saigon. Une zone d'anesthésie donnait sur la salle. À proximité, il y avait un enclos où la première fournée de prisonniers était déjà retenue. Certains avaient manifestement été roués de coups. Au-delà de la salle d'opération de fortune se trouvait une autre pièce, vide et sans fenêtres.

Buckley et Colby se précipitèrent à la rencontre du docteur Gottlieb pour l'accueillir, et ce dernier leur présenta les membres de son équipe par leurs prénoms. Chaque homme portait une sacoche de médecin. Buckley devinait qu'elles étaient remplies d'instruments chirurgicaux. Il avait entendu dire que les chirurgiens aimaient travailler avec leur propre matériel. Ce soir-là, après un bref repos, Gottlieb demanda à Buckley de les emmener à Bien Hoa. Il expliqua : « Mes hommes veulent commencer dès que possible. »

De nuit, la prison était encore plus lugubre. L'éclairage violent projetait des ombres sur l'enceinte. Des cris et des hurlements s'échappaient constamment des bâtiments des cellules. Le docteur Gottlieb et son équipe se mirent au travail. Des gardiens de prison amenèrent un homme dans la pièce d'anesthésie. Un membre de l'équipe endormit le prisonnier. Les gardiens le portèrent dans la salle d'opération improvisée.

Pendant ce temps, un autre prisonnier était à son tour anesthésié. Le docteur Gottlieb demanda à Buckley de le rejoindre dans la salle d'opération. Ils regardèrent l'un des chirurgiens appliquer la technique qui avait été employée pour ouvrir le crâne de Madeleine. Une fois le cerveau exposé, l'un des neurologues implanta des électrodes dans diverses parties du cerveau. Pendant qu'un autre chirurgien refermait l'ouverture, un deuxième prisonnier, sur une autre table, subissait la même opération. Bientôt, toutes les tables furent occupées. Buckley se souviendrait de cette scène : « Gottlieb allait d'une table à l'autre, faisait des commentaire et hochait la tête avec approbation. Il n'y avait pas d'éclairage spécifique pour les chirurgiens. Ils devaient se débrouiller avec les ampoules nues qui pendaient au plafond. Il n'y eut aucune tentative de stérilisation. Les chirurgiens portaient des blouses et des masques, mais en réalité ce n'était que pour protéger leurs vêtements du sang. Du sang, il y en avait partout. La salle d'opération sentait l'abattoir. Quand la tête d'un prisonnier était refermée, les gardiens l'emmenaient. »

Chaque homme était porté dans la salle vide qui jouxtait la salle d'opération. Là, il était posé par terre et on le laissait revenir à lui. À minuit, le sol était jonché de prisonniers à divers stades de rétablissement. Le docteur Gottlieb se déplaçait parmi eux, déposant à côté de chacun une baïonnette. Puis il regagna l'autre pièce et se mit à manipuler des interrupteurs sur un boîtier noir pour transmettre des signaux aux électrodes implantées. Il expliqua à un Buckley déconcerté qu'il voulait que les électrodes stimulent la colère des hommes, jusqu'à ce qu'ils prennent leurs baïonnettes pour s'attaquer mutuellement. Il dit que s'il parvenait à accomplir cela, il aurait créé des assassins aux ordres : « Il dansait presque la gigue d'exaltation, raconta Buckley. Il dit que le boîtier noir pouvait être amélioré pour avoir une portée de plus d'un kilomètre et demi. À cette distance, il serait possible d'introduire un assassin dans l'entourage d'une cible sans qu'elle s'en doute, et d'activer le signal pour la tuer. L'enthousiasme de Gottlieb fut de courte durée. Les prisonniers ne faisaient que tâter leurs plaies à la tête sans montrer aucun signe de violence. Le scientifique a ordonné aux gardes de les enlever. Par la suite, ces cobayes ont été fusillés, et leurs corps brûlés. »

Chapitre XIV

En tout, vingt-quatre prisonniers furent soumis à ce traitement. Pas un ne montra le moindre signe de violence, en dépit des manipulations répétées du docteur Gottlieb sur les boîtiers noirs. Ils furent exécutés aussi. Les deux jours suivants, soixante prisonniers de plus subirent le même sort. Le troisième jour, le docteur Gottlieb et son équipe de travailleurs reprirent un avion pour les États-Unis. En les regardant partir, Buckley décida de rapporter toute l'affaire à Colby. Ce dernier lui répondit : « Vous n'avez rien vu. »

À l'institut, Jan Zielinski en était venu à redouter de plus en plus la salle de sommeil. Il trouvait les « grognements et gémissements » trop dérangeants. Parfois, la nuit, couché dans son lit, ce qu'il avait vu l'empêchait de s'endormir : une femme poussée aux sanglots par ce qu'on la forçait à écouter, un homme réduit à baver après des semaines de cauchemars contrôlés chimiquement… Plus que tout, il détestait quand un patient le suppliait de ne pas remettre une bande dans un casque de football américain ou un haut-parleur dans un oreiller. Il savait qu'il n'était pas le seul à être horrifié par ce qui se passait. Certains médecins de l'institut s'étaient dits choqués que le docteur Cameron donne à présent du curare à des patients pour les paralyser afin de les priver de tout moyen physique d'arrêter les enregistrements. Lorsque Zielinski essayait d'en parler avec Rubenstein, c'était pour s'entendre rappeler combien ils devaient tous les deux au docteur Cameron. Zielinski avait le sentiment croissant que l'institut n'était plus l'endroit où il était venu travailler en premier lieu. À l'époque, c'était une communauté étroitement liée. À présent, de nouvelles têtes apparaissaient régulièrement, et le moindre mètre carré de la demeure était utilisé.

Dans la tour de garde où, un siècle plus tôt, sir Hugh Allan se tenait pour observer les mouvements de ses navires, les chercheurs travaillaient dans des placards à balais aménagés, un garde-manger reconverti, un cagibi de cireur de chaussures et une ancienne chambre de bonne. Des dialectes africains, asiatiques et moyen-orientaux résonnaient dans les salles et les couloirs. Zielinski avait remarqué que certains des Iraniens ne savaient même pas lire les réglages sur les machines à électrochocs.

Cela n'excusait cependant pas ce qu'avait fait à Sammy le médecin que tout le monde appelait « Ataturk ». Sammy avait été admis au Nord-2 et n'avait pas tardé à régaler tout le monde avec ses histoires extravagantes sur la vie dans la cambrousse. Il racontait qu'il s'était battu à mains nues avec un grizzly et qu'il avait survécu à une charge de bisons. Il prétendait avoir été pilote de guerre en Corée, sous-marinier dans l'Atlantique, marine en service dans le grand nord. À d'autres moments, il proclamait avoir été chercheur d'or, boxeur de foire et chasseur de gros gibier. Il n'y avait rien que Sammy n'eût fait… du moins en imagination. C'était un hurluberlu attachant. Petit et vigoureux, les yeux et les cheveux clairs, il était charmant et mal dans sa peau, et s'arrangeait toujours pour laisser penser que sa situation actuelle était légèrement embarrassante. Sa voix de baryton aux modulations agréables intriguait Zielinski, à qui il avait confié que, non content d'être né au Pays de Galles, il était aussi druide. Son dossier mentionnait qu'il était né en Nouvelle-Écosse, sur la côte est du Canada.

Il était impossible de se tromper sur les origines du docteur Ataturk : sombre de peau, musculeux et basané, il était, comme l'indiquait tout son être, un homme des villages de montagne de la Turquie orientale. Diplômé de l'école de médecine d'Ankara, il avait été envoyé à Montréal par son gouvernement avec un visa d'étudiant. Le personnel de l'institut comptait de plus en plus de médecins tels que lui. Ils venaient y passer un an et se voyaient confier des responsabilités cliniques. Le docteur Ataturk avait été affecté au cas de Sammy. Le conflit avait été immédiat. Sammy racontait qu'il descendait du calife de Badgad et refusait d'être traité par un paysan. Le docteur Ataturk avait exigé des excuses. Sammy lui avait répondu qu'il le ferait chasser de l'institut pour avoir « insulté sa royale personne ». Le médecin lui prescrivit mille milligrammes de Largactil par jour et l'envoya en salle de sommeil.

Les analystes de l'équipe soignante considéraient Sammy comme un excellent candidat à la psychothérapie. Au lieu de cela, sur une période de deux semaines, Ataturk lui donna cent vingt électrochocs. Le quinzième jour, Sammy décédait d'une crise cardiaque. Le chagrin de nombreux membres du personnel se mua en colère à mots couverts lorsqu'ils se rendirent compte que le docteur Cameron n'avait aucune intention de réprimander Ataturk. Au lieu de cela, le directeur médical partit une fois de plus en voyage, au Japon cette fois. Chaque fois qu'il quittait le pays, son retour était rapidement suivi par l'arrivée de nouveaux médecins étrangers. Aucun n'était haï à l'égal d'Ataturk. Après la mort de Sammy, il fut surnommé *Docteur Death*.

Cela faisait quelques semaines qu'Agnes Roper était la patiente du docteur Cleghorn. Elle avait accepté une thérapie à la condition express que son mari ne soit pas mis au courant. Cleghorn avait accepté à contrecœur, même s'il savait que Peter Roper ne mettrait pas longtemps à découvrir la vérité. En tant que couple, il les aimait bien tous les deux. Agnes Roper montrait encore des éclairs de ce qu'elle avait été autrefois, une femme vive et spirituelle. Son mari était l'un des psychiatres les plus dévoués de l'équipe, volontaire pour prendre en charge les cas étiquetés « sans espoir » et « orientation terminale ». Le docteur Cleghorn était conscient que ses symptômes étaient très avancés, et il n'avait aucune certitude qu'un traitement puisse lui apporter plus qu'une aide partielle. Tout en effectuant sa tournée matinale, il se disait qu'il ne pourrait plus éviter très longtemps de parler d'Agnes Roper avec son mari.

Les tournées du docteur Cleghorn étaient, dans l'ensemble, plus décontractées que celles du docteur Cameron. Cleghorn passait du temps avec chaque patient, à discuter de ses progrès. Il invitait les jeunes médecins à poser des questions supplémentaires, et se servait des réponses pour mieux évaluer le tableau clinique général. Il rendait aussi visite aux patients du docteur Cameron si ce dernier était absent de l'hôpital. Au vu de ses notes, il pouvait constater qu'ils auraient été traités très différemment si c'était lui qui s'était occupé d'eux. Leur situation lui sauta particulièrement aux yeux lorsqu'il se trouva au chevet d'une adolescente, Simone, une amie de sa fille. Simone était une grande fille dynamique et, lorsqu'elle était venue chez lui, Cleghorn s'était brièvement interrogé sur ses sautes d'humeur ; elle pouvait passer de la volubilité à la réserve en l'espace d'une soirée. Mais il n'y avait pas pensé plus que cela. À son avis, elle était bien loin d'avoir besoin d'une thérapie.

Là, sur son lit d'hôpital, elle ressemblait à l'idée qu'il se faisait des zombies, les « morts vivants » d'Haïti qu'étudiait l'un des chercheurs du laboratoire de comportement transculturel de l'institut. Simone avait le regard vide et la pâleur mortelle des zombies que le chercheur lui avait montrés en photo à son retour de l'île. En deux semaines, depuis son admission, elle avait reçu cinquante électrochocs. Le docteur Cameron l'avait diagnostiquée comme schizophrène. Cleghorn ordonna l'arrêt du traitement. Il ne voyait pas ce qu'il pouvait faire de plus.

De retour du Viêt-nam, Gottlieb avait retourné dans sa tête la manière dont les prostituées de Saigon semblaient capables de manipuler les militaires américains. Il s'était demandé combien d'entre elles étaient à la solde des Viêt-congs. À partir de là, il avait élaboré une nouvelle opération pour explorer le rôle du piégeage sexuel dans les opérations secrètes. Une fois de plus, il choisit San Francisco comme terrain d'expérimentation ; par bien des aspects, la ville était associée dans son esprit à la licence qui avait cours à Saigon.

Richard Helms, un homme que Gottlieb révérait ouvertement, était à présent directeur adjoint de la CIA. C'était un agent pur jus, qui avait gagné ses galons dans l'OSS. Tout au long de son irrésistible ascension jusqu'à son bureau du septième étage, Helms avait encouragé le docteur Gottlieb à pousser le MK-Ultra au maximum de son potentiel. Si les étrangers le voyaient comme un bureaucrate, les membres de son entourage immédiat trouvèrent en lui le leader dynamique dont rêvait Gottlieb depuis le départ d'Allen Dulles. Helms trouva sa proposition – utiliser le sexe comme une arme – « impayable ! ».

Plus d'un quart de million de dollars fut réservé à ce qui prit le nom d'opération Climax. Des filles furent recrutées dans le quartier chaud de la ville, et un appartement loué dans le quartier de Nob Hill, à San Francisco. Elles étaient payées deux cents à deux cent cinquante dollars par semaine, en fonction de leur temps de travail. Elles avaient été interrogées par des psychologues de la CIA : pourquoi elles exerçaient cette activité, comment elles vivaient le fait de vendre leur corps, de quoi elles parlaient généralement avec leurs clients. Les psychologues avaient comparé leurs observations et réfléchi aux possibilités d'entraîner réellement des prostituées à devenir officiers de renseignement. L'esprit de Mata Hari flottait dans l'appartement.

Ensuite, ils entreprirent de tester une autre de leurs théories, à savoir qu'il était parfaitement faisable d'infiltrer un rassemblement public, par exemple un cocktail, et de vaporiser les invités de LSD à leur insu, pour les envoyer dans un trip collectif. Cette perspective fut chaudement appuyée par Gottlieb. Il ordonna à ses techniciens de remplir de LSD des bombes aérosol. Elles furent étiquetées comme insecticides, déodorants ou encore parfums divers. Pendant ce temps, des agents de la CIA passèrent une semaine à visiter les bars du centre ville de San Francisco et à distribuer des invitations pour le lancement d'un nouveau club. Le jour choisi, le temps était étouffant, lourd et humide comme il peut l'être dans la région de la baie. Les filles s'étaient faites belles. Des plateaux de petits fours avaient été commandés à un traiteur. La bière et le vin étaient prêts sur leur lit de glace. Les fenêtres étaient fermées pour que le LSD vaporisé ne puisse pas s'échapper. Les invités ne se connaissaient pas, pas plus qu'ils ne connaissaient leurs hôtes. En arrivant, comme dans toutes les soirées de ce genre, beaucoup se jetèrent sur le buffet. Bientôt, l'appartement débordait. Les psychologues décidèrent d'attendre que tout le monde ait atteint le « degré du deuxième verre » pour commencer la pulvérisation. Mais, tout en picolant et en engloutissant des petits fours aux frais de la CIA, les invités se mirent aussi à ouvrir les fenêtres. C'est en vain que des hommes de l'Agence se précipitèrent de droite et de gauche pour les fermer. Avant peu, toutes les fenêtres de l'appartement étaient grandes ouvertes pour laisser entrer la première brise du soir. Les psychologues commencèrent la vaporisation, passant de pièce en pièce en expliquant qu'ils voulaient « rafraîchir l'atmosphère » ou « tuer les cafards ». Mais malgré toute leur diligence, le LSD s'envola par les fenêtres.

C'était un nouvel échec pour le MK-Ultra.

Après la fin sans gloire de l'opération Climax, Helms confia au docteur Gottlieb qu'il avait bien compris, lors de ses contacts avec le département de la Défense canadien et la branche des renseignements de la police montée royale du Canada, que leur collaboration avec la CIA rendait les deux institutions nerveuses. Lors de la dernière réunion à laquelle il avait assisté à Ottawa, il avait eu des raisons de penser que les Canadiens commençaient à se poser des questions sur ce qui se passait à l'institut. Helms les avait rassurés en leur disant que les recherches du docteur Cameron n'étaient pas encore très avancées et qu'elles seraient, naturellement, partagées avec le Canada.

Après le fiasco de San Francisco, Helms avait laissé entendre à Gottlieb qu'ils pourraient « être bien inspirés de mettre un coup de frein à tout ce qui concernait l'institut ». Gottlieb avait argué que le docteur Cameron était toujours le personnage le plus puissant de la psychiatrie en Amérique du Nord, sinon dans tout le monde occidental, et qu'il demeurait en tout point la couverture idéale pour la quête du contrôle psychique menée par le MK-Ultra. Helms avait répété à Gottlieb ses exhortations à surveiller ces questions de très près.

Début novembre 1963, le docteur Gottlieb convoqua dans son bureau trois psychologues de l'équipe : Walter Pasternak, John Gittinger et le docteur Wolff pour discuter de la meilleure manière de contrôler les agissements de l'institut. Gottlieb était d'avis que l'idéal pour arriver à ces fins serait d'impliquer le docteur Cameron dans le dernier programme de Gittinger. Appelé PAS (Système d'évaluation de la personnalité), ce programme était conçu pour prévoir le comportement futur d'un individu. Gottlieb y voyait une nouvelle clé pour le contrôle de l'esprit.

Plus d'un million de dollars avait été consacré à son développement, qui avait nécessité de tester à leur insu pas moins de vingt-neuf mille sujets dans tous les États-Unis. En allant consulter leur médecin, ils se retrouvaient en train de répondre aux questionnaires du docteur Gittinger. Ce dernier entrait ensuite leurs réponses dans un ordinateur. Le PAS classait les personnalités en deux grandes catégories : régulé, type R ; flexible, type F. Gittinger prétendait qu'en plaçant une personnalité dans l'une ou l'autre de ces catégories, on pouvait en déduire un certain nombre de jugements importants. Il était possible de prédire si une personne resterait fidèle, deviendrait alcoolique ou sexuellement déviante, s'il ou elle avait un contrôle ferme sur son imagination, un sens aigu du détail, une haute tolérance à l'ennui – ou bien une personnalité instable ou sujette aux excès. Le PAS tenait compte des variables ethniques et pouvait être appliqué avec le même succès à un Nord-Américain, un Russe ou un Chinois. Pour l'Agence, ce serait un outil précieux lorsque des officiers auraient à gérer des agents ou interroger des sujets soupçonnés d'espionnage. Le seul défaut était que le PAS nécessitait des mesures précises sur toute une batterie de tests d'intelligence Weschler, qui eux-mêmes figuraient parmi les échelles d'évaluation psychologique les plus complexes.

Le docteur Gittinger avait à présent un splendide nouveau bureau à Washington, d'où il dirigeait le cabinet Évaluation psychologique Associés. Il avait des bureaux à Tokyo et à Hong-Kong qui testaient des candidats à l'emploi pour des firmes commerciales. Pour la CIA, c'était une manière de rentrer dans ses frais après les énormes investissements que le MK-Ultra avait consacrés au PAS. Gittinger voulait tester son système sur des schizophrènes. En s'appuyant sur une check-list de quarante « tendances de schémas de personnalité », il espérait réussir à faire le point sur les différences psychologiques entre personnalité saine et chroniquement affectée, et dépister à un stade précoce des symptômes schizoïdes chez une personne apparemment normale. Mais pour cela, il lui fallait une réserve de schizophrènes prête à l'emploi. L'institut du docteur Cameron fournirait les cobayes.

Le docteur Wolff était présent parce qu'il avait récemment rédigé, avec le docteur Pasternak, un bilan sur le travail de Cameron. D'après eux, une partie de ses recherches étaient louches. Gottlieb leur rappela qu'Einstein avait été pris pour un fou. Avec une passion croissante, il leur dit que Cameron continuait à publier, dans certaines des plus grandes revues mondiales, des articles laissant entendre qu'il était peut-être enfin sur le point de faire la découverte majeure tant attendue sur le contrôle de l'esprit. Dans l'*American Journal of Psychiatry*, son article « Répétition de signaux verbaux : changements comportementaux et psychologiques » déclarait que « des attitudes, des relations interpersonnelles et des perceptions de soi » avaient été spectaculairement modifiées par la conduite psychique. Une autre revue, *Images of Tomorrow*, exposait sa vision d'un futur où « la restructuration de la personnalité » serait couramment accomplie grâce à « la suggestion et la perception extrasensorielle », ce qui avait aussi été publié dans le *Journal of Psychiatry* britannique. La question que posait Gottlieb était : toutes ces preuves publiées n'indiquaient-elles pas que le docteur Cameron avait, ces trois dernières années, fait des progrès significatifs et potentiellement bénéfiques à l'Agence ? Il fut décidé que le docteur Wolff et les deux psychologues devaient se rendre à Montréal pour évaluer le travail de Cameron et voir s'il y avait là-bas des schizophrènes qui conviendraient aux desseins du docteur Gittinger.

Au Viêt-nam, la saison des pluies était arrivée. Saigon était un bourbier. Dans la jungle, les Américains étaient enlisés. Cela rappelait la Corée à Buckley. Il nota dans son journal : « La couverture nuageuse était trop basse pour lancer des attaques aériennes. Tout était mouillé, noir et froid. Il pleuvait pendant des jours d'affilée, tellement fort que la boue devenait liquide. C'était comme de marcher dans du cacao froid. La nuit, la pluie frappait le toit de ma chambre, rendant le sommeil impossible. Elle tombait si fort que les lignes téléphoniques s'écroulaient. Et pourtant, elle ne gênait pas le moins du monde les Viêt-congs. Ils descendaient de la jungle, lançaient leurs attaques éclairs et disparaissaient. Ils entraient dans les faubourgs de Saigon. Le temps que nos hommes ripostent, ils étaient partis. On aurait dit qu'on se battait contre des fantômes. Au lever du jour, la seule trace de leur présence était les douilles. Les douilles, et nos nouveaux blessés à l'hôpital », nota-t-il dans son journal.

Au-delà du mauvais temps, Buckley percevait autre chose : le moral baissait dans les forces américaines. Le sentiment qu'elles n'avaient rien à faire là, que ce n'était pas leur guerre, grandissait.

Tout en remontant à pied l'allée qui menait à l'institut, Velma Orlikov se fit de nouveau la remarque que l'endroit « faisait froid dans le dos ». Même le soleil de cette journée d'automne n'effaçait pas cette impression. En conduisant depuis Ottawa – la famille avait déménagé de Winnipeg pour permettre à David de mieux remplir ses devoirs de membre du Parlement –, Velma avait lutté avec le sentiment que dans sa thérapie, elle était encore « à l'arrêt ou en train de perdre du terrain ». Cela faisait trois ans qu'elle venait régulièrement à l'institut, par séjours d'une semaine. Chaque jour, elle se présentait en externe et restait dans une pièce avec un magnétophone et un carnet, à écouter et à écrire. Régulièrement, Rubenstein venait remplacer une bande ou lui prendre son carnet rempli. Il avait souvent des remarques qui la mettaient sur les nerfs. Le docteur Cameron lui injectait encore du LSD, et sa tête se remplissait d'images gothiques de cages, de créatures, de cercueils et de cadavres. Lorsqu'elle sortait de ses cauchemars, ses symptômes persistaient : dépression et sentiment que la vie ne valait pas d'être vécue. Pourtant, il y avait aussi des fois où elle se croyait « guérie », et sa détresse n'en était que plus grande quand la dépression revenait.

L'enregistrement du docteur Cameron – dont j'ai pu écouter une copie – confirme ses sentiments alors qu'elle était assise sur une chaise devant son bureau :

« Eh bien, mon petit ?

Il commençait toujours par la même question.

– Je… Je ne veux plus… venir.

Il lui demande de répéter ce qu'elle vient de dire.

– J… Je… Je ne veux plus venir. Ça ne marche pas.

– Non ?

La question reste en suspens.

– Je… ne me sens… pas mieux.

Les derniers mots se précipitent.

– Pourquoi ne voulez-vous pas être aidée ?

Un silence. Elle est une fois de plus effrayée.

– Bien, dites-moi pourquoi vous ne voulez pas être aidée.

La question est posée sans compassion ni compréhension.

– Je ne peux pas vous aider si vous ne me dites pas ce qui vous dérange, mon petit.

– David…

– Pas votre mari, mon petit. Pas ce qui le dérange, lui. Mais vous. C'est cela que je veux savoir.

Un autre silence sur la bande.

– Mon petit, de quoi s'agit-il ?

Sa voix est précise et pénétrante. Encore un silence. Il se lève.

– Mon petit, allez dans votre chambre et écrivez tout cela. C'est le seul moyen pour que je puisse vous aider. Écrivez tout. Ce que dit votre mari. Tout ce qui vous vient à l'esprit. Ce que vous ressentez quand vous faites l'amour. Ce que vous pensez de votre mari. Tout.

– Je veux rentrer chez moi. Je veux essayer d'aller mieux par moi-même. J'ennuie tout le monde. Essayez de comprendre. S'il vous plaît.

– Mon petit ! Arrêtez cela.

– Merci de m'avoir reçue.

Sa voix sur l'enregistrement est faible et découragée.

– Mon petit, vous devriez penser à revenir ici. Quoi qu'en dise votre mari. C'est ce que je dis, moi, qui compte ici. »

Elle regagna sa chambre en courant dans le couloir. Derrière la porte fermée, elle fondit en larmes. Même s'il n'y avait pas de bande pour enregistrer ses mots, elle ne les a pas oubliés : « Quand est-ce que cela va finir ? »

XV

Après avoir décidé d'envoyer le docteur Wolff et ses deux associés à Montréal pour réévaluer la valeur du travail du docteur Cameron, Gottlieb prévint Buckley à Saigon, par télex « ultra secret », que trois nouveaux « experts médicaux » allaient arriver pour d'autres « recherches ». Buckley devait s'assurer qu'un nombre suffisant de « sujets » seraient disponibles pour les tests. Ensuite, Buckley devait rentrer à Langley avec les experts. Lorsque le message arriva, Buckley était absent de Saigon, en déplacement sur la piste Hô Chi Minh. Baptisée d'après le chef légendaire du Nord-Viêt-nam, la piste était la voie d'acheminement par laquelle les réserves d'hommes et de matériel arrivaient du nord pour renforcer la guérilla viêt-cong. Buckley avait placé ses propres « atouts » le long de la piste : des hommes que les viêt-congs appelaient *my-nguy*, les marionnettes des Américains. S'ils étaient pris, ils étaient torturés et exécutés. Buckley en avait perdu des quantités au cours de l'année passée. L'objet de ce voyage était, une fois de plus, de les remplacer. Il ferait la proposition habituelle : en échange de leur travail pour lui, il s'arrangerait pour qu'ils puissent, une fois la guerre terminée, gagner les États-Unis avec leurs familles.

De plus en plus, il se demandait vers quelle Amérique ils partiraient. Les Noirs américains réagissaient violemment contre la manière dont ils étaient traités. Il y avait eu des émeutes à Harlem après qu'un policier blanc, en dehors de son service, avait tué par balles un jeune Noir. Au bout de trois jours, les émeutes s'étaient propagées jusque dans le New Jersey avant d'entrer en éruption à plus de mille cinq cents kilomètres de là, à Dixmoor, une banlieue de Chicago. C'était comme un feu de broussailles. Ces émeutes avaient trouvé un écho au Viêt-nam.

Les soldats noirs exprimaient leur ras-le-bol d'être traités comme des soldats de deuxième classe. Il y eut d'affreux incidents interraciaux à la sortie des bordels de Saigon. Le lancer de grenades sur les officiers blancs qu'ils n'aimaient pas devint un sport parmi les Noirs. Les prostituées vietnamiennes s'aperçurent que si elles prodiguaient leurs services à des Noirs, les soldats blancs les évitaient. Buckley l'ignorait à l'époque, mais ces incidents dans son pays, reflétés par ceux du Viêt-nam, marquèrent le début d'un cycle qui allait dévaster les villes du nord des États-Unis dans les trois années à venir. Cela mènerait au boycott des écoles par les parents noirs, à l'arrivée de Malcolm X et du parti nationaliste noir, et à l'avènement d'une nouvelle génération de Noirs militants. Il en avait rencontré beaucoup au Viêt-nam ; ils s'étaient mis à demander pourquoi ils faisaient « la guerre des Blancs ». C'était dans ces moments qu'il préférait sortir de Saigon pour s'adonner à ce qu'il faisait le mieux : travailler seul.

Son réseau comprenait des moines bouddhistes, des religieuses catholiques, des politiciens, des médecins et des infirmières, des fermiers et des journalistes locaux. Ils opéraient tout le long de la piste Hô Chi Minh, jusqu'à Hanoï. À eux tous, ils avaient placé des centaines de dispositifs d'écoute fabriqués par la CIA des deux côtés de la piste. Peu avant de partir de Saigon, Buckley avait reçu d'autres preuves de leur réussite. Une unité viêt-cong s'était arrêtée à proximité de l'un des dispositifs, et sa présence avait activé le magnétophone miniature placé au cœur de l'appareil. Plus tard, un *my-nguy* l'avait récupéré et rapporté à Saigon. Les enregistrements avaient été transmis aux analystes de l'US Air Force. Les informations qu'ils contenaient permirent aux bombardiers de localiser précisément une unité viêt-cong. La zone avait été détruite au napalm.

Au cours de ces déplacements, Buckley en était venu à douter de plus en plus que les États-Unis aient réellement une chance de gagner la guerre. Après cent ans d'occupation, les Français avaient échoué à conserver le Viêt-nam. Avant eux les Chinois, qui avaient occupé le pays pendant mille ans, avaient été obligés de partir. Comment les États-Unis pouvaient-ils espérer réussir, d'autant qu'ils avaient commencé à se comporter exactement comme les Viêt-congs ? Les rapports faisant état de viols et de pillages par des soldats américains affluaient. On employait de plus en plus les produits chimiques pour défolier le pays dans l'espoir de priver la guérilla de couverture. Des médecins militaires américains torturaient les prisonniers capturés. Avant son départ pour le nord, Buckley avait appris qu'un chirurgien américain avait arraché le cœur à un combattant conscient ; l'homme faisait partie de forces qui avaient massacré une patrouille américaine avait d'être elles-mêmes capturées. Une fois sur le terrain, il avait entendu des rapports persistants selon lesquels les Viêt-congs étaient en train de gagner le cœur et l'esprit des villageois du Sud. Les commandants américains qu'il avait rencontrés dans la jungle lui dirent que les guérilleros avaient lancé une campagne offensive pour persuader les civils de les soutenir.

Pour s'enfoncer dans la jungle, il attrapait souvent un hélicoptère qui emmenait une patrouille à l'avant des lignes. À ces occasions, il s'asseyait par terre à côté du mitrailleur de l'hélico, dont l'arme était pointée vers l'obscurité de la jungle. Ces voyages resteraient l'un de ses souvenirs éternels du Viêt-nam, comme il l'écrivit dans son journal :

« On n'entendait que le fracas des rotors. L'air s'engouffrait par la portière ouverte. Nous volions juste au-dessus des arbres, l'ennemi en dessous de nous. Les rotors l'avaient certainement alerté. Je me disais en permanence que les tirs du sol allaient commencer d'un instant à l'autre. J'avais mal au cou à force de regarder en bas par la porte ouverte. Les soldats étaient assis tout autour de moi. Certains avaient les yeux fermés. D'autres les gardaient fixés au sol. Ils avaient déjà fait cela. Personne ne savait qui j'étais et je suppose que tout le monde s'en fichait royalement. L'hélico commença à décrire des cercles, puis il piqua vers le sol en s'inclinant davantage sur le côté. La mitrailleuse ouvrit le feu, envoyant des balles traçantes en un large arc de cercle. À mesure que nous descendions, le bruit augmentait. Le chef de section était debout, il m'a poussé de sa botte pour passer. Puis l'hélico a touché le sol. La section a dégringolé par la porte et disparu en quelques secondes. L'hélico est reparti tout de suite, prenant rapidement de l'altitude. Je suis resté là à me frotter le visage. Le mitrailleur de l'hélico me regardait avec un grand sourire, on aurait dit un foutu singe. Je crois qu'il m'a dit qu'un truc comme ça, c'était comme de posséder sa première femme ; ça ne s'oublie pas. »

La nuit, lorsqu'il était sous la tente dans l'un des camps semi-permanents établis dans la jungle par l'armée américaine, il relisait l'un des quelques livres qu'il emportait partout avec lui, à la recherche de réponses qu'il ne trouvait pas. Peut-être, se disait-il, était-ce Francis Scott Fitzgerald, son auteur préféré, qui s'en était le plus approché en écrivant que les États-Unis étaient un bateau naviguant à contre-courant. La seule certitude de Buckley, c'était qu'au Viêt-nam le courant allait expulser son pays.

Il trouva le message du docteur Gottlieb à son retour à Saigon. Il se mit à faire ses préparatifs. À une époque, il aurait contesté la validité de ce qu'on lui demandait de faire. Mais il devait dire plus tard : « J'avais appris depuis longtemps que si je ne le faisais pas, quelqu'un d'autre le ferait. Et quelle que soit la personne qui s'en chargerait, cela ne changerait probablement rien à l'issue de la guerre. Les États-Unis avaient la suprématie avec ses bombardiers de combat, son napalm et ses roquettes. Mais les guérilleros avaient l'avantage du terrain. Le journal *Pacific Stars and Stripes* pouvait toujours s'égosiller à promouvoir une éventuelle victoire des États-Unis, la vérité était que, chaque soir, des transporteurs s'envolaient vers chez nous avec nos morts dans des sacs. Le MK-Ultra était devenu un grand jeu sombre et nuisible auquel jouaient des hommes comme Gottlieb, Cameron et d'autres parce qu'ils voulaient y croire. Ils n'y croyaient pas réellement, mais c'est ce qu'ils voulaient. »

Quoi qu'il en soit, par ce jour de novembre à vous vider de toute énergie, il se rendit à la prison de Bien Hoa et fit en sorte qu'une cinquantaine de prisonniers viêt-congs soient placés dans l'enclos où les chirurgiens du docteur Gottlieb avaient précédemment puisé leurs cobayes humains. Le lendemain arrivèrent deux médecins, un pathologiste et un psychiatre de l'hôpital psychiatrique du Pacifique, en Californie. Chacun avait apporté avec lui un appareil à électrochocs portatif.

L'après-midi même, la première douzaine de prisonniers était sanglée sur les tables. Chaque homme reçut six chocs. Dans les deux heures qui suivirent, les cinquante furent traités de même. Au bout de six heures, ils furent ramenés et reçurent encore vingt chocs chacun. Douze heures plus tard, l'opération fut répétée. Entre-temps, le psychiatre questionna les prisonniers. Il essayait de déterminer si le fait d'être choqué les amènerait à reconnaître qu'ils s'étaient rendu compte que le communisme était « mauvais ». Tout ce que dirent les captifs fut qu'ils avaient peur de subir d'autres chocs. Les médecins augmentèrent le réglage des machines. En deux jours, le premier prisonnier était mort. Dix de plus succombèrent. Les autopsies auxquelles procéda le pathologiste révélèrent que les hommes étaient morts de crises cardiaques induites par les chocs. Ce soir-là, Buckley prit l'avion pour Los Angeles avec l'équipe. Personne ne dit rien tout le long du vol. « C'était pire qu'un sentiment d'échec. C'était le sentiment qu'ils n'auraient jamais dû commencer », en déduit-il.

À l'atterrissage, il trouva un message du docteur Gottlieb lui ordonnant de prendre le prochain vol pour Mexico. L'hypnotiseur qui lui avait enseigné son art à New York l'attendait à l'aéroport. Il tendit à Buckley une enveloppe scellée. Elle contenait les instructions de Gottlieb concernant l'opération Mindbender, qui avait pour objectif central de transformer en assassin un indicateur mexicain de la CIA soupçonné de travailler à présent pour le KGB. Pour cela, l'hypnotiseur devrait mettre l'homme en état de transe, à la suite de quoi Buckley l'emmènerait dans un restaurant où l'on savait que le chef de la base locale du KGB dînait régulièrement. L'agent devait alors tuer le Russe. Dans la confusion qui ne manquerait pas de s'ensuivre, Buckley devait supprimer le Mexicain. Pour hypnotiser l'agent, une suite avait été réservée à l'hôtel Sheraton de la ville. Buckley et l'hypnotiseur passèrent deux jours à attendre le Mexicain. Il ne se montra jamais. C'est plus tard seulement que Buckley apprit que le résident du KGB, soupçonnant que quelque chose se préparait, s'était arrangé pour expédier l'homme à Cuba. Son sort là-bas demeura inconnu. L'opération Mindbender avait encore prélevé quatre mille dollars sur le budget du MK-Ultra.

Pendant son séjour à Mexico, Buckley avait fait la connaissance du chef de la base locale de la CIA. Ce dernier lui dit que le seul événement notable qu'il ait vu à ce poste avait été la réapparition dans la ville, en compagnie d'un officier du KGB, d'un ancien opérateur radar du corps des marines américains passé du côté soviétique en 1959. Ils avaient rendu plusieurs visites aux ambassades soviétique et cubaine, et s'étaient également mêlés à divers groupes d'exilés cubains de la ville. Le chef de base expliqua qu'il avait rédigé un rapport sur la question, mais qu'il n'y avait pas eu de suites en provenance de Langley. L'homme en question était Lee Harvey Oswald.

Dès son retour à Langley, Buckley apprit du docteur Gottlieb qu'il devait se rendre à Montréal avec l'équipe d'évaluation. Celle-ci prit le vol du matin entre Washington et Montréal, pour arriver au début de l'après-midi du 22 novembre 1963. Les journaux, dans l'avion, étaient remplis de récits de la tournée du président Kennedy au Texas et de la manière dont il semblait apaiser la guerre de factions entre le gouverneur d'État John Connolly et le sénateur Ralph Yarborough, guerre qui à une époque avait menacé de détruire le parti démocratique du Texas. Alors que l'équipe arrivait à l'institut, la radio du taxi annonça que Kennedy et sa suite avaient atterri à Love Field, à Dallas, et que le cortège présidentiel se dirigeait vers la ville.

Le docteur Cameron avait accueilli ses visiteurs et les avait accompagnés dans une tournée de l'hôpital. À chaque lit, le docteur Wolff feuilletait un dossier avant de questionner le patient, du moins s'il était conscient. D'autres étaient couchés les yeux grands ouverts, le regard fixe, trop retirés en eux-mêmes pour communiquer. Les médecins ne prirent pas la peine de dissimuler leur malaise. Wolff ne cessait de répéter à Cameron la même question : « Sont-ils représentatifs de vos réussites ? », et se voyait sans cesse répondre que c'étaient de bons exemples de « traitement positif », qu'il s'agisse de déstructuration ou de conduite psychique. Buckley entendit le docteur Wolff chuchoter à ses collègues qu'il avait l'impression de se trouver « entre deux mondes distincts : celui de Cameron et le monde réel ».

Chapitre XV

Ils avaient atteint le bloc Sud-2 lorsqu'une infirmière sortit en courant d'une salle commune en criant : « On lui a tiré dessus ! On a tiré sur le Président ! » Le docteur Cameron la dévisagea : « Contrôlez-vous, mon petit. Qu'est-ce que c'est que ces bêtises ? » Buckley, le docteur Wolff sur ses talons, courut à la salle commune. Sur l'écran de télévision, un commentateur avait interrompu le feuilleton de l'après-midi pour rapporter les nouvelles venues de Dallas : le président Kennedy avait été assassiné. Ils restèrent tous de longues minutes devant la télévision, à écouter les dernières nouvelles de Dallas déversées par l'écran. Ce qui rendait la scène encore plus surréaliste pour Buckley était le gloussement émis par un patient recroquevillé dans son fauteuil roulant. Cameron dit à une infirmière de le faire sortir. Enfin, la nouvelle tomba : Kennedy était mort. La première réaction de Buckley fut de se demander comment cela avait pu arriver. Où étaient les signes avant-coureurs ? Puis, il se rappela le rapport top secret qu'il avait reçu avant de quitter Saigon. C'était une appréciation par la CIA du niveau de menace contre le Président, fondée sur l'opposition croissante à la guerre du Viêt-nam. Était-ce le début d'une seconde guerre civile en Amérique ?

À côté de lui, le docteur Wolff chuchotait à l'intention de ses collègues. Buckley saisit certains mot : « Assez… sortons d'ici… rentrer à Washington… assez vu… » Cameron parlait : « Il y a encore beaucoup à voir. Vous ne pouvez pas partir comme cela ! J'ai des projets importants à vous montrer. Des nouveautés dont je dois vous parler. » Buckley fut durablement frappé par la nuance « irréelle » de protestation dans la voix de Cameron : « Notre Président venait d'être assassiné, et il parlait de ses projets. Wolff avait raison. Cet homme était complètement déphasé. »

Trente minutes plus tard, le docteur Cameron, assis seul à son bureau, ses visiteurs en route pour l'aéroport, se disait que le Président n'était pas le seul mort du jour. Avant de partir, Wolff lui avait dit qu'il ne soutiendrait aucune demande de subvention de la part de l'institut auprès de la Société de recherche en écologie humaine.

Sur la route de l'aéroport, le docteur Wolff dit à Buckley : « Cette folie doit s'arrêter. Ce que j'ai vu aujourd'hui montre clairement que

Cameron est un handicap pour tout ce que nous avons essayé d'accomplir. Ses liens avec nous doivent être tranchés. »

À son retour à Langley, Buckley trouva l'Agence en proie à la paranoïa collective. L'idée d'un complot sophistiqué pour assassiner le Président avait pris racine dès le début, lorsqu'un message câblé de l'agence Associated Press avait annoncé qu'un agent des services secrets et un policier de Dallas avaient été tués par balles à proximité du lieu de l'attentat. Le message avait été rapidement corrigé. Mais la CIA avait mis du temps à se résoudre à abandonner l'idée que les Russes avaient frappé. Cette conviction fut renforcée par Buckley lorsqu'il mentionna ce que le chef de la base de Mexico lui avait dit sur Lee Harvey Oswald, l'homme arrêté pour avoir tiré. D'un moment à l'autre, se souvenait-il, « toute la zone des opérations fut sens dessus dessous. Des hommes furent envoyés à Mexico, en Floride, pour infiltrer la communauté cubaine. Partout où Oswald était allé, aurait pu aller… et parfois, là où il n'était manifestement jamais allé. »

Buckley se retrouva à son bureau d'analyste, à essayer de comprendre la genèse d'un complot. Sur un poste de télévision, il regarda la scène se dérouler : Lyndon Johnson prêtant le serment présidentiel à bord d'Air Force One ; Jacqueline Kennedy, maculée de sang et accablée de chagrin, à côté de lui, le corps de son mari dans la soute de l'avion. Buckley regarda l'avion atterrir sur la base de l'Air Force d'Andrews un peu plus de deux heures plus tard, puis la séparation du nouveau et des anciens : Johnson parcourant en hélicoptère le court voyage jusqu'à la Maison Blanche, l'entourage de Kennedy suivant le cercueil jusqu'à l'hôpital naval de Bethseda pour l'autopsie qui se poursuivit jusque dans la nuit. Buckley était à peine éveillé lorsque, juste avant l'aube, le cercueil, recouvert du drapeau américain, fut porté à la Maison Blanche et placé sur un catafalque dans la chambre de l'est. Buckley eut du mal à retenir ses larmes lorsque Mme Kennedy s'agenouilla à côté du cercueil et enfouit son visage dans le champ étoilé du drapeau.

Buckley, comme le reste des États-Unis et le monde occidental, passa les trois jours suivants dans le brouillard. Il mangea à son bureau, dormit sur une banquette, ne prit pas la peine de se laver ni de se raser, tout en essayant de comprendre ce qui avait pu se passer. Le quatrième jour, il reçut l'ordre de s'efforcer de prendre un vrai repos. Au lieu de cela, il resta devant la télé dans son appartement pour regarder les funérailles. Comme l'assassinat, elles furent retransmises dans le monde entier. Puis il retourna à Langley pour « tenter encore de ramasser les morceaux ». Richard Helms le prit à part pour lui dire que l'attentat était « l'œuvre d'un dingue isolé » ; ils en étaient à présent certains.

Le lendemain même des funérailles du Président, Buckley était de retour à l'institut, porteur d'une enveloppe scellée au sujet de laquelle le docteur Gottlieb lui avait donné des instructions très précises. Buckley tendit l'enveloppe au docteur Cameron tout en lui expliquant qu'il devait la lire devant lui. Cameron s'exécuta.

« Avez-vous pleinement compris, docteur Cameron ? » demanda Buckley. Le psychiatre hocha la tête : ce fut la seule preuve qu'il avait entendu la question. Buckley se pencha par-dessus le bureau pour récupérer la lettre et son enveloppe. Il replaça la première dans la seconde, qu'il referma avec un morceau de scotch. « C'était écrit sur le visage de Cameron : fini », devait-il se rappeler. Il reprit le premier avion pour Washington.

La secrétaire du docteur Cameron, Dorothy Trainor, se souvenait qu'il avait vieilli et s'était fermé presque du jour au lendemain. Le 26 novembre, il lui dicta une circulaire à diffuser à tous les chercheurs de son personnel, leur disant de mettre fin à tous leurs projets. « Ils sont à ma poursuite », dit-il au docteur Roper. Sans préciser qui « ils » étaient. À l'équipe médicale, il envoya une circulaire séparée disant que « jusqu'à nouvel ordre », les traitements qu'il avait mis en place étaient poursuivis. Pendant les sept mois suivants, le docteur Cameron rendit des visites répétées à des compagnies pharmaceutiques dont il espérait des financements pour son travail. Il montra des publications à leurs directeurs médicaux et tenta de les enflammer de ses propres convictions. Mais, à chaque fois, ses propositions était déclinées et il repartait les mains vides. En l'espace d'un an, les fonds apparemment illimités qui à une époque avaient afflué au service financier étaient pratiquement taris. L'institut ne tenait quasiment plus que sur les honoraires facturés aux patients privés et quelques prêts de l'université McGill déjà en place. D'après Dorothy Trainor, le docteur Cameron était « de plus en plus renfermé et montrait des signes de réelle dépression ». Son avenir s'assombrissait de jour en jour. Il fit plusieurs tentatives pour appeler les docteurs Gottlieb ou Wolff. Leurs assistants lui promettaient qu'ils rappelleraient. Ce qu'ils ne faisaient jamais.

L'hiver 1964 céda la place au printemps, puis à l'été. Même le soleil radieux et le ciel bleu ne pouvaient rien contre la morosité qui s'était abattue sur l'institut. Le personnel avait été remercié, les laboratoires de recherche fermés, les nouveaux patients étaient rares et espacés. Le docteur Cameron ne recevait plus d'invitations à donner des conférences médicales au Canada ni ailleurs. Il avait renoncé à appeler Gottlieb et Wolff lorsque la standardiste l'avait informé que les numéros directs dont il disposait n'étaient plus attribués.

À Langley, le docteur Gottlieb était toujours plongé dans le programme de guerre biologique. À l'arsenal d'Edgewood, des scientifiques financés par la CIA avaient travaillé sur la mescaline comme arme potentielle. Leurs expériences furent entre autres menées sur un professeur de tennis, Harold Bleur, qui était suivi pour un traitement à l'institut psychiatrique de l'État de New York. À l'insu de la plupart de ses employés, cet institut avait été enrôlé dans le programme de contrôle psychique de la CIA. La mescaline, sous le nom de code EA-1298, avait été envoyée à l'institut pour « évaluation humaine ». Bleur en reçut une injection. En quelques minutes, il tomba dans un coma dont il ne devait jamais sortir.

Le docteur Gottlieb voulait à présent que les scientifiques de l'arsenal d'Edgewood créent une arme biologique basée sur la substance appelée glycolate. Il écrivit dans une note de service qu'il y avait « urgence à développer ces recherches, étant donné que les Soviets [étaient] activement engagés dans le domaine du glycolate ». Vingt volontaires, dont cinq détenus et quinze militaires, finirent par recevoir une injection de drogue à base de glycolate et développèrent des symptômes gravement handicapants qui durèrent deux mois. On ne leur expliqua ni le but de l'essai, ni la nature de la drogue, pas plus qu'on ne leur dit si elle aurait des effets à long terme. L'essai fut jugé « satisfaisant ».

Entre-temps, Buckley s'était activé, à New York, à vérifier que la Société de recherche en écologie humaine avait bien effacé de ses dossiers tout lien entre le docteur Cameron et les instituts de recherche de Finlande, de Hollande, de Suisse, de Birmanie et d'Israël. À la suite de quoi tout dossier concernant ces connections fut incinéré. Mais ils étaient tous, d'après Buckley lui-même, engagés dans des expériences sur le comportement humain qui nécessitaient de droguer des gens à leur insu.

Cameron parti, le docteur Gottlieb disposait encore d'un formidable arsenal universitaire auquel distribuer ses ordres. Quarante-quatre universités aux États-Unis faisaient toujours partie du programme de contrôle psychique, ainsi que quinze instituts de recherche, douze hôpitaux et trois institutions pénales ; ces dernières fournissaient des prisonniers comme cobayes. Au fil des années, leur nombre atteignit plusieurs milliers. Combien moururent, combien furent handicapés à vie pour avoir servi à ces expériences, personne ne le saura jamais.

Le 24 juillet 1964 à 12 h, Peter Roper fit quelque chose qu'il n'avait jamais fait. Il fit irruption dans le bureau du docteur Cameron sans frapper, poussant sur le côté une Dorothy Trainor sous le choc qui s'apprêter à entrer pour prendre une lettre sous la dictée. Il lui claqua la porte au visage. La colère du docteur Roper était motivée par ce qu'il avait entendu dans un tribunal de Montréal ce matin-là : le témoignage de sa femme lors de leur audience de divorce. Sa compassion pour Agnes s'était muée en incrédulité, puis en colère lorsqu'à la fin de sa déposition elle avait révélé que, en plus de Robert Cleghorn, elle avait aussi consulté le docteur Cameron en tant que patiente. C'est un Roper sidéré qui avait écouté Agnes raconter comment Cameron lui avait dit que son mari avait « un défaut de caractère qui transparaissait dans son travail » et que, tant que ce serait lui qui en déciderait, qu'il « n'irait pas plus loin dans sa carrière parce qu'il était arrogant et agressif». Debout devant son bureau, le docteur Roper affronta Cameron : avait-il vraiment dit cela ?

Le psychiatre ne répondit rien. Le chef des internes eut soudain pitié de l'homme au visage émacié assis derrière le vaste plateau de son bureau, sur lequel était posé un magnétophone représentatif de ses méthodes de traitement. « Il est fini, se dit Roper, cet homme est vidé. » Sa colère s'évanouit. Quelle importance pouvait avoir ce que le docteur Cameron avait dit à sa femme ? Sa vie avec Agnes était terminée, l'avis rendu par le juge y avait mis fin ce matin même. Le docteur Cameron brisa le silence : « C'est la faute des Français. Ils ont tout détruit. Votre petite. Tout. » Sa voix était à peine plus qu'un chuchotement rauque. Il se rejeta en arrière dans son siège, les yeux fixés sur un point au-dessus de la tête de Roper.

Le 26 juillet 1964, Ewen Cameron convoqua l'ensemble du personnel médical et soignant dans l'amphithéâtre de l'institut. Lorsque tous furent rassemblés, il leur déclara : « À dater de ce moment, je donne ma démission. » Pendant quelques instants, il passa en revue les visages stupéfaits. « Je ne veux pas de pot de départ. » Une heure plus tard, il était déjà parti au volant de sa voiture. À la tombée de la nuit, Robert Cleghorn fut nommé en remplacement d'Ewen Cameron. Ses premières instructions au personnel furent : « D'accord, pas de pot de départ. Mais pas de veillée funèbre non plus. Nous avons tous beaucoup à faire. » Il nota plus tard dans son carnet : « La démission est impossible à appréhender. Cela a été trop énorme, trop soudain, trop écrasant. »

En vingt-quatre heures, le docteur Cleghorn ordonna l'arrêt de toute déstructuration et de toute conduite psychique. Le laboratoire de radiotélémétrie fut fermé, et la chambre de l'Isolateur, démantelée. Le sous-sol fut dépouillé de tout ce qui lui donnait l'air d'un centre d'interrogatoires. Rubenstein fut l'un des premiers membres du personnel à être licenciés par Cleghorn. Le technicien – personnage toujours aussi mystérieux qu'à son arrivée – regagna Londres. Zielinski partit peu après. Ataturk figurait aussi parmi les médecins renvoyés.

Chapitre XV

Avant son départ, Cameron avait chargé plusieurs boîtes d'archives dans sa voiture. Elles renfermaient tous ses papiers relatifs au MK-Ultra. Elles contenaient la preuve que ce qu'il avait fait à ses patients l'avait été au nom de la CIA et, au final, du gouvernement des États-Unis. En le regardant s'éloigner au volant de sa voiture, Dorothy Trainor, envahie par le chagrin, se dit que « la magie avait pris fin ». La sorcellerie aussi.

La démission d'Ewen Cameron fut accueillie avec consternation à Langley. D'après les souvenirs de Buckley, « Cameron devait être, pour reprendre les termes de l'Agence, surveillé en urgence », ce pourquoi il fut envoyé à Lake Placide. Il arriva le 27 juillet en début de soirée. Buckley fut stupéfait par les changements intervenus chez le psychiatre. Non seulement il semblait avoir rétréci physiquement, mais au lieu du costume de bonne coupe qu'il avait toujours porté, il était en pantalon informe et cardigan. Après qu'il leur eut préparé des boissons, ils s'assirent dans deux fauteuils qui se faisaient face, dans la tanière de Cameron. Les boîtes d'archives qu'il avait rapportées de l'institut étaient posées par terre. Buckley expliqua qu'il était venu les chercher, ainsi que tout autre papier en rapport avec le sujet. Cameron acquiesça de la tête. Buckley lui demanda les raisons de sa démission.

Le docteur Cameron sortit brutalement de son silence : « Quel rapport avec l'Agence ? » Son irritation était manifeste. Tout en faisant tinter les glaçons dans son verre, il ajouta : « Les problèmes de vos semblables ne m'intéressent pas. » Sans transition, il se mit sur ses pieds et fixa Buckley du regard. On retrouvait là une trace du Cameron plein de fougue dont se souvenait encore Buckley. Il ramassa les dossiers et les porta à sa voiture. Avant qu'il ait démarré, le docteur Cameron avait déjà fermé la porte de sa maison.

Le 4 août 1964, Buckley envoya au docteur Gottlieb une note déclarant qu'après examen des dossiers, il n'avait rien trouvé « qui ait une importance significative ». Il terminait en se disant certain que le docteur Cameron ne révélerait jamais ses connections avec l'Agence. Le docteur

Gottlieb n'accusa pas réception de la note, mais plus tard dans la journée, il dit à Richard Helms qu'une situation potentiellement difficile avait été contenue. Il n'y avait aucune nécessité d'abandonner les recherches sur le contrôle psychique.

XVI

Un mois exactement après que Buckley eut retiré au docteur Cameron tout son matériel, le docteur Gottlieb rebaptisa le programme d'un nouvel acronyme : MK-Search. Avec un nouveau président à la Maison Blanche, Lyndon Johnson, et Richard Helms en copilote sur le projet, c'était, pour reprendre les mots que le docteur Gottlieb entendit Buckley prononcer, « la routine habituelle ».

Le docteur Gottlieb craignait que la direction des opérations techniques du KGB, qui poursuivait exactement les mêmes objectifs que la division qu'il contrôlait à la CIA, ne soit en avance sur la recherche américaine dans les domaines des poisons et des gaz. Ses inquiétudes se fondaient sur une affaire impliquant un Russe blanc, Georgi Sergeievitch Okolovitch, qui avait mené oralement une campagne de propagande antisoviétique depuis Francfort, en Allemagne. Un assassin du KGB, Nicholaï Khoklov, avait été envoyé pour le supprimer. Mais ce dernier devait avouer par la suite que dès son arrivée à Francfort, séduit par la qualité de vie occidentale à laquelle il était exposé, il était allé trouver Okolovitch pour lui confesser la raison de sa présence. Okolovitch s'était envolé pour l'Amérique du Sud tandis que Khoklov s'en allait demander l'asile politique à la base de l'US Air Force du Rhin-Main.

Dans l'heure même, il était à l'abri dans une planque de la CIA, dont Buckley connaissait l'existence grâce à son propre travail en Allemagne. Une fois qu'il eut satisfait la curiosité de ses interrogateurs sur son identité, Khoklov les emmena en Forêt-Noire. À l'aide d'une carte qui lui avait été confiée à Moscou, il mena les hommes de la CIA jusqu'à un tronc d'arbre badigeonné d'une tache de peinture blanche. Un petit paquet était enterré sous les racines. Il contenait une boîte à cigarettes en or. Khoklov révéla comment les armuriers du KGB l'avaient modifiée pour en faire une arme à feu dont les balles dum-dum étaient camouflées en cigarettes. Buckley était de ceux qui, à Langley, avaient préconisé d'utiliser Khoklov comme une puissante arme de propagande. Ce dernier se mit à donner régulièrement, dans toute l'Allemagne de l'Ouest, des conférences où il décrivait le vaste arsenal biochimique de l'Union soviétique. Un soir à Francfort, en plein discours, il s'effondra soudainement. Les agents du KGB étaient parvenus à empoisonner sa nourriture avec d'infimes particules radioactives. Personne ne trouva comment ils s'y étaient pris.

Deux ans plus tard, le KGB avait lancé une attaque similaire contre un autre dissident soviétique, Stefan Bandera, à Munich. Il rentrait déjeuner dans son appartement de banlieue lorsqu'un agent du KGB, Bogdan Stashinsky, lui envoya de l'acide prussique au visage, au moyen d'une arme tubulaire. Bandera absorba de l'acide, dont l'effet vasoconstricteur provoqua une attaque qui avait toutes les apparences d'une crise cardiaque. Deux ans après cela, Stashinsky lui-même s'enfuit à l'Ouest, emportant avec lui les derniers détails sur les armes biologiques du KGB. Buckley passa plusieurs jours à réviser son rapport d'interrogatoire, à la suite de quoi il fut envoyé en poste au Viêt-nam.

Avant son départ, il déjeuna avec Helms dans la salle à manger des cadres au septième étage de Langley. Helms lui expliqua qu'il n'aurait pas la tâche facile à Saigon. L'opposition à la guerre se durcissait et l'US Air Force comme la *Defence Intelligence Agency* se battaient bec et ongles pour contrôler le développement de la situation. La bataille entre technologie et renseignement humain s'échauffait. Lors de sa première rencontre avec le président Johnson, on avait fait savoir à Helms que le chef d'État voulait être renseigné en continu par la CIA. Le travail de Buckley consistait à s'assurer que l'analyse de Saigon « soit solide comme un roc, et qu'elle présente le Président sous un bon jour, de sorte qu'il puisse dire qu'il en était vraiment ainsi. »

Le docteur Gottlieb s'activait à mettre en place le MK-Search. Il avait donné son feu vert pour que trente mille dollars soient réservés à l'installation de nouvelles planques à Chicago et à Los Angeles. Cent cinquante mille dollars avaient été attribués à un laboratoire de Baltimore pour financer la recherche sur des micro-organismes susceptibles de « provoquer n'importe quoi, qu'il s'agisse de pratiques sexuelles particulières ou de la simulation d'un décès par dioxyde de carbone ». Le docteur Gottlieb espérait que ces recherches finiraient par apporter des chapitres supplémentaires à son manuel d'assassinat. Il avait donné des ordres pour que l'Isolateur du docteur Cameron soit reconstruit dans un laboratoire de l'Institut national de la santé. Des primates lobotomisés y furent gardés en isolement complet pendant des mois. Les techniques de radio-télémétrie de Rubenstein furent adaptées de telle sorte que l'« énergie des fréquences radio » soit projetée dans le cerveau de ces animaux déjà rendus fous. Plusieurs d'entre eux furent alors décapités, et leurs têtes transplantées sur le corps d'autres singes étêtés – pour voir si l'« énergie » des ondes radio pouvait d'une manière ou d'une autre ramener les animaux à la vie. Dans un éclair d'humour inhabituel de sa part, le docteur Gottlieb appela cela l'opération Résurrection.

Un nouveau conduit de financement de la drogue fut mis en place. L'Amazon Natural Drug Company avait un bureau officiel à Iquitos, au Pérou. Elle était dirigée par John King, qui s'était trouvé à la tête de la division de l'hémisphère occidental de la CIA jusqu'au fiasco de la baie des Cochons. Il en était parti avec Dulles. Le docteur Gottlieb l'avait discrètement ramené dans le giron de l'Agence – et l'avait doté d'un budget de près d'un million de dollars. Avec une partie de l'argent, King s'était acheté un bateau habitable et l'avait rempli de bourbon ; il sillonnait à présent tous les recoins de l'Amazone avec une petite équipe de botanistes de l'Agence qui recueillaient feuilles, racines et écorces. Dans les laboratoires de Langley, tout cela était ensuite réduit en poudre et donné à manger à d'autres primates, pour voir s'ils devenaient fous ou s'entretuaient. Ce qui se produisait fréquemment.

Pour le docteur Gottlieb, Helms continuait à être le mécène idéal, prompt dans ses décisions et toujours prêt à prendre sans hésiter des risques ou des raccourcis. Helms n'avait pas renoncé à l'idée qu'un jour le docteur Gottlieb découvrirait la clé du contrôle mental, et il le laissait continuer, sans entraves ni dérangement, à concevoir des manières nouvelles et plus efficaces de désorienter et discréditer, mutiler et tuer. La clé de la boîte de Pandore était, une fois de plus, fermement tenue dans ses mains impeccablement manucurées. Le MK-Search ne tarda pas à mettre les bouchées doubles. Des projets abandonnés furent réactivés. De vieilles idées, dépoussiérées. Parmi elles, l'hypnose. Après le fiasco de Mexico, l'idée avait été rayée des tablettes. Le docteur Gottlieb donna à ce projet un nouveau nom de code, l'opération Spellbinder, et consacra une enveloppe de départ de cinquante mille dollars à tenter, une fois de plus, de créer un assassin qui frapperait lorsqu'il entendrait un mot clé implanté par hypnose dans son esprit. Un membre de l'*American Society of Clinical and Experimental Hypnosis* (Société américaine d'hypnose clinique et expérimentale) fut recruté à cet effet. Le docteur Gottlieb le surnomma « *Fingers* » à cause de sa manière théâtrale de mouvoir ses mains pour hypnotiser un patient. Il l'avait choisi parce que d'après son dossier, les expériences « terminales » ne lui donnaient aucun scrupule.

L'hypnotiseur fut informé que la cible visée, une fois de plus, était Fidel Castro. Le docteur Gottlieb avait toujours la ferme intention d'abattre le leader cubain. Fingers et deux psychologues de l'Agence se rendirent à Miami et se mirent à circuler dans la vaste communauté cubaine de la ville en se faisant passer pour des employeurs potentiels auprès d'immigrants qui étaient, dans leur immense majorité, sans travail. Les candidats jugés intéressants par Fingers furent invités dans une chambre de motel. L'hypnotiseur fit asseoir devant lui le premier Cubain, qui ne se doutait de rien, et le plongea dans un état de transe. Puis il lui parla de la nécessité de tuer Castro, et du fait que ce ne serait pas un crime mais le seul moyen de libérer Cuba. L'homme hocha la tête. Encouragé, Fingers entreprit d'implanter le mot clé. Lorsque l'homme l'entendrait, lui expliqua l'hypnotiseur, et qu'il se trouverait en présence de Castro, il devrait le tuer immédiatement. Le mot était « cigare ». Pour prouver son efficacité, Fingers ordonna à l'homme de s'imaginer aux côtés de Castro. Sous le regard des psychologues de l'Agence, Fingers prononça le mot. Il ne se passa rien. Nouvel essai. Rien. Finalement, Fingers, perplexe, sortit l'homme de sa transe et redit

« cigare ». L'homme posa sur lui un regard vide et dit qu'il ne fumait pas. Le suivant refusa de se réveiller sur commande et les hommes de l'Agence, paniqués, se hâtèrent de le ramener au quartier cubain et de le déposer, encore endormi, à un coin de rue. Un troisième devint violent sous hypnose lorsque le nom de Castro fut mentionné et se mit à saccager la chambre du motel. On le réveilla sans tarder. Vaincue, l'équipe de l'Agence regagna Langley.

Fin 1966, la douzaine de projets menés par le MK-Search avait coûté près d'un million de dollars, sans aucun résultat. L'euphorie tournait à l'aigreur. Des reproches acerbes furent formulés. Des hommes passaient leurs journées à écrire des rapports pour justifier l'échec. Nombre d'entre eux trouvèrent du travail dans les laboratoires pharmaceutiques que la CIA avait approchés pour obtenir leur collaboration. Des chercheurs qui avaient travaillé sur la stimulation de la douleur recyclèrent leurs connaissances pour élaborer des antalgiques. D'autres, qui n'avaient été concernés que par des travaux « terminaux », furent incités financièrement à employer leurs talents à découvrir de nouveaux remèdes contre l'arthrite, le lumbago ou les maladies cardiovasculaires.

De crainte que cette fuite des cerveaux ne fasse tomber l'Agence en dessous du niveau soviétique et chinois dans le noir domaine du renseignement scientifique, Helms fit appel à un vieil ami, William Casey.

Depuis sa présentation à Clover Dulles comme expert en investissement, lors de l'une de ses réceptions, l'avocat s'était bâti une réputation et une fortune formidables grâce à son habileté avec les titres et les actions. Casey se rendit à Washington. Helms le rencontra pour déjeuner dans une suite de l'hôtel Jefferson. Entre le saumon poché et le chablis – le menu préféré de Casey –, Helms esquissa le problème. Les structures de paiement gouvernementales ne permettaient pas à la CIA de rivaliser avec les salaires proposés par les laboratoires pharmaceutiques. Que pouvait-on y faire ? La solution de Casey était astucieuse. L'Agence devrait créer une fondation pour aider son personnel à obtenir des prêts à long terme et à taux bas, destinés à l'achat d'une maison, au financement des études des enfants, ce genre de choses. Non seulement il se ferait un plaisir de structurer une telle fondation, mais en plus il aimerait apporter une contribution personnelle de cinquante mille dollars. Après une éclipse de près de vingt ans après son passage à l'OSS, Casey était de nouveau activement associé à l'agence qui lui succédait. Lorsqu'il apprit la nouvelle, Buckley prédit qu'avant longtemps, on verrait souvent le gros homme au pas tranquille à Langley.

Un soir de septembre 1967, le téléphone sonna au domicile d'Ewen Cameron, à Lake Placide. C'était Allen Dulles, qui appelait depuis le Mississippi. Le président Johnson l'avait déjà tiré de sa retraite une première fois pour en faire un membre de la commission Warren, qui avait enquêté sur l'assassinat du président Kennedy ; à présent, Dulles devait incarner à lui seul une mission présidentielle chargée d'enquêter sur les tensions raciales dans le Sud profond. Pour le vieux maître espion, qui jadis avait régné sur le monde trouble du renseignement où les complots impliquant des meurtres de chefs d'État étaient monnaie courante, enquêter sur des décès de militants des droits civiques était une véritable dégringolade. Clopinant dans la chaleur exaspérante de l'été sudiste, la jambe gauche torturée par les élancements de la goutte – un résidu d'une opération, enfant, sur son pied-bot –, Dulles était en outre handicapé par une mémoire défaillante. Il ne se souvenait de rien, ce qui l'obligeait à tout noter sur un petit calepin de poche. Le problème, soupira-t-il au docteur Cameron au téléphone, était qu'il ne pouvait pas passer son temps à relire ce qu'il avait écrit. « Seigneur, Ewen, ajoutait-il, qu'est-ce que je dois faire ? Je crois me rappeler que tu étais plutôt bon dans le domaine de la mémoire. » C'était un vieil ami qui, peut-être, ne cherchait rien de plus qu'un conseil. William Buckley, qui avait été rappelé du Viêt-nam par Helms pour accompagner Dulles dans son voyage, n'oublierait jamais comment l'ancien directeur avait raccroché le téléphone, à l'hôtel, et répété d'une voix légèrement perplexe la réponse du docteur Cameron : « Trouve-toi un bon médecin, Allen. »

Le retour de Buckley aux États-Unis mit un point final à son année au Viêt-nam, où il avait contribué à monter une opération qui, plus que toute autre, devait marquer un tournant dans l'implication américaine dans la guerre. Elle était appelée Phoenix et, une fois de plus, Buckley s'était trouvé amené à travailler en collaboration étroite avec William Colby. Le plan prévoyait le meurtre en masse, ou la capture, de tous les leaders Viêt-congs du Sud-Viêt-nam. Phoenix s'appuyait sur les techniques que les Viêt-congs s'étaient appropriées : assassinat, kidnapping et intimidation.

Buckley devait se rappeler plus tard que Colby lui avait dit : « C'est le moment décisif. Si Phoenix marche, nous serons en mesure de commencer la désaméricanisation de la guerre. Les vieux problèmes de la corruption et du népotisme vietnamiens ne nous regarderont plus. Et ainsi nous calmerons l'opinion publique chez nous. La réussite de Phoenix nous permettra aussi de diminuer des deux tiers le coût actuel de la guerre. » Mais sitôt commencée, l'opération Phoenix fut attaquée avec virulence non seulement aux États-Unis, mais aussi en Europe. Les services de communication de l'armée américaine eurent beau souligner la responsabilité des forces sud-vietnamiennes dans les excès et leur utilisation de Phoenix pour régler leurs comptes personnels, ce fut peine perdue. Les preuves indiquaient clairement que la CIA avait joué un rôle clé dans la préparation et le déroulement de l'opération.

Buckley nota dans une note à l'attention de Helms : « Il se produit une saignée incontrôlable chez les MACV (les sud-vietnamiens), que nous avons instillée à force de tout mesurer en termes de décompte des corps. Je reçois des rapports quotidiens sur des MACV tuant des gens qui leur doivent de l'argent, ou avec qui ils ont un différend personnel. Le programme Phoenix a tourné à la sauvagerie, alimenté par la vengeance. C'est l'une des choses avec lesquelles il nous faut vivre. Il est impossible de fermer les yeux sur les assassinats sauvages et les règlements de comptes personnels. C'est évidemment immoral, et je veux que nous n'y ayons aucune part. Seulement, nos hommes ne peuvent pas être partout. Voilà la vérité. »

À la fin, Buckley sentit qu'il était devenu l'un des boucs émissaires de l'opération Phoenix, même si Helms tenta d'amortir le coup en disant que l'on avait besoin, à Langley, de ses talents pour analyser la direction que prenait la guerre. Il se retrouva derrière un bureau jusqu'à son départ avec Dulles pour l'accompagner dans son enquête à travers les États-Unis.

Ils voyagèrent à travers une nation de plus en plus divisée. Il y avait ceux qui applaudissaient aux reportages du Viêt-nam montrant des villages de paysans incendiés, et qui exultèrent lorsque le Pentagone annonça que le tonnage de bombes larguées chaque semaine sur le Nord-Viêt-nam excédait déjà celui de tous les explosifs lâchés sur l'Allemagne durant la Seconde Guerre mondiale. De l'autre côté, les hourras des anti-guerre se firent entendre lorsque les services secrets confirmèrent que depuis l'arrivée du président Johnson au bureau ovale, plus de cinq cents personnes avaient été arrêtées pour avoir projeté d'attenter à ses jours.

Entre-temps, la violence avait augmenté à l'intérieur des États-Unis. Débordant les limites des ghettos noirs des grandes villes, elle balayait le pays en semant une désolation qui répondait en écho aux images venues du Viêt-nam. L'activiste John Lewis s'exprima au journal du soir : « Le gouvernement nage en pleine contradiction lorsqu'il dit aux Noirs opprimés de ne pas être violents dans les rues tout en se livrant à un massacre effroyable au Viêt-nam, financé avec de l'argent qu'il devrait consacrer à arranger les choses ici. »

Buckley se dit que Lewis aurait été encore plus furieux s'il avait su à quoi la CIA dépensait une partie de cet argent. À savoir, tenter d'établir ce que Helms appelait « le facteur crédibilité de Youri ». Le docteur Gottlieb avait reçu l'ordre de trouver comment le déterminer. Buckley se retrouvait une fois de plus aux avant-postes d'une opération de la CIA. Il allait rejoindre l'équipe Nosenko en qualité d'interrogateur.

Le colonel russe du KGB Youri Nosenko était passé aux États-Unis en février 1964. Il avait fourni à l'Agence des informations fracassantes sur la manière dont le KGB avait placé des micros à l'ambassade américaine de Moscou. Une équipe de la CIA s'était envolée pour la capitale soviétique et avait confirmé que ses révélations n'étaient que trop vraies. L'équipe avait également confirmé l'efficacité des méthodes du KGB pour viser une victime avec une arme biologique. Un officier de sécurité de l'ambassade ouest-allemande à Moscou, Horst Schwirkmann, visitait un monastère des environs de la ville lorsque, au beau milieu de la foule des touristes, il avait soudain senti une brûlure dans le bas du dos. Quelques instants plus tard, il était paralysé. Ses compagnons, deux diplomates allemands, s'arrangèrent pour qu'il soit envoyé en urgence auprès des deux seuls experts qui, à leur connaissance, étaient susceptibles de lui venir en aide, des médecins de l'ambassade des États-Unis. Le temps qu'ils atteignent les bâtiments de l'ambassade, Schwirkmann était à l'article de la mort. Les médecins conclurent qu'on lui avait injecté du nitrogène, le gaz moutarde que les Soviets avaient élaboré pendant la Seconde Guerre mondiale. Mais il était trop tard pour sauver l'agent de sécurité. Renvoyé en Allemagne par avion, Schwirkmann décéda peu après. Nosenko avait confirmé que ce gaz avait effectivement été utilisé pour réduire au silence un certain nombre de dissidents dans toute l'Europe. Il avait aussi donné à l'Agence l'identité de plus de vingt agents dormants soviétiques à l'Ouest. Leurs noms furent transmis au MI-5 en Angleterre et aux services secrets français, ainsi qu'au FBI. Une fois de plus, Nosenko s'était révélé une source absolument crédible.

Les interrogateurs de l'Agence le questionnèrent ensuite sur Lee Harvey Oswald, lui-même assassiné peu de temps après avoir abattu le président Kennedy. Nosenko se montra toujours aussi disposé à parler. Il affirma avoir étudié le dossier du KGB sur Oswald… et n'y avoir trouvé aucune implication soviétique dans la mort de Kennedy, mais la conclusion qu'Oswald était un tueur à gages à la solde d'un consortium de millionnaires américains de droite qui avaient voulu le meurtre de ce président de plus en plus gauchiste. Cette assertion sema le doute dans l'équipe d'interrogatoire et chez Helms. Avait-on fait en sorte que Nosenko sacrifie délibérément les agents dormants du renseignement soviétique ? Était-il une version moderne du cheval de Troie, envoyé pour semer la zizanie au sein du renseignement et du gouvernement américains ? Les psychiatres soviétiques avaient-ils consacré des années à préparer Nosenko à se faire passer pour un transfuge ? Était-il fiable, ou non ?

L'équipe Nosenko comportait des psychiatres et des psychologues en plus de ses interrogateurs. Avant qu'ils se mettent au travail, Buckley leur avait montré les dossiers de Cameron, récupérés à Lake Placide. Le docteur Gottlieb avait sélectionné une liste de substances à utiliser pour tenter de déterminer si Nosenko disait toute la vérité. Ce dernier fut emmené dans une planque de l'Agence, en pleine campagne du Maryland (par le plus grand des hasards, non loin du cabanon où l'on avait administré du LSD à Frank Olson). Ses nouveaux quartiers se composaient d'une pièce aux murs doublés d'un épais capiton destiné à absorber les ondes électriques, équipée d'un magnétophone et d'un détecteur suffisamment sophistiqué pour mesurer les réactions involontaires les plus infimes : température corporelle, conductivité électrique de la peau, accélération du pouls. La machine savait aussi calibrer et analyser les variations dans le ton et le rythme de la voix. Buckley devait reconnaître que cette machine était l'ultime raffinement de l'équipement qu'il avait vu utiliser par Jan Zielinski pour surveiller ses patients dans le sous-sol de l'institut. On sangla la poitrine de Nosenko dans une ceinture élastique pour mesurer ses fonctions respiratoires. On lui badigeonna les poignets et le front d'un gel conducteur froid. On lui fixa des électrodes sur la tête. Le papier commença à défiler sous les oscillations des pointeurs. L'un des psychiatres de l'agence dit à Nosenko de respirer profondément. Les pointeurs s'emballèrent sur le papier. Les variations furent notées comme points de référence. Buckley, le premier à intervenir, pouvait commencer son interrogatoire. Il s'y était préparé minutieusement. Depuis longtemps il avait appris qu'il y avait un facteur au-delà de la vérité, ou du moins séparé d'elle, auquel il fallait s'accrocher. Pour interroger Nosenko, il maintenait toujours sa voix au même niveau. Ses questions, même lorsqu'elles touchaient aux affaires les plus personnelles, aux aspects les plus profonds de la vie de Nosenko, étaient posées de la même voix monocorde. Les réponses du Russe sortaient, aussi régulières et automatiques que les battements de son cœur.

Après une semaine passée à regarder les pointeurs tracer des courbes douces sur le papier millimétré, Buckley commença à se dire que Nosenko disait probablement la vérité : « Mais nous étions d'accord pour considérer qu'il était encore trop tôt pour se prononcer. Il était certainement entraîné à résister. À proposer des faits, mais pas à les tordre. Nous étions tous conscients que la relation entre un transfuge et ses interrogateurs est toujours difficile. Nous étions aux aguets du moindre signe, du plus petit tic nerveux, du soupir le plus discret, de tout ce qui aurait pu nous avertir du danger. L'art d'un bon interrogatoire consiste à avancer avec lenteur et minutie. Nous devions laisser Nosenko s'établir parmi nous. Nous voulions qu'il comprenne que nous connaissions son désir d'être accepté. Nous avions besoin qu'il nous fasse confiance, mais nous ne voulions pas lui faire confiance tant que nous n'avions pas de certitude. »

Une nuit, Buckley avait accompagné Nosenko dans une pièce spécialement préparée. C'était une réplique de l'Isolateur du docteur Cameron, une structure indépendante en forme de cellule installée dans le sous-sol de la planque. Au bout de douze heures, Nosenko fut sorti de son isolement et soumis de nouveau au détecteur. Les mêmes questions furent posées, tout comme le docteur Cameron avait répété ses questions à ses patients. Exactement au même point que lors de l'interrogatoire précédent, on demanda à Nosenko de respirer profondément. Les mesures graphiques furent comparées aux précédentes, pour voir si le confinement l'avait affecté. Ce n'était pas le cas. L'équipe de l'Agence conclut que si Nosenko mentait, il le faisait superbement.

Durant encore un mois, les questions alternèrent avec des périodes d'isolement de plus en plus longues. Les techniques que le docteur Gottlieb avait décrites comme étant utilisées par les communistes pour obtenir leurs « confessions » étaient appliquées pour tenter de briser le transfuge. Les bandes de papier millimétré qui se déroulaient étaient analysées. Chaque soir, l'une des équipes rédigeait une synthèse des graphiques et la présentait personnellement à Helms. Ce dernier disait parfois à Buckley qu'à certains moments, il était convaincu que Nosenko disait vrai à propos du dossier Oswald. À d'autres moments, il se demandait encore si Nosenko était un leurre. Au bout de trois mois, Helms donna l'ordre d'augmenter la pression psychologique sur le Russe.

Nosenko fut placé dans une nouvelle cellule. Une puissante ampoule électrique brûlait en continu et Buckley prit son tour de garde dans la surveillance du prisonnier, qui fut portée à vingt-quatre heures sur vingt-quatre, lui retirant tout vestige d'intimité. Nosenko n'était pas autorisé à lire quoi que ce soit : même les mentions sur son tube de dentifrice étaient masquées. Lorsqu'il tenta, pour s'occuper l'esprit, de confectionner un échiquier avec des fils tirés sur son pull, on le rhabilla d'un survêtement en nylon. Pour Buckley, « c'était le seul moyen. Nosenko était une noix bien dure. Il avait déjà avoué que les soviétiques l'avaient formé à résister à l'interrogatoire. Ils lui avaient déjà fait subir ce que nous lui imposions, je n'avais aucun doute sur ce point. Ce n'était pas le moment de relâcher la pression. En cas d'échec avec Nosenko, nous risquions de laisser entrer le meilleur agent jamais envoyé par les soviétiques pour pénétrer chez nous. »

Plus forte était la pression, plus Nosenko insistait sur le fait qu'il n'avait dit que la vérité. Au bout de cinq cents jours, il fut placé dans une chambre forte en acier de deux mètres cinquante de côté, construite spécialement pour lui. Sa fabrication avait coûté deux mille cinq cents dollars. Au sept-centième jour, il finit par craquer, pleurant et suppliant qu'on le croie. Les électrodes fixées sur sa peau confirmèrent qu'il ne mentait pas. Mais Helms refusa de s'en tenir à cette preuve. Les interrogatoires continuèrent. Un nouveau groupe de psychiatres fut affecté à son cas. Buckley était le seul membre restant de l'équipe d'origine. Il demeura impassible devant Nosenko, en pleurs, le souffle coupé par de courts sanglots, qui répétait sans fin : « Je dis la vérité. » À chaque répétition de cette phrase, Buckley était de plus en plus convaincu que c'était le cas : « Nosenko avait depuis longtemps dépassé la phase où l'on cherche à plaire. C'était un homme qui était passé par tous les degrés de la douleur. Je savais qu'il disait vrai. »

Mais les psychiatres du docteur Gottlieb proposèrent des méthodes encore plus dures. On affama Nosenko dans l'espoir que, physiquement affaibli, il finirait par perdre la force morale de résister. Ce ne fut pas le cas. Les gardiens tapèrent pendant des heures sur la cellule avec des barres d'acier. On fixa des écouteurs aux oreilles de Nosenko et on lui imposa une cacophonie jusqu'à vingt-trois heures d'affilée – le degré maximum de la manipulation psychique, d'après le docteur Gottlieb. Nosenko clamait toujours qu'il disait la vérité. On le drogua au LSD, ce qui le plongea alternativement dans des états d'exaltation frénétique et dans une profonde dépression.

Les médecins et les interrogateurs de l'Agence continuèrent à torturer Nosenko. Ils en vinrent, à leur corps défendant, à le considérer avec admiration. S'il mentait, c'était de loin le meilleur menteur qu'ils aient jamais rencontré. Pour Buckley, l'affaire en était arrivée au point où il répugnait à lui imposer encore et encore tout cela. « S'il y avait eu la moindre indication que ce soit un menteur, disait-il, j'aurais continué à l'infini. Mais rien ne permettait de le penser. Je finis par demander à être retiré du panel des interrogateurs. » Buckley sentait que les psychiatres avaient depuis longtemps passé toutes les bornes de l'éthique. Le docteur Gottlieb pressait Helms de continuer : il tenait là une rare opportunité de tester dans son ensemble la question du lavage de cerveau.

Helms avait passé des heures à écouter les enregistrements des interrogatoires de Nosenko. Au fil des années, la voix du Russe avait perdu sa force et son éclat, elle s'était faite plus flûtée et moins humaine. Mais était-ce la voix de la vérité – même si ce n'était plus complètement celle de la raison lucide – ou de la trahison ? Le 21 septembre 1967, le directeur convoqua une dernière réunion sur cette affaire. Il écouta chaque argument et contre-argument. Enfin, il donna l'ordre de libérer Nosenko et rentra dîner chez lui, noyant dans le brandy les derniers vestiges du doute.

Devant sa cabane d'esclave retapée, le docteur Gottlieb sirotait un verre de lait de chèvre tiède. Pendant près de quatorze années, il avait été le fer de lance de la recherche sur le contrôle psychique. Finalement, la quête était arrivée à une impasse dans cette chambre forte où Nosenko avait été retenu. Tout ce que l'on savait des pratiques communistes avaient été essayé sur Nosenko – sans succès. Après des semaines de réadaptation, Nosenko reçut une nouvelle identité et bénéficia du programme américain de protection des témoins. En 2006, sa situation et le fait qu'il soit encore en vie ou non, ou la date de son éventuel décès, sont toujours secrets.

L'obsession du docteur Gottlieb pour les armes biologiques n'était pas apaisée. Cet intérêt se renforça à la fin de l'été 1978, lorsque des rapports venus d'Angleterre firent état de l'assassinat d'un autre dissident soviétique, George Markov. Il s'était évadé de sa Bulgarie natale pour rejoindre Londres, d'où il avait gagné une certaine popularité chez ses compatriotes grâce aux commentaires radiophoniques acides qu'il délivrait sur la BBC et sur Radio Free Europe, qui émettaient jusqu'en Bulgarie. Un jour, alors qu'il se rendait à pied au studio, il sentit une légère piqûre à la cuisse. Derrière lui, il vit un homme porteur d'un parapluie qui se hâta de disparaître. Le temps d'arriver au studio, il ressentait un léger malaise. Une fois son émission terminée, il rentra chez lui. Sa femme prit sa température, qui était au-dessus de la normale. Lorsque le médecin arriva, la tension artérielle de Markov s'était effondrée, mais, avant de perdre connaissance, il eut le temps de parler à sa femme de l'homme au parapluie. Le médecin trouva un bleu sur la cuisse gauche de Markov. Il fit venir les détectives de Scotland Yard, qui rendirent un rapport à leur département de médecine légale. Markov était mort. À l'autopsie, on trouva sous l'hématome, enfoncée dans la graisse sous-cutanée, une pastille pas plus grosse qu'une tête d'épingle. L'examen microscopique révéla quatre trous minuscules à sa surface. Le pathologiste acquit la conviction que la pastille avait contenu du poison. La mort de l'homme fit les gros titres des journaux, mais le mystère demeurait entier. C'est alors qu'un journaliste bulgare établi à Paris, très critique également sur l'oppression exercée par les soviétiques dans son pays natal, raconta que peu de temps avant la mort de Markov, il lui était arrivé la même chose en sortant d'une station de métro. Il avait développé des symptômes pratiquement identiques, mais par chance il avait survécu. Un examen médical révéla une deuxième pastille dans son dos. La police française l'envoya à Londres : elle était identique à celle qui avait tué Markov.

C'est à ce stade que le docteur Gottlieb eut vent de l'incident. Il envoya Buckley à Londres. Le temps qu'il arrive, des dispositions avaient été prises pour que le docteur Sargant l'accompagne à Porton Down, où les deux pastilles étaient analysées en laboratoire. Les chercheurs révélèrent à

Buckley qu'elles avaient contenu des quantités identiques de ricine, un dérivé mortel de l'huile de ricin. Buckley prit le premier avion pour les États-Unis, porteur d'une copie de leurs conclusions. Il passa les deux semaines suivantes à écrire encore un nouveau rapport, sur les possibilités d'employer la ricine comme outil dans les assassinats de la CIA.

Le 9 septembre 1968, le téléphone sonna dans le bureau du docteur Sargant à Londres, dans Harley Street. Son interlocuteur l'informa que le docteur Cameron avait succombé à une crise cardiaque en pratiquant l'escalade près de chez lui. L'homme qui appelait, le rédacteur en chef du *British Medical Journal*, lui demanda s'il voulait bien écrire une notice nécrologique. Le 23 septembre 1968, le *Journal* publia son obséquieux hommage :

« Cameron avait de grands talents d'organisateur, mais il demeura un clinicien jusqu'à la fin. Il insistait toujours pour traiter en personne nombre de ses patients, plutôt que de rester trop longtemps dans son fauteuil de professeur, qui lui imposait tant de responsabilités administratives et pédagogiques. Ainsi, il s'assurait de ne jamais perdre de vue les problèmes individuels des patients, et il conservait la capacité, lorsqu'il discutait les traitements, de s'appuyer sur son expérience personnelle. Il n'était pas toujours patient envers la bêtise, mais il soutenait de toutes ses forces ceux dont il savait qu'ils faisaient tout leur possible pour améliorer la prise en charge des malades mentaux. Il refusa de suivre la folie de la psychanalyse qui balaya les écoles de médecine américaines après la Seconde Guerre mondiale. Cameron est mort comme il l'aurait voulu, debout et en pleine activité, encore débordant de projets pour ses recherches futures. Ewen Cameron, par son travail et son exemple, a non seulement aidé de nombreux psychiatres à devenir de meilleurs médecins, mais il a aussi aidé, directement et indirectement, des centaines et des centaines de patients, que ce soit personnellement ou à travers tous ceux qu'il a inspirés et instruits. »

Des années plus tard, le docteur Sargant m'a livré ce commentaire : « J'ai pour principe de ne jamais dire ou écrire de mal d'un mort. »

Le jour de son cinquantième anniversaire, le 13 septembre 1967, cinq jours après la mort du docteur Cameron, Mary Morrow intenta un procès à sa succession et à l'Allan Memorial Institute. Elle réclamait cent mille dollars de dommages et intérêts pour traitement contraire à la déontologie. La préparation des procédures avait consumé les six dernières années de sa vie. Les avocats s'étaient succédé pour écouter d'une oreille de plus en plus incrédule le récit des dix-sept jours qu'elle avait passés à l'institut. Par moments, il lui fallait faire un effort pour se rappeler qu'elle n'avait pas imaginé tout cela, qu'elle l'avait bel et bien vécu. Une partie du problème, elle s'en rendait compte, était qu'à son premier entretien avec un avocat, elle avait eu des trous de mémoire considérables dus aux électrochocs. Plus elle se forçait à se rappeler tout ce que le docteur Cameron lui avait fait, plus elle était déterminée à obtenir réparation. Ce n'était pas seulement la perspective d'une compensation financière qui l'aiguillonnait, mais la certitude d'avoir été cruellement utilisée comme cobaye. Elle se demandait combien d'autres innocents avaient été traités comme elle. Elle décida de réclamer justice non seulement pour elle-même, mais pour tous ceux qui avaient souffert par la faute de Cameron.

Elle s'entretint avec toujours plus d'avocats. L'un après l'autre, ils secouaient la tête et lui posaient la même question : où étaient les preuves ? Pourtant elle refusa de renoncer, même lorsque sa mère et sa sœur s'avouèrent vaincues. En butte à la fatigue et aux cauchemars, elle se prescrivit des antidépresseurs. Elle finit par trouver un avocat décidé à s'occuper de son cas. Mais, d'après lui, son seul espoir de victoire serait de trouver des experts médicaux prêts à témoigner qu'elle avait été victime de fautes médicales graves. Cependant, son espoir de trouver des psychiatres canadiens disposés à témoigner devant la justice et à dénoncer les agissements du docteur Cameron était toujours déçu. Elle sentait que « le pouvoir du réseau McGill créé par Cameron s'étendait toujours largement. C'était un mur de briques que Cameron avait érigé et que personne n'était prêt à démolir. »

Elle écuma les cabinets médicaux canadiens, expliquant patiemment ce qui lui était arrivé, se rappelant à chaque fois un peu plus précisément ce que le docteur Cameron lui avait fait. Elle n'avait plus besoin de fermer les yeux pour le revoir, seringue à la main, sourd à ses protestations, occupé à la piquer ou à lui administrer des électrochocs. Elle racontait son histoire calmement, d'une voix neutre, comme son avocat le lui avait conseillé. Mais, malgré tout, aucun médecin au Canada n'était disposer à confronter sa réputation à celle du docteur Cameron. Le docteur Morrow refusa de s'avouer vaincue. Finalement, par l'intermédiaire de l'institut médico-légal d'Harvard, elle trouva trois psychiatres américains disposés à affirmer devant un tribunal que le traitement préconisé dans un cas comme le sien différait en tout point de ce qu'avait accompli le docteur Cameron.

Lorsque Velma Orlikov apprit la mort du docteur Cameron, elle fit le lien avec tout ce qu'elle continuait à découvrir sur ses propres souffrances. Son mentor était un psychiatre, le docteur Gordon Lambard. Il l'avait aidée à déverrouiller une partie du mystère de sa douleur et à comprendre qu'en fin de compte, la souffrance qui l'avait poussée à chercher de l'aide n'avait rien d'unique. Le docteur Lambard ne cachait pas sa colère à propos de la manière dont le docteur Cameron l'avait maltraitée.

Peter Roper, lui aussi, avait appris à relativiser. Congédié par le docteur Cleghorn, il avait livré une bataille énergique et de longue haleine pour être réintégré. Lui et le docteur Cleghorn avaient fini par se retrouver devant une réunion du comité des relations d'équipe des sénateurs de l'université McGill. Le docteur Roper avait présenté une documentation complète pour prouver l'injustice de son renvoi. Toute la question, arguait-il, tournait autour d'un conflit personnel entre lui et le docteur Cleghorn, qui avait dit au comité : « Soit le docteur Roper s'en va, soit c'est moi. » Le comité décida toutefois de ne pas revenir sur son licenciement.

En 1969, le docteur Roper ouvrit un cabinet privé à proximité de l'institut et, de temps à autre, y envoya des patients, rassuré sur le fait que toutes les méthodes du docteur Cameron avaient été définitivement abandonnées.

XVII

Le jour où Candace Hammond était entrée dans sa vie avait inauguré pour Buckley ce qu'il se plaisait à appeler son « été indien ». Elle était la femme qu'il lui fallait, et ce fut le début d'une nouvelle vie. Il rentrait d'un séjour au centre de formation de la CIA à Fayetteville où lui-même, des années auparavant, avait reçu son instruction. Comme il avait du temps à tuer, il résolut d'explorer les deux Caroline, du Nord et du Sud. En traversant le hameau de Farmer, il repéra une boutique d'antiquaire ; sur la porte étaient inscrits ces mots : « Candace Hammond – Propriétaire ».

Le nom l'intrigua. Le prénom Candace évoquait un personnage d'*Autant en emporte le vent*. Il entra. Candace, il ne l'oublierait jamais, portait une robe imprimée toute simple, pas de maquillage, et sa peau était tannée par le soleil. Il lui demanda d'où lui venait son nom, elle répondit que Papa l'avait choisi. Le temps de lui faire faire le tour de la boutique, parlant avec compétence des articles de la guerre civile, elle occupait déjà une place particulière dans son cœur. Les autres femmes qui avaient peuplé sa vie lui avaient laissé un sentiment de vide et d'insatisfaction. « Le problème venait en partie de moi », m'a-t-il confié. « Le travail de terrain ne favorise pas la construction d'une vie de couple. C'est comme d'être soldat pendant la guerre, en pire. Un soldat apprend à évaluer les risques de se faire tuer. Dans ce boulot, on ne sait jamais. Et le pire, c'est que lorsqu'on se fait tuer, souvent personne ne sait ce qui vous est arrivé. »

Il n'avait partagé aucune de ces pensées avec Candace pendant qu'elle lui montrait les étagères et les tables couvertes d'articles ramassés sur les champs de bataille du Sud profond. Sur le moment, il était simplement heureux d'être en sa compagnie, de partager son sourire prompt à surgir, de prendre plaisir à la regarder bouger et à écouter la douce cadence de sa voix. Il était en train de tomber amoureux. Il acheta quelques soldats de plomb et un pistolet auquel manquait la détente, marchanda un peu comme il l'avait fait à Saigon, en riant, arguant que pour le prix qu'elle demandait, dans certaines régions du monde, il aurait pu s'acheter tout un arsenal. Candace avait souri et répondu qu'ils étaient à Farmer. Il avait promis de payer si elle voulait bien dîner avec lui. Elle accepta.

Pendant le repas, Candace esquissa sa vie dans les grandes lignes. À l'université, elle avait eu des aventures, mais aucune n'avait eu assez d'importance pour mener à quoi que ce soit. Il se rappelait qu'elle lui avait dit qu'elle était avec quelqu'un lorsqu'elle avait obtenu son diplôme. Un homme brillant et fringant qui partageait ses centres d'intérêt : les livres, la bonne musique, les antiquités. Ce n'est que plus tard qu'elle avait découvert ses zones d'ombre : un ego énorme, insatiable, et une rigidité qui l'avait effrayée. Elle était sortie de sa vie, et il n'y avait plus eu personne depuis.

Elle racontait volontiers qu'elle avait su, dès l'instant où il était entré dans sa boutique, qu'elle avait trouvé son homme. Il se passa des mois avant qu'il ne lui dise pour qui il travaillait. Elle répondit que cela n'avait pas d'importance. C'était lui, pas son travail, qu'elle aimait, lui avait-elle dit. Ils avaient décidé de rester discrets sur leur relation, ce qui lui donnait encore plus de prix. Dès qu'il parvenait à s'échapper de Langley, ils se retrouvaient. Parfois, elle montait à Washington, mais, la plupart du temps, il préférait descendre à Farmer. Il ne lui disait jamais où il était allé ni ce qu'il avait fait. Elle ne posait jamais de questions. C'était très exactement la relation à laquelle Buckley avait toujours aspiré : une femme qui l'aimait, mais sans empiéter sur son autre amour, son travail.

En décembre 1968, Buckley fut invité à la réception de Noël chez Dulles. Clover en personne l'avait appelé pour lui dire qu'Allen et elle avaient hâte de le revoir. Lorsqu'elle lui ouvrit la porte, Buckley fut frappé par son apparence. Alors qu'elle approchait des soixante-dix ans, elle était habillé comme une femme de la moitié de son âge, drapée dans un fourreau sous son étincelante chevelure bleutée. Pourtant, malgré la vivacité de l'hôtesse, Buckley perçut une tension entre la plupart des invités. Clover lui dit qu'Allen était cloué au lit par un mauvais rhume, mais qu'il avait insisté pour que la fête ne soit pas annulée. Ce qui n'empêchait pas plusieurs invités d'envoyer des regards répétés vers le plafond au-dessus duquel se trouvait la chambre de Dulles. Bien que six années se soient écoulées depuis son limogeage par le président Kennedy, sa réputation était restée tellement brillante que la crème de la communauté du renseignement de la capitale était encore assurée de se retrouver chez lui. Il y avait là, calcula Buckley, probablement plus de cinquante espions actifs et agents du contre-renseignement occupés à siroter des cocktails et à converser poliment. « Une réception chez Dulles, se dit-il, était l'endroit où il fallait être vu. » Près de la cheminée, un petit groupe chantait des cantiques de Noël. Jeanie Houston, la femme du conseiller juridique interne à la CIA, finit par demander à Clover s'ils ne faisaient pas trop de bruit pour Allen. « Non, il va bien », répondit-elle en allant accueillir de nouveaux invités à la porte.

Jeanie Houston se tourna vers son mari : « Je crois que tu ferais bien de monter voir comment va Allen. » Houston acquiesça. Helms, à présent directeur de la CIA, s'excusa d'être invité à d'autres réceptions dont une à la Maison Blanche et prit congé. Buckley lui trouva l'air morose. La rumeur, à Washington, prétendait que le *President-elect* Richard Nixon – nouvellement élu, il n'avait pas encore pris ses fonctions – allait exiger de meilleurs résultats des opérations de l'Agence au Viêt-nam. Cela rappela à Buckley que Washington pouvait être la ville des plus grandes solitudes pour ceux dont la carrière montait ou chutait pendant un changement au bureau ovale.

Buckley reconnut plusieurs scientifiques et officiers supérieurs de Fort Detrick. Tous ne parlaient que d'une bavure embarrassante qui s'était produite au terrain d'essais de Dugway, dans l'Utah. Un chasseur F4 Phantom, adapté pour disperser un nouvel agent neurotoxique baptisé du nom de code VX, avait déversé par erreur une dizaine de kilos de la substance au mauvais endroit. Emporté par le vent, le gaz avait dérivé loin du terrain d'essais, pour se déposer dans *Skull Valley* (« la vallée des Crânes »), au nom prémonitoire. Six mille moutons de prix y paissaient. En l'espace de deux heures, ils étaient morts. À ce moment-là, les médias étaient déjà présents en force dans la vallée pour observer les équipes de Dugway occupées à enfouir les carcasses dans des tranchées creusées à la hâte. La diffusion de cette information avait provoqué un tollé international.

On racontait que Nixon avait l'intention de mettre fin au programme chimique et biologique. Dans un discours électoral, il avait déclaré : « L'humanité a déjà semé trop de graines de sa propre destruction pour que nous y ajoutions des armes biologiques ; je propose par conséquent que les États-Unis renoncent à leur utilisation. » Ce moment allait se révéler significatif. Au cours des deux années suivantes, la Russie renoncerait à son opposition à une conférence sur la guerre biologique, conférence qui allait déboucher sur l'interdiction de toutes les armes biologiques et chimiques. Quatre-vingts pays supplémentaires finiraient par soutenir l'interdiction. Bientôt, les germes produits en masse seraient recyclés sous forme d'engrais et répandus sur des terrains agricoles, notamment autour de l'arsenal de Pine Bluff dans l'Arkansas.

Mais Buckley sentait aussi que pour les hommes de Fort Detrick présents à la réception de Clover Dulles, ce n'était qu'un pépin temporaire ; on avait tout simplement investi bien trop d'argent et de ressources dans le programme pour tout abandonner maintenant.

Houston regagna le salon et alla trouver Jim Hunt. C'était l'un des plus vieux amis de Dulles, et un officier de longue date de l'Agence. Houston chuchota avec insistance. Les deux hommes remontèrent ensemble à l'étage. Plusieurs invités suivirent Clover du regard. Souriant fixement, et suivie de Jeanie Houston, elle monta à son tour. Les chanteurs s'en donnaient à cœur joie et Buckley passa dans le hall, au pied de l'escalier. Des éclats de voix sortaient de la chambre de Dulles.

« Dieu tout puissant, Allen est malade, Clover, disait Houston, manifestement exaspéré.

– Ce n'est qu'un rhume, Larry. Je vous assure.

– Absurdités ! Il est malade comme un chien. Peut-être mourant. » Le grondement inquiet de Hunt s'entendait clairement.

Buckley perçut la réponse suppliante de Clover : « Ne dramatisez pas. Il a vu le médecin pas plus tard que ce matin. Ce n'est qu'une grippe. Cessez de m'inquiéter ainsi. Il a des crises comme celle-ci depuis sa dernière attaque.

– Bon sang, Clover ! Ce n'est pas juste une “crise” ! Ne voyez-vous pas combien il est malade ? » Hunt criait presque.

Dans le salon, on chantait à tue-tête. Hunt apparut au sommet de l'escalier. Désignant Buckley, il lui cria : « Faites-les taire, bon Dieu. Et appelez une ambulance. Dites-leur que c'est urgent. » Buckley appela les secours depuis le téléphone du hall. Puis il rentra au salon pour demander aux invités de baisser le ton.

L'un des invités cria : « Qu'est-ce qui se passe, bon sang ? On peut savoir ?

– Allen est malade. On l'emmène à l'hôpital », fit Houston d'une voix autoritaire en dévalant l'escalier, son attitude coupant court à toute récrimination.

Les invités commencèrent à sortir dans la rue. Clover se tenait dans le hall, répétant sans fin : « Merci d'être venus. Allen sera désolé de ne pas vous avoir vus. » Jeanie Houston la raccompagna à l'étage. Les voitures des derniers invités s'éloignaient lorsque l'ambulance arriva. Deux brancardiers se précipitèrent dans l'escalier avec un brancard, Buckley sur leurs talons. Ils trouvèrent la chambre, mais furent bloqués à l'entrée par une Clover soudain résolue. « Pas de brancard, répétait-elle fermement. Pas question ! » Buckley se rappela qu'un jour, Clover lui avait expliqué que la famille Dulles avait horreur des brancards. Ils incarnaient un degré d'impotence inimaginable pour un Dulles.

Tout en faisant signe aux secouristes de reculer, Buckley pénétra dans la chambre. Dulles avait trouvé on ne sait comment la force de repousser les couvertures et de s'asseoir au bord du matelas. Il essaya de se lever, échoua, et fit une seconde tentative, retombant sur le drap, agrippé au lit d'une main pour retenir son poids. À eux deux, Houston et Buckley l'aidèrent à se mettre sur pied et le portèrent à moitié jusqu'en bas de l'escalier. Dans le hall d'entrée, les ambulanciers prirent le relais. Les bras de Dulles passés autour de leurs épaules, ils l'emmenèrent rapidement jusqu'à l'ambulance. Clover suivait, de nouveau impuissante et incertaine.

« Vous devriez l'accompagner », lui dit Hunt d'un ton brusque.

Jeanie Houston sortit en courant de la maison avec un chapeau et un manteau pour Clover. Elle arrivait trop tard. L'ambulance, sirène hurlante, était déjà au bout de la rue. Cinq semaines plus tard, le 29 janvier 1969, Allen W. Dulles s'éteignait. Buckley fut dans l'impossibilité d'assister à ses funérailles. Il était encore en mission pour l'infatigable Sidney Gottlieb, chargé d'accompagner une équipe de scientifiques de Fort Detrick à Okinawa, l'île japonaise du Pacifique où les États-Unis avaient une immense base militaire. Une partie de la base était une zone verrouillée où des armes chimiques étaient stockées dans des conteneurs. L'un d'entre eux, qui contenait de l'agent neurotoxique VX, fuyait. Vingt-trois militaires américains avaient été contaminés. Peu avant, plus de cent enfants japonais qui jouaient sur une plage proche de la base s'étaient effondrés, victimes d'un malaise. Certains d'entre eux avaient mis des semaines à se rétablir. Les retombées politiques avaient poussé le Pentagone à céder au gouvernement japonais qui, ivre de rage, exigeait le retrait du sol national de toutes armes de ce type. La tâche de Buckley était de s'assurer que ce soit fait.

À son retour à Langley, il retrouva un rôle auquel il était habitué : analyser la couverture médiatique. Le Département d'État, le ministère de la Défense et le Pentagone s'étaient alliés pour montrer au monde qu'ils mettaient à exécution la promesse du président Nixon de faire détruire l'arsenal chimique et biologique des États-Unis. Des conteneurs de tularémie, d'anthrax, de fièvre Q et d'encéphalomyélite équine vénézuélienne furent mélangés à du phénol avant d'être chauffés à 1 000 °C dans des fourneaux spécialement fabriqués à cet effet. Le matériel utilisé pour élaborer les germes fut fondu. Des lieux autrefois secrets comme Pine Bluff et l'arsenal de Rocky Mountain ouvrirent leurs portes aux visiteurs. Mais Buckley savait aussi que l'autre grande préoccupation de Sidney Gottlieb, le contrôle psychique, bénéficiait toujours de l'approbation de Richard Nixon.

Lorsque le docteur Gottlieb prit le contrôle du nouveau Bureau de recherche et développement (*Office of Research and Development*, ORD) de la CIA, il s'empressa d'en faire son vaisseau amiral pour les expériences les plus tordues, potentiellement à très longue portée, dans le domaine du contrôle psychique. Les médecins les plus novateurs et audacieux de l'Agence y furent transférés, et de jeunes consultants qui travaillaient dans des laboratoires de recherche médicale civils furent recrutés. L'équipe de l'ORD comprenait également des chimistes, des biologistes et des médecins généralistes venus des corps chimiques de l'armée. Le docteur Gottlieb avait persuadé Helms de donner son feu vert à un prêt initial de cent cinquante mille dollars pour le premier chantier de l'ORD. Celui-ci fut baptisé opération Often. Le docteur Gottlieb avait rappelé à ses collègues que « souvent » (*often*), ils s'approchaient tout près du but avant de battre en retraite, et que « souvent », ils oubliaient que dans le domaine des sciences, la seule manière d'avancer était d'apprendre du passé. Cela ne se produirait pas avec l'opération Often.

Elle s'appuyait sur les recherches antérieures du docteur Cameron sur le surnaturel. L'opération Often poussait l'exploration encore plus loin, dans le monde de la magie noire. À en croire la note d'intention du docteur Gottlieb, l'objectif était de « maîtriser les forces de l'obscur et démonter l'idée reçue qui veut que les retranchements internes de l'esprit soient hors de portée. Le projet vise à créer un nouvel être humain psychocivilisé. » Le docteur Gottlieb voulait écrire sa propre version de *Frankenstein*.

Les membres de l'opération Often commencèrent par rendre visite à des chiromanciennes, des diseuses de bonne aventure sur des stands de foire et, dans les grandes villes, aux bureaux bien aménagés des médiums qui servaient les riches et les puissants. Ils se présentaient invariablement comme des chercheurs de l'Institut d'ingénierie scientifique, un nom de couverture choisi par le docteur Gottlieb. Un certain nombre de voyants se laissèrent convaincre de devenir consultants pour un programme de recherche éducatif aux contours vagues. Il était dirigé depuis une planque de la CIA à Washington. Dans son enceinte, il devint courant de voir des hommes à longue barbe ou des femmes habillées en gitanes discuter sérieusement identification et interprétation des lignes de vie, ou encore distinction des bosses phrénologiques, avec des comportementalistes de la CIA en strict costume gris. Un astrologue de San Francisco, spécialisé dans l'analyse du caractère par la couleur de l'iris, fut démasqué comme imposteur après son recrutement. Le programme n'en fut pas troublé : les recherches pour mettre le paranormal au service de l'espionnage et du contre-renseignement se poursuivirent.

En octobre 1970, l'éventualité de placer des médiums sur des points stratégiques autour du bloc soviétique fut envisagée. L'idée était d'employer leurs pouvoirs pour se « mettre à l'écoute » de points comme Berlin-Est, Varsovie et Moscou, et voir quelles « vibrations » seraient recueillies. La proposition fut abandonnée lorsque l'on se rendit compte qu'il faudrait des années pour que les médiums comprennent couramment le russe.

Buckley reçut l'ordre d'escorter une médium dans le bâtiment des Nations unies, à New York, et de la faire déambuler dans les espaces publics. Il était équipé d'un petit appareil photo. Dès que la médium se sentirait en présence d'une « personnalité maléfique », elle devait l'en informer. Sur les quelques semaines que dura cette expérience, il ne fut pas amené à prendre une seule photo. Cette période resta dans sa mémoire comme « l'époque des cinglés ».

Des efforts considérables furent fournis pour obtenir les empreintes des paumes du vieux croquemitaine de la CIA, Fidel Castro. Elles furent étudiées par des chiromancien(ne)s à qui l'on cacha l'identité de leur propriétaire. Les conclusions furent que Castro était « un leader né », « peut-être un futur pape » ou « un homme avec de forts penchants homosexuels ». Ce détail croustillant fut transmis à la division psychologique politique de la CIA et incorporé au profil psychologique du Cubain.

En mai 1971, l'opération Often comptait dans son registre du personnel trois astrologues professionnels à plein temps. Ils touchaient chacun trois cent cinquante dollars par semaine plus les frais – en compensation pour la perte, estimée par eux-mêmes, de leurs revenus habituels. Ils étaient chargés de prévoir l'avenir. Ils restaient pendant des heures dans les boxes insonorisés de la planque, à lire une large sélection de journaux et de magazines. Ils se concentraient sur les informations qui les « alertaient psychiquement ». Ils enregistraient ce qui leur venait à l'esprit sur les futurs développements de tel événement ou telle situation.

Un astrologue prédit que le président Richard Nixon serait réélu pour un second mandat au cours duquel il subirait de graves dommages politiques, troublante annonce du Watergate. Un autre vit que la guerre du Viêt-nam se terminerait par un désastre pour les États-Unis – Buckley se dit qu'il ne fallait pas être grand clerc pour prévoir cela alors que le conflit coûtait à présent vingt-cinq milliards de dollars par an, avec près de quarante mille pertes humaines du côté américain. Plus près de chez eux, les astrologues virent tous une augmentation de la grande criminalité, tandis qu'au niveau international, les détournements d'avions allaient devenir la plus grande menace pour les voyageurs. À la demande des comportementalistes qui voulaient un profil psychologique du pirate de l'air type, les chiromanciens se mirent d'accord sur un « homme jeune, dépossédé, de type cubain ». On demanda aux voyants des suggestions pour combattre les pirates de l'air. Parmi les plus mémorables : entraîner les hôtesses de l'air à séduire les pirates ; obliger les passagers à voyager vêtus de leurs seuls sous-vêtements et d'une grande cape fournie par la compagnie aérienne pour couvrir leur modestie ; demander aux pilotes de passer, avant le décollage, l'hymne national cubain dans le haut-parleur de l'avion, et arrêter toute personne qui se mettrait debout. La seule idée transmise par l'Agence à l'industrie aéronautique fut que les pilotes soient équipés de cartes d'approche de l'aéroport de La Havane.

Début 1972, l'opération Often avait recruté deux chiromanciens de plus, tous deux d'origine chinoise, afin de pousser plus loin les investigations sur l'application de leur discipline aux renseignements. Les comportementalistes du programme savaient déjà que des cultures différentes produisaient des personnalités variées. Les chiromanciens furent chargés d'établir dans quelle mesure cela pouvait être déduit de la lecture des lignes de la main. Ils se mirent au travail. En se faisant passer pour des psychologues de l'éducation, ils visitèrent un grand nombre de communautés, des Eskimos de l'Alaska tout au nord aux Indiens du Nouveau-Mexique vers le sud. Ils ne rendirent jamais leurs conclusions, car leurs enquêtes furent entre-temps annulées en faveur de recherches sur le Malin.

Il fallut en effet peu de temps pour que l'opération Often soit plongée jusqu'au cou dans la démonologie. En avril 1972, le monseigneur chargé des exorcismes pour l'archidiocèse de New York fut approché. Il refusa catégoriquement de coopérer. Sans se démonter, les comportementalistes de l'Agence contactèrent Sybil Leek, une sorcière de Houston qui jetait des sorts à l'aide d'un choucas apprivoisé qui répondait au nom de Hotfoot Jackson. L'oiseau perché sur son épaule, Mme Leek donna aux « deux messieurs charmants » de Washington un cours accéléré sur la situation actuelle de la magie noire aux États-Unis : quatre cents assemblées de sorcières, animées par cinq mille sorcières et sorciers initiés, formaient le sommet discret d'une industrie de la prédiction qui faisait vivre dix mille diseurs et diseuses de bonne aventure à plein temps et deux cent mille à temps partiel, plus un marché de cartes de tarot en pleine croissance, et des usines qui produisaient un éventail de plus en plus varié d'articles antichrétiens. Satan n'était pas seulement en vie, mais florissant dans le pays. Pour l'acculer à travailler pour l'agence, le docteur Gottlieb décida qu'il fallait lui donner une respectabilité. Il finança secrètement une chaire de sorcellerie à l'université de Caroline-du-Sud. Deux cent cinquante étudiants s'inscrirent à des cours sur les rites de fertilité, d'initiation et de résurrection des morts.

Buckley, toujours fervent catholique, se retrouva plongé dans un « tourbillon de magie et de mystère dans l'agence, qui était censée gérer des faits et des prédictions basés là-dessus : ce coin de la CIA que Gottlieb s'était réservé pour son travail avec le Diable était un trou noir intérieur, d'où sortaient constamment des cris comme “Il n'y a pas de Dieu !”, “La divinité cosmique est partout !” Les conversations sur les planchettes ouija, les sorcières blanches, la magie du chaos, donnaient l'impression que c'était tous les jours Halloween. Ces gens étaient intelligents, s'étonnait-il ; ils comprenaient par exemple la philosophie classique, mais il y avait un abîme entre leur sens de la réalité et le mien. J'ai commencé à recevoir leurs rapports pour évaluation. Ils étaient intitulés “Rendez votre ennemi infirme et brouillez son esprit grâce à Satan” ou encore “Comment transformer un pendule en arme secrète pour localiser les sous-marins soviétiques”. Ce qui m'étonnait était que la majorité des satanistes étaient d'anciens catholiques romains. Beaucoup disaient qu'ils avaient essayé l'Église mais qu'elle n'avait rien à offrir. »

Plus une idée était bizarroïde, plus le docteur Gottlieb s'enthousiasmait pour son potentiel. Par exemple, la « magie du chaos », dans laquelle des « psychonautes » proposaient de voyager pour le compte de la CIA dans ce qu'ils appelaient « le vide ». Un occultiste apprit à Buckley que quelque part, dans le vide, se trouvait la magie la plus puissante de toutes, capable de détruire un ennemi. Le docteur Gottlieb avait accepté de financer le voyage dans l'inconnu d'un certain « psychonaute ». L'homme lui avait dit que le périple équivaudrait à la quête de la Toison d'or par les Argonautes dans la mythologie grecque. Armé des cinq cents dollars qu'il avait obtenus, le « psychonaute » regagna sa base de lancement à San Francisco. On n'entendit plus jamais parler de lui. Le docteur Gottlieb ne tarda pas à passer à autre chose.

Il résolut de ressusciter la pratique des implants cérébraux. Il commanda un programme pour évaluer les résultats obtenus par Jose Delgado, un psychologue de Yale. Delgado avait affronté la charge d'un taureau dans le cerveau duquel il avait planté des électrodes. Sans autre protection contre ces quelques tonnes de sabots, de cornes et de muscles mortels qu'une petite boîte noire entre ses mains, Delgado avait volontairement aiguillonné le taureau en activant l'implant, ce qui avait enragé l'animal encore plus furieusement. Alors que ce dernier était presque sur lui, le psychologue avait appuyé sur un autre bouton. La bête s'était arrêtée net, en réponse à une stimulation de la zone de son cerveau qui commandait l'état de calme. Delgado avait admis sans difficulté que sa méthode de contrôle à distance était encore rudimentaire, et pas tout à fait fiable. Mais le docteur Gottlieb était certain qu'un jour viendrait où non seulement les animaux, mais les humains, réagiraient à des commandes électriques.

Robert G. Heath, un neurochirurgien de l'université de Tulane, avait encore ravivé les espoirs de succès avec ses expériences sur la stimulation électrique du cerveau, l'ESB, qu'il utilisait pour exciter sexuellement ses patients. Il avait, de fait, implanté cent vingt-cinq électrodes dans le cerveau et le corps d'un seul patient – pour lequel il revendiquait le record du monde – et passé des heures à stimuler ses centres du plaisir. Heath en avait conclu que l'ESB pouvait contrôler la mémoire, les pulsions, les sentiments et provoquer des hallucinations. Elle pouvait permettre de manipuler l'humain, et ce à volonté.

Fin juin 1972, le docteur Gottlieb avait dansé la gigue sur le tapis du bureau de Helms en s'enthousiasmant sur le fait qu'enfin, enfin, il avait la réponse au contrôle psychique ; l'ESB ouvrait les portes de la création non seulement d'un homme, mais d'une société entière « psychocivilisée ». Un monde où chaque pensée, émotion, sensation ou désir serait véritablement contrôlé par la stimulation électrique du cerveau. Les possibilités, insistait le docteur Gottlieb, allaient bien au-delà des masturbations neurologiques de Heath. Au bout du compte, le cerveau humain pourrait être programmé pour tuer sur commande. Le scientifique qui le prouverait, décida le docteur Gottlieb, était le docteur Stephen Aldrich.

Cet ancien directeur médical du bureau du renseignement scientifique de l'Agence était depuis longtemps considéré par le docteur Gottlieb comme un authentique innovateur. Il se mit à consacrer tout son temps aux expériences sur l'ESB. En s'appuyant sur le dernier cri de la technologie informatique, il approfondit les travaux antérieurs de Rubenstein sur la radio-télémétrie. Le docteur Aldrich était convaincu de pouvoir réaliser le rêve abandonné que le technicien anglais avait partagé avec le docteur Cameron : un monde d'individus télécommandés. Dans la planque même où Youri Nosenko avait été brutalisé, le docteur Aldrich supervisait des recherches infiniment plus sophistiquées. Son équipement comportait une machine Schwitzgebel. Élaborée par Ralph K. Schwitzgebel dans le laboratoire de psychiatrie de la communauté de l'école médicale de Harvard, cette dernière ressemblait à une version réduite de l'encombrant transducteur que Rubenstein avait construit dans le sous-sol de Montréal. La machine Schwitzgebel se composait d'un « transmetteur-renforceur de comportement » (le BT-R), fixé sur un harnais, qui recevait et transmettait des signaux à un module radio. Dans la description officielle de la machine, le module était « relié à un dispositif de tête chercheuse de missile modifié pour calculer la localisation du porteur et la visualiser sur écran ». On prétendait qu'elle pouvait enregistrer tous les signaux physiques et neurologiques d'un sujet jusqu'à une distance de quatre cents mètres. Si c'était le cas, c'était un progrès impressionnant par rapport à la courte distance entre la pièce grillagée et le cagibi d'où le docteur Cameron contrôlait ses patients dans la cave de l'institut.

Le 20 septembre 1972, on apprit à Langley que Mary Morrow poursuivait encore activement son action en justice contre l'institut et la succession d'Ewen Cameron. Les rapports précédents sur son cas avaient simplement été classés. Mais cette fois, Helms ordonna à Buckley de procéder à une vérification sur chaque patient utilisé, à leur connaissance, dans les recherches du docteur Cameron. « Il voulait savoir s'il existait un moyen – quel qu'il soit – de remonter jusqu'à l'Agence », se souvint Buckley par la suite. Six semaines plus tard, il rapportait à Helms que la CIA ne pouvait nullement être impliquée – sauf par le matériel existant dans ses propres archives. Le 10 décembre 1972, Helms ordonnait l'annulation de l'opération Often. Dans son mémo laconique portant la mention « Lire. Détruire. », il ne donnait aucune explication au docteur Gottlieb.

Début janvier 1973, Sidney Gottlieb démissionna de la CIA. Helms ne fit aucun effort pour le retenir. Avant son départ, et sur ordre de Helms, il avait passé au broyeur les archives du MK-Ultra et du MK-Search. Par la suite, lorsque le président Nixon fit remplacer Helms au poste de directeur, son successeur, James R. Schlesinger, demanda s'il y avait quoi que ce soit « dans l'histoire récente de la CIA qui pouvait poser problème ». Helms avait répondu : « Non. Rien du tout. »

Plusieurs étages en dessous de la salle à manger des cadres où se tenaient les deux hommes, cent trente boîtes d'archives renfermaient du matériel compromettant que le docteur Gottlieb avait, inexplicablement, omis de détruire. Buckley devait les appeler « le pistolet fumant qui finit par détruire Gottlieb et faillit détruire l'Agence ». Leur contenu était une boîte de Pandore d'expériences inachevées, sur le point d'être lancées, ou restées au stade de l'esquisse. Dans ces boîtes se trouvaient les preuves des méfaits d'Ewen Cameron ; des liens entre la CIA et la Mafia, résumés dans une phrase mémorable que le docteur Gottlieb avait écrite à Dulles : « Un tel lien est inévitable étant donné que nous avons des gentlemen qui aspirent à être des tueurs, et des tueurs qui aspirent à être des gentlemen. »

Une boîte renfermait l'original du manuel d'assassinat de Sidney Gottlieb, et des papiers prouvant qu'il était obsédé, clairement et depuis longtemps, par les moyens d'abattre Fidel Castro ; une autre, un dossier sur le projet 143 dans lequel le docteur Gottlieb avait accepté de payer vingt mille dollars à un certain docteur Edward Bennett, de l'université de Houston (Texas), pour élaborer une bactérie capable de saboter les sous-produits pétroliers. D'après le dossier, Bennett avait réussi à produire une substance qui pouvait ronger le métal d'un moteur de voiture. Un autre dossier comportait une liste soignée de tous les paiements des planques que George W. Hunter, à présent décédé, avait ouvertes ; jusqu'à sa mort, l'assassin de Frank Olson avait envoyé à la CIA ses notes de frais pour l'entretien d'« agents sous couverture », son euphémisme pour parler de prostituées. Il y avait aussi un dossier détaillant les paiements faits par le docteur Gottlieb pour conserver le vieux labo de Frank Olson à Fort Detrick en parfait état de fonctionnement ; ce qui coûtait cent mille dollars par an. Il y avait des factures pour la livraison de trois kilos d'un poison mortel à base de carbonate. Il y avait des factures pour tellement de choses ! Il y avait des rapports sur des programmes biologiques et chimiques en Allemagne, en conjonction avec Porton Down. Il y avait des factures, des requêtes, des ordres et des paiements pour le monde entier. Sidney Gottlieb avait-il omis volontairement de les détruire ? Si oui, pourquoi ? S'agissait-il d'une négligence ? Pour le moment elles étaient là, profondément enfouies dans les entrailles de la Central Intelligence Agency, bombe à retardement de papier, le pistolet fumant de Buckley.

James Schlesinger avait quarante-huit ans lorsqu'il prit la direction de la CIA, mais il était profondément impliqué depuis longtemps dans la politique de Washington. Ses rares amis l'appelaient « M. Je Peux », toujours prêt à aller piétiner les plates-bandes des autres. Économiste de profession, il avait travaillé pour la Rand Corporation, puis au bureau du budget. Avant de venir à Langley, il avait aussi présidé la commission à l'énergie atomique.

Dès le premier jour, il avait fait savoir très clairement qu'il était venu pour faire le ménage. En un rien de temps, sept pour cent du personnel total de la CIA avait été licencié ou forcé à démissionner. Un grand nombre de ces exclus étaient issus de la partie clandestine de l'Agence. Buckley lui-même s'attendait tous les jours à recevoir la lettre qui mettrait fin à son emploi. Elle ne vint jamais. Il en fut étonné, d'autant plus que le nouveau directeur avait été très clair sur le fait que le renseignement humain était voué à disparaître. La nouvelle mode était à l'espionnage aérien et aux ordinateurs qui calculaient plus vite que n'importe quel être humain. Buckley gardait un profil bas, évitait soigneusement le septième étage et, dès qu'il le pouvait, rejoignait Candace à Farmer. Il était convaincu qu'un jour viendrait où Schlesinger récolterait la dissidence qu'il semait.

En attendant, dans ses costumes de confection et ses chemises à col boutonné, Buckley ne faisait pas grand-chose de plus que mettre au net sa paperasserie. Il n'était pas mécontent de cette occasion de lever le pied. Il savait que le Viêt-nam avait durement éprouvé ses nerfs, de même que l'affaire Nosenko.

Sa rencontre avec Candace l'avait amené à comprendre que la vie ne se réduisait pas à foncer sur l'autoroute de Langley. Ces derniers temps, il avait même sérieusement envisagé de donner sa démission. Il avait reçu une ou deux propositions, transmises par des collègues qui étaient partis dans le monde extérieur, pour superviser la sécurité dans des banques ou entreprises de taille moyenne. Mais il savait que ce n'était pas pour lui. Il s'ennuierait rapidement. Il avait passé trop de temps à la CIA pour s'en aller de lui-même, à présent qu'il sentait qu'on ne le pousserait pas dehors. Quelqu'un comprendrait bien un jour, au septième étage, qu'il avait du potentiel, et lui demanderait de le montrer.

Trois jours après sa prise de fonctions, le directeur Schlesinger avait reçu de John D. Ehrlichmann, l'assistant du président Nixon pour les affaires domestiques, un épais dossier sur les dernières infiltrations soviétiques soupçonnées aux États-Unis. Moscou y était accusé de soutenir une grève de fossoyeurs à New York, une grève surprise des contrôleurs aériens et une tentative de saper la moralité de la jeunesse américaine en poussant les professeurs à mener un programme d'éducation sexuelle réaliste. En outre, qui d'autre que l'Union soviétique aurait pu être derrière la campagne en faveur de l'avortement à la demande ? Ou les mille alertes à la bombe hebdomadaires qui frappaient New York ? À qui d'autre aurait pu profiter l'appel à la révolution d'Angela Davis, une fille de la classe moyenne noire, et des *Soledad Brothers* ? À qui, à part Moscou ?

Le dossier prétendait aussi que des médecins russes avaient torturé des Américains capturés au Nord-Viêt-nam et que l'université de l'amitié Patrice Lumumba, à Moscou, avait entrepris d'entraîner intensivement des médecins du tiers-monde dans l'art de la torture médicale. Il y avait des allégations selon lesquelles le KGB aurait créé des « centres de torture » en Bulgarie et en Allemagne de l'Est, où les victimes enduraient tout un éventail de sévices médicalisés.

Alarmé par la gravité des accusations, Schlesinger ordonna des vérifications en urgence, pour se voir répondre que, si les charges étaient presque certainement exactes, il n'y avait rien de nouveau à cela. Des chefs de bases de la CIA en avaient déjà fait état à plusieurs occasions. Néanmoins, Schlesinger diffusa à tous les employés une circulaire exigeant que la direction soit immédiatement informée de toute preuve d'une implication de la CIA dans « des activités illégales quelles qu'elles soient ». En l'espace de quelques jours, son bureau fut couvert de piles de papiers qui relataient notamment une variété d'opérations du MK-Ultra. Schlesinger était de plus en plus stupéfait de l'étendue même des méfaits de l'Agence. Rien n'avait été trop grand ni trop petit, trop risqué ni trop bas, pour être essayé. Chantage, harcèlement sexuel et violences de tout ordre, souvent conclus par un meurtre, avaient été monnaie courante. C'était absolument épouvantable. Depuis l'époque de Dulles, la subornation était aussi une pratique habituelle de l'Agence.

Chaque matin, en prenant la sortie de l'autoroute George Washington indiquée par un panneau routier « CIA », Buckley se demandait s'il allait trouver sur son bureau l'un des brefs mémos de Schlesinger, lui demandant des explications sur ce qui avait été fait à l'institut. Mais lorsqu'il entra à la direction des opérations, il n'y avait aucune note de Schlesinger. Parmi toutes les fouilles dans le passé ordonnées par la DCI, pas une question n'avait surgi sur ce qui s'était passé à Montréal.

Buckley savait qu'il n'y avait aucune chance pour que ce l'on appelait, aux alentours du septième étage, les « bijoux de famille » – c'est-à-dire la marée montante des preuves couvrant des années de comportements illégaux et contraires à l'éthique de la part des employés de l'Agence – ne soit pas découvert. Tout passer au broyeur n'offrait plus aucune garantie que le couvercle resterait clos. Comment savoir ce qui avait été amassé ailleurs ? Quelles paperasses compromettantes étaient encore enfouies dans des campus universitaires ou rangées dans des classeurs dans l'un des labos pharmaceutiques que l'Agence avait utilisé ? Des personnes extérieures pouvaient être tentées de révéler les preuves des méfaits passés du gouvernement. De fait, des détails sur les opérations de l'Agence trouvaient, par bribes, le chemin de la presse, rapportés par certains des scientifiques qui avaient démissionné ou été renvoyés de la CIA. Le travail dans son ensemble était devenu un cauchemar pour Schlesinger.

Le 2 juillet 1973, après seulement cinq mois de service, le président Nixon le nomma secrétaire à la Défense – un poste où il aurait fort à faire à se battre avec Henry Kissinger, le secrétaire d'État. Schlesinger n'aurait plus le temps de poser des questions embarrassantes sur le passé de l'Agence. Mais à ce nouveau poste, il se retrouva pris dans les réclamations de puissants lobbyistes du Pentagone, qui affirmaient que l'Union soviétique avait recommencé à fabriquer des armes biologiques et chimiques, et que les terrains d'aviation de l'OTAN en Europe pourraient offrir des cibles de choix aux missiles russes tirant des gaz neurotoxiques. Cette crainte avait été renforcée par le déclenchement de la guerre des Six Jours dans le Sinaï, le 6 octobre 1973.

Un message d'alerte rouge émanant du Mossad, les services de sécurité israéliens, révéla à la CIA que les chars et les véhicules de soutien égyptiens capturés étaient tous équipés de combinaisons protectrices anti-neurotoxiques et de masques à gaz, ainsi que de tout un éventail de détecteurs fabriqués en Union soviétique. Le Pentagone débloqua immédiatement une enveloppe de près de deux milliards de dollars pour l'amélioration de l'équipement de défense chimique et biologique de ses troupes, dans l'OTAN et ailleurs. Porton Down avait suivi, travaillant sur le développement de nouvelles combinaisons protectrices contre les attaques chimiques et biologiques ; d'autres mesures comprenaient des comprimés à base d'iode, à prendre pour combattre les effets des neurotoxiques.

Des deux côtés de l'Atlantique, des scientifiques fabriquaient des quartiers généraux de campagne portatifs que l'on testait contre les armes chimiques et biologiques à l'aide de toutes sortes d'alarmes, de détecteurs et de décontaminations. L'OTAN procédait à des simulations d'attaques chimiques et biologiques russes à grande échelle sur l'Europe de l'Ouest. En conclusion, le commandant « suprême » de l'OTAN, le général Alexander Haig (futur secrétaire d'État du président Ronald Reagan), déclara aux chefs d'état-major américains : « Notre capacité à mener une guerre chimique est très faible. Il est urgent de réévaluer la situation. » Il fut soutenu sans hésitation. La guerre chimique et biologique était de nouveau à l'ordre du jour.

Pour Sidney Gottlieb, le moment dut être doux-amer : amer parce qu'il n'était pas là pour prendre les choses en main, doux parce que l'avenir lui avait donné raison.

Chapitre XVII

Le président Nixon hésita pendant deux mois avant de nommer William Colby à la direction de la CIA. Dans une Agence de plus en plus démoralisée, le geste fut bien accueilli, en premier lieu par un Buckley convaincu que Colby était, comme il disait, « des nôtres ». Colby était passé maître dans l'art de se rendre invisible : costumes gris, cheveux grisonnants, lunettes à montures translucides de la couleur de sa peau blafarde. Il avait l'habitude, lorsqu'on lui posait une question à laquelle il n'avait pas envie de répondre, d'incliner la tête de manière à ce que la lumière se réfléchisse dans ses verres de lunettes, masquant ses yeux de deux disques blancs. Assis à son bureau, binocles perchés sur le nez, Colby n'aimait rien tant que digérer d'énormes quantités d'informations à toute vitesse, comme il le faisait au Viêt-nam. L'un des premiers qu'il convoqua fut Buckley.

Il n'y avait, dit-il à Buckley, « aucun moyen d'écarter la meute qui commençait à hurler tout au long de la piste qui menait à Langley ». Mais il n'allait pas leur faciliter le travail. L'*omerta*, l'ancienne loi du silence, voulait encore dire beaucoup pour Colby. Néanmoins, la désagréable tâche qui lui incombait était de « reprendre les choses là où ses prédécesseurs les avaient laissées ». Il allait plonger profondément dans l'histoire cachée de l'Agence pour découvrir « quelles activités illégales dissimulées dans les recoins secrets de [son] passé clandestin risquaient à présent de [leur] exploser au visage ».

À ce moment-là, Buckley sut que « l'heure de vérité approchait. Ce qui s'était passé à Montréal, au Viêt-nam et en bien des endroits allait enfin remonter à la surface. »

Pendant ce temps, le scandale grossissant du Watergate permettait à Colby de gagner du temps. Le 10 octobre 1973, le vice-président Agnew présentait sa démission. Dix jours plus tard, une nouvelle avalanche de démissions et de licenciements se produisit au gouvernement Nixon. Tout au long de l'hiver et jusqu'au début de l'année 1974, ce qui restait de crédibilité au Président et à ses hommes fut saigné à blanc. Colby travaillait dur pour maintenir l'Agence à distance de ce qui, le 27 juillet 1974, était devenu inévitable. Ce jour-là, le comité judiciaire de l'Assemblée votait le premier article de l'*impeachment* contre

Nixon, sous l'accusation d'obstruction à la justice pour avoir tenté d'étouffer le Watergate. Deux jours plus tard, le second article de l'*impeachment* était voté par l'Assemblée. Le 8 août 1974, le Président, par le biais d'un média qu'il n'avait jamais pleinement maîtrisé, la télévision, annonça sa démission à la nation. Le lendemain, le vice-président Gerald Ford devenait président. Le soir même, il envoya chercher Colby et demanda à être entièrement informé de tous les problèmes à venir. Colby les lui énuméra, sans omettre ce qui s'était passé à Montréal. Le président Ford secoua la tête. « Mon Dieu, répétait-il. Oh, mon Dieu. »

Le lendemain matin, Buckley reçut un appel de Colby. Ce dernier lui dit simplement qu'il trouvait que « ce serait une bonne idée que Buckley mette à plat tout ce qu'il savait sur cette sale affaire de Montréal. Simple routine. Pas de quoi s'inquiéter. C'était le style de Colby », se rappelait Buckley. Il savait également qu'il prendrait son temps avec le rapport. Ce qui s'était passé à Montréal ne le concernait plus vraiment, et Nosenko non plus, pas plus que ce qui s'était produit au Viêtnam. Il s'était dégagé de ces affaires depuis longtemps. Que les autres s'inquiètent des leurs.

Un matin de décembre 1974, Colby et Buckley faisaient partie de ceux qui découvrirent à leur réveil dans le *New York Times* un récit exhaustif des activités illégales de l'Agence sous les administrations Johnson et Nixon. Il laissait entendre que la pourriture remontait encore plus loin. Afin de contenir le tollé national, le président Ford chargea une commission – cornaquée par le vice-président Nelson Rockefeller – d'enquêter sur ces allégations. Parmi ses huit membres figurait le gouverneur de Californie, Ronald Reagan. La commission se réunissait au 716 Lafayette Park, dans une maison de brique qui appartenait au gouvernement. Le cahier des charges prévoyait d'examiner les recherches biomédicales de la CIA et de proposer des solutions pour garantir que toute faute prouvée ne puisse pas se reproduire. Entre deux visites à Washington – le gouverneur Ronald Reagan n'assista qu'à dix des vingt-six audiences de la commission –, il usait de son charme considérable pour tenter de manipuler le corps législatif californien afin de l'amener à financer un plan qui, la première fois qu'il en avait entendu parler, lui avait semblé être une solution aussi astucieuse que tous les dénouements de ses vieilles séries B.

Le gouverneur, comme bon nombre d'Américains de la classe moyenne entre deux âges, était obsédé par la violence omniprésente dans la nation. La grande délinquance atteignait des niveaux sans précédent. La réponse, du moins pour la Californie, pensait Reagan, était celle que proposait l'un des plus éminents psychiatres de l'État, le docteur Louis Jolyon West, directeur du département de psychiatrie de l'université de Los Angeles et de son institut neuropsychiatrique. Au début des années 1960, en poste à l'université de l'Oklahoma, le docteur West avait mené un programme de recherches sur le LSD, financé par la CIA. Il avait suggéré à un gouverneur immédiatement enthousiaste la création d'un centre pluridisciplinaire, largement doté financièrement, pour l'étude de la réduction de la violence. Dans cette structure, des médecins exploreraient tous les types de comportements violents, leurs causes, les moyens de les détecter, de les prévenir, de les collationner et de les traiter. Le docteur West prévoyait d'implanter le centre sur un site de missiles reconverti, dans les montagnes de Santa Monica. La localisation avait été choisie parce qu'elle était « accessible mais relativement retirée, entourée de clôtures assurant une bonne sécurité, et comprenait des bâtiments variés permettant des études comparatives, sur un site isolé et pratique, des procédures expérimentales en vue de la modification des comportements indésirables », écrivit-il dans une note au gouverneur Reagan.

Le psychiatre proposait que le centre s'occupe des auteurs d'« agressions antisociales et impulsives ». Ses laboratoires seraient dévolus à l'étude génétique, biochimique et neurophysiologique d'« individus violents, y compris des détenus et des enfants hyperkinétiques ». D'autres recherches se concentreraient sur la « pharmacologie de la violence » et les meilleures utilisations des « substances inhibitrices antiviolence ». Il y aurait aussi des spécialistes de « la lutte contre les comportements potentiellement mortels pendant le cycle menstruel, et des études comparatives entre les degrés de violence dans les différents groupes ethniques ». Le centre élaborerait aussi des tests dont le docteur West espérait qu'ils « apporteraient la réponse aux troubles cérébraux prédisposant à la violence, préalablement à la survenue d'un épisode violent ». Il prévoyait d'y parvenir grâce à de minuscules électrodes implantées dans le cerveau d'individus soupçonnés de « tendances violentes », connectées à de petits transmetteurs et moniteurs radio.

Les méthodes du MK-Ultra et du MK-Search sur lesquelles Ronald Reagan aidait à enquêter à Washington étaient, en Californie, accueillies à bras ouverts par lui-même. Il partageait avec le docteur West l'idée qu'un jour le comportement de tous les individus ayant des « tendances violentes » serait contrôlé professionnellement dans des stations de contrôle centralisé. Au premier signe de désordre, du personnel surgirait bardé de « substances psychotropes adéquates » pour maîtriser la personne. Le système serait onéreux, mais le gouverneur Reagan visualisait le jour ou des milliers de ses concitoyens californiens seraient en permanence contrôlés de la sorte. Comme il le disait volontiers à ses amis, c'était plus fort que le cinéma, pour sûr.

En dépit de techniques de persuasion considérables, le gouverneur Reagan échoua à convaincre le corps législatif californien de donner suite à la proposition du docteur West. Toutefois, lorsque la commission Rockefeller rendit son rapport, la voix du gouverneur s'éleva en faux contre la conclusion, accablante, que la CIA avait mené un programme hautement contraire à l'éthique pour « étudier les possibilités de contrôle du comportement humain, en explorant de manière irresponsable les effets des chocs électriques, de la psychiatrie, de la psychologie, de la sociologie et de techniques de harcèlement ». Reagan, prenant la défense de l'Agence, proclama que « dans une administration qui compte près de seize mille personnes, il y a forcément des gens qui commettent des erreurs et font des choses qu'elles ne devraient pas faire ».

Plus tard, pendant un dîner avec William Casey, Reagan jura que si jamais il était élu à la présidence, il s'assurerait que la CIA ne soit jamais amenée à se battre avec les mains liées. Au contraire, il lui lâcherait la bride pour qu'elle puisse faire la guerre à l'ennemi – quel qu'il soit, qui que ce soit, et par les moyens de son choix.

Chapitre XVII

William Colby tint au poste de directeur de la CIA jusqu'au 30 janvier 1976, obéissant farouchement aux ordres des comités du Congrès qui l'obligeaient à leur remettre les secrets de l'Agence. Il avait donné au département de la Justice des informations qui avaient permis d'accuser Richard Helms de parjure, pour avoir omis de témoigner « pleinement et complètement » sur l'action clandestine de la CIA au Chili alors qu'il en était le directeur. Helms fut condamné à une amende de deux mille dollars et deux ans de prison avec sursis. Colby devint le lépreux de Langley, on le fuyait et on l'évitait pour avoir livré Helms qui n'avait fait qu'appliquer le vieux principe de Dulles : « Nous sommes un service silencieux, et le silence commence ici. » Des années plus tard, Colby le reconnut : « L'un des moments les plus difficiles pour moi à cette époque fut ma rencontre avec la famille de Frank Olson pour leur remettre les archives de la CIA et, par là même, rouvrir et fouler aux pieds un secret de vingt ans qui avait eu un tel impact sur leurs vies. » Colby laissa derrière lui énormément de ressentiment, et une rumeur d'une absurdité patente l'accusant d'être un espion soviétique, largement relayée dans les couloirs de Langley, trouva sournoisement le chemin du *New York Times*.

George Bush, arrivé comme directeur de la CIA le 31 janvier 1976, en repartit trois cent cinquante-six jours plus tard pour accompagner Reagan dans la course à l'élection présidentielle. Il fut suivi par Stansfield Turner. Cet amiral quatre étoiles à la retraite doté d'un formidable intellect, formé à Rhodes, avait été l'un des plus brilllants stratèges de la Navy. Il se considérait comme « chargé d'éloigner l'Agence des récifs qui menaçaient de la broyer entièrement : une côte déchiquetée, faite de comportements irresponsables, qui s'étendait depuis la Corée jusqu'au Watergate en passant par le Viêt-nam ». Ce qui s'était produit à Montréal le choquait particulièrement : « C'est une histoire d'épouvante, une abominable épouvante qui ne doit jamais se reproduire », disait-il plus tard.

Le rapport de Buckley s'était évanoui, comme il s'y attendait, dans le dédale des archives de la CIA. Par la suite il s'était dit : « Peut-être que Colby l'a tranquillement passé au broyeur ; il s'est passé tellement de choses du même ordre à cette époque. » Turner ordonna la réactivation immédiate de l'*omerta* : « Ce qui est fait ne peut être défait. Mais il ne faut plus en parler en public », expliqua-t-il lors d'une réunion des cadres.

Peu après, Buckley fut affecté au Laos, puis en Afrique, pendant les purges instituées par Colby et poursuivies par Turner. Il fit ce qu'il faisait toujours dans ce cas : « Garder la tête sous le parapet, essayer d'ignorer toutes les rumeurs corrosives et envoyer [ses] condoléances lorsque quelqu'un de bien nous quittait. » À son retour à Langley, Buckley entretint sa réputation d'analyste méthodique et minutieux. Son travail lui valait peu de commentaires du septième étage, ce qui lui convenait. Comme tout le monde à Langley, il s'était fait son opinion sur Stansfield Turner : « Il était parvenu à se rendre impopulaire presque dès le premier jour, lorsqu'il nous avait dit que l'Agence était “une disgrâce”. Son premier travail était de tenir l'Agence éloignée de tout ce qui échappait à son contrôle. Il ne voulait pas entendre parler d'évaluation psychologique d'un problème. Pour obtenir des résultats, il fallait employer la technologie. Turner a licencié deux cents de mes collègues. Pour une raison que je n'ai jamais comprise, j'ai été épargné. Mais cela ne m'a pas rendu Turner plus sympathique. Il évitait toute relation personnelle et le septième étage devint son repaire, où le personnel des étages inférieurs pénétrait rarement. Il dirigeait l'Agence comme son vaisseau amiral. Il avait amené avec lui plusieurs officiers navals dont le seul rôle était de faire barrage à quiconque cherchait à le voir. »

La première note de service que Turner adressa à une division clandestine réduite à la portion congrue fut pour lui rappeler que l'ordre exécutif 11905 demeurait strictement applicable. Signé par le président Ford en février 1976, il établissait qu'« aucun employé du gouvernement des États-Unis ne doit s'engager, ou conspirer pour s'engager, dans l'assassinat politique ». Le manuel d'assassinat du docteur Gottlieb avait été retiré de la circulation. Buckley, comme beaucoup d'agents secrets, en avait fait une copie avant de le rendre. Il savait aussi qu'avant peu, Turner lui-même serait renvoyé. Washington était submergé par les rumeurs disant que le moral était au plus bas à la CIA.

Chapitre XVII

Le 3 novembre 1981, le nouveau président élu Ronald Reagan proposa le poste de directeur de la CIA à William Casey, son directeur de campagne électorale. Casey approchait de son soixante-huitième anniversaire ; c'était un homme qui traînait les pieds et marmonnait beaucoup, mais qui bafouillait rarement. Derrière ses bajoues et son sourire tombant, il cachait un cerveau bien affûté. Plus vif d'esprit que des hommes deux fois plus jeunes que lui, il savait percevoir une faiblesse, exploiter ou combler une faille, et détruire un adversaire dans une bouillie de paroles. Reagan lui avait dit qu'il était son premier et seul choix pour la direction de la CIA. Il fut l'un des premiers rendez-vous confirmés par le Congrès dès que le nouveau gouvernement prit ses fonctions.

XVIII

Il était un peu plus de 6 h 30, le matin du 7 mars 1981. William Buckley était assis à côté de William Casey dans la limousine que conduisait le chauffeur du nouveau directeur de la CIA à travers les 438 hectares de campagne plaisante et partiellement boisée de Langley, le long des berges du Potomac, en direction de Washington.

Buckley avait accompagné Casey à plusieurs réunions à Capitol Hill et à la Maison Blanche pour discuter des menaces de terrorisme mondial fomentées par la Libye, l'Iran et la Syrie. Entre-temps, à Langley, Casey avait tenu des réunions qui commençaient à l'aube pour s'achever le lendemain au petit matin. Les gens s'émerveillaient de son endurance et de son sens du détail. Il avait assuré à tous que leur emploi n'était pas menacé pour le moment. Entre deux réunions, il lisait des centaines de dossiers personnels de l'Agence. Aucun ne contenait ce qu'il cherchait, jusqu'au jour où il était tombé sur celui de Buckley. Il avait abondamment questionné ce dernier sur ses états de service en Corée et au Viêt-nam, et sur ses missions en Europe et en Afrique. Casey avait écarté son travail sur les programmes MK-Ultra et MK-Search avec ces mots : « Les choses de ce genre sont mortes et enterrées. » Buckley n'oublierait jamais comment il s'était renversé en arrière dans son fauteuil capitonné et l'avait étudié comme pour une inspection. Physiquement, Buckley savait que le directeur ne trouverait rien d'inquiétant. À cinquante-trois ans, dont vingt-sept passés à la CIA, il n'avait pas pris un gramme depuis l'époque où il chargeait l'ennemi sur les champs de bataille coréens. Casey s'était penché en avant et lui avait demandé pourquoi il était resté à la CIA. Buckley n'avait pas hésité. « Je lui ai répondu que j'étais resté dans l'espoir que les choses s'amélioreraient, que l'époque d'Allen Dulles reviendrait », m'a-t-il raconté.

Casey avait souri et dit que c'était le cas. Il expliqua à Buckley qu'il voulait faire de lui « son homme de confiance, le pompier qui le préviendrait quand le feu serait sur le point d'éclater, et non lorsqu'il serait déchaîné ». Le nouveau directeur avait l'intuition que le Moyen-Orient serait le théâtre de la prochaine conflagration. Il voulait que Buckley concentre ses capacités d'analyse sur la région. En ce qui concerne la présentation des informations, il avait été parfaitement clair : « Soyez précis. Et concis. »

Pendant un mois, Buckley avait travaillé seize heures par jour à coordonner l'activité des spécialistes de la région qui renseignaient l'Agence. Il disséquait leurs rapports pour les reconstituer ensuite, selon la méthode qu'il avait employée au Viêt-nam. Tous les matins, lorsque Casey arrivait au septième étage, il trouvait sur son bureau un briefing estampillé « Information sensible compartimentée ». Ces synthèses traitaient des rôles de l'Union soviétique et de la Chine dans la région, et s'efforçaient de prédire les tendances susceptibles de dominer les renseignements au Moyen-Orient dans les décennies à venir. Buckley prévoyait que le plus gros problème serait de maîtriser les nombreux groupes terroristes, et les raisons qui pourraient les inciter à fondre sur les États-Unis. Il voyait dans le terrorisme islamique iranien une menace majeure et immédiate, sans rien de commun avec aucune des autres formes de terrorisme financées par l'URSS, Cuba et la Chine. Le terrorisme islamique serait alimenté par des convictions religieuses profondément ancrées, et il finirait par marcher au son de ses propres tambours.

Dans une de ses notes, Buckley pressait l'Agence de s'assurer que ses agents dans la région étaient capables de lire les journaux en arabe (la plupart ne faisaient que baragouiner quelques mots dans cette langue). Dans une autre, il expliquait la nécessité de mener des études approfondies sur le rôle des mollahs et des prêtres, et d'identifier les plus importants d'entre eux. Longues d'une page au maximum, ses notes constituaient une série d'avertissements parfaitement en phase avec la philosophie de Casey.

Chapitre XVIII

Ce matin de mars, une copie du dernier briefing de Buckley reposait dans la valise de Casey sur le siège arrière de la voiture. C'était une évaluation de la prochaine étape de la guerre sainte, le djihad, au Liban. Casey dit qu'il l'avait trouvée terrifiante à lire. Il espérait que le comité de renseignement du Sénat serait du même avis. Des copies avaient été portées en main propre, pendant la nuit, à ses membres et au bureau ovale, ainsi qu'à Casper Weinberger, le secrétaire à la Défense. D'habitude, Casey gardait le silence pendant les quelques quatorze kilomètres du trajet jusqu'à Washington. Buckley en conclut que son chef avait des dehors trompeurs, à l'instar de la Lincoln Continental qui les transportait.

La limousine aux lignes pures, impeccablement briquée, ressemblait à n'importe quelle voiture officielle. Mais son chauffeur était un officier de la CIA qui avait passé un examen de conduite extrêmement exigeant. Il était aussi entraîné pour saisir d'un geste parfait le pistolet chargé dissimulé dans un creux de la porte. Le blindage de la voiture l'alourdissait de près d'une tonne. Le pare-brise et les vitres étaient à l'épreuve des balles. La carrosserie était renforcée par une armure en titane-céramique testée pour résister à un obus de cent cinquante-cinq millimètres ou à l'explosion d'une petite mine sous le châssis. Le compartiment arrière dissimulait un masque à oxygène et un extincteur, un GPS précis à un mètre près et un système de communications résistant au brouillage, capable de mettre instantanément Casey en communication avec Langley, le Pentagone ou le bureau ovale de la Maison Blanche. Si on tirait dans les pneus de la limousine, elle pouvait continuer à rouler à près de cent kilomètres/heure sur les jantes. Une seule voiture offrait un degré comparable de protection : celle qu'utilisait le président des États-Unis. La Lincoln donnait à Buckley un sentiment de sécurité indépassable, sauf à se déplacer en char d'assaut. Néanmoins, le FBI avait averti le chauffeur que l'Iran pourrait préparer « du spectaculaire », en rappel du fait que la libération des otages américains n'avait finalement abouti à rien, si ce n'est à infliger une dernière humiliation au président Carter. Les Iraniens avaient attendu à peine une demi-heure après le serment d'intronisation du président Reagan pour laisser partir les otages.

Casey avait raconté à Buckley la stupéfiante histoire de leur libération. Cette opération, baptisée Surprise d'octobre, avait été orchestrée par Casey un soir en dînant avec quelques-uns des futurs conseillers du Président. Casey avait soulevé la possibilité de passer un accord avec l'Iran et précisé qu'il « faudrait qu'il y ait quelque chose pour les ayatollahs ». Il avait proposé d'approcher un certain nombre de Républicains fortunés. En une semaine, ils s'étaient engagés à verser quarante millions de dollars. L'argent devait transiter par plusieurs banques suisses avant d'arriver à Téhéran. Earl Brian, un associé d'affaires de Reagan, accepta de se charger des pourparlers en raison de ses contacts de longue date en haut lieu à Téhéran. Il s'arrangea pour prendre l'avion pour Paris le 17 octobre 1980, moins d'un mois avant le départ de la course à la Maison Blanche. Officiellement, il allait signer un contrat pour l'une de ses entreprises. Le lendemain, soixante officiels du gouvernement iranien le rejoignaient. Il fallut deux jours pour parvenir à un accord. La libération des otages fut obtenue. Buckley s'était demandé pourquoi Casey lui avait révélé cette histoire. Politiquement, ses implications auraient pu coûter à Reagan sa place à la Maison Blanche. Casey et tous ceux qui étaient impliqués seraient certainement exposés à des poursuites judiciaires. L'histoire était-elle même véridique ? Ou bien Casey l'avait-il inventée pour tester jusqu'où son nouvel homme de confiance méritait son titre ? Buckley était incapable d'en décider. Mais il résolut de ne pas « se mettre à fouiner ».

Lui-même avait participé indirectement aux suites du départ des otages de Téhéran. Il avait accompagné une équipe de médecins de la CIA chargés d'aider à examiner les otages à leur atterrissage à la base de l'US Air Force de Wiesbaden, dans le sud de l'Allemagne. La base se trouvait non loin d'un certain nombre de planques où Buckley s'était rendu pendant les expériences du MK-Ultra sur les sujets jetables. Les médecins avaient conclu que certains des otages avaient été torturés psychologiquement et que les techniques utilisées à ces fins exigeaient des connaissances médicales. L'idée que « des fils de Gottlieb et Cameron se promenaient par là-bas » l'avait « rendu malade ».

Chapitre XVIII

En route pour Capitol Hill, Casey portait le costume sur mesure à fines rayures bleues qu'il arborait dans les réunions de comité du Sénat. Buckley attendit dans une antichambre tandis que le directeur entrait dans la salle de réunion. Deux heures plus tard, Casey réapparut et dit au chauffeur de les conduire à Fort George Meade. C'était la première fois que Buckley pénétrait dans le quartier général tentaculaire de la National Security Agency (NSA).

Son directeur, Robert Inman, leur avait fait faire le tour du propriétaire. Il leur avait montré des batteries d'ordinateurs qui analysaient les informations envoyées par des satellites depuis les confins de l'espace, et des images digitales d'une définition stupéfiante. Des ponts en Russie, des rampes de lancement de fusées et un tuyau de cheminée fumant se détachaient nettement en relief. Inman expliqua que les ordinateurs de la NSA avaient analysé les émissions et découvert qu'elles émanaient de combustibles de mauvaise qualité. Il leur montra en temps réel un camion militaire dans la rue d'une ville russe et des visages de soldats sortant au pas d'un baraquement. Buckley fut gagné par l'enthousiasme contagieux d'Inman. Le chef de la NSA avait raison de dire que l'espionnage électronique aurait un rôle de plus en plus important à jouer dans la collecte de renseignements. Pourtant, il avait pris soin de ne pas évoquer l'éventualité d'un déclin du renseignement humain. Il y avait, dit-il, de la place pour les deux. Inman révéla ensuite que les satellites de la NSA avaient positivement identifié quatre prisons dans lesquelles des médecins iraniens observaient ou participaient activement à des actes de torture. Il leur présenta une série de tirages photographiques en noir et blanc. Chacun portait l'heure, la date et la localisation de la photo satellite. Celle qui avait été prise à la verticale d'Evin montrait une silhouette enveloppée de blanc qui regardait un homme se faire fouetter. Les images de Komiteh et Qasr représentaient d'autres silhouettes en blanc supervisant encore des séances de fouet, et à Falaqu, un homme dont on réduisait les pieds en purée. Toujours d'après Buckley, « Inman dit qu'il avait d'autres photos. Des médecins administrant des électrochocs ou maniant des fers rouges. Il nous demanda si nous voulions les voir. Casey lui répondit que ce ne serait pas nécessaire. »

Sur le chemin du retour vers Langley, Casey dit à Buckley qu'ils allaient entreprendre une série de courtes visites sur des bases de la CIA au Moyen-Orient et en Afrique du Nord.

Buckley gardait le souvenir d'une époque « où l'on se demandait à quelle sauce on allait être mangé. Certains pays étant strictement sans alcool, se rappelait-il, l'un des mes boulots était de m'assurer que l'État utilisait la valise diplomatique pour apporter son whisky préféré à Bill Casey. Au cours de ces petits voyages, nous en sommes venus à nous connaître assez bien. Je suppose que certains des chefs de bases n'en étaient pas tout à fait enchantés. Mais Bill a été très clair sur le fait que tout ce qu'ils avaient à lui dire, ils pouvaient le dire devant moi. »

Au cours de ces voyages, Buckley réunit sur les dirigeants de ces régions des données qui permirent à l'Agence de satisfaire l'une des premières demandes de Reagan. Ce dernier souhaitait que leurs profils psychologiques soient présentés sous forme de clips vidéo. Casey avait expliqué que le Président et la première dame aimaient regarder la télévision. Ils s'installaient en pyjama avec leur plateau-repas sur les genoux, et ils regardaient leur film préféré. Casey espérait que les profils vidéo enrichiraient leurs connaissances.

Buckley avait été chargé de réaliser la vidéo sur l'ayatollah Khomeini. Elle commençait par l'avertissement habituel de l'Agence spécifiant qu'il s'agissait d'« informations sensibles ». La mention disparaissait, puis une musique plaintive s'élevait : un récitatif sur une gamme de notes réduites, des demis et des quarts de tons. Le son enflait : flûtes et trompes, tambourins et cymbales. La séquence était un clip de voyage datant de l'époque où l'Iran était encore une destination de vacances pour les plus aventureux des Américains. Des montagnes envahissaient l'écran. La triste complainte s'évanouissait alors. L'Iran, psalmodiait le narrateur – un acteur de doublage venu de la publicité – avait de tout temps été une terre rude. L'image passait à une séquence d'actualités montrant l'ayatollah Khomeini adulé par la foule à Téhéran. Le narrateur le présentait : « Ruhollah Mussavi Khomeini, le Glorieux Gardien de la Foi, l'Unique Espoir des Opprimés,

Sa Sainteté le Grand Ayatollah. » Pendant vingt minutes encore, la vidéo s'efforçait d'expliquer la personnalité de l'Ayatollah : « Bien que ce soit un *sayyad*, un descendant de l'un des douze imams que les chiites tiennent pour sacrés, il y a toujours, en termes psychologiques, un conflit certain entre ses idéaux et ses buts. Âgé et dangereux, il montre de manière exemplaire que le fanatisme religieux surgit souvent d'une insatisfaction liée au développement personnel dans l'enfance. Il s'est façonné un rôle d'instructeur divin de son peuple. Pour perpétuer ce mythe, il lui faudra adopter des comportements de plus en plus dangereux pour les États-Unis et pour le monde occidental. » L'écran restait noir pendant un instant. Puis il s'emplissait de la plus adorable des créations de Disney : Mickey Mouse. D'un ton grave, comme s'il énonçait une révélation finale renversante, le narrateur expliquait que le délassement préféré de l'Ayatollah était de regarder des dessins animés du célèbre rongeur.

Lors de ses déplacements au Moyen-Orient, Buckley avait entendu divers rapports sur des médecins qui se livraient à des tortures médicales financées par l'État en Syrie, au Liban, en Égypte et en Libye. Plusieurs de ces médecins employaient apparemment des méthodes similaires à celles développées par Ewen Cameron à l'institut : privation de sensations extérieures, périodes d'isolement prolongées et électrochocs. En Syrie, on lui avait raconté qu'un médecin attachait sur la tête des ses prisonniers un casque dans lequel il passait un enregistrement exigeant en boucle qu'ils avouent être des espions. Buckley se demandait si aucun d'entre eux avait travaillé à l'institut. Casey lui dit de suivre l'affaire.

Dans l'espoir que le docteur Gottlieb ait conservé une liste de tous ceux qu'il avait employés, Buckley avait pris sa voiture pour rendre visite à l'ancien scientifique de la CIA, à présent à la retraite. Il avait trouvé le docteur Gottlieb occupé à traire ses chèvres. Le scientifique avait déclaré que cette partie de sa vie était révolue, et avait pratiquement ordonné à Buckley de déguerpir. Son mot d'adieu avait été : « Rien n'a marché pour moi, alors pourquoi est-ce que ça devrait marcher pour quelqu'un d'autre ? »

Buckley avait pris l'avion pour Montréal. L'institut était resté à peu près comme dans son souvenir, mais il ne reconnaissait personne parmi le personnel. Il se rendit au bureau de l'administrateur et, se faisant passer cette fois pour un enquêteur d'un cabinet d'avocats à la recherche d'un médecin qui devait toucher un héritage, il demanda à voir la liste du personnel sur les dix dernières années. L'administrateur lui dit que le document avait été saisi par les services de sécurité canadiens. Conscient qu'il était de nouveau dans une impasse – il ne lui servirait à rien d'approcher les services de sécurité après la débâcle qui avait suivi la démission du docteur Cameron –, Buckley reprit l'avion pour Washington.

Une semaine plus tard, il était à Tel-Aviv, assis dans le bureau d'Ari Ben Menashe. Le vif et ténébreux Ben Menashe occupait un poste clé dans la communauté du renseignement israélien. Il travaillait au Département des relations extérieures (ERD), l'une des organisations les plus puissantes et secrètes d'une nation qui en comptait beaucoup, et il dirigeait le bureau en charge des relations de l'ERD avec les réseaux de renseignements amis. Ben Menashe confirma les rapports sur les médecins tortionnaires. L'un d'entre eux était un Iranien, Aziz al-Aboub. Les informations les plus récentes du Mossad indiquaient qu'il aurait été entraîné à Moscou et se trouvait actuellement à Beyrouth, où il torturait des otages capturés par le Hezbollah.

Au cours de ses voyages, Buckley avait aussi constaté le retour de l'épuisement nerveux qui avait marqué ses dernières semaines au Viêt-nam. Il souffrait d'insomnies et, quand il dormait, c'était pour faire des cauchemars. Le docteur Cameron ou les expérimentations humaines auxquelles il avait assisté au Viêt-nam y figuraient souvent. Il devenait irritable lors de ses week-ends avec Candace, et manifestait peu d'intérêt pour sa nouvelle passion, le jardinage paysagiste : « Bill restait collé devant la télévision à zapper d'une émission d'informations à une autre. Lorsque je lui demandais si quelque chose l'intéressait en particulier, il aboyait : "Tout m'intéresse." Il se passait dans sa tête des choses qu'il n'avait aucune intention de partager avec moi. Soudain, je me suis sentie exclue. » Mais avant qu'elle ait pu approfondir la question avec lui, William Buckley était déjà reparti au Moyen-Orient.

Sa mission était cette fois de vérifier l'entraînement des gardes du corps du président égyptien Anouar al-Sadate. Il avait rencontré Sadate lors d'une précédente visite au Caire avec Casey, lors de laquelle Sadate avait accepté avec gratitude la proposition du directeur de faire entraîner ses gardes du corps par la CIA.

Samedi 6 octobre 1981 : Buckley était assis au fond de la loge présidentielle, au Caire, et assistait au défilé militaire. En dessous de lui, sur la droite, se trouvait le président Anouar al-Sadate, en uniforme de commandant en chef de l'Égypte. Buckley se disait qu'il aurait aussi bien pu se trouver à l'académie militaire de West Point. Équipée et entraînée par les États-Unis, l'armée égyptienne n'avait plus rien à voir avec la pagaille qu'il se rappelait avoir vue à la télévision à la fin de la guerre des Six Jours contre Israël. Pourtant, derrière l'impressionnant étalage de précision en ordre de marche et les colonnes de blindés – rappel symbolique du fait que Sadate était le premier leader d'Égypte en mesure de faire appel à tout moment au soutien militaire de Washington –, Buckley savait aussi que le président égyptien avait de plus en plus de difficulté à supporter l'isolement dans lequel le tenaient ses voisins arabes.

Le président syrien, Hafez al-Assad, avait déclaré publiquement que s'il en avait l'occasion, il étranglerait Sadate de ses mains pour avoir promis de ne plus jamais laisser l'Égypte prendre les armes contre Israël. De son côté, le roi Hussein de Jordanie, bien qu'il eût été pendant des années l'indicateur le plus zélé de la CIA au Moyen-Orient, avait informé Washington qu'il ne soutiendrait pas Sadate en cas d'attaque ennemie. Paria au-dela de ses frontières, Sadate était aussi devenu un lépreux parmi les siens. Ils s'étaient servis du défilé pour montrer publiquement, une fois de plus, leur colère contre sa politique. Des centaines de milliers de personnes avaient suivi les appels au boycott de leurs chefs religieux fondamentalistes. Même certains membres du corps diplomatique s'étaient fait excuser. Buckley était certain que, à part lui, personne dans la loge ne savait que le roi Hassan du Maroc était aussi un important indicateur de l'Agence, recruté par la CIA dès l'adolescence. À son couronnement, en 1961, Hassan avait demandé à l'Agence d'entraîner son service de sécurité. En retour, il s'était arrangé pour faire du Maroc le principal poste d'écoute de la CIA et de la NSA en Afrique du Nord. La NSA avait installé dans les montagnes de l'Atlas les dispositifs d'écoute les plus sophistiqués, pointés sur la Libye. De l'équipement d'espionnage dernier cri avait été branché sur Gibraltar, et captait une partie des informations britanniques qui entraient et sortaient du Rocher. Les gadgets des États-Unis dépassaient aussi le détroit pour se déployer au loin sur l'Atlantique et intercepter les communications des vaisseaux soviétiques.

Buckley avait trouvé le président Sadate volontiers mélancolique, prompt à dire qu'il ignorait combien de temps encore la paix tiendrait. Les effets de sa consommation de marijuana se faisaient clairement sentir ; par moments, il semblait planer exactement comme un hippie de Greenwich Village. C'était dans ces moments que le Président était le plus disposé à dire que sa vie ou sa mort étaient soumises à la volonté d'Allah… et qu'il sentait bien qu'il n'avait plus la faveur de Dieu. Buckley avait averti les gardes du corps de Sadate de ne jamais laisser un tel fatalisme influencer leur travail. Le défilé était la première occasion qui leur soit donnée de montrer leurs talents. Soudain, derrière le dernier char, les rangs qui marchaient au pas se disloquèrent. Instinctivement, Buckley se mit sur pieds et chercha de la main son arme dans son holster. Les ordres qu'il cria aux gardes du corps furent noyés dans une explosion de tirs. Les soldats approchants ratissaient la loge.

« Tirez ! Tirez, bon Dieu ! » hurla Buckley en se frayant un chemin dans la foule.

Les gardes du corps restaient immobiles, le regard fixe, sidérés par les tireurs qui se rapprochaient.

« Tirez ! » Les ordres de Buckley restèrent sans effet.

Les tireurs ravageaient la loge.

« Choisissez vos cibles ! Bon Dieu, choisissez vos cibles ! » hurla de nouveau Buckley.

Chapitre XVIII

Les tireurs canardaient la foule paniquée et le Président. Buckley, cerné, n'avait aucun moyen de riposte. Sadate était effondré sur son siège. Ce n'est qu'à ce moment que les gardes du corps formèrent un bouclier protecteur. Ils commencèrent à abattre un à un les attaquants. Depuis le défilé, des soldats quittèrent le rang pour leur venir en aide. Les tueurs furent pris entre deux feux, mais Buckley savait qu'il était trop tard. Un regard lui suffit pour comprendre que le Président était perdu. Il perdait du sang par la bouche, les oreilles, le nez et la poitrine. Comme il ne pouvait plus rien faire, Buckley fonça vers l'enceinte de l'ambassade des États-Unis. L'endroit était sens dessus dessous. On avait ouvert une ligne avec le Département d'État, et un diplomate hurlait dans le téléphone.

« Il est encore en vie ! Les Égyptiens disent qu'il est encore en vie ! »

Buckley pénétra dans le bureau en secouant la tête, prononçant silencieusement le mot « mort ». Le diplomate lui fit signe de sortir. Buckley haussa les épaules et rejoignit les bureaux de l'Agence à l'arrière du bâtiment. Le chef de la base était en ligne avec le nouvel adjoint du directeur des opérations de Langley, John H. Stein.

« Aux dernières nouvelles, l'État dit qu'il est vivant, disait-il à Stein.

– Il est mort, cria Buckley. Tout ce qu'il y a de plus mort.

– Buckley dit qu'il est mort ! » répéta le chef de base dans le téléphone.

Buckley demanda d'un geste le combiné. Il expliqua à Stein ce qu'il avait vu, en parlant lentement, sachant que l'adjoint notait tout par écrit. C'était bien le style de Stein : quelle que soit la gravité de la crise, conserver une trace, garder son sang froid, ne poser que les questions essentielles. Lorsque Buckley eut terminé, Stein lui dit de prendre le premier avion pour Washington.

Trois semaines plus tard, Buckley constata une fois de plus que le passé le rattrapait. La station d'Ottawa avait annoncé que le docteur Mary Morrow et Velma Orlikov allaient être rejointes par d'autres plaignants dans leur procès contre la CIA.

Velma avait intenté une action en justice à Washington le 11 décembre 1980. Elle demandait un million de dollars de dommages et intérêts. Elle était défendue par Joseph Rauh, le plus célèbre avocat américain des droits civiques. Peu après, Mary Morrow s'était également constituée partie civile. Casey avait demandé à Stanley Sporkin, l'avocat conseil de l'Agence, de défendre la CIA – et d'employer tous les moyens légaux pour retarder le procès aussi longtemps que possible. La stratégie du directeur était que, les plaignants étant âgés, leur plainte s'éteindrait d'elle-même à la mort du dernier d'entre eux. Mais Rauh s'était activé. Il avait parlé avec Alice Olson de la manière dont son mari était mort ; retrouvé la trace du docteur Gottlieb ; discuté avec d'anciens médecins de l'institut ; exhumé toutes les archives du docteur Cameron, et les avait fait évaluer par le psychiatre Robert Jay Lifton, qui menait des recherches sur le comportement des docteurs nazis à Auschwitz et ailleurs. En outre, Rauh avait parlé aux familles des patients de l'institut et à des membres âgés du personnel médical, qui avaient connu le docteur Cameron. À présent, il voulait questionner Helms. Il voulait la clé de la boîte de Pandore.

Le lundi 9 novembre 1980, Buckley fut envoyé au Canada pour tenter d'obtenir des informations sur tous les plaignants, dont les noms avaient été communiqués par la base d'Ottawa. Il devait se concentrer sur leur état de santé actuel. Buckley constata qu'il était de nouveau « le larbin de service ».

À Montréal, il lut l'article du *New York Times* racontant qu'une équipe de cinq tueurs à gages libyens avait secrètement pénétré aux États-Unis. Quarante-huit heures plus tard, les articles parlaient d'une équipe de dix hommes – et insinuaient que les Libyens seraient entrés aux États-Unis par la frontière canadienne. Buckley appela Langley pour demander s'il ne devrait pas abandonner momentanément ses enquêtes pour se mettre sur la piste des hommes de Khadafi. On lui répondit que l'affaire était déjà en main. Le lendemain, Khadafi réussit un joli coup de publicité : il apparut en direct de Libye à la télévision américaine pour nier avoir envoyé des brigades d'assassins en Amérique du Nord. Aussitôt, le président Reagan le traita publiquement de menteur : « Nous avons les preuves, et il le sait ! »

Buckley appela un ami à Langley. Quelles étaient ces preuves ?

« Des preuves à la sauce Maison Blanche ! On nage en plein Hollywood ! »

Le 4 janvier 1982, Buckley rendit à Casey un rapport sur l'état mental et médical de Velma Orlikov, de Mary Morrow et des autres parties civiles. Tous les plaignants étaient âgés et en mauvaise santé. Mais ils étaient soudés par leur détermination à se battre pour obtenir justice. Bien des années plus tard, Casey admettrait : « C'est à ce moment que j'ai réalisé que nous n'allions pas gagner, à moins que les seize plaignants ne décèdent. » Casey niait avoir été insensible, ou motivé par toute autre considération que d'éviter à la CIA une nouvelle humiliation, sans compter une somme substantielle à payer en dommages et intérêts : « L'affaire de Montréal était un problème hérité du passé. Ce qui s'était produit ne serait pas arrivé sous ma surveillance. »

La mauvaise condition physique des plaignants ou le fait que certains soient morts peu après leur dépôt de plainte n'empêcha pas le gouvernement canadien non seulement d'exprimer son indignation devant ce qui s'était passé à l'institut, mais également de promettre tout le soutien possible à ses citoyens qui décideraient de poursuivre en justice le gouvernement des États-Unis. La colère publique enflait de jour en jour au Canada.

Rauh avait compté sans les machinations juridiques de William Casey : le directeur de la CIA entreprit une contre-offensive dont tous les actes visaient à gagner du temps, notamment en refusant de produire des documents sous le prétexte de la « Sécurité nationale ». Frustré par la tactique de Casey et lui-même en mauvaise santé, Rauh s'en prit violemment au seul allié sur lequel il aurait pu compter : le gouvernement canadien. Il l'accusa publiquement d'inertie et d'être « de mèche » avec la CIA. Du jour au lendemain, la bonne volonté d'Ottawa s'évapora. À Washington, le Département d'État informa officiellement le gouvernement canadien qu'il rejetait toute responsabilité juridique dans le financement du docteur Cameron. Rauh se rendit compte que l'affaire lui glissait entre les doigts. Il fit appel, personnellement et avec passion, à Brian Mulroney, le Premier ministre canadien. Ce fut une nouvelle erreur tactique de la part d'un avocat qui pourtant, dans le temps, avait été astucieux. Mulroney, furieux, rejeta toutes les allégations faites par Rauh, telles que celle-ci : « Est-ce la peur du Big Brother du Sud, aggravée par la peur de la CIA, qui empêche votre gouvernement d'agir ? » Depuis Langley, Casey suivait chaque coup et prévoyait que l'affaire s'éteindrait « de mort naturelle, comme les plaignants ». Il n'en restait déjà plus que neuf, dont la redoutable Mary Morrow.

En janvier 1987, Joe Rauh prit sa retraite pour son soixante-seizième anniversaire. Physiquement, il était devenu aussi fragile que ses clients. Il fut remplacé par un autre associé de son cabinet, Jim Turner. Solide et compétent, ce dernier comprit vite que la CIA pouvait faire traîner l'affaire jusqu'au décès du dernier de ses clients. Turner en conclut qu'il valait mieux tenter d'obtenir le meilleur règlement possible avant cette échéance. Il entreprit une longue tournée de pourparlers qui s'acheva le 5 octobre 1988, lorsque la CIA, représentée par le département de la Justice, versa sept cent cinquante mille dollars aux neuf plaignants, à se partager équitablement. Chacune des victimes signa un engagement à ne jamais évoquer l'affaire en public. De mon côté, j'avais accepté de témoigner si l'affaire était portée devant les tribunaux, et de fournir aux plaignants toute la documentation en ma possession.

À l'époque du règlement de cette affaire, Casey avait dit à Buckley de dresser une liste des pays dans lesquels il pouvait prouver que des médecins pratiquaient la torture. Buckley découvrit qu'en Éthiopie, des médecins employés par le régime versaient de l'huile et de l'eau bouillantes sur diverses parties du corps de prisonniers, puis testaient des coagulants sanguins et des sérums variés sur les énormes cloques qui se formaient. Les médicaments étaient fournis par les Russes. De nombreuses victimes mouraient dans des souffrances atroces. Dans le minuscule état marxiste de Djibouti, il obtint la preuve que des médecins injectaient des substances provoquant un coma, infligeaient aux prisonniers des électrochocs et procédaient à des amputations, ou encore immergeaient leurs victimes dans des cuves d'eau salée pendant des semaines, laissant leur peau absorber la saumure jusqu'à ce qu'ils pourrissent jusqu'à l'os. En Somalie, des médecins employés par les services de la Sécurité nationale, au quartier général de Mogadiscio, avaient inventé une « chambre de bruit ». Des prisonniers y étaient soumis pendant des jours et des jours à des sons de plus en plus amplifiés, jusqu'à ce qu'ils deviennent définitivement sourds. En Ouganda, une douzaine de centres à travers le pays employaient des médecins qui supervisaient ou participaient à des castrations, des brûlures des tétons et des parties génitales, et des ablations chirurgicales de la langue.

Sur les trente-cinq dernières années, l'Agence avait classé des milliers de cas de torture médicale en Russie. À la demande, on les fournissait aux politiciens américains qui désiraient attaquer le système soviétique, avec le nom des médecins et des hôpitaux où se produisaient les maltraitances. Des médecins soviétiques prescrivaient couramment à des personnes parfaitement saines, dont la seule « maladie » était leur opposition au régime, des traitements psychotropes qui désorientaient ou provoquaient des douleurs. La plupart des substances étaient administrées en quantités massives et au mépris total des contre-indications. Ceux qui en absorbaient régulièrement devenaient définitivement invalides physiquement, ou dérangés mentalement.

Forcément, Buckley constata que ses recherches ne pouvaient pas être compartimentées. Si la torture médicale était uniforme dans le bloc soviétique, ailleurs elle ne connaissait pas de frontières géographiques. Ce que faisaient les médecins en Libye se répétait de l'autre côté de la frontière, en Égypte. En conséquence de l'assassinat de Sadate, des milliers de personnes avaient été envoyées dans plusieurs centres de torture notoires du Caire : la Citadelle, la prison de Tora et celle d'Al Marg. Dans tous ces lieux, des médecins supervisaient couramment des séances de fouet, des privations sensorielles et des incarcérations dans des cachots souterrain. L'Arabie Saoudite, longtemps considérée comme « amie » par l'Agence, ne différait en rien, en termes de torture, de la Syrie. Dans les deux pays, des médecins utilisaient un instrument appelé al-Abd as-Aswad, l'Esclave noir. C'était une chaise métallique dont le siège était percé d'un trou. La victime était sanglée, nue, à la chaise ; puis un pal métallique chauffé montait par le trou du siège, pénétrait dans l'anus et déchirait lentement les tissus jusqu'à l'intestin. Il y avait souvent un médecin à proximité pour s'assurer que le pal soit retiré avant de tuer – même si dans la plupart des cas une énorme hémorragie interne finissait de toute manière par provoquer la mort. En Turquie, autre nation « amie », des médecins surveillaient des bastonnades, administraient des électrochocs et déterminaient combien de temps leurs victimes pouvaient rester à suffoquer sous une cagoule. Dans la prison de Bien Hoa à Saigon, où le docteur Gottlieb avait envoyé des médecins de l'Agence procéder à des expériences sur des prisonniers Viêt-congs, c'étaient à présent les médecins communistes qui torturaient ceux qui refusaient de se soumettre au nouveau régime.

Aux Philippines, des médecins employés par les services de sécurité nationaux – encore une organisation entraînée par la CIA – donnaient leur feu vert à des traitements similaires pour les opposants au régime de Marcos. De l'Afrique à l'Asie, de l'Amérique latine au Moyen-Orient, dans plus de quatre-vingts pays, Buckley réunit des preuves de torture médicale. Les détails abominables avaient été passés au cribles et triés. Grâce à l'aide de spécialistes de la division de psychologie politique – qui avaient des contacts dans les moindres recoins du monde médical –, Buckley s'arrangea pour que ces informations soient passées aux militants des Droits de l'homme. Certaines des preuves qu'il avait récoltées furent publiées dans les rapports réguliers d'Amnesty International.

Comme tous les directeurs, Casey se trouva confronté à la crainte que l'Union soviétique et la Chine ne soient une fois de plus en train de se constituer des stocks d'armes chimiques et biologiques. Cette question s'ajouta aux tâches quotidiennes de Buckley. Il se rendit au Laos, où des membres d'ethnies soutenues par la CIA affirmaient avoir été attaqués par des gaz qui avaient provoqué d'épouvantables cloques sur la peau, suivies de morts abominables. Buckley avait récupéré un bidon de la substance et l'avait rapporté à Fort Detrick. Les membres de la tribu avaient décrit une « pluie jaune », mais l'analyse du bidon démontra que la substance ne correspondait à aucun produit chimique connu à Fort Detrick. Les victimes se plaignaient de brûlures, ce qui faisait penser à un dérivé du gaz moutarde, et de suffocation, un effet typique du phosgène. Mais aucune arme présente à l'inventaire de Fort Detrick n'associait ces symptômes aux saignements internes qui avaient tué les membres de la tribu. Ces symptômes se retrouvaient dans d'autres guerres soutenues par l'Union soviétique, au Cambodge et au Yémen. La conclusion fut que les scientifiques russes avaient inventé une nouvelle arme meurtrière.

Buckley fut de nouveau envoyé sur la frontière Thaïlande-Cambodge avec une équipe de chercheurs de Fort Detrick. Les membres d'ethnies pro-américaines les emmenèrent, à travers la jungle, jusqu'à un point où la végétation était couverte d'une moisissure blanche et gluante. Des échantillons furent prélevés et placés dans un conteneur hermétiquement scellé. Buckley le rapporta à Washington. Là, les chercheurs de Fort Detrick découvrirent que la moisissure contenait des mytoxines connues sous le nom de tricothènes, ou toxines T-2. Ils savaient que les soviétiques avaient étudié ces toxines pour savoir si elles étaient responsables des mauvaises récoltes qui affectaient régulièrement de vastes étendues de terres en Russie. Pour transformer les toxines T-2 en armes mortelles, les scientifiques russes avaient augmenté la concentration.

Richard Nixon avait mis un coup d'arrêt aux recherches américaines sur la guerre chimique et biologique. Mais en 1981, elles avaient repris et les États-Unis, dans le plus grand secret, s'étaient joints à la course aux armes inédites et plus terrifiantes que jamais. Les « germes patriotes » évoqués jadis par Sidney Gottlieb avaient repris vie, et ils marchaient au pas sous la bannière étoilée.

Une fois de plus, Buckley était de retour au Moyen-Orient, dans sa ville préférée, Beyrouth, en qualité de chef de la base de la CIA. Casey lui avait fait valoir qu'il était l'homme idéal pour ce poste dans la capitale libanaise, où il avait accumulé des années d'expérience.

Buckley avait entrepris de mettre sur pied un réseau d'indicateurs infiltré jusqu'aux échelons supérieurs de la coalition chancelante qui composait le gouvernement du Liban. Parmi eux, il comptait Walid Jumblatt, le leader druze, un seigneur de guerre qui survivait en dormant chaque soir sous un toit différent dans le secteur chrétien de la ville. Jumblatt était ministre du Tourisme, un poste qui lui permettait de rendre constamment visite aux ambassades étrangères pour encourager leur personnel à imaginer des moyens d'attirer les touristes vers ce qui était déjà probablement la ville la plus dangereuse du monde. Dans chacune de ces ambassades, Jumblatt avait placé des hommes à lui qui récoltaient les informations intéressantes, transmises ensuite à Buckley par le leader druze. Un autre des indicateurs était un membre de l'OLP qui prenait des risques énormes pour rencontrer Buckley et le mettre au courant des dernières idées de Yasser Arafat. Un troisième informateur, un Syrien, fournissait des détails sur les plus récents regroupements autour du président Assad à Damas. Par moments, le simple volume des informations brutes récoltées était écrasant.

En plus de garder un œil sur les événements au Liban, Buckley surveillait l'Iran par le biais des hommes d'affaires étrangers qui passaient par Beyrouth pour se rendre à Téhéran. Ils informaient Buckley, bien souvent sans rien lui demander de plus qu'un bon repas en retour. Chaque jour, Buckley brassait jusqu'à cent questions différentes. Chacune devait être évaluée et envoyée à Langley. Il lui arrivait de travailler vingt heures par jour, plusieurs jours d'affilée, avant de s'écrouler de sommeil et de faire le tour du cadran dans son appartement de grand standing, au dernier étage de son immeuble.

Il téléphonait à Candace le plus souvent possible ; sa voix lui rappelait qu'il y avait un monde au-delà de Beyrouth. La dernière fois, ils discutèrent des possibilités qu'il reprenne la boutique d'antiquités avec elle, en tant qu'associé. Il y pensait depuis un moment et les imaginait voyageant ensemble sur les vieux champs de bataille de la guerre civile américaine pour voir quelles reliques ils pourraient ramasser et revendre dans la boutique. À la fin de la conversation, Candace demanda quand il rentrerait. Il espérait que c'était pour bientôt.

XIX

Le matin du vendredi 16 mars 1984, William Buckley commença sa trois cent quarante-troisième journée à Beyrouth. Il était seul dans son appartement au dixième étage de l'immeuble Al-Manara, dans la banlieue ouest de la ville. Par les baies vitrées de son salon, il avait vue sur les montagnes du Chouf et sur la Méditerranée. Cela promettait d'être une de ces journées radieuses qui compensaient, pour les quelques étrangers qui y vivaient encore, ce que le Liban était devenu : un enfer dangereux et instable. C'était d'ailleurs à cette heure matinale que la ville se montrait sous son meilleur jour. En dessous de lui se déployaient plus de cent minarets qui s'élevaient en flèches spiralées, avec leurs balcons de fer forgé dont les volutes alambiquées scintillaient déjà au soleil. Depuis ces balcons, les haut-parleurs n'allaient pas tarder à lancer aux fidèles le premier appel à la prière.

Il y avait de longues avenues rectilignes, superbe rappel de l'époque où l'influence française dominait la ville ; la langue était restée, mais n'était plus parlée que dans le quartier chrétien. Dans les rues étroites et sinueuses qui entouraient son immeuble, c'étaient les sons gutturaux de l'arabe que l'on entendait. D'ici à une heure environ, en tout cas pas plus tard qu'à sept heures, le calme serait de nouveau balayé par un rugissement de voix et de véhicules. Tout comme à Rome, dans son souvenir, le *tufo* utilisé en construction donnait à la ville sa sonorité caractéristique, ici le raz-de-marée de bruits humains et mécaniques résonnant contre les bâtiments contribuait à l'ambiance inimitable de la ville.

Malgré la taille de son logement – quatre chambres, salon, salle à manger, chambre de bonne –, Buckley avait insisté pour se passer de personnel ; il ne supportait pas l'idée que l'on puisse venir fouiner dans ses affaires. Les preuves de son inaptitude au ménage s'étalaient autour de lui : les assiettes sales étaient éparpillés un peu partout dans le salon et la salle à manger, le panier à linge débordait. Buckley s'était réveillé avant l'aube, comme à son habitude. C'était son moment préféré pour « mettre au point des stratégies et réfléchir vraiment », comme il me l'avait confié lors d'un séjour là-bas.

Il avait sans aucun doute de nombreux sujets de préoccupation ce matin-là. Ses tentatives pour cultiver des sources d'information sur les factions politiques disparates du Liban avaient connu un succès mitigé ; l'approche qui lui avait réussi au Viêt-nam ne fonctionnait pas toujours avec les contacts arabes. L'une des raisons, pensait-il, était sa maîtrise imparfaite de la langue. Mais la touche de bravoure personnelle qui avait marqué son époque vietnamienne ne l'avait pas complètement abandonné. Dans les jours suivant son arrivée à Beyrouth, une fusillade avait éclaté entre deux groupes qui se disputaient le contrôle du quartier où se trouvait son immeuble. Il s'était empressé de descendre dans la rue et d'exiger que les deux parties déposent les armes. Lorsque ce fut fait, il avait invité les leaders des milices à boire un café dans un bistro voisin. Une autre fois, lui et un collègue d'ambassade s'étaient retrouvés pris, en allant dîner, sous le feu d'un combat d'artillerie. Sans prêter attention aux obus qui explosaient dangereusement près d'eux, Buckley avait pris tout son temps pour se garer et ouvrir la route jusqu'au restaurant – où il avait trouvé les autres dîneurs recroquevillés sous les tables. Il avait calmement commandé à dîner pour lui et son compagnon, et était allé chercher les plats en cuisine. Si ce genre de bravades faisaient impression sur les Arabes, elles avaient aussi attiré l'attention sur lui et lui avaient valu une réprimande de son ambassadeur pour s'être exposé inutilement au danger.

Personne à l'ambassade ne savait que les prises de risque de Buckley étaient un moyen délibéré de se faire admettre dans la communauté arabe, moyen qui commençait à payer : les rapports qu'il remettait à Langley contenaient des informations tangibles sur les plans du Hezbollah. Il avait aussi réuni des informations précieuses sur Cheikh Fadlallah, le chef spirituel du groupe, et sur d'autres responsables religieux musulmans : leurs mouvements autour de la ville, leur nombre de gardes du corps, les voitures dans lesquelles ils se déplaçaient. En collectant ces données, Buckley avait été amené à en savoir beaucoup plus sur le docteur Aziz al-Aboub.

Le médecin était arrivé à Beyrouth le samedi 15 mars 1982. Diplômé de l'université de Téhéran fin 1978, il avait prêté le serment d'Hippocrate sur fond de dynastie mourante. Le shah d'Iran n'avait plus que quelques semaines à vivre. Des villes entières avaient déjà été transformées en citadelles hermétiques par les religieux de l'ayatollah Khomeini. Dans un dernier acte de sauvagerie désespérée, le Shah continuait à remplir les prisons de malheureux innocents. C'est peut-être ce qui avait décidé le docteur, qui venait de jurer de ne faire de mal à personne, à jouer un rôle direct dans l'anarchie. À son entrée à l'école de médecine, il avait rallié les gardes révolutionnaires. Il lui avait fallu moins d'un an pour être élu à la tête de leur groupe dans l'école.

Fin 1979, le Shah ayant fini par être destitué et l'ayatollah Khomeini installé à Téhéran, le docteur al-Aboub avait appris, dans l'hôpital de banlieue où il était interne, qu'on lui accordait une bourse pour l'université de l'amitié Patrice Lumumba. En mars 1980, il embarquait sur un vol Téhéran-Moscou. Il passa les deux années suivantes en troisième cycle à l'école de médecine de l'université. Il avait été admis au cours qui traitait des techniques du contrôle mental.

La base de la CIA à Moscou avait donné à Buckley des détails sur ce cours. On avait appris au docteur al-Aboub que le lavage de cerveau reposait sur une pression psychologique soigneusement calculée. Cela impliquait l'usage de la répétition, du harcèlement et de l'humiliation. Les étudiants se relayaient pour jouer le rôle de l'« interrogateur » et du « prisonnier ». Les « prisonniers » devaient mémoriser des tracts communistes de plus en plus longs et complexes. Un « prisonnier » était convoqué en plein repas par ses professeurs, qui lui faisaient la leçon sur la nécessité d'être vigilant. Lorsqu'il regagnait sa place, sa nourriture avait disparu. On le réveillait au petit matin pour lui faire répéter des extraits de texte qu'il avait mal récités précédemment. Il était soumis à des humiliations, technique visant principalement à monter les autres élèves contre lui. Les professeurs expliquaient aux camarades du « prisonnier » qu'ils étaient aussi responsables de ses erreurs ; il inspirait, du moins momentanément, de l'aversion au reste de la classe qui le rejetait. Les professeurs le menaient ainsi jusqu'à la limite de l'effondrement ; c'est alors qu'il était réintégré et qu'un autre était choisi pour le remplacer.

Des comportementalistes analysaient les réactions de chaque étudiant et leur montraient comment ils auraient pu être manipulés pour devenir perméables aux idées. On leur montrait ensuite comment obtenir ces effets chez les autres. À Patrice Lumumba, le docteur al-Aboub avait aussi appris les étapes nécessaires pour dépouiller une personne de son individualité en créant d'abord un état de dépendance puis une culpabilité susceptible d'entraîner la destruction des idéaux poursuivis depuis toujours. Ce qui poussait irrésistiblement le sujet aux aveux. On lui expliqua que, lorsqu'une personne s'était purgée de son passé, il fallait l'encourager à accepter de nouvelles croyances de substitution.

Le docteur al-Aboub avait appris comment préparer une personne à un enregistrement vidéo dans lequel elle avouait sa culpabilité et exhortait le monde à reconnaître la légitimité des demandes de ses ravisseurs. Ses professeurs lui détaillèrent comment ce résultat pouvait être obtenu grâce à des drogues qui causaient une désorientation, provoquaient la peur, produisaient des stimuli perturbants et, physiquement, entraînaient fatigue et extrême faiblesse.

Ces techniques, Buckley le savait, étaient celles que le docteur al-Aboub allait employer sur les otages retenus à Beyrouth-Ouest.

Au début de son séjour à Beyrouth, Buckley s'était mis en contact avec le chef des agents de terrain du Mossad – les *katsa* – dans la ville. Les relations entre les services de renseignement israéliens et la CIA étaient étroites à ce moment-là, malgré des rumeurs selon lesquelles le Mossad aurait été informé de l'attaque qui s'était terminée, le 23 octobre 1983, par l'explosion d'un camion suicide au quartier général du 8e bataillon de marine américain, situé à proximité de l'aéroport de Beyrouth. Le Mossad avait nié avec énergie avoir eu connaissance de l'attaque qui devait tuer deux cent quatre-vingt cinq marines. Les relations entre le chef actuel de la CIA, William Casey, et celui du Mossad, Nahum Admoni, étaient empreintes d'un respect mutuel d'où découlait ce que Casey appelait une « coopération par la porte de service ». Il avait aussi décrit Admoni à Buckley comme « un juif qui voudrait gagner le concours de celui qui pissera le plus loin, même par une nuit pluvieuse à Dantzig ».

Le *katsa* de Beyrouth était un proche d'Admoni : ils avaient fréquenté la même école élitiste, le lycée Rejavia de Jérusalem, et avaient en commun la passion des langues. Par le passé, le *katsa* avait aussi servi dans des villes où Buckley opérait clandestinement. Cela avait facilité la coopération professionnelle entre eux. Quelques jours avant ce matin de mars, tous deux s'étaient retrouvés au café George Washington, sur le front de mer de Beyrouth. Le *katsa* avait tendu à Buckley une enveloppe. Elle contenait une photographie du docteur al-Aboub. On y voyait un homme au teint cireux et au front dégarni. Buckley avait examiné la photo jusqu'à être sûr de pouvoir repérer al-Aboub au milieu d'une foule. C'était un point crucial dans le plan que Buckley et le *katsa* étaient en train d'élaborer pour venir au secours des otages étrangers. Une équipe de Bérets verts envoyés par avion des États-Unis à Tel-Aviv embarquerait avec les forces spéciales israéliennes sur des canonnières qui les déposeraient devant Beyrouth. L'embarcation attendrait au large tandis que l'équipe se cacherait dans les dunes en attendant le signal. Celui-ci serait donné lorsque d'autres agents du Mossad se seraient infiltrés dans la ville pour poser des bombes devant les domiciles de Cheikh Fadlallah et de ses principaux adjoints. La panique qui s'ensuivrait serait le signal pour les forces stationnées dans les dunes. Elles devaient alors progresser dans la ville pour rejoindre Buckley. Il les mènerait au docteur al-Aboub et forcerait le médecin à les emmener jusqu'aux otages ; les canonnières se rapprocheraient de la côte et les couvriraient le temps que les forces et les otages libérés soient acheminés jusqu'à elles. Le docteur al-Aboub serait emmené pour être jugé aux États-Unis.

Aussi dangereux et audacieux que soit ce plan, Buckley était convaincu que l'effet de surprise assurerait son succès. En outre, il avait déjà mené des opérations du même ordre au Viêt-nam pour extirper des chefs viêt-congs de leurs redoutes. La veille, le 15 mars 1984, le plan avait été entériné par un signal codé « exclusivement visuel » de William Casey à Buckley.

Ce matin du 16 mars 1984, Buckley suivit sans doute les habitudes indissociables de sa vie. D'abord, il posa un disque de musique classique sur la platine de sa chaîne stéréo, à côté de son lit, et emporta l'une des enceintes, au bout de son fil électrique, jusqu'à la porte de la salle de bains. Une fois rasé et douché, il s'habilla, choisissant une chemise à manches courtes, une cravate en soie et un costume léger de couleur grise. Les vêtements étaient aussi une manie chez lui. Depuis trente ans, il les achetait chez *Brooks Brothers* à New York. Il achetait quatre costumes par an : deux légers, deux en lainage demi-saison. Ses cravates, unies ou à rayures discrètes, venaient aussi des collections classiques de chez *Brooks*. Comme il supportait très mal le silence, il déplaça l'enceinte stéréo de la chambre à la cuisine et se prépara un jus d'orange, des céréales, des toasts et du café. Aussi loin que remontait sa mémoire, il avait toujours eu le plaisir de commencer ses journées par ce menu. Une fois le petit déjeuner terminé et la vaisselle rangée dans la machine, il remplaça le disque classique par des chansons de Dean Martin. Il avait rencontré le crooner lors d'un séjour à Langley où il avait passé le week-end à Las Vegas. Tout en écoutant Dean Martin chanter « *Return to Me* », Buckley commença à se préparer des sandwichs, comme il le faisait chaque matin à Beyrouth. Il détestait autant la nourriture de la cantine de l'ambassade que les regards curieux des autres employés. Il les soupçonnait de voir en lui un dinosaure, un vieux cheval de somme en route pour la retraite.

De son appartement, on pouvait repérer les nouveaux trous qui s'ouvraient chaque jour dans la ligne des immeubles : un bloc de bureaux détruit à la dynamite ; un complexe d'appartements démoli après qu'un camion chargé d'explosifs eut précipité sa cargaison mortelle dans ses fondations. Le dernier mois, d'autres trous étaient apparus : des habitations ou des lieux de travail happés par cette destruction sans fin.

Chapitre XIX

Un journal local avait calculé qu'une semaine de combats à Beyrouth coûtait deux millions de dollars américains rien qu'en destruction de biens immobiliers. Et pourtant, de nouveaux buildings s'élevaient, occupés avant même d'être terminés, témoins du fort instinct de survie de la plupart des Libanais.

Pas plus tard que la semaine précédente, un nouveau rappel de la menace qui pesait sur tout le monde à Beyrouth s'était littéralement écrasé sur son univers personnel. Une voiture piégée avait explosé dans une rue voisine, et l'onde de choc avait soufflé certaines des fenêtres de son appartement. Une fois les sandwichs terminés, il retourna au salon. C'est là que se trouvaient les seuls indices de sa vie personnelle. Encadrée au mur, une affiche française de la victoire datant de la Première Guerre mondiale. C'est Candace qui la lui avait offerte. Sur une étagère, ses livres préférés. Un coffre faisait office de table basse. Il contenait sa documentation, notamment son carnet de notes sur le meurtre de Frank Olson. Buckley alla chercher son sac dans le coffre-fort de sa chambre. Appelé « sac autocombustible », il était conçu pour qu'un tour de clé vers la droite, la manière habituelle d'ouvrir ou de fermer un sac, entraîne l'incinération immédiate de son contenu, grâce à un anneau de brûleurs à gaz dissimulé dans le fond. Buckley y plaça des dossiers marqués « top secret », « secret » ou « confidentiel ». Les sandwichs furent placés au-dessus. Buckley referma le sac en tournant la clé vers la gauche, puis l'attacha à son poignet avec un bracelet relié à la poignée par une chaîne en acier.

Il ferma la porte de l'appartement à clé derrière lui – l'autre clé était conservée par l'ambassadeur, à l'ambassade – et traversa le couloir pour prendre l'ascenseur. Celui-ci s'arrêta à l'étage du dessous. Un homme entra. Il était jeune, bien habillé, et portait une mallette de cuir. Quelques étages plus bas, l'ascenseur s'arrêta de nouveau. Cette fois, une voisine que Buckley connaissait se joignit à eux. Il échangea avec elle des salutations polies. L'inconnu ne dit rien. Au rez-de-chaussée, la femme sortit en souhaitant à Buckley une bonne journée : « *Have a nice day!* », manifestement fière de sa maîtrise du jargon américain. Les deux hommes descendirent au parking souterrain, où était garée la voiture de Buckley. En temps normal, son chauffeur de l'ambassade aurait dû l'y attendre, mais ce matin-là Buckley avait décidé de conduire lui-même pour aller à ses rendez-vous. Il n'avait informé personne à l'ambassade de cette violation des principes élémentaires de sécurité. C'était une règle inflexible : aucun officiel américain, par les temps qui couraient, ne devait se déplacer seul dans la ville.

En marchant vers sa voiture, Buckley dut comprendre que quelque chose n'allait pas lorsque la mallette de l'homme le frappa violemment à l'arrière de la tête, assez puissamment pour laisser des traces de sang et de cheveux sur le cuir. L'assaillant laissa tomber sa mallette – lorsqu'elle fut retrouvée par la suite, on découvrit qu'elle était lestée de pierres. Une Renault blanche surgit de l'intérieur du parking. Il y avait deux hommes dans la voiture : le conducteur et un autre assis à l'arrière. Il se peut que ce dernier ait aidé l'agresseur de Buckley à le hisser, avec le sac autocombustible, dans la voiture. Buckley à moitié affalé sur le plancher, les deux autres accroupis sur lui, la Renault sortit en rugissant du parking, la porte arrière s'ouvrant dangereusement en grand.

La femme qui venait d'échanger des menus propos avec le chef de base de la CIA se tenait à l'arrêt d'autobus, tout près de la sortie du parking. En l'espace d'un clin d'œil, elle perçut ce qui venait de se produire et se mit à crier à l'aide. S'il a entendu ses cris, ce furent sans doute les dernières prières pour son salut à avoir atteint ses oreilles.

William Buckley fut kidnappé peu après 8 h, heure de Beyrouth. Plusieurs heures s'écoulèrent avant que l'ambassade des États-Unis ne découvre sa disparition. Il fallut encore une bonne heure aux cadres supérieurs de l'ambassade pour parvenir à la conclusion qu'il avait été enlevé et que ses ravisseurs savaient qui il était, où il habitait, et connaissaient précisément ses déplacements. Cela signifiait soit que Buckley avait fait preuve d'une négligence grossière, soit que ses ravisseurs avaient bénéficié de la complicité d'un employé libanais de l'ambassade.

Pendant que ces hypothèses étaient passées en revue, un signal prioritaire avait été envoyé au Département d'État et à la CIA. Il était encore très tôt à Washington. Au Département d'État, la nouvelle fut transmise à Chip Beck, qui avait servi à Beyrouth avec Buckley. Il raconte qu'il était « trop abasourdi pour réaliser » car « c'était très dur sur le plan émotionnel ». À Langley, le signal avait été porté au bureau de William Casey, au septième étage. Jusqu'alors, le flot de messages qui se déposaient sur son bureau en provenance du centre des communications n'avait été que routine. La nouvelle venue de Beyrouth stupéfia le directeur de la CIA. Des années plus tard, il me raconta comment : « Je suis resté planté là à relire ce truc deux fois, trois fois. Depuis trois décennies, sur trois continents, Bill servait la CIA et son pays avec une loyauté sans faille et sans équivoque. C'était l'un des hommes les plus courageux que j'aie jamais rencontrés. Toujours prêt à agir, prêt à partir. Il avait un sens de la rue peu commun chez les agents. Alors, comment cela avait-il bien pu arriver ? »

Le visage en cendres, Casey posa cette question à tous ceux qui étaient susceptibles d'y apporter une réponse. Comme il n'en recevait aucune, il tonna de frustration : « Trouvez-le ! Je veux qu'on le retrouve. À n'importe quel prix, je veux qu'on le retrouve ! » Et c'est ainsi que commença une opération sans précédent à la CIA.

Clair George, le directeur adjoint de l'Agence, reçut l'ordre de « retourner tout le Moyen-Orient ». Une commission interne extraordinaire présidée par Casey fut mise sur pied pour coordonner les recherches. L'Agence de sécurité nationale, la NSA, fut chargée de fournir des photos satellites à haute résolution des repaires de terroristes connus à Beyrouth et dans la vallée de la Beka'a. Les services de renseignement israéliens, allemands, français et britanniques furent sollicités. Toutes les stations de la CIA au Moyen-Orient reçurent l'ordre de donner à la recherche de Buckley la priorité absolue. Une équipe mixte FBI/CIA s'envola pour Beyrouth. Elle fut rapidement rejointe par des techniciens de la NSA, tous spécialistes en communications terrestres. Ils devaient mettre à contribution leur équipement pour sonder profondément sous les décombres de Beyrouth-Ouest, où l'œil des satellites ne pénétrait pas.

À Langley, psychiatres, psychologues, spécialistes du comportement et analystes furent mobilisés pour tenter d'évaluer les capacités de résistance de Buckley et se faire une idée de l'état d'esprit de ses ravisseurs. Cette tâche fut confiée au docteur Jerrold Post. Ce psychiatre pointilleux, habillé sobrement, enseignait également à l'université George Washington, dans la capitale. L'une des premières personnes à être consultées fut le docteur Gottlieb. Il exprima l'opinion que Buckley était tout à fait capable de résister à la torture, tant physique que psychologique, pendant un laps de temps considérable.

Casey avait informé du rapt le secrétaire d'État, George Schultz, et le secrétaire à la Défense, Casper Weinberger. Schultz avertit le président Reagan, puis informa les ministres des Affaires étrangères d'un certain nombre de nations d'Europe que l'un des principaux agents de la CIA avait été enlevé. Ces ministres ordonnèrent à leurs propres services de sécurité de redoubler d'efforts pour retrouver la trace de Buckley et du docteur al-Aboub. En vingt-quatre heures, l'équipe mixte CIA/FBI envoyée à Beyrouth avait établi que la sécurité de l'ambassade n'avait pas été compromise. Le comportement ostentatoire de Buckley expliquait presque certainement pourquoi les ravisseurs s'en étaient pris à lui. Dans ses premiers rapports envoyés à Langley, l'équipe peignait de l'agent disparu un portrait singulier. Buckley était connu pour passer du temps à nettoyer la boue de l'intérieur des ailes de sa voiture avec une brosse à dents. Son appartement avait été passé au peigne fin, et son manque de soin fut l'objet de remarques défavorables. Son coffre de papiers personnels avait été porté à l'ambassade. Il fut par la suite envoyé à Langley, et à ce jour on ne sait toujours pas ce qu'il en est advenu. Son habitude d'apporter sa nourriture au travail avait fait grincer des dents. Le tableau qui se dégageait montrait un agent excentrique et peut-être sur le retour. Ce jugement mit Casey en fureur. Il dirait plus tard : « Buckley avait peut-être des particularités, mais ce n'était pas un *has-been.* » Mais à Langley, l'idée se répandit que Buckley était « un original », un type qui avait « merdoyé ».

En reconstituant les événements, l'équipe CIA/FBI parvint à la conclusion que la Renault blanche avait traversé à fond de train le quartier musulman et forcé pied au plancher plusieurs postes de contrôle avant d'atteindre une planque soigneusement préparée. Buckley avait dû être sorti sans ménagement de la voiture et poussé dans la maison. Selon toute vraisemblance, le docteur al-Aboub avait pris un stéthoscope dans sa sacoche noire pour écouter sa respiration. Il lui avait alors peut-être injecté un narcotique à action rapide pour lui faire perdre conscience en quelques instants. C'était une manière répandue de traiter les otages. L'équipe était également certaine que l'un des ravisseurs avait détaché le sac du poignet de Buckley et trouvé la clé dans sa poche. Pour ce qui était de savoir s'il avait réussi à ouvrir correctement le sac autocombustible, ils en étaient réduits aux conjectures.

La déposition de la femme qui avait été témoin oculaire fut recueillie, plus pour la forme que dans l'espoir de trouver une piste sérieuse. L'équipe fut bientôt certaine que c'était le Hezbollah qui avait kidnappé Buckley, et qu'il se trouvait encore très probablement dans l'enceinte de Beyrouth-Ouest, entre les vestiges du port lourdement pilonné au nord et l'hôtel Sands au sud, près de l'aéroport international. Il n'y avait simplement pas assez de Bérets verts pour venir à la rescousse de Buckley, dans ce qui était sans doute la région la plus hostile sur Terre.

Au Département d'État, Chip Beck eut l'intuition qu'au sein de la CIA, « l'idée générale était que Buckley en savait trop et qu'il pourrait détruire beaucoup de gens si on le forçait à parler. On se disait que si Casey échouait à sauver Buckley, aucun agent ne serait en sécurité. » À Langley, certains de ces agents se rappelaient ce qui était arrivé à Tucker Gouglemann, l'un des meilleurs amis de Buckley à la CIA. Ils avaient servi ensemble au Viêtnam. Lorsque les Viêt-congs s'étaient abattus sur Saigon, Gouglemann était resté en arrière dans l'espoir de faire sortir sa femme vietnamienne et leur petit enfant. Au bout de quelques jours, il avait été arrêté. En un mois, il était mort sous la torture. Les Viêt-congs avaient mis dix-huit mois avant de rendre son corps à la Croix-Rouge américaine. Lentement mais sûrement, sans aucune piste sérieuse sur la localisation de Buckley, l'attention commença à se concentrer sur le docteur al-Aboub. Casey lui-même se mit à répéter qu'on allait « l'attraper, cet enfant de salaud ».

À Londres, au quartier général du MI-6, les analystes élaboraient leurs propres profils psychologiques du médecin. À Paris, les médecins pluridisciplinaires du renseignement français commencèrent à reconstituer les antécédents du docteur al-Aboub. Dans des bâtiments tentaculaires à Pullach, près de Wiesbaden, le BND, le service des renseignements étrangers d'Allemagne de l'Ouest, employait d'autres médecins à la même tâche. Plus loin vers l'est, à Vienne, les petits mais très efficaces services secrets autrichiens avaient mobilisé une équipe de spécialistes pour travailler sous la direction d'Otto Kormek, un avocat solidement charpenté, grand buveur, dont les relations au Moyen-Orient étaient légendaires. À Rome, au morne quartier général du DIGOS, la brigade antiterroriste nationale italienne, des spécialistes reconstituaient leur propre puzzle sur le docteur al-Aboub. Ils recevaient l'aide du docteur Franco Ferracuti, professeur de médecine criminologique et de psychiatrie médico-légale à l'université de Rome, un autre expert mondial du comportement des terroristes. En Israël, la recherche d'indices sur le docteur al-Aboub était surveillée de près par David Kimche, qui avait été directeur adjoint du Mossad avant d'occuper un poste important au ministère israélien des Affaires étrangères. Entre autres mesures, Kimche avait mobilisé les ressources des deux laboratoires de recherche sur la terreur les plus considérables du pays : le centre Dayan et le centre Jaffee, qui dépendaient l'un comme l'autre de l'université de Tel-Aviv. En quelques heures, l'essentiel des connaissances de personnalités comme Ariel Merari, directeur des études en terrorisme au Jaffee, un psychologue qui avait étudié de près la mentalité chiite et Martin Kramer, l'expert du Dayan sur le Hezbollah, étaient en route pour Langley.

Les données de Merari comprenaient une revue exhaustive de la manière dont les chiites s'articulaient avec la longue chronologie haute en couleur de la foi musulmane. Les découvertes de Kramer se concentraient sur le Hezbollah ; elles montraient comment l'organisation s'était formée et pourquoi elle croyait être, à elle seule, la force rédemptrice élue du Liban. Il prédisait que le rapt de Buckley serait suivi par d'autres. Merari confirmait cet avis, ajoutant que Cheikh Fadlallah, la conscience suprême du mouvement, ferait bientôt des déclarations sans équivoque sur la valeur morale de la prise d'otages.

D'autres informations sur le docteur al-Aboub furent envoyées par le prince Bander ben Sultan, ambassadeur d'Arabie Saoudite aux Nations unies. Fils du ministre de la Défense de son pays, ce diplomate arabe très sociable, qui menait la grande vie, était aussi un indicateur de l'Agence depuis des années. Les détails croustillants de Bander furent transmis à Casey. Il les passa au docteur Post qui relaya l'information à ses collègues dans le monde entier. Voilà quels furent les liens forgés pour tenter de découvrir tout ce qu'il était possible de savoir sur le docteur al-Aboub. Mais une semaine après son enlèvement, on était toujours sans nouvelles de Buckley.

Les médecins, à Langley, continuaient à plancher sur les réactions de Buckley à la captivité. Les experts de la CIA s'appuyaient sur les recherches du docteur Martin Symonds, un psychiatre consultant pour la police de New York, reconnu comme l'un des plus grands experts d'Amérique du Nord, en ce qui concernait les réactions des victimes d'enlèvements. Ils conclurent que celles de Buckley devaient suivre un schéma presque immuable. Qu'il soit un officier des renseignements entraîné à résister aux interrogatoires n'y changeait pas grand-chose. Le docteur Symonds postulait qu'au moment où il avait chancelé sous le coup de la valise, il avait sans doute été traversé par un sentiment d'incrédulité, un déni instinctif de la réalité de ce qui lui arrivait. Cela avait probablement duré jusqu'à son arrivée à la planque préparée par ses ravisseurs.

Ce déni désespéré, le seul mécanisme de défense psychologique qui s'offrît immédiatement à lui, serait remplacé par une irruption soudaine et dévastatrice de la réalité : c'était bien en train de lui arriver. À ce moment, les réactions de Buckley pouvaient aller jusqu'à une « terreur glacée » et, le plus perturbant de tout, un besoin de parler à ses ravisseurs, ne serait-ce que pour les convaincre de le libérer. À ce stade, expliquait Symonds, les ravisseurs récoltaient invariablement des informations précieuses sur les antécédents de l'otage. Pour les geôliers de Buckley, cette étape était d'une importance critique. Ils lui serviraient alors les informations qu'ils avaient déjà glanées sur lui, ce qui lui donnerait l'impression qu'ils étaient omniscients, donc d'une puissance absolue, et que toute résistance serait vaine.

Les médecins de la CIA esquissèrent un tableau de Buckley à ce stade de sa captivité : un homme mis à genoux par le désespoir, soudain vieilli, hagard, ralenti physiquement et mentalement, à la voix monocorde, portant chaque mot comme un effrayant fardeau. Il devait se sentir épuisé en permanence, et le sommeil ne lui apportait sûrement aucun réconfort. C'est en fin de nuit qu'il devait être le plus déprimé et le plus vulnérable, que ses capacités de résistance à la moindre pression étaient au plus bas. L'auto-accusation devait alors être à son point le plus destructeur, et l'absence d'espoir à son sommet. Son stress mental s'accompagnait très probablement d'autres symptômes : perte d'appétit et constipation, suivies du sentiment croissant que la seule issue était le suicide. Il était impossible de deviner combien de temps cet état se prolongerait, mais à un moment donné il ferait une autre découverte dévastatrice : non seulement la résistance était manifestement impossible, mais l'évasion aussi. C'est à ce point qu'il envisagerait éventuellement de coopérer avec ses ravisseurs. Les médecins continuèrent à livrer leurs prédictions avec prudence. Si les ravisseurs étaient assez malins, ils se rendraient compte que les sautes d'humeur de Buckley participaient d'un « mouvement continuel de creusement et de gonflement du vide intérieur né de son rapt », expliqua le docteur Post. La culpabilité de Buckley pourrait être manipulée pour l'amener à croire que l'important n'était pas tant ce qu'il avait fait – se laisser capturer – que ce qu'il avait été : un « impérialiste occidental » haïssable.

Cet état était connu sous le nom de « malhonnêteté logique ». D'après le docteur Post, elle se concrétiserait sous la forme d'un enregistrement vidéo montrant un Buckley contrit qui serait, bientôt, livré aux médias mondiaux.

Un tirage de la photo du docteur al-Aboub prise par le Mossad, donnée à Buckley par le *katsa* de Beyrouth, avait été agrandi par les techniciens de la CIA et examiné au microscope à la recherche d'indices de chirurgie plastique. Des lunettes et des barbes variées furent superposées à son visage pour évoquer l'apparence qu'il pouvait avoir s'il se grimait. Il fut vieilli par ordinateur, à l'aide d'un logiciel appelé FACES (*Facial-Analysis Comparison and Elimination System*). En se basant sur quarante-neuf caractéristiques, toute graduées sur une échelle de 1 à 4, FACES prenait quinze millions de décisions binaires – oui/non – à la seconde. Autre technique, le RIDA (*Remote In-Depth Analysis* ou Analyse profonde à distance). Elle était utilisée par les spécialistes du comportement et consistait à entrer dans un ordinateur tout ce que l'on savait sur le comportement passé de Buckley, pour évaluer l'influence de ces éléments sur son comportement en captivité.

À mesure que des données sur le docteur al-Aboub continuaient d'arriver, elles étaient saisies dans d'autres ordinateurs pour tenter de comprendre les forces psychologiques complexes qui le motivaient. L'analyse conclut qu'il était gouverné par une « violence masquée ». Cette dernière lui permettait de mettre ses actes en adéquation avec sa propre conception de la vertu ; de se dire qu'il ne faisait rien de plus que réagir à une menace sur sa culture, son entourage, son peuple, sa vie entière.

La psychologie du fondamentalisme islamique fut étudiée par le menu. Des experts cherchèrent les différences et les ressemblances entre les psychopathologies du Hezbollah et des autres organisations terroristes musulmanes. Les chercheurs de la CIA étudièrent la théologie utilisée par leurs religieux pour adapter les Saintes Écritures à la guerre sainte. Les aspirations messianiques du Hezbollah présentaient une ressemblance frappante avec celles qui avaient embrasé la Révolution française et les révolutions russe et chinoise. À chaque fois, la création d'une société nouvelle était invoquée pour justifier la terreur.

Le lundi 7 mai 1984 au matin, l'ambassade des États-Unis à Athènes reçut un colis posté dans la ville même et adressé à l'ambassadeur. Il fut, comme le voulait la procédure, passé au détecteur d'explosifs dans la salle du courrier. Comme il ne contenait qu'une cassette vidéo, l'emballage, avec son adresse écrite en gros caractères, fut défait avec soin et mis de côté. La cassette VHS était un modèle allemand de qualité médiocre largement répandu dans tout le Moyen-Orient. Le responsable du courrier l'inséra dans un magnétoscope. Ce qu'il vit le poussa à arrêter le film et convoquer un diplomate expérimenté. Après avoir regardé pendant quelques minutes, ils envoyèrent chercher l'ambassadeur, ainsi que le chef de base de la CIA. Ils visionnèrent à nouveau la cassette. L'officier de la CIA appela Casey. Quelques heures plus tard, le responsable du courrier utilisait son passeport diplomatique pour éviter les contrôles de sécurité nonchalants de l'aéroport d'Athènes et s'envolait pour Washington. Une voiture officielle l'attendait sur le tarmac, avec un chauffeur autorisé à passer outre les douanes et l'immigration qui le conduisit à Langley.

La cassette fut portée au bureau de Casey, où lui et ses proches collaborateurs commencèrent à la regarder. On y voyait Buckley à la torture. L'absence de son rendait l'effet encore plus choquant. La caméra zoomait sur le corps nu et meurtri de Buckley avant de s'en éloigner de nouveau. Il tenait devant ses parties génitales un document marqué « top secret ». C'était la preuve que le sac autocombustible n'avait pas fonctionné. Casey m'a expliqué depuis : « J'étais au bord des larmes. C'était la chose la plus obscène à laquelle il m'ait été donné d'assister. En voyant Bill, je reconnaissais à peine l'homme que je connaissais depuis des années. Ils avaient fait plus que détruire son corps. Ses yeux montraient clairement qu'on avait joué avec son esprit. C'était épouvantable, moyenâgeux et barbare. »

La cassette fut confiée à des techniciens, qui agrandirent les images pour tenter d'identifier le fond devant lequel il avait été filmé. Ils en conclurent que c'était de la pierre grossièrement plâtrée, ce qui indiquait que le film avait peut-être été tourné dans une cave. Le papier du colis était celui que les épiciers méditerranéens utilisent pour emballer les achats. Le libellé de l'adresse semblait indiquer que son auteur maîtrisait mal l'écriture.

Les pharmacologues de l'Agence prirent le relais. Leurs conclusions furent que Buckley avait été drogué ; il avait les yeux ternes, la lèvre pendante, et son regard indiquait une privation durable de lumière, car il avait du mal à s'habituer aux flots lumineux déversés pour le filmer : c'était le signe qu'il avait passé de longs moments sous une cagoule. Ses poignets et son cou portaient des marques de frottement, indiquant qu'il avait été ligoté avec une corde ou une chaîne. Une étude minutieuse de chaque centimètre carré de peau visible révéla des marques de piqûres, preuve qu'on lui avait administré des injections en divers endroits.

La deuxième cassette arriva vingt-trois jours plus tard, envoyée cette fois à l'ambassade des États-Unis, rue Via Veneto à Rome. Elle fut expédiée en urgence à Washington. Cette fois encore, l'emballage n'apporta aucun indice, si ce n'est que l'adresse était d'une autre main et que le papier était de fabrication italienne, probablement issu d'une boutique de la ville. La séquence était filmée devant un fond similaire au premier, et montrait que Buckley avait continué à subir des traitements abominables. Il y avait du son, sa voix était pâteuse et il se révélait nettement plus replié sur lui-même. Au moins une douzaine de drogues pouvaient lui avoir donné cet air endormi et abruti. Sa voix indistincte semblait souvent incapable de former les mots. Ses mains tremblaient et ses jambes battaient frénétiquement le sol tandis qu'il balbutiait des supplications pathétiques pour être échangé contre la garantie que les États-Unis retireraient « toutes leurs influences » du Liban et convaincraient Israël de faire de même.

Une transcription de la séquence circula à l'intérieur de l'Agence. Des copies furent aussi envoyées à la Maison Blanche et au Département d'État, accompagnées d'un document écrit par un analyste de la CIA, Graham Fuller. Il arguait que, si aucun retrait du Liban n'était envisageable à grande échelle de la part des États-Unis ou d'Israël, il était peut-être possible d'obtenir la libération du Buckley en utilisant l'Iran comme intermédiaire – à condition de fournir au régime, en retour, des armes contre l'Irak. Un tel accord constituerait un « signe positif » pour modérer les éléments à Téhéran. Le secrétaire d'État Schultz convoqua l'ambassadeur israélien, qui promit de consulter Tel-Aviv. En quelques heures, il était de retour. Israël ne s'opposerait pas à l'ouverture d'un dialogue entre les États-Unis et l'Iran, même si cela impliquait de fournir des armes à Téhéran. Les graines de ce que nous connaissons à présent sous le nom d'Irangate étaient plantées.

À Langley, les experts s'efforçaient d'évaluer combien de temps Buckley pouvait survivre. Ses derniers dossiers médicaux, sur place, montraient qu'il était en pleine forme physique et enclin à un stoïcisme naturel qui pouvait l'aider. Mais personne n'était en mesure de dire avec certitude comment ses mécanisme de défense réagiraient aux bouffées d'angoisse, aux cauchemars et à une détresse écrasante, suivie d'accès de rage et de noires périodes de résignation. Toutefois, si les drogues pouvaient avoir un impact énorme sur les humeurs de Buckley, elles ne laisseraient pas de séquelles à condition qu'il soit retrouvé à temps. Cette information donna une nouvelle impulsion aux plans qui prenaient forme ailleurs dans la CIA, au Pentagone, au Département d'État et, en dernier recours, à la Maison Blanche qui devait fournir les armes à l'Iran en échange de la liberté de Buckley. Casey répétait inlassablement à ses collègues qu'ils devaient faire de cette libération leur croisade personnelle : « C'est en partie une question d'esprit de corps : nous nous occupons de l'un des nôtres », tel était son leitmotiv.

Le docteur al-Aboub n'aurait pas eu à chercher loin dans Beyrouth-Ouest pour trouver des hommes prêts à jurer par Allah le Bienfaisant et le Miséricordieux que le traitement de Buckley était la preuve de ce qui avait été révélé au prophète à al-Madinah et écrit dans la Sourate XIX : « Ô croyant ! Ne te livre pas à l'espionnage ! » Dans les semaines suivant l'enlèvement, les rumeurs concernant « Buck-lee » avaient été nombreuses et variées : il avait envoyé depuis son appartement des signaux aux navires du Grand Satan ; il y avait un transmetteur chez lui, tellement puissant qu'il pouvait communiquer non seulement avec Tel-Aviv, mais aussi directement avec le Grand Satan à Washington. Les hommes s'arrêtaient en route pour la prière, et échangeaient les dernières nouvelles : « Buck-lee » avait avoué avoir fourni à l'Irak des produits chimiques qui brûlaient la peau de leurs frères d'armes chiites ; une fusée avait été trouvée sur le toit de son appartement : en la tirant, il aurait donné le signal aux navires du Grand Satan pour déverser sur Beyrouth une nouvelle pluie de destruction. Il y eut beaucoup de fables de ce genre.

Pendant ses premières semaines de captivité, Buckley fut caché dans une succession de caves de Beyrouth-Ouest, rapidement envahies par la puanteur de ses déchets corporels, de la misère et, sans aucun doute, de la peur. Le docteur al-Aboub usait de toutes les techniques qu'il avait apprises à Moscou pour s'assurer que Buckley fasse ce qu'on lui ordonnait. Peu de gens à Beyrouth-Ouest étaient en mesure de comprendre, ne serait-ce que de loin, la nature précise de son intervention : quelles piqûres il utilisait, leur quantité et leur dosage. Le contenu de sa sacoche noire restait pour eux un mystère plus grand que jamais.

Le vendredi 26 octobre 1984, deux cent vingt-quatre jours après son enlèvement, une troisième vidéo arriva à la CIA. La cassette était encore plus insupportable que les précédentes. Buckley n'était plus qu'un pauvre diable balbutiant. Ses paroles étaient souvent incohérentes ; il sanglotait et bavait et, le plus dérangeant de tout, se mettait soudain à hurler de terreur, les yeux incontrôlablement révulsés, en tremblant de tout son corps. De temps en temps, il brandissait des documents issus de son sac autocombustible. Il les montrait à la caméra. Puis il se livrait à un lamentable plaidoyer en faveur des droits de ses ravisseurs à l'autodétermination au Liban. Pendant plusieurs jours, divers spécialistes visionnèrent la cassette à la recherche de nouveaux indices sur son état d'esprit, pour déterminer s'il était déjà ou non résigné à une mort inévitable. Les experts se demandaient s'il avait surmonté l'horreur du suicide que l'on trouve habituellement chez les chrétiens ou conservé le souvenir de ses années de formation où, jeune catholique fervent, il écoutait son prêtre lui parler de l'enfer qui menaçait ceux qui disposaient de leur vie. Se rappellerait-il qu'on lui avait dit que sa profession autorisait le suicide comme moyen ultime de protéger les secrets dont il avait la garde ?

Rien n'indiquait que la silhouette dévastée de la vidéo se souvienne de cela. Les experts notèrent que ses mains se déplaçaient parfois devant ses parties génitales, comme s'il suppliait de vivre en échange des demandes évidemment impossible de ses ravisseurs. Exposait-il autre chose que sa modestie ? Les spécialistes savaient que la peur de la castration était une réaction commune chez l'otage masculin ; une profonde angoisse de l'émasculation éclipsait même fréquemment la peur de la mort. Les experts tentèrent d'évaluer le degré d'anxiété de sa voix. Il devenait clair qu'il n'allait plus pouvoir faire face à la pure horreur de sa situation. Son ampleur l'avait submergé. Les experts débattirent pendant des heures pour savoir si ses paroles dénotaient une culpabilité « réelle » ou « névrotique ». Ils employaient un langage incompréhensible pour un non-initié afin de distinguer jusqu'où « l'ordre humain de l'être [était] dérangé », et dans quelle mesure il avait éprouvé « une culpabilité existentielle issue d'un acte spécifique » en révélant ses secrets à ses ravisseurs. Ils finirent par se demander si Buckley ne faisait qu'accepter, ou s'il appelait de ses vœux, l'échéance inéluctable de sa mort.

XX

Ces mois d'hiver furent une période d'impatience croissante dans Beyrouth-Ouest. Autour des *braseros*, des hommes endurcis se disaient qu'il était temps de vider les réserves secrètes d'explosifs, de les charger sur les camions de plus en plus nombreux qu'ils avaient détournés, et de mettre un terme à la frustration des jeunes, hommes et femmes, qui attendaient de prendre le volant pour s'envoyer au paradis. Ces voix de militants expliquaient avec insistance qu'une attaque concertée sur chaque bâtiment possédé ou occupé par des étrangers à Beyrouth-Est chasserait jusqu'au dernier des ennemis.

Ils étaient peu à savoir avec certitude où se trouvait « Buck-lee ». Ses geôliers le déplaçaient parfois deux ou trois fois par nuit. On l'empaquetait pour l'emmener à toute vitesse, en changeant de voiture, dans des planques en banlieue de Shatila ou Sabra, où même une armée n'aurait pu le trouver. À l'aube, quand les sentinelles perchées sur leurs points d'observation rapportaient que la mer restait vide de toute menace, Buckley était ramené, plaqué au sol, cagoulé et drogué, dans sa cellule profondément enfouie sous les ruines. On l'appelait le Beyrouth Hilton.

Pendant tout le printemps 1985, à Washington et ailleurs, les experts poursuivirent leurs recherches. Les dossiers des médecins nazis furent épluchés à la recherche de nouveaux indices sur la personnalité du docteur al-Aboub. Était-il comme Josef Mengele, qui avait trouvé dans ses activités à Auschwitz un parfait moyen d'expression ? Ressemblait-il aux psychiatres soviétiques qui se considéraient moins comme des exécutants du KGB que comme des médecins exerçant normalement leur métier ? Toute la gamme de la technologie comportementale fut passée en revue.

Pour citer le docteur Post : « Rien de tout cela ne nous a aidés à comprendre ce que traversait Buckley. Cela montrait juste à quel point nous étions prêts à tout pour apporter des réponses au septième étage. »

Dans son vaste bureau dont les fenêtres donnaient sur la cime des arbres, ce qui donnait l'impression de se trouver en pleine forêt, Casey consacrait invariablement une partie de chacune de ses journées au cas Buckley. Il appelait régulièrement les experts, posait des questions précises, notait les réponses sur les petites fiches qui ne le quittaient jamais avec le stylo Tiffany en or que sa femme, Sofia, lui avait offert pour Noël. Chaque fois qu'il voyait Casey, le président Reagan lui demandait : « Alors, où en est cette sale histoire, Bill ? » Le directeur secouait sa tête massive d'empereur romain et marmonnait : « Tout le monde est dessus. »

Chuck Cogan, un agent qui avait été proche de Buckley, estimait que ce dernier était trop imprégné de l'*omerta*, le vieux code du silence sicilien que les vétérans de l'Agence arboraient comme une médaille, pour avoir parlé. Les experts n'étaient pas si catégoriques. Ils savaient que personne ne pouvait résister jusqu'au bout à un tortionnaire médical expérimenté ; que la physiologie du système nerveux humain est la même pour tout le monde, quelles que soient ses origines, sa culture ou sa profession. Aucune des connaissances acquises par Buckley sur l'art de l'espionnage ne pouvait l'aider à mieux résister aux électrochocs, aux passages à tabac, à la pendaison prolongée par les bras ou par les pieds, à l'administration de drogues, l'isolement ou encore la cagoule. Il était aussi vulnérable que tout un chacun. Peut-être encore plus : la volonté de résister étant particulièrement puissante chez lui, son effondrement n'en serait que plus spectaculaire. Casey ne pouvait pas se résoudre à accepter de tels comptes rendus.

Un jour, il envoya chercher le docteur Gottlieb. Pendant tout un après-midi, il soumit l'ancien chef du département des « coups fourrés » à un interrogatoire serré. Il revint sur la période où Gottlieb avait employé Buckley. Lui avait-il fait l'effet d'un homme susceptible de craquer ? Casey reformula la question d'une douzaine de manières différentes. Le docteur Gottlieb était incapable de répondre avec certitude.

Chapitre XX

Casey avait envoyé un agent de la CIA s'entretenir avec Candace Hammond à Farmer. Elle s'était souvenue de leur dernière conversation. Au bord des larmes, elle avait raconté son coup de téléphone : « Bill m'a dit qu'il espérait rentrer bientôt. Je sentais qu'il était en danger. Il ne me l'a pas dit, mais cela s'entendait dans sa voix. Il n'arrêtait pas de parler d'aller faire les antiquaires avec moi, et de dire combien il aimerait cela. C'était comme s'il se remémorait le passé parce qu'il ne voulait pas penser à l'avenir. » Casey médita longuement sur ces paroles, sur celles du docteur Gottlieb, sur la certitude de Chuck Cogan que Buckley préférerait mourir que déballer ses secrets. Personne, cependant, n'avait pu le lui affirmer avec certitude.

Après la troisième vidéo, il n'y eut plus aucun élément nouveau sur lequel travailler. Pas un message. Pas une exigence. Le silence. La seule possibilité était que les ravisseurs de Buckley aient appris tout ce qu'il pouvait avoir à leur dire. Il était peut-être mort à l'heure qu'il était. Mais là encore, impossible d'en être sûr. Tous les indices tendaient à montrer que le docteur al-Aboub était en vie, et toujours à Beyrouth. Un *katsa* du Mossad l'avait repéré quelques semaines auparavant entrant dans Beyrouth-Ouest. Un homme d'affaires libanais, utilisé par Oliver North pour l'aider à mettre au point l'échange des otages étrangers encore retenus à Beyrouth par le Hezbollah contre des armes, l'avait aussi vu récemment, au volant sur la route de Damas.

Casey avait, une fois de plus, envoyé chercher le docteur Gottlieb pour lui demander des explications sur les expériences de contrôle mental de la CIA. Gottlieb avait plaidé que tout cela datait de bien longtemps, et qu'il ne se souvenait pas des détails. Mais il avait admis que Buckley avait joué les intermédiaires entre l'Agence et le docteur Ewen Cameron.

De l'avis de Casey, le docteur al-Aboub était motivé par une certitude morale pervertie et par une confiance fanatique en lui-même. Les docteurs Gottlieb et Cameron avaient obéi aux mêmes forces. Étaient-ils issus du même moule ? La question avait commencé à hanter le directeur après qu'il eut étudié les dossiers de la CIA qui avaient échappé à la destruction, ceux-là même dont Gottlieb prétendait avoir oublié le contenu. Ces expériences avaient été menées dans l'une des villes les plus civilisées d'Amérique du Nord, Montréal, au Canada, et les méthodes employées par al-Aboub étaient pratiquement identiques à celles que Cameron et Gottlieb avaient infligées à des patients sans méfiance. Casey m'a raconté que cette idée lui avait « fait froid dans le dos ».

Sa suite directoriale était le seul bureau où l'espoir refusait de s'éteindre. Casey avait rejeté une proposition faite un an après le rapt de Buckley : que son nom soit officiellement ajouté à la liste des agents de la CIA tués ou disparus en service. Leur sort était commémoré par de petites étoiles gravées dans le marbre des murs du hall d'entrée de la CIA. Avant la disparition de Buckley, il y avait plus de cinquante de ces étoiles. Depuis, une demi-douzaine avaient été ajoutées. Mais Casey avait marmonné qu'il était trop tôt pour faire figurer Buckley à leur nombre.

Ses adjoints savaient qu'il s'accrochait avec entêtement à l'espoir que Buckley ne soit, après tout, pas mort, mais gardé en vie pour un échange. L'idée s'était enracinée dans son esprit lorsque l'ambassadeur d'Israël à Washington lui avait dit que certains prisonniers d'Israël, capturés lors de divers conflits avec ses voisins arabes, étaient gardés vivants en Syrie et en Iran, comme monnaie d'échange pour de futures transactions. Encouragé, Casey était resté à son bureau, souvent tard dans la nuit, à relire tous les rapports sur les recherches. Il accordait une attention particulière à l'épais dossier sur le docteur al-Aboub. D'après un compte rendu, le médecin était encore à Beyrouth. Puisait-il encore dans sa sacoche de substances chimiques pour aspirer comme une sangsue les restes de l'esprit de Buckley, prêt pour le jour où il serait finalement échangé ? Mais quels pourraient être les termes de l'échange ? C'était là, bien sûr, que le bât blessait. Il n'y avait pas d'échange possible. Le président Reagan avait été très clair sur ce point : son gouvernement ne traitait pas avec les terroristes.

À lire les dossiers, Casey n'avait aucun mal à imaginer Buckley enchaîné dans un cachot, profondément enfoui sous les gravats de Beyrouth-Ouest. Aucun satellite, aussi puissant soit-il, ne pourrait pénétrer aussi loin. À l'heure qu'il était, Buckley devait être décharné, et sans doute maintenu dans une obscurité complète, à l'exception des courts moments où le docteur al-Aboub avait besoin de lumière – peut-être rien de plus qu'une torche – pour faire son travail : trouver une veine à piquer ou forcer Buckley à avaler des pilules. Quelle ironie, comme Casey l'admit plus tard, que certaines des procédures du docteur al-Aboub soient certainement les mêmes que celles que la CIA avait, à une époque, appliquées elle-même dans le cadre de ses programmes MK-Ultra et MK-Search. Un médecin expérimenté, comme le docteur al-Aboub, ne devait avoir aucun mal à adapter les techniques du docteur Cameron au vaste éventail des psychotropes nouvellement apparus.

Les recherches se concentraient toujours sur le Liban. Mais les rapports des diplomates étrangers dans la ville disaient tous que, si d'autres otages s'accrochaient encore à la vie dans les entrailles du sinistre Beyrouth Hilton, il n'y avait pas trace de Buckley. Plus tard, des rumeurs dirent qu'il avait été transféré dans une redoute du Hezbollah, dans la vallée de la Beka'a ; quelqu'un affirma qu'il avait été secrètement envoyé par avion à Téhéran pour interrogatoire. Puis, il n'y eut même plus de rumeurs à vérifier. Pourtant, William Casey demeurait convaincu que ses ravisseurs avaient plus intérêt à garder Buckley en vie qu'à le tuer. Un jour, il y aurait une nouvelle administration à Washington, peut-être plus souple et mieux disposée à traiter que celle de Reagan.

Depuis sa dernière rencontre avec l'ambassadeur d'Israël, une idée avait lentement pris forme dans l'esprit de Casey. En avril 1985, il était de plus en plus attiré par l'idée d'utiliser Israël pour récupérer William Buckley. Sans jamais céder à la précipitation – un trait de caractère dans lequel certains voyaient un défaut –, Casey passa de longues heures à envisager les possibilités de convaincre Israël d'échanger un grand nombre de ses prisonniers arabes contre Buckley. Cela s'était déjà fait, notamment après la crise de Suez en 1965. Le chef du Mossad, Meir Amit, avait écrit au président égyptien de l'époque, Gamal Abdul Nasser, pour lui demander d'échanger deux espions israéliens contre des centaines de prisonniers de guerre égyptiens capturés pendant la guerre des Six Jours. Nasser avait commencé par refuser. Amit avait alors appliqué une pression psychologique. Il dit aux prisonniers de guerre qu'ils étaient retenus parce que Nasser refusait de laisser partir deux Israéliens. Lorsque les prisonniers racontèrent cela dans les lettres qu'ils envoyaient chez eux, Nasser fut assiégé par leurs familles, qui exigèrent la libération des deux Israéliens. Meir Amit écrivit alors personnellement à Nasser pour l'assurer que s'il libérait les deux hommes, Israël ferait en sorte qu'il bénéficie de la reconnaissance mondiale pour avoir récupéré ses prisonniers, et que l'échange ne serait pas rendu public. Nasser demanda à ce que les prisonniers de guerre soient libérés en premier. Meir Amit accepta. Les Égyptiens furent emmenés en camion au bord du désert du Sinaï, où on les transféra dans des bus égyptiens. Deux jours plus tard, les deux espions israéliens étaient envoyés à Genève en avion depuis Le Caire. De là, on les ramena à Tel-Aviv.

Casey savait aussi que d'autres échanges de ce type avaient été organisés par des chefs du Mossad. Et aucun d'entre eux n'était plus astucieux que le directeur général actuel des services secrets israéliens, Nahum Admoni. Si Casey connaissait sa méfiance, profondément ancrée, des intentions américaines au Moyen-Orient, il entretenait toutefois avec lui des relations cordiales, et tous deux communiquaient régulièrement par le canal secret qu'Allen Dulles avait créé à l'origine pour permettre à la CIA de traiter directement avec les services de renseignement israéliens sans passer par le gouvernement.

Le 20 avril 1985, Casey prit un vol pour Tel-Aviv via Londres. Il avait rendez-vous avec le docteur William Sargant. À ce jour, le psychiatre n'était plus conseiller pour le MI-5 et le MI-6, et il avait quitté son poste à la direction du département de médecine psychologique de l'hôpital St Thomas. Mais il avait toujours un cabinet privé dans Harley Street, et c'est dans sa salle de consultations qu'il reçut Casey.

La première fois qu'ils s'étaient rencontrés, c'était à l'ambassade du Royaume-Uni à Washington, où le docteur Sargant était invité. Tous deux avaient ressenti une sympathie immédiate, alimentée par leur commune conviction que la croissance du terrorisme international était encore largement contrôlée par l'Union soviétique. Le docteur Sargant se souvenait que Casey avait pleinement acquiescé à l'idée que « les soviétiques allaient se mordre les doigts s'ils croyaient pouvoir l'emporter sur les fondamentalistes islamiques ».

À présent, plusieurs années plus tard, assis dans les fauteuils du cabinet du docteur Sargant, à siroter leur thé devant la fausse cheminée kitch, ils étaient toujours aussi préoccupés par le Moyen-Orient. Casey voulait savoir s'il était possible qu'un homme comme Buckley ait survécu plus d'un an à une captivité tout aussi éprouvante que le goulag soviétique. Le docteur Sargant raconte : « J'ai dit à Casey que tout ce que je pouvais lui offrir était une opinion générale. Buckley semblait être une personnalité bien intégrée, mais après une année en captivité dans les conditions où il était retenu, cela ne comptait plus guère. Même s'il avait peut-être conservé un peu de sa force physique, ses facultés mentales ne pouvaient que s'être gravement détériorées s'il avait subi les traitements dont parlait Casey : encagoulage et ligotage prolongés, administration de drogues diverses pour le rendre plus coopératif. Casey voulait savoir si Buckley pouvait avoir reçu des électrochocs, et je lui ai dit que c'était peu probable. Ce genre de traitement était contre-productif si l'intention était de le maintenir en vie pour un échange. J'ai ajouté qu'un tel échange était d'ailleurs discutable. Buckley était retenu par des islamistes fondamentalistes. À leurs yeux, tout compromis avec l'Occident serait un anathème, une manifestation de faiblesse de leur part. Comme il était clair qu'ils n'avaient aucun avantage stratégique ou politique à l'échanger, ses ravisseurs n'avaient aucune raison valable de libérer Buckley. Casey m'a demandé quel serait alors l'intérêt de le maintenir en vie. J'ai répondu qu'à mon avis, le simple fait que nous ne sachions pas s'il était vivant ou mort leur donnait un avantage. Son rapt servait à provoquer la peur chez autrui. »

Casey s'était envolé pour Tel-Aviv.

Admoni l'attendait à l'aéroport et, pendant le trajet jusqu'en ville, ils avaient conversé sur deux hommes que tous deux connaissaient bien. Richard Helms, après un court passage comme ambassadeur américain en Iran, siégeait maintenant à la Commission des forces stratégiques du président Reagan. Plus étonnant, William Colby, qui dans le temps avait travaillé en étroite collaboration avec Admoni sur des opérations clandestines à Paris et en Éthiopie, s'était lancé dans le débat public sur le contrôle des armes nucléaires, dans les rangs des évêques catholiques américains et du mouvement pour le gel du nucléaire. Colby prétendait que ce n'étaient ni ses profondes convictions religieuses ni la culpabilité qui l'avaient amené à ces prises de position. Admoni avait eu un grognement ironique : « Si un type a de la culpabilité dans son âme, c'est bien Bill Colby ! »

Une fois installé dans son hôtel sur le front de mer de Tel-Aviv, Casey exposa à Admoni l'objet de sa visite : voir si Israël marcherait dans un plan pour échanger Buckley contre des prisonniers arabes retenus dans les prisons israéliennes. D'après les souvenirs de Casey, Admoni répondit d'emblée : « Pas question. Il y aurait des manifestations si l'on apprenait que nous avons échangé un seul prisonnier, Buckley, contre des prisonniers arabes, alors que nous avons beaucoup de compatriotes retenus dans des conditions épouvantables par le Hezbollah et d'autres groupes terroristes. »

Cette voie étant fermement barrée, Casey avait demandé s'il serait possible au Mossad de savoir si Buckley était mort. Dans les jours qui suivirent, Admoni avait présenté Casey à quelques-uns des agents clé du Mossad qui disposaient des informations les plus récentes sur le Liban. Parmi eux figurait David Kimche, qui jusqu'à récemment avait été en charge du « compte libanais » du Mossad. Il n'avait aucun doute : Buckley était mort. Rafi Eitan, un ancien directeur des opérations pour le Mossad, partageait ce point de vue. Admoni également.

« Buckley est terminé », dit Admoni en reconduisant Casey à l'aéroport pour reprendre son vol vers Washington.

La nouvelle que Casey était rentré bredouille de sa mission avait fait remonter à la surface des questions qui mijotaient depuis un moment à Langley. Elles étaient apparues dans la chaleur de la poursuite, lorsque Casey avait houspillé tout le monde, froissant des susceptibilités et criant même à ses cadres les plus gradés qu'il voulait que Buckley soit retrouvé, à n'importe quel prix. Tout le monde avait accepté les raisons pour lesquelles tout devait être tenté pour s'efforcer de ramener Buckley.

Chaque perte d'un agent, chaque étoile ajouté à la galaxie dans le hall d'entrée portait un mauvais coup au moral des troupes. Mais le sentiment que Casey faisait de Buckley son affaire personnelle s'était répandu.

Certains se souvenaient que cela avait été pareil du temps de Dulles. À cette époque-là, Buckley, tête brûlée de la guerre de Corée, était traité par Dulles comme son chouchou, et avait eu des entrées que même les cadres supérieurs lui avaient enviées. D'autres se souvenaient de la manière dont il avait été autorisé à aller et venir et à organiser son agenda plus ou moins comme bon lui semblait au Viêt-nam. À la fin, d'autres membres de la CIA, des hommes comme Colby, avaient eu beaucoup à souffrir de ce qu'avaient fait les États-Unis pendant cette guerre. Mais Buckley s'en était sorti blanc comme neige, malgré son implication dans l'opération Phoenix. Il en avait été de même avec les projets MK-Ultra et MK-Search, et bien d'autres opérations. Dans le monde clos de Langley, tout cela suffisait à soulever des objections.

Plusieurs facteurs s'étaient certainement combinés pour régler le sort de Buckley. Il comprenait mieux que personne que pour survivre au sein de l'Agence, il fallait se jouer des intrigues politiques, des batailles territoriales, des coups de poignard dans le dos. Sa manière d'y faire face était de rendre les coups, et durement. Cela ne lui attirait pas les sympathies, mais, à l'époque, il disait volontiers : « Je ne concours pas pour le titre de Miss Langley. » Il avait aussi un taux de succès presque inégalé dans toute l'histoire de l'Agence. Cela avait fait des envieux. Buckley était difficile, impitoyable et parfois coléreux, et il ne s'en excusait pas. Peu avant son départ pour Beyrouth, il avait résumé ainsi son attitude : « J'essaie de bien faire mon travail, mais je comprends aussi que la gratitude n'en fait pas partie. »

Si la perte de Buckley ne quittait pas ses pensées, Casey avait bien d'autres sujets de préoccupation concernant la guerre biologique et chimique. Ce qui le dérangeait, m'a-t-il avoué, était que ces armes ne connaissaient pas de limites : « On aurait dit que plus l'homme poussait loin ses recherches sur le système complexe de la vie, plus les scientifiques de Fort Detrick et d'ailleurs avaient à cœur de créer une arme qui ferait ingérence dans la création de Dieu. »

Casey éprouvait une profonde répugnance devant une proposition qui consistait à inventer des substances biochimiques ethniquement ciblées, conçues pour affecter seulement tel ou tel groupe racial. L'idée lui avait été soumise par un scientifique de Fort Beloir, en Virginie, une annexe de Fort Detrick, auteur d'un article proclamant : « Il est théoriquement possible d'élaborer ce que l'on appelle des armes "chimiques-ethniques" ; d'exploiter les différences génétiques naturelles propres à des groupes de population spécifiques. De telles armes seraient capables de tuer une population ennemie choisie. » La bombe ethnique serait programmée, s'enthousiasmait l'auteur de l'article, pour s'attaquer au système digestif de tel ou tel groupe racial, « de les rendre incapables de traiter la nourriture d'un autre groupe. Les Arabes, par exemple, recevraient une toxine associée au porc. » La bombe pourrait aussi viser différents groupes sanguins. Les musulmans des républiques islamiques soviétiques connaissaient une forte prépondérance du groupe O. La bio-bombe ethnique serait réglée pour infecter ce groupe. Casey avait gribouillé une note au Président : « Ce genre de choses ne doivent pas être autorisées. »

Mais Casey prévoyait un moment, « probablement dans le courant du XXIe siècle, où la double hélice de l'ADN pourrait être suffisamment trafiquée pour trouver sa place dans les recherches sur la guerre biologique. Le but le plus probable serait de produire un nouveau super-microbe apte à rendre les défenses immunitaires humaines plus vulnérable que jamais. Au final, il pourrait non seulement tuer de vastes populations, mais, au besoin, transformer les survivants en mutants : des monstres entièrement créés par l'homme. »

À la fin du mois de mars 1985, William Casey avait fini par abandonner tout espoir de ramener Buckley. Le colonel Oliver North était la pierre angulaire d'un plan élaboré pour récupérer tous les otages américains retenus au Liban. Il travaillait en relations étroites avec Amiram Nir, un expert du contre-terrorisme israélien. Ce dernier lui avait confié que, d'après ses sources au Liban, le Hezbollah avait décidé de la mort en captivité de Buckley. La décision avait été prise lors d'une réunion de la direction du groupe. Nir était certain qu'à l'heure présente, Buckley était mort.

Chapitre XX

Personne ne sait précisément quand William Buckley est mort. La date la plus probable se situerait quelque part dans la nuit du 3 juin 1985, à son quatre cent quarantième jour de captivité. David Jacobson, un ancien directeur de l'hôpital universitaire de Beyrouth qui avait été enlevé quelques mois plus tôt et incarcéré au Beyrouth Hilton, pensait que Buckley était dans une cellule voisine cette nuit-là. Lorsqu'il fut libéré dix-sept mois plus tard, Jacobson tenta de se rappeler ce qu'il avait entendu dans l'obscurité suffocante de cette nuit de juin : « L'homme était américain. Je n'ai aucun doute là-dessus. Mais il était en très mauvais état, il délirait et toussait. J'avais du mal à distinguer ses paroles parce que j'étais moi-même encagoulé. Puis, à la fin, il n'y eut plus qu'un long silence. Au bout d'un moment, j'ai entendu les gardiens crier en arabe, et puis le bruit d'un corps traîné au sol. »

En octobre 1985, la mort de Buckley fut confirmée par une annonce du Hezbollah. Elle s'accompagnait d'une photographie du corps, ainsi que de copies des documents autrefois secrets issus de son sac autocombustible. L'annonce précisait que le corps ne serait pas rendu aux États-Unis pour ses funérailles. Le Hezbollah se refusait à dire ce qu'était devenu le corps. Casey se rendit à la Maison Blanche pour annoncer la nouvelle au président Reagan. Après cela, les deux hommes gardèrent un moment le silence dans le bureau ovale.

Le Président finit par dire : « Plus tôt nous récupérerons tous les autres otages à Beyrouth, mieux ce sera. Faites tout ce qu'il faudra, Bill. » La transaction « armes contre otages », connue par la suite sous le nom d'Irangate, venait de passer à la vitesse supérieure. Mais la suite était pour un autre jour.

La mort de Buckley affecta profondément William Casey. Il sentait qu'il lui avait fait défaut : « un homme que j'admirais tant, disait-il, à qui je faisais tellement confiance. Il était véritablement l'honneur de la CIA et des États-Unis. » Le 6 mai 1987, William Casey succomba à une pneumonie consécutive à l'ablation d'une tumeur au cerveau.

La même année, à la fin du mois d'octobre, les agents de la CIA étaient de retour à Beyrouth. L'un des premiers rapports envoyés à Langley informait que le docteur al-Aboub avait quitté Beyrouth pour Téhéran.

Bill Buckley avait servi la CIA pendant trente ans. À son arrivée, l'agence était partie prenante dans le rêve américain de créer un nouveau monde. À sa mort, elle était devenue une bureaucratie qui, de plus en plus, ne jurait que par la technocratie et l'analyse qualitative. Buckley était devenu un étranger dans ce monde. Tout comme Ronald Reagan, l'un des rares présidents qu'il ait admirés, Buckley croyait que la force des États-Unis était d'être délibérément séparés du reste du monde. L'Amérique qu'il voulait était celle des vertus du Midwest, en voie de disparition, et quant au christianisme universel de son enfance, ce n'était plus qu'un souvenir. Il pouvait bien être professionnel jusqu'au bout des ongles, ses idéaux n'étaient plus ceux de la main qui le nourrissait. Il ressemblait à un chevalier médiéval laissé en arrière alors que le champ de bataille a avancé. Ari Ben Menashe, l'ancien officier des renseignements israéliens qui avait brièvement connu Buckley, voyait en lui « quelqu'un qui s'accrochait encore à son épée alors que nous en étions tous au sabre laser. Mais c'était un homme bien, qui servait loyalement l'Agence et son pays. »

Une épitaphe parfaitement juste.

Dans les années qui suivirent l'annonce du Hezbollah, des rapports contradictoires indiquèrent que le corps de Buckley avait été brûlé, ou enfoui sous les fondations de l'un des nouveaux hôtels qui s'élevaient sur le front de mer pour faire revenir les touristes dans une ville qui se faisait encore appeler le Paris du Proche-Orient. Il y en eut même pour prétendre que le corps avait été découpé en morceaux, emporté en mer et jeté aux poissons. Comme aucun de ces rapports ne pouvait être vérifié, on murmura dans les ruelles de Beyrouth-Ouest que les Américains paieraient cher pour le cadavre de « Buck-lee ». Bientôt, on put voir des bandes d'adolescents creuser dans les gravats. Mais, n'ayant rien trouvé, ils s'en désintéressèrent rapidement. Un an après l'annonce de sa mort, on ne voyait plus personne creuser.

Et puis, début janvier 2001, deux jeunes Arabes sortirent de Beyrouth-Ouest au volant d'une camionnette cabossée et prirent la direction de la vallée de la Beka'a. Il leur fallut plusieurs heures pour atteindre le point qu'ils cherchaient. Ce dernier était marqué sur un papier qu'ils avaient payé très cher au regard de leurs moyens. L'homme qui le leur avait vendu se vantait d'être l'un des gardiens qui avaient regardé mourir « Buck-lee » et l'avaient amené là pour l'enterrer. Armés l'un d'une pioche, l'autre d'une pelle, les jeunes se mirent à creuser. À la fin de l'après-midi, ils avaient creusé un trou de belles dimensions, sans tomber ne serait-ce que sur un os. Lorsque la nuit était tombée, ils avaient continué à creuser à la lumière des phares de la camionnette. Ils finirent par abandonner, comprenant qu'ils s'étaient fait avoir par un escroc.

S'il avait été en vie, cela aurait presque certainement amené un sourire sur les lèvres de William Buckley.

XXI

Le 5 septembre 2001, j'étais occupé à passer en revue les vingt-deux courriers électroniques et fax reçus pendant la nuit, qui émanaient tous de contacts dans divers services de renseignement et contenaient des mises à jour d'informations antérieures. Depuis un quart de siècle, ils m'ont fourni le *background* – c'est le terme générique pour les données sensibles dont on ne peut pas citer la source – qui rend possible des livres comme celui-ci et permettent de publier de véritables reportages d'investigation.

Ce matin-là, l'un des mails provenait d'une source de Washington ; il était rédigé avec le laconisme coutumier de son auteur : « Le Pentagone a construit en secret une usine d'armes biologiques capable de produire assez de germes mortels pour tuer des millions de personnes. » Avec la touche d'humour noir qui distinguait souvent son travail, il ajoutait : « Les armes biologiques sont tellement atroces qu'elles vous rendraient les armes nucléaires sympathiques. Au moins, ces dernières ne font que vous griller. Avec les armes biologiques, on ne se doute de rien jusqu'au moment où quelques particules de la taille d'un micron vous entrent dans les poumons. Ensuite, le seul choix qui s'offre est celui de votre mort : étouffement, hémorragie ou suffocation pendant quelques jours, ou peut-être quelques semaines. Et pendant tout ce temps, on sait qu'on va mourir parce que des médecins, hommes et femmes, ont prêté le serment d'Hippocrate avant de décider, ou d'être amenés à croire, qu'il ne s'appliquait pas à eux. »

La source énumérait quelques-unes des armes biologiques accumulées par l'institut secret : anthrax, brucellose, toxine botulique, peste, variole et choléra. Certaines avaient des noms plus ésotériques : Marburg, Machupo, Junin, Ebola et encéphalomyélite équine vénézuélienne. Toutes étaient illégales. Mais il y avait pire. Parce que les Russes, dans les derniers jours de la guerre froide, avaient peut-être croisé le virus Ebola avec celui de la variole, l'institut s'efforçait de trouver comment ils avaient fait : « une sorte de nouvelle version de la règle du "savoir à tout prix" », écrivait la source. Elle ajoutait qu'il était possible, grâce aux avancées de la génétique, de créer des microbes chimériques, des organismes artificiels formés à partir de deux organismes naturels : « On poursuivait aussi les recherches sur des germes assez raffinés génétiquement pour résister à n'importe quel antidote. N'oubliez pas que les bio-bombes sont bien moins coûteuses à fabriquer qu'une bombe nucléaire ; la technologie est largement disponible et peut se cacher derrière cette bonne vieille couverture de la recherche pharmaceutique. Le temps de l'apocalypse biologique se rapproche. »

Cette source travaille dans la communauté des renseignements aux États-Unis. C'est une personne saine et équilibrée, qui fait attention à ce qu'elle dit. Et, pourtant, elle révélait dans ce message que le Pentagone avait construit une usine secrète sur la base de l'Air Force de Nellis, elle-même une zone de sécurité maximale située au milieu du Nevada. L'usine était dans la zone la plus isolée de toutes. Elle portait la simple appellation de Camp 12. « Ne serait-ce que pour s'en approcher, il faut passer plus de contrôles de sécurité que pour pénétrer dans les entrailles du Pentagone ou de la Maison Blanche. Des soldats armés jusqu'aux dents patrouillent aux abords immédiats du Camp 12. La plus grande partie est souterraine », écrivait encore la source.

Le site avait été mis en service sous l'administration Clinton en 1997. Sous le président Bush, il avait été considérablement étendu. La source écrivait encore : « L'existence du Camp 12 explique finalement pourquoi Bush a refusé de signer l'accord visant à renforcer la convention sur les armes biologiques qui date de vingt-neuf ans. Cet accord a été ratifié par cent quarante pays, qui veulent tous son renforcement. Mais Bush sait que les États-Unis seraient obligés de révéler ce qui se passe au juste dans le Camp 12. »

L'accord de 1972 sur les armes biologiques interdisait formellement à tous les signataires la production ou l'acquisition d'armes susceptibles de propager des maladies.

Pourtant, la source était catégorique : au Camp 12, des scientifiques américains se préparaient à fabriquer, parmi beaucoup d'autres choses, une version surpuissante de l'anthrax. Pour ce faire, ils emploieraient des agents biologiques élaborés génétiquement qui seraient améliorés jusqu'au niveau de qualité requis par l'armement. À la différence de la Convention sur les armes chimiques, la Convention sur les armes biologiques ne prévoit aucun contrôle. En outre, presque tout ce qui sert à développer des armes biologiques est employé dans les industries pharmaceutique et agricole. C'est ce que l'on appelle « le problème de la double utilisation », expliquait la source. « L'équipement qui sert à produire de la nourriture pour les poulets peut, au prix d'une adaptation minime, entrer dans la fabrication d'un agent biologique. »

L'un des projets du Camp 12 est financé par la CIA ; il porte le nom de code Clear Vision et se concentre sur la reproduction d'une biobombe de fabrication russe dont les plans ont été dérobés par l'Agence. Sa simplicité de fabrication la rendait utilisable aussi bien par un État voyou que par un groupe terroriste, tel que le groupe Al-Quaïda de Ben Laden, qui figurait alors déjà en tête sur la liste d'organisations terroristes de la CIA.

La source déclarait encore que le Camp 12 était dirigé par une discrète unité du Pentagone appelée *Defense Target Reduction Agency* (Agence de réduction des cibles de défense). Et pourtant, pourquoi le président Bush prendrait-il le risque de contrarier gravement ses alliés occidentaux – en particulier la France et l'Allemagne – en laissant le Camp 12 poursuivre son travail clandestin et hautement meurtrier ? Il avait déjà été affaibli par son dernier voyage en Europe, un peu plus tôt dans l'année, où il avait menacé de se retirer du Traité anti-missile en faveur de son idée de bouclier anti-missiles. Bush avait aussi refusé de signer le traité de Kyoto sur le changement climatique. Mais autoriser la poursuite des opérations de ce qui était peut-être la plus grande usine d'armement biologique au monde, au cœur même des États-Unis… cela, était-ce possible ?

J'appelai le bureau de Donald Rumsfeld, le secrétaire à la Défense américain. Un employé me répondit : « Tout travail mené par les États-Unis dans ce domaine est purement défensif. » Était-ce aussi le point de vue du Président ? J'appelai la Maison Blanche. Ari Fleischer, porte-parole du gouvernement et personnage déjà familier de la salle de presse de la Maison blanche, déclara : « Les États-Unis ont mené pendant un certain temps un programme destiné à protéger nos militaires des dangers de la guerre chimique et biologique. »

Fleischer, pourtant prompt à la réplique, n'en dit pas plus. Ma source fut plus obligeante. Le Camp 12 amassait un immense arsenal biologique « pour voir jusqu'où pourrait aller un État voyou ou un groupe terroriste ; les recherches dans le désert du Nevada doivent suivre pas à pas ce qu'il leur faudrait faire pour constituer leur propre stock d'armes biologiques »… Puis, après une pause : « À ce qu'on dit. »

S'il est vrai que ce n'était pas absurde, il était pour le moins surprenant que personne n'y ait jamais pensé. Et la surveillance satellite américaine, tant vantée à juste titre, et les milliards de dollars qu'elle consacrait chaque année à la collecte de renseignements, n'auraient-ils pu déceler, dans le monde, des événements propres à justifier tout le temps, les ressources et l'argent dépensés pour établir et entretenir le Camp 12 ? Une semaine plus tard, la destruction du World Trade Center et d'une partie du Pentagone, le 11 septembre 2001, répondait à la question. À partir de ce moment, le monde changea pour tous. En quelques jours, le spectre d'armes biologiques aux mains de Ben Laden devint une effrayante réalité. Les « germes patriotiques » que Sidney Gottlieb avait vantés à Buckley avaient pris du galon et revenaient hanter ses successeurs à Langley et Fort Detrick.

Depuis Hiroshima et Nagasaki, le monde savait ce que pouvaient faire des bombes nucléaires. Les films historiques peuvent être vus par n'importe qui. Mais, à part une séquence filmée – Saddam Hussein empoisonnant un petit groupe de Kurdes –, le monde ne connaissait pas encore tout l'effet des armes biologiques ; il ignorait encore que de toutes les armes disponibles, c'étaient elles qui commettaient les plus grands crimes contre l'humanité.

Dans le sillage du 11-septembre, lorsque de l'anthrax fut dispersé à travers les États-Unis, les armes biologiques pénétrèrent enfin la conscience collective. Peu de gens prirent le temps de réfléchir à ce que cela impliquait. Un demi-siècle plus tôt, les États-Unis, comme le prouvent les faits présentés dans ce livre, avaient mené des expériences extensives sur les armes biologiques, d'abord à la suite de la Seconde Guerre mondiale, ensuite pendant la guerre de Corée. Tout comme les gouvernements américains successifs avaient menti sur le MK-Ultra au Congrès, au peuple américain et, au-delà, aux nations du monde, ils mentirent sur l'utilisation des armes biologiques. Au mieux, l'administration Bush, au XXIe siècle, s'accrochait au bobard usé selon lequel tout programme de guerre biologique dans lequel il s'impliquait était, comme le disait en 2001 le secrétaire à la Défense, « toujours purement défensif ».

Mais des hommes comme Sidney Gottlieb et tous ceux qui travaillaient avec lui étaient bel et bien engagés dans la création, pour les États-Unis, d'une force de guerre biologique gigantesque, de plus en plus sophistiquée, dans le but d'en faire une arme offensive. La Grande-Bretagne avait apporté une collaboration zélée. Pour des hommes comme le secrétaire Rumsfeld et les chefs militaires qu'il finit par contrôler dans la coalition formée en 2001 pour combattre le terrorisme, « sauver des vies américaines » était, selon toute apparence, la justification pour enjamber ou contourner les questions morales soulevées par l'usage d'armes biologiques ou chimiques.

Alors que les États-Unis commençaient à se remettre lentement de l'attaque du 11 septembre par Ben Laden et que la guerre en Afghanistan éclatait, d'autres faits dérangeants firent surface au sujet des cas d'anthrax qui continuaient à se déclarer de loin en loin. Il s'avéra que dans certains cas mortels, l'anthrax était issu d'une certaine souche, dite *Ames*, expédiée en 2001 au Camp 12 depuis Porton Down, en Angleterre, dans le cadre de la collaboration étroite et continue entre les deux pays sur les armes biochimiques. Ben Laden fut remplacé, dans le rôle du responsable des attaques à l'anthrax, par un autre personnage tout aussi sinistre. Ari Fleischer, le porte-parole du président Bush, parla d'un savant fou : « L'anthrax vient peut-être d'un docteur en microbiologie disposant d'un laboratoire bien équipé aux États-Unis. »

En novembre 2001, le FBI reconnut qu'il vérifiait si des spores de Ames avaient été volées au Camp 12. Des officiers du MI-5 s'y rendirent, à la recherche de pistes éventuelles. Le professeur Martin Hugh-Jones, de l'université de l'État de Louisiane, qui étudiait l'anthrax depuis trente ans, émit l'avis que le FBI devrait chercher « un homme plein de rancœur plutôt qu'un terroriste. Ce pourrait bien être lui, le fameux "savant fou". Tout semble indiquer une source domestique plutôt qu'un Ben Laden. »

Juste avant la fête de Thanksgiving, en novembre 2001, un nouveau cas d'anthrax fatal par inhalation se déclara. La victime était une femme âgée de quatre-vingt-quatorze ans. Le FBI déclara qu'il n'avait aucune idée de la manière dont elle avait pu succomber à l'anthrax. Le mystère demeurait. Y avait-il vraiment un savant fou en liberté ? Personne n'en savait rien. La peur qui avait saisi les États-Unis après le 11 septembre étendait son emprise sur le premier hiver de la guerre contre le terrorisme.

Jusqu'à la crise de l'anthrax, la question de savoir si la menace biochimique était surestimée faisait débat. L'idée dominante était que l'administration Clinton avait exagéré la menace ; nombre de scientifiques, en dehors des États-Unis, étaient d'avis que l'inquiétude très médiatisée de Clinton, particulièrement au sujet des armes à base de germes, n'avait fait qu'attirer l'attention des terroristes sur leurs possibilités. D'autres arguaient que cette inquiétude n'était qu'un stratagème du gouvernement pour préparer le peuple américain à un retour aux armes biochimiques. Après tout, c'était Clinton qui avait approuvé la création d'une usine de germes au Camp 12, sur la base de l'Air Force de Nellis. En outre, des rapports affirmaient que la Chine, l'Iran, l'Irak, la Corée du Nord et la Russie s'étaient toutes engagées dans de nouveaux programmes secrets de guerre biologique. Donc, pourquoi les États-Unis n'en feraient-ils pas autant, pour préparer la contre-attaque et se défendre ? Voilà les questions qui se posaient.

Au sein de la CIA, des médecins avaient rédigé des notes sur la possibilité de vacciner un à un les membres des forces armées et d'élaborer des antiviraux – il en existait très peu – qui faciliteraient le contrôle de virus meurtriers comme la variole. Mais le coût fut jugé prohibitif.

D'autres firent valoir que dans la guerre moderne, l'usage des germes et des armes chimiques était limité ; même les terroristes les plus radicaux hésitaient à s'en servir. Le seul cas connu aux États-Unis s'était produit le 9 septembre 1984, dix-sept ans et deux jours avant les frappes de Ben Laden sur le World Trade Center et le Pentagone. Les gens qui se rappelaient ce qui s'était passé dans l'Oregon disaient en secouant la tête : « Qu'y a-t-il de spécial au mois de septembre ? On dirait que cela a toujours été une sorte de sommet de l'horreur. »

Des membres d'une secte, appelés « rajneeshees », avaient lancé une attaque bioterroriste sur leurs voisins. Ils avaient acheté leurs microbes à un laboratoire et les avaient préparés dans le petit labo clandestin de la secte. Puis, ils avaient empoisonné les réserves alimentaires des restaurants locaux. Les germes s'appelaient *Salmonella paratyphia*, *Franciselle tularansis*, *Enterobacter cloacae*, *Neisseria gonorrhoea* et *Shigella dysenteriae*. Les voisins de la secte furent immobilisés, certains frôlèrent la mort. Des centaines de personnes furent affectées. Bien que ce soit la première utilisation massive de microbes sur le sol américain, l'attaque ne souleva pas beaucoup d'intérêt. Ses auteurs furent condamnés à vingt ans de prison et à de lourdes amendes ; ils en purgèrent moins de quatre dans une prison fédérale pour criminels non violents en col blanc. Le chef de la secte fut condamné à dix ans avec sursis, il paya quatre cents dollars d'amende et quitta les États-Unis. En septembre 2001, il a été repéré dans le nord du Pakistan, près de la frontière afghane.

Plus que jamais, en 2006, les « germes patriotiques » dont parlait autrefois Sidney Gottlieb sont vivants et ils attendent de frapper de nouveau. Mais, en réalité, le monde est toujours aussi mal préparé que lorsqu'il employa ces mots. Comme avec les tremblements de terre, plus la dernière attaque biochimique est loin derrière nous, plus la prochaine est proche. Sauf qu'un tremblement de terre est plus facile à prévoir.

En 2001, le centre anti-prolifération de la base de l'US Air Force de Maxwell (Alabama) avait publié un rapport affirmant que le régime sud-africain de l'apartheid avait, dans les années 1980, mené un programme appelé projet Coast. L'un de ses objectifs était de créer une « bombe ethnique », capable d'attaquer et même de tuer la population noire du pays sans faire aucun mal à ses habitants blancs. La communauté scientifique avait haussé les épaules et ouvertement douté que l'État de l'apartheid, nonobstant sa politique de « guerre totale » contre le Congrès national africain, soit en mesure de ne serait-ce que s'approcher de la création d'un programme de guerre biologique menaçant, sans parler de réussir à fabriquer une bombe ethnique. La faisabilité des armes biologiques génétiquement ciblées disparut des gros titres des journaux.

Et puis, en 2003, le respectable projet Sunshine, une cellule de réflexion américano-germanique spécialisée dans l'analyse du rôle du génie génétique dans la fabrication de nouveaux types d'armes biologiques, annonça que des armes ethniquement ciblées étaient réalisables au moyen de nouvelles technologies qui permettaient de transformer avec succès des séquences génétiques en détonateurs de toutes sortes d'activités biologiques. Ses analyses détaillées d'un large éventail de données sur le génome humain avaient mené à cette révélation : « Des centaines, peut-être des milliers de séquences cibles pour des armes ethniquement spécifiques existent réellement. Elles peuvent ne pas être faites pour tuer, mais entraîner des symptômes variés : stérilité, fatigue permanente, ou tout autre état non fatal mais désirable du point de vue de l'agresseur. Elles peuvent être employées dans une guerre ouverte, sur le champ de bataille, ou à l'encontre de la population civile. Elles peuvent aussi intervenir dans des opérations clandestines ou dans des situations de conflit, pour déstabiliser, frapper économiquement ou affaiblir une société. » La clé pour créer une bombe ethnique réussie était d'isoler les différences, minimes mais critiques, entre les codes génétiques. Cette différence ne dépasse pas 0,1 %. Mais ce chiffre infime explique les trois millions de « lettres » du code génétique, et rend possible le fait que la comparaison entre un individu et un autre révèle un élément de diversité applicable aux différences entre de vastes groupes ethniques.

Dans une remarquable analyse qui finit par forcer les autres généticiens à prendre des notes, le directeur du projet Sunshine, Edward

Hammond, un scientifique hautement respecté, conclut : « L'inquiétant est que ces découvertes deviennent exploitables dans le cadre de l'armement militaire. »

Tout comme l'Afrique du Sud avait jadis cherché à fabriquer une « bombe noire », il s'avéra en 2003 que dans les laboratoires de Corée du Nord, les travaux en cours visaient à créer son pendant : une bombe ethnique visant les populations blanches de la Terre.

En juin 2004, comme devait le découvrir la CIA, le docteur Ri Che-Woo s'apprêtait à passer sa journée comme il avait passé les mille quatre-vingt-huit précédentes, à travailler dans son laboratoire. En ce début d'été, il se trouvait loin sous terre dans le complexe soigneusement contrôlé où la circulation de l'air et le degré de rayonnement ultraviolet étaient surveillés de manière à empêcher l'intrusion de tout germe et de tout virus. Auparavant, il avait retiré tous ses vêtements, traversé un sas étanche, pris une douche dans l'habitacle qui suivait, traversé un deuxième sas et enfilé des vêtements chirurgicaux stériles. C'est alors seulement qu'il était prêt à travailler sur la bombe « réservée aux Blancs ». Mais cette routine quotidienne n'allait bientôt plus faire partie de sa vie. Ce qu'il était sur le point de faire, comme il le savait, était encore plus risqué qu'une erreur dans la manipulation des germes ou des virus sur lesquels il travaillait. Dans ce cas, si l'on avait le temps de s'administrer un antidote adéquat, il était encore possible de survivre. Alors que si ses plans étaient découverts, la torture et la mort s'ensuivraient inévitablement.

Physiquement, le docteur Ri était typiquement coréen : petit et râblé, un agréable visage rond, les yeux largement écartés et la structure du nez proéminente. Les gens diraient plus tard qu'il avait quelque chose de charmant, comme le sont les hommes timides lorsqu'ils cherchent l'approbation pour ce qu'ils font. Parce que son travail nécessitait de savoir lire le chinois, le japonais et l'anglais, il maîtrisait ces langues. Le docteur Ri était un scientifique, un membre important d'un projet plus secret que tous les projets secrets dans un pays ou la notion même de secret était instillée dès la naissance. À l'école et à l'université, et plus tard au travail, il avait appris à dissimuler ses habitudes et à ne jamais révéler ses responsabilités. Les années passant, il avait vu ce qui arrivait à ceux qui oubliaient de le faire. Du jour au lendemain, ils partaient pour l'un des nombreux goulags nord-coréens. Sa conduite n'avait jamais été le moins du monde suspecte. Mais, peu à peu, les pensées s'étaient stabilisées dans son esprit, renforcées par ses lectures, par la connaissance de ce qu'il voyait et de ce qu'on lui demandait de faire, et il avait su qu'il devait agir pour alerter le monde. Sa décision était un rappel de la distance parcourue depuis son diplôme de l'université de l'industrie chimique de Hambung, longtemps reconnue comme le campus de pointe pour la production de scientifiques destinés à rejoindre les programmes nucléaire, chimique et biologique nord-coréens. Ces derniers dépendaient conjointement de l'Académie des sciences, du Bureau de défense chimique et du ministère des Forces armées du Peuple.

Au départ, le docteur Ri avait été affecté à l'institut d'endocrinologie Chee Kyong Tae, qui faisait partie d'un regroupement d'installations biotechnologiques à l'est de Pyongyang, la capitale. Il se retrouva membre d'une équipe de biologistes et de généticiens travaillant sur un processus appelé expression génique. Au moyen de l'ingénierie génétique, des gènes étaient programmés pour se diviser. Des milliards de gènes étaient traités chaque jour ; à la fin de chaque session de travail, le docteur Ri avait contibué à créer plus de gènes qu'il n'y avait d'humains dans le monde.

Ce processus était la découverte de deux biochimistes : Stanley N. Cohen, de l'école de médecine de Stamford, et Herbert W. Boyer, de l'université de Californie de San Francisco. Ils avaient uni leurs forces pour découvrir si le transfert d'ADN d'un organisme à un autre sans rapport avec le premier pouvait produire une nouvelle forme de vie. Ils découvrirent qu'il était possible de franchir les barrières immémoriales entre les espèces. À mesure que la nouvelle de leur succès circulait au sein de la communauté scientifique, la peur que cette découverte puisse être utilisée pour créer des armes biologiques se mit à grandir. La nouvelle forme de vie, appelée « plasmides », pouvait être bricolée génétiquement pour produire des supermicrobes contre lesquels les vaccins et autres antidotes n'offraient que peu ou pas du tout de défenses.

Chapitre XXI

Le travail du docteur Ri dans cet institut l'impliquait dans les recherches pour créer de tels microbes à partir de l'arsenal de toxines pathogènes et de poisons biologiques que possédait déjà la Corée du Nord. Au même moment, ailleurs, dans d'autres centres de recherches, la Corée du Nord avait également produit suffisamment de facteurs de croissance – agar-agar, peptone et extraits de levures issues de ses brasseries – pour cultiver encore des quantités substantielles d'agents. Ces derniers comprenaient notamment ceux qui permettaient de transformer en armes la peste, la fièvre jaune, la variole, le typhus, le botulisme et le virus particulièrement meurtrier de la fièvre hémorragique coréenne. Leur « militarisation » s'était accélérée alors que la confrontation ininterrompue avec la Corée du Sud ne montrait aucun signe d'apaisement. Kim Jong, le président de la Corée du Nord, avait, peu avant sa mort, qualifié la guerre biologique de « grand égaliseur qui assurera[it] des représailles meurtrières dans le cas où la Corée du Sud serait jamais tentée de lancer contre nous ses armes "intelligentes" fournies par les États-Unis. »

Des agents ultrasecrets de la CIA découvrirent que l'anthrax avait été testé pour la première fois en mai 1998 sur des prisonniers nord-coréens amenés depuis un goulag proche de la frontière chinoise jusqu'à un camp militaire en bordure de Pyongyang. Ils avaient été placés dans une vaste cage et vaporisés avec des particules d'anthrax. Ils périrent tous. D'autres prisonniers reçurent l'ordre de retirer les corps après quelques heures. On ne leur donna aucun équipement de protection pour cette tâche. Les corps furent apportés à l'institut pharmaceutique. Le docteur Ri faisait partie des scientifiques qui les examinèrent. Tous présentaient des plaies cutanées, des ampoules et des crachats teintés de sang. Ce fut son premier aperçu des horreurs de la guerre biologique. Les corps furent détruits dans l'incinérateur de l'institut.

Un an plus tard, la Corée du Nord entreprit de vacciner contre la variole un grand nombre de ses soldats de première ligne, une pratique que les militaires américains appliquaient déjà depuis une décennie.

À la suite du test à l'anthrax, les scientifiques nord-coréens enveloppèrent les spores d'anthrax de composés organiques destinés à les protéger du rayonnement ultraviolet qui, sinon, affaiblissait leur puissance après exposition à la lumière du jour. Ce processus, la micro-encapsulation, fut accompli grâce à l'aide de microbiologistes soviétiques. Des tests supplémentaires furent alors menés sur certains des deux cent cinquante mille Nord-Coréens emprisonnés dans les goulags du pays. Le nombre des morts devait demeurer secret dans ce pays le plus secret de tous.

Au milieu des années 1990, le programme biologique avait commencé à développer un système de distribution efficace pour son arsenal d'armes biologiques, qui avait atteint un volume considérable. À la fin de l'an 2000, plus d'une douzaine d'installations, facilement camouflées en usines commerciales, travaillaient à la production de systèmes de diffusion qui comprenaient têtes de roquettes, avions de pulvérisation agricole et un vaporisateur portable conçu pour s'ajuster sur le dos d'un poseur de bombe suicide prêt à lancer une attaque dévastatrice.

Au cours des années qui suivirent, le docteur Ri fut ballotté d'un centre biotechnologique à un autre. Sa connaissance des rouages des installations de recherches sur des armes nouvelles et toujours plus meurtrières s'enrichit au cours des années qu'il passa dans des endroits comme la « fabrique de seringues Taedonggang », l'« usine de production de médecine préventive Auguk » et l'Institut des sciences médicales, près de Pyongyang. Son travail attira de plus en plus l'attention de ses supérieurs, surtout lorsqu'il entreprit des recherches sur les ressemblances entre êtres humains, pour mieux comprendre les mécanismes mystérieux de l'ADN et sa manière de communiquer ses instructions biologiques pour créer une vie.

Il avait de temps à autre été amené à rencontrer certains des trente mille biologistes venus du bloc soviétique qui, au chômage depuis son effondrement, avaient été secrètement recrutés pour intégrer le programme biologique de la Corée du Nord. D'autres étaient partis en Chine, en Syrie, en Libye et en Iran. Il avait noté leurs noms et leurs spécialités : des techniques de génie génétique diverses, utilisables pour fabriquer des germes mortels, aussi bien pour détruire des cultures que pour tuer des gens. À la fin de l'été 1999, il fut de nouveau convoqué au bureau de la direction de l'Académie des sciences, dans la capitale. C'est là qu'il rencontra le docteur Yi Yong Su.

Chapitre XXI

À cette époque, le docteur Ri était également immergé dans le projet du génome humain, entrepris en 1990 au niveau international : un plan de quinze ans et de trois milliards de dollars destiné à recenser et identifier l'intégralité des soixante à quatre-vingt mille gènes qui forment la carte de l'ADN humain. S'il n'était pas membre officiel de ce programme, le plus vaste jamais entrepris par la science mondiale, il avait reçu des comptes rendus réguliers sur les progrès des chercheurs dans dix-huit autres pays qui participaient à l'entreprise. À mesure que leur travail avançait, des questions éthiques surgissaient. Était-il bon de dépister les maladies héréditaires ? L'information génétique sur les gens pouvait-elle être exploitée commercialement, par exemple pour permettre à une compagnie d'assurance de décider de leur couverture ? Dans le monde du docteur Ri, on n'avait que faire des réponses.

Le docteur Yi Yong Su, une généticienne âgée de cinquante et un ans, était hautement respectée, et certainement crainte, par ses confrères. Il était connu qu'elle était très proche de Kim Jong-il, qui avait succédé à son père en 1994 dans le rôle de chef suprême du pays. Les médias de Corée du Sud avaient fait état d'une liaison entre eux, une histoire inventée de toute pièce par divers services de renseignement occidentaux. Ils avaient aussi sous-entendu que le pourcentage particulièrement élevé de femmes dans l'équipe du docteur Yi confirmait les rumeurs, rapportées par des transfuges, disant qu'elle était lesbienne.

Ce qui est plus certain, c'est qu'elle supervisait un certain nombre de programmes de recherche dans les huit centres distincts sur lesquels elle avait la main haute. Ces programmes comprenaient de la biologie cellulaire et de l'ingénierie génétique utilisant l'hormone de croissance humaine, ainsi que la production d'endonucléases de restriction, des enzymes employées dans les techniques de recombinaison génétique. Ses chercheurs avaient aussi commencé à travailler sur des organismes conçus pour s'attaquer aux récoltes, ainsi qu'aux systèmes immunitaire et nerveux chez l'homme.

Le docteur Yi avait annoncé au docteur Ri sa nomination au poste de directeur de recherche sur un nouveau projet. Il s'agissait de concevoir une arme qui s'attaquerait uniquement au génome des populations blanches du monde.

Quatre ans plus tard, le docteur Ri était résolu à passer à l'ennemi, en emportant avec lui des preuves pour appuyer ses révélations sur ce que faisait la Corée du Nord. En ce matin de juin 2003, où les nuages de pluie se rassemblaient une fois de plus au-dessus du complexe où était installé son laboratoire, le docteur Ri n'avait parlé qu'à une personne de sa décision de s'enfuir pour les États-Unis. C'était à sa femme, Ching-Mi, la mère de leurs deux adolescents, qui eux-mêmes ne seraient informés qu'à la dernière minute de ce qui se préparait.

Il n'avait pas dit précisément à Ching-Mi de quoi il retournait, pas plus qu'il ne lui avait montré la collection de documents photocopiés qu'il avait constituée et emportée de son laboratoire. En tout, ils comptaient sept cents pages de recherches. Certains de ces documents concernaient le programme liant la Corée du Nord et l'Afrique du Sud.

Son directeur, Wouter Basson, était un scientifique doué, amoral et absolument impitoyable, dont la capacité à produire des armes biologiques avait fait de lui, comme l'a dit l'archevêque Desmond Tutu, « le disciple du Diable travaillant sur l'aspect le plus diabolique de l'apartheid ». Caché derrière des compagnies écran qui prétendaient mener des recherches honorables, le projet Coast allait à la pêche aux informations scientifiques dans le monde entier. Elles étaient en partie réceptionnées dans un petit cottage de location en Angleterre, près d'Ascot dans le Berkshire. Avec sa charmante adresse (1 Faircloth Farm Village, Watersplash), il était difficile de deviner que ce dernier recevait du matériel de guerre biologique envoyé, entre autres, par des scientifiques nord-coréens. Pour eux – vu l'isolement dans lequel la communauté scientifique globale maintenait l'Afrique du Sud à l'époque de l'apartheid –, le cottage était un moyen d'échanger des données. Par la suite, des scientifiques du projet Coast se rendirent en Iran et en Libye, deux pays où la Corée du Nord, comme la Chine, avait noué des contacts avec les programmes de guerre biologique. Une grande partie de ce qui se disait lors des ces rencontres avait été définitivement perdu, happé par les broyeurs où était jeté tout document papier compromettant. Mais le docteur Ri savait que l'Afrique du Sud avait fait des avances à certains chercheurs soviétiques privés d'emploi pour qu'ils aillent travailler sur le projet Coast. Leurs services étaient très demandés, et aucune trace ne permettrait de savoir s'ils avaient accepté ces propositions.

Un autre personnage tout aussi haut en couleur qui s'était préparé à collaborer étroitement avec l'Afrique du Sud et la Corée du Nord était le docteur Larry Ford, un gynécologue mormon, membre du corps enseignant de l'université de Californie à Los Angeles. Son comportement étudié avec les malades, ses vêtements décontractés et ses baskets montantes ne laissaient à ses patientes aucune chance de deviner qu'il était en réalité un méchant digne des effrayants romans à suspense exposés dans la bibliothèque de sa salle d'attente. Le docteur Ford avait tissé des liens étroits avec Wouter Basson et, par son intermédiaire, était entré en contact avec les tout aussi sinistres chercheurs nord-coréens. Si, comme on l'a murmuré plus tard, il travaillait pour la CIA, toute preuve en a été soigneusement détruite.

Plus certainement, pas une seule de ses patientes ne s'est jamais doutée que le docteur Ford transportait régulièrement des toxines mortelles dans ses bagages lorsqu'il s'envolait pour l'Afrique du Sud. Où se les procurait-il ? Qui autorisait leur sortie du territoire américain ? Qui en ferait usage au final ? Il devait emporter ces secrets dans la tombe. Au printemps 2000, il se suicida. C'est à peu près à cette époque que le docteur Ri avait commencé à réunir secrètement ses propres preuves des liens entre le docteur Ford, Wouter Basson et la Corée du Nord. Lorsque les enquêteurs californiens qui s'occupaient du suicide du docteur Ford ouvrirent son réfrigérateur, chez lui à Irvine, ils trouvèrent assez de flacons pour empoisonner, comme l'a dit un policier, « en gros, à peu près tout l'État. C'est alors que nous avons su que ce n'était pas un suicide ordinaire. »

Soigneusement empilés à côté des canettes de bière, se trouvaient des flacons remplis de cultures de choléra, de botulisme et de fièvre typhoïde. À l'autre bout du monde, dans les complexes de recherche sur la guerre biologique de la province de Pyongyang, les cultures étaient des outils indispensables pour les scientifiques qui travaillaient avec le docteur Ri à l'institut 398.

Officiellement, d'après le manuel de l'encadrement des forces armées du Peuple, l'institut comptait deux cent cinquante chercheurs dévolus à l'élaboration d'antidotes et de méthodes de décontamination contre l'exposition aux radiations, telles que masques et combinaisons de protection. Situé à Sogam-ri, dans le sud de la province, il était éloigné des autres installations chimiques et biologiques de la région. À la différence de ces dernières, l'institut 398 était entouré de trois bataillons de troupes. Le 18e bataillon se trouvait à moins d'un kilomètre et demi du haut mur d'enceinte du complexe ; les 14e et 17e bataillons n'étaient qu'à quatre kilomètres et demi. Ils étaient tous équipés pour faire face si un accident se déclarait à l'institut.

Des images satellites recueillies par la NSA, montrent que le complexe se compose d'un carré de huit cents mètres carrés longé par des routes sillonnées jour et nuit par des patrouilles. Les nombreux arbres plantés ne font pas seulement coupe-vent, ils adoucissent la monotonie des bâtiments qui comprennent un quartier général, des équipements de communications, un mess, des citernes de carburant et un garage pour la réparation des véhicules. D'un côté se trouvent les quartiers d'habitation des officiers et des scientifiques. Non loin, un tunnel : il menait au laboratoire du docteur Ri.

En ce matin de juin 2003, ce dernier suivit un programme précisément établi. Il savait qu'il était vital de n'éveiller aucun soupçon, et il avait dit à sa femme de ne mettre dans les valises que les vêtements nécessaires pour de courtes vacances à Chosan. Leurs papiers étaient en règle ; la demande de visite familiale portait le tampon du commandant en chef de l'institut. Mais de Chosan, il n'y aurait pas de retour en arrière. Le docteur Ri avait planifié son évasion aussi loin après Chosan que ses moyens le lui permettaient. En raison de son travail, personne ne s'étonnerait qu'il soit en possession de cartes d'une région pleine de dangers naturels spécifiques. Les moustiques porteurs du paludisme proliféraient dans les marécages, les torrents et les ruisseaux qui se déversaient dans la rivière Yalu. Le typhus, le choléra et d'autres maladies étaient une menace permanente, tout comme les infections par les vers parasites qui infestaient les cours d'eau. Le docteur Ri espérait qu'en prenant les médicaments qu'il avait secrètement mis de côté et en ne buvant que de l'eau en bouteille, sa famille et lui-même sortiraient indemnes de leur périple aquatique.

Le temps, à cette période de l'année, serait humide, avec des températures dépassant 37 °C. La pluie serait un compagnon de tous les instants, elle pouvait tomber sans interruption plusieurs jours de la suite. Pour atteindre cette zone inhospitalière, le docteur Ri et sa famille prendraient un bus à Chosan. Cet ancien village de pêcheurs était devenu une ville considérable. Au-delà se déployaient plaines et forêts, jusqu'au massif de Kangnam dont les sommets arrondis longeaient la frontière chinoise, sans toutefois dépasser 1 300 mètres d'altitude. Seuls les plus athlétiques des fugitifs tentaient l'évasion par ces cols.

Le docteur Ri, qui ne pratiquait aucun exercice physique régulier, avait choisi la route la plus facile géographiquement. Cela impliquait de se diriger vers un petit affluent de la rivière Yalu. Là, les massifs boisés fournissaient un abri contre la pluie et les regards curieux. En revanche, les berges avaient été entièrement défoliées. Sur l'autre rive, c'était la Chine. Comme sa voisine, l'armée chinoise de Libération du peuple, de son côté, ne patrouillait que légèrement à cet endroit, et la Yalu était assez peu profonde pour être traversée à pied.

Une fois en Chine, sa famille et lui se mettraient en route pour le long périple vers le sud et la liberté. Dans son sac, il emporterait les documents et dossiers secrets sur les expériences menées pour tenter de créer une bombe ethnique « réservée aux Blancs ».

XXII

En ce jour de juin, au matin de ce qui, d'après ses plans, serait sa dernière journée de travail, le docteur Ri parcourut à pied la courte distance qui séparait l'appartement familial de l'entrée du tunnel. Un satellite américain de la NSA, qui avait pénétré sous le toit de béton grâce à ses caméras thermiques, avait identifié un ascenseur dans l'entrée. Le docteur Ri l'emprunta pour descendre dans son laboratoire, enfoncé suffisamment loin sous terre pour être hors de portée même des caméras satellites les plus puissantes. En sortant de l'ascenseur, il s'était trouvé face à une lourde porte métallique qui ne s'ouvrait que s'il présentait sa carte d'identification devant le détecteur mural. Derrière, son lieu de travail avait pratiquement la même disposition que tous ceux dont il avait pu voir les plans dans la bibliothèque qu'il s'était constituée.

Du sol au plafond, ses étagères étaient couvertes de livres, de revues scientifiques et d'articles sur la guerre biologique venus du monde entier. Certains étaient déjà dans le domaine public, d'autres avaient été obtenus par des agents des services de renseignement nord-coréens, qui voyageaient avec des faux passeports en se faisant passer pour des étudiants, des chercheurs et des journalistes scientifiques. Ils étaient parvenus jusqu'à Silicon Valley, en Californie, et aux campus des universités américaines les plus en pointe. Ils étaient aussi allés à Londres, Paris, Madrid et Munich, et s'étaient rendus partout où se trouvaient des informations sur les germes. Sur les étagères se trouvaient des études sur la manière dont le Pentagone avait, à une époque, comploté pour attaquer le Cuba de Fidel Castro à l'aide de toxines, juste avant la crise des missiles cubains ; sur la manière dont, pendant la guerre du Viêt-nam, des scientifiques de

Fort Detrick avaient trouvé le moyen de conserver le virus de la variole. Ils avaient réussi à lyophiliser et congeler le virus de manière à ce qu'il reste dormant, puis, ramené à température ambiante, soit encore plus virulent. Il y avait aussi des articles sur la façon dont les États-Unis et l'Angleterre avaient testé en secret des systèmes de diffusion pour déverser des germes sur des villes entières. Il y avait des livres consacrés à l'encéphalite équine vénézuélienne, un virus que l'on trouve chez les chevaux et les mules d'Amérique du Sud et d'Amérique centrale, et qui amène l'homme à l'article de la mort; des manuels consacrés à chacune des sept variétés de botulisme, les toxines les plus meurtrières; une histoire de l'élaboration de la ricine en Corée du Nord. Extraite des graines du ricin cultivé en serre dans le pays, la ricine, une fois militarisée, provoquait un effondrement vasculaire menant à une mort certaine.

Des thèses détaillaient jusqu'où la Corée du Nord s'était avancée dans le développement de la variole hémorragique, la forme la plus maligne de variole, mortifère à cent pour cent; comment les chercheurs avaient élaboré de la nanopoudre de silice, d'infimes particules de verre siliceux qui, intégrées dans une arme biologique, la rendaient facilement volatile et d'autant plus susceptible de pénétrer des poumons humains. Comme tant d'autres choses dans l'arsenal nord-coréen, tout cela avait été validé par l'expérimentation sur des prisonniers. D'autres articles traitaient de l'agent bactériologique le plus tristement célèbre de l'histoire : la peste bubonique, la mort noire des temps médiévaux; ou encore de la redoutable grippe espagnole, qui, en 1918, avait fait bien plus de victimes que la Grande Guerre, et la manière de la répandre à nouveau sur un monde qui n'avait toujours pas les moyens de lui résister. Ces articles émanaient en partie de centres de guerre en principe hautement secrets, dans des pays comme les États-Unis, la Grande-Bretagne et Israël. D'autres avaient été achetés au marché noir à Moscou, à la suite de l'effondrement du programme soviétique de guerre biologique. D'autres encore provenaient du projet Coast d'Afrique du Sud, subtilisés avant que l'on ait pu les passer au broyeur.

La composition de la bibliothèque du docteur Ri avait été patiemment établie par des chercheurs de la CIA, du MI-6 et d'autres services, grâce à la surveillance des demandes de livres et autres données envoyées aux éditeurs universitaires depuis des adresses de vente par correspondance en Birmanie, en Thaïlande et au Viêt-nam connues pour être des relais de la Corée du Nord. Plus tard, la CIA et le MI-6, par l'intermédiaire d'organismes de façade, avaient fait de prudentes avances pour que le docteur Ri sache bien qu'il pouvait compter sur un accueil chaleureux s'il passait à l'ouest. Appelées « contacts par allusions et coups de coude » dans le monde du renseignement, ces avances faisaient partie d'un plan pour cultiver à point nommé le docteur Ri. Tout d'abord il n'y avait pas eu de réaction, mais au bout d'un an vint la première indication qu'il était informé des contacts. Deux années de plus devaient s'écouler avant qu'il se produise, comme l'a dit une source des services secrets, « un signe positif » indiquant que le docteur Ri n'avait plus aucune illusion sur ce qu'on lui ordonnait de faire.

Tout ce qui s'ensuivit en découla : les premières réunions eurent lieu à Londres et à Washington sur la marche à suivre pour faire sortir le docteur Ri. Il n'était pas question d'aller le chercher en Corée du Nord. Les risques étaient inacceptables, même pour une prise d'une telle valeur. Le biologiste devrait faire le voyage jusqu'en Chine du sud avant de pouvoir être amené à l'ouest. L'affaire se compliqua lorsqu'on apprit qu'il voulait emmener sa famille. Ce qui fut finalement accepté. Lorsque vint ce jour de juin où le docteur Ri et sa famille entreprirent leur évasion, le plan pour les faire disparaître à l'ouest était engagé aussi loin que possible. Une équipe mixte composée d'agents de la CIA et du MI-6, déguisés en hommes d'affaires, était arrivée à Guangzhou, la ville portuaire de la province chinoise de Canton. À ce moment-là, ils en savaient beaucoup plus sur le docteur Ri.

Dès le départ, ce dernier avait pris le plus grand soin de protéger ses propres recherches sur les races, l'ethnicité et au final la bombe réservée aux populations blanches. Il avait suivi le débat ininterrompu dans la communauté scientifique occidentale sur la faisabilité d'une telle arme. Ses défenseurs soulignaient que des maladies endémiques avaient contribué à la défaite des Aztèques et des Incas face aux conquistadors espagnols, qui s'étaient souvent révélés insensibles aux microbes qui ravageaient l'Amérique centrale et l'Amérique du Sud. Les Anglais avaient lancé leur propre « bombe génétique » primitive en distribuant aux tribus indiennes d'Amérique des couvertures infectées par la variole, et en constatant que le taux de mortalité dû à la maladie, dans leurs troupes, était plusieurs fois inférieur à celui des tribus. Les médecins qui avaient accompagné les forces d'invasion supposèrent que leurs soldats bénéficiaient simplement d'une plus forte résistance physique, forgée au fil des siècles.

Lorsque les armées balayèrent l'Europe en tout sens, pillant et violant et, après la victoire, occupant les terres conquises, les frontières artificielles entre les « races » furent traversées. Cela entraîna un flux génétique de pays en pays, de province en province, de nation en nation. Malgré leurs différences culturelles, les populations d'Europe développèrent des similitudes génétiques. Chaque génération de mélanges renforça ces similitudes. Les variations de couleur de peau et de morphotype ne rendent pas fondamentalement différents le teint classiquement pâle des Anglais et celui, plus basané, des types méditerranéens d'Espagne et du sud de la France ; la stature râblée d'un Gallois n'est pas génétiquement différente de celle d'un berger bien bâti de Croatie. Il allait falloir encore des siècles pour faire ces découvertes. Mais la conviction s'était enracinée que la race blanche était la plus puissante, et entre autres choses était bien mieux disposée à résister aux maladies inhérentes à la nature. C'est cette croyance que le docteur Ri avait reçu l'ordre de détruire, et qui l'avait finalement décidé à s'enfuir avec les preuves.

Au plus fort de l'intervention américaine au Nicaragua, l'idée de créer une bombe génétique avait occupé les généticiens de la CIA. Le docteur Gottlieb leur avait donné l'ordre de localiser ce qu'il appelait « le gène nicaraguayen ». Des sommes substantielles furent dépensées pour obtenir des échantillons sanguins de Nicaraguayens et les tester dans les laboratoires de l'Agence. Aucun gène qui leur soit spécifique ne fut identifié. Le projet fut abandonné, pour être ressuscité au moment où Cuba représenta une menace grandissante pour Washington. Le docteur

Gottlieb avait alors lancé la recherche d'un gène « exclusivement cubain ». S'il pouvait être découvert, il serait militarisé pour terrasser les Cubains, de préférence pendant leur récolte annuelle de canne à sucre. Une fois de plus, les recherches ne menèrent nulle part.

Mais la possibilité de trouver une arme biologique capable de viser une race déterminée avait continué à mobiliser les talents de biologistes en Union soviétique, en Chine, et enfin le docteur Ri. Il savait que créer cette bombe n'était plus un fantasme. C'était devenu ce que le prix Nobel scientifique Joshua Lederberg avait appelé « le monstre dans notre jardin ». L'anthropologue John Moore, un expert reconnu de la menace de bombe ethnique, avait prédit que son déclenchement libérerait des modifications génétiques qui pourraient entraîner une contagion étendue de la population humaine, et des taux de mortalité suffisants pour exterminer toute l'espèce humaine, exactement comme dans *Le Mystère Andromède*, le fameux film de science-fiction. Deux chercheurs respectés, Noah Rosenberg et Mary-Claire King, avaient affirmé dans la revue *Science* de décembre 2002 qu'il était désormais possible techniquement de viser des groupes ethniques. Cet avertissement intervenait un an seulement après que le gouvernement britannique eut déclaré dans un article de référence : « Il n'y a à l'heure actuelle aucun signe de différences génétiques susceptibles d'être utilisées comme base pour que des armes génétiques visent des groupes ethniques. » Dans les derniers mois, d'après les conclusions du projet Sunshine, le génie génétique avait progressé et rendu plus proche encore une telle arme.

Ces avertissements ne pouvaient qu'avoir contribué à la décision du docteur Ri de prévenir le monde extérieur de l'avancée de la Corée du Nord dans ce domaine. Pour tenter de ce faire, il était prêt à sacrifier les vies de sa femme, de ses deux enfants, de sa famille et, bien sûr, la sienne. S'il était pris, ils mourraient tous. Il avait entendu parler des terribles tortures infligées, avant que la mort ne leur accorde un soulagement bienvenu, à ceux qui se faisaient prendre à trahir les secrets de leur pays. Cela faisait partie de la culture dans laquelle il travaillait et vivait de rappeler à chacun les peines encourues. Mais il sentait à présent qu'il n'avait plus le choix. Finalement, c'est peut-être simplement sa conscience qui le poussa à le faire.

Le premier tronçon de son trajet d'évasion avait été créé à l'origine par la CIA à la fin de la guerre de Corée pour faire sortir clandestinement de Corée du Nord et de Chine ses propres agents et ses informateurs de valeur. Des agents du MI-6 britannique, basés à Hong Kong, ainsi que des diplomates et des missionnaires en Chine avaient aussi emprunté ce qui finit par être appelé « le métro de la liberté ». Les personnes étaient déplacées d'une planque à une autre et escortées par des guides à travers les villes et villages de Chine jusqu'aux frontières du Cambodge, du Laos et de Hong-Kong. Le voyage pouvait prendre des semaines, voire des mois. Un officier du MI-6 qui avait été impliqué dans l'opération m'a raconté : « C'était comme de prendre le train sans jamais savoir quand le feu passerait du vert au rouge. Quand c'était le cas, tout s'arrêtait jusqu'au feu vert suivant. » Mais, en 2003, le trajet pour sortir de Chine, qui nécessitait des déplacements par la route, le fleuve et le rail, était encore plus dangereux. Plusieurs de ceux qui étaient partis n'avaient jamais atteint la sécurité ; le risque de trahison était une menace constante. Les espions de la sécurité publique chinoise et les formidables services secrets du pays formaient un duo redoutable.

Pendant les années 1990, des récits de plus en plus choquants sur la dépravation du régime nord-coréen commencèrent à faire surface par le biais des transfuges. Ils racontaient tous la même chose : une nation de plus en plus profondément plongée dans la famine, la torture et le travail forcé. Les rapports les plus terrifiants étaient ceux qui faisaient état d'expérimentations inhumaines sur des prisonniers. Les familles qui parvenaient à traverser la frontière chinoise, longue de mille quatre cents kilomètres, apportaient chacune son histoire d'inconcevable terreur sous le régime de Kim Jong-il. Ceux qui avaient fui ne trouvaient en Chine qu'un soulagement très relatif. Le pays comptait en effet une population carcérale estimée à cinq millions de personnes, prisonnières dans des camps tout aussi sinistres que les goulags nord-coréens.

Lorsqu'ils étaient pris, les chercheurs d'asile étaient promptement renvoyés de l'autre côté de la frontière, où les attendait un sort inévitable d'interrogatoires, de torture et de mort. Un grand nombre d'entre eux étaient couramment utilisés pour des expérimentations sur la guerre biologique et chimique. Un rapport du MI-6 a révélé comment se déroulaient les expériences « terminales » sur l'anthrax, le botulisme et la ricine.

« Les victimes étaient sanglées sur des lits. On les vaporisait de poison à l'aide d'un "pistolet" contrôlé à distance et fixé au plafond. Les scientifiques se tenaient derrière une vitre protectrice et minutaient le temps qu'il leur fallait pour mourir. » Un autre rapport détaillait comment des bébés, dont les parents avaient été renvoyés en Corée du Nord, étaient contaminés avec des doses mortelles de dysenterie. Après autopsie, leurs corps étaient jetés aux cochons. Des années plus tard, il devait s'avérer que la directrice du programme d'armement biologique de Saddam Hussein, le docteur Rihad Taha, s'était secrètement rendue en Corée du Nord. Fille d'une famille Ba'ath, l'une des familles régnantes du pays, elle avait acquis ses compétences à l'université d'East Anglia, à Norwich, en Angleterre.

À son retour en Irak, en 1984, elle était diplômée en microbiologie et rejoignit une petite équipe, entièrement composée de diplômés irakiens formés en Angleterre, pour devenir le fer de lance du programme biochimique de Saddam Hussein. Lorsqu'elle en prit la tête en 1986, elle abandonna ses tailleurs de couturier pour les treillis que Saddam affectionnait, et teignit ses cheveux au henné de la couleur de l'Euphrate qui passait à côté de sa villa. Elle installa ses laboratoires dans l'institut al-Hazan Ibn al-Hathan, à la sortie de Bagdad. C'est là qu'elle commença à tuer ses victimes. Prélevées dans les prisons de Saddam Hussein, ces dernières étaient soumises à des expérimentations identiques à celles qui se déroulaient en Corée du Nord. Un rapport ultérieur du MI-6 révéla qu'elle « avait passé des mois à étudier des moyens d'injecter à des bébés des doses fatales de dysenterie ». Les bébés étaient arrachés à des femmes emprisonnées. À la fin de la guerre du Golfe, en 1991, le docteur Taha parvint à dissimuler ses activités meurtrières.

Elle prétendit que ses recherches ne différaient en rien du travail effectué à Porton Down et à Fort Detrick, qu'elles étaient « purement défensives ». Sa réputation s'était aussi étendue, entre autres jusqu'à la Corée du Nord. À la fin de l'été 1991, elle fut invitée à s'y rendre et on lui fit visiter les installations biologiques, un privilège rare. Elle s'y rendit à deux autres reprises, en 2000 et en 2001, pour y rencontrer des microbiologistes et des généticiens de pointe.

Le détail de ces visites ne fut révélé que lors de l'interrogatoire du docteur Taha, après son arrestation par les forces spéciales américaines fin 2003, pendant la guerre d'Irak. Entre-temps, les agents de renseignement occidentaux s'étaient efforcés d'en savoir plus sur le docteur Ri.

Les agents s'efforçaient de garder un œil sur les manœuvres des Chinois tandis qu'ils essayaient de localiser le docteur Ri. Des agents des services de renseignement de Corée du Nord, équipés d'instantanés de la famille Ri, s'étaient joints à la poursuite. Mais juin céda la place à juillet, puis au mois d'août, et il n'y avait aucune trace du discret docteur Ri et de sa famille en Chine. Dans une population d'un million trois cent mille personnes habituées à être constamment espionnées, où toutes les activités humaines – travail, sexe et loisirs – tournaient autour de cette fonction de base, ils s'étaient évanouis plus vite qu'une fusée de feu d'artifice du Nouvel an chinois.

La CIA établit ensuite que, par une lourde journée de ce plein été, le docteur Ri avait continué à emmener sa famille vers le sud. Les trains et les bus étaient lents et s'arrêtaient fréquemment, mais l'étape suivante de leur périple était Guangzhou, où ils arrivèrent début septembre. Hong-Kong n'étant plus très loin, la ville offrait à l'équipe CIA/MI-6 qui les attendait une occasion de faire sortir le docteur Ri sur l'un des nombreux bateaux étrangers qui étaient au port. Le plan voulait que sa famille s'évade sur un autre bateau.

Le luxueux hôtel international Guangdong, à Guangzhou, logeait des consuls étrangers, notamment ceux de France, d'Allemagne et d'Australie. Mais tous étaient surveillés par des officiers de la sécurité publique chinoise à qui la photo et la description du docteur Ri avaient été transmises. Après son arrivée en ville, la famille se sépara pour réduire les risques de capture. L'endroit où la femme et les enfants devaient dormir resterait inconnu. À ce moment-là, ses documents étaient entre les mains des équipes de renseignement. Ce 5 septembre au petit matin, le docteur Ri s'approcha de l'entrée de service de l'hôtel Guangdong. Il avait reçu une carte magnétique pour pouvoir accéder au bâtiment et entreprendre la dernière étape de sa sortie clandestine du pays. Mais, au lieu de cela, il se trouva face à des agents de la sécurité publique et fut menotté avant d'être emmené.

En janvier 2006, un officier de renseignement basé à Londres, qui avait été impliqué dans la tentative ratée de sauvetage du docteur Ri, m'a raconté que le scientifique avait ensuite été forcé à travailler pour le programme de guerre biologique de la Chine. Sa femme et ses enfants avaient été renvoyés en Corée du Nord où ils avaient presque certainement été exécutés ou utilisés pour les expérimentations terminales du programme de guerre biologique du pays. L'officier m'a dit qu'il disposait d'informations crédibles selon lesquelles le docteur Ri serait encore en vie, et qu'il continuerait à l'être aussi longtemps qu'il aurait de la valeur pour le régime chinois.

Notes sur les personnes interrogées

Avant de rencontrer Bill Buckley, j'avais déjà eu l'occasion de demander à de nombreux membres des services secrets ce qu'ils pensaient de la CIA. Certains étaient presque jaloux de son énorme budget et de ses ressources technologiques, alors que d'autres considéraient que l'Agence était responsable de quelques-uns des plus grands fiascos qu'ait connus le monde du renseignement depuis la fin de la Seconde Guerre mondiale. Bill Buckley m'a aidé à tirer quelque chose de précis de tous ces points de vue divergents. Nos relations ont évolué en une authentique amitié. Avec le temps, j'ai commencé à penser, au fond de moi, que lorsque Bill prendrait sa retraite, il m'autoriserait à raconter son histoire ; elle était largement aussi passionnante que les autres mémoires d'agents secrets que j'ai pu lire. Son enlèvement et sa mort mirent fin à ces projets. Cependant, je voulais tout de même relater son histoire, autant que me le permettraient les éléments que je pourrais rassembler et les notes qu'il m'avait autorisé à prendre pendant nos conversations. Ce sont ces informations qui ont déterminé la charpente de cet ouvrage. Mais pour dépeindre Bill tel qu'il était vraiment, ou du moins tel que je le percevais, il me fallait également parler de la période la plus importante de sa carrière. Indubitablement, il s'agissait de sa participation aux projets MK-Ultra et MK-Search. Il avait vu de ses propres yeux les travaux qu'effectuait Ewen Cameron à l'Allan Memorial Institute. Puis il finit lui-même entre les mains d'un autre médecin tortionnaire, Aziz al-Aboub.

Mes recherches se sont déroulées par intermittence et étalées sur plusieurs années. Pour cela, j'ai dû me rendre plusieurs fois à Montréal et en divers endroits du Canada. Je suis également allé à Washington, en Israël et à Beyrouth. Il y a eu des moments où je trouvais cette histoire si accablante que j'ai songé à abandonner.

En fait, je l'ai fait plusieurs fois, pour écrire d'autres livres. Mais en 1999, un vieil ami, le réalisateur Kevan Barker, qui a toujours été fasciné par le monde des services secrets, m'a encouragé à reprendre le projet – cette fois, pour en faire un scénario.

Je n'avais pas beaucoup avancé dans mon travail quand j'ai compris que je ne m'en sortirais qu'en commençant par rédiger toute l'histoire des expériences de contrôle psychique de la CIA sous forme de livre. Je devais également la raconter principalement comme si elle était vue à travers les yeux de Bill Buckley et terminer par sa mort. Ensuite, il ne me resterait plus qu'à l'adapter en script pour le cinéma. La fin ne serait pas aussi trépidante que le veut la tradition hollywoodienne, mais Kevan trouvait que cela n'avait pas d'importance. Selon ses propres mots, il voulait que le film soit « aussi lugubre et noir que le milieu des services secrets lui-même ». J'ai repris mes recherches et écrit l'ouvrage que vous venez de lire. Plusieurs personnes méritent d'être remerciées ici pour l'aide précieuse qu'elles m'ont apportée.

***

Évidemment, Bill m'a accordé beaucoup de son temps et son amitié. La valeur de son analyse personnelle des problèmes liés aux services secrets était inestimable. À force de l'écouter m'en parler, j'ai fini par mieux comprendre ce qu'avait été l'Agence durant les trente ans où il y avait travaillé. Ce qui rendait ses points de vue si intéressants, c'est qu'il les exprimait généralement sans récriminations ni regrets. Ces sentiments n'apparaissaient que lorsqu'il parlait de Sidney Gottlieb et de Ewen Cameron. Il disait clairement que leurs activités étaient immorales et méritaient d'être révélées.

Je lui dois énormément parce qu'il se souvenait de beaucoup de choses, ou pouvait les vérifier dans ses agendas : comme de nombreux agents secrets (dont feu mon beau-père, qui travaillait au MI-6), il conservait des montagnes de notes. Elles me permirent, entre autres, de confirmer ce que je connaissais de l'histoire de Frank Olson. Ses notes et ses mémoires m'ont non seulement fourni de précieuses informations sur les programmes de lavage de cerveau de la CIA, mais également à propos des recherches sur l'armement biochimique que conduisait l'Agence à Fort Detrick. Chaque fois que c'était possible, j'ai signalé les renseignements que je lui devais. En bien des façons, il a été une source d'une importance capitale pour ce livre. Et s'il y a des erreurs dans ses souvenirs, j'en assume toute la responsabilité à sa place.

*

Le docteur Sargant m'a également très généreusement consacré beaucoup de son temps. Je l'ai rencontré à l'époque où je travaillais pour la BBC, à Londres, en tant que producteur de télévision. Il a été consultant dans plusieurs émissions que j'ai produites. Par la suite, nous sommes restés en contact et les relations de confiance que nous avons tissées ont permis qu'il me parle librement du docteur Gottlieb, du docteur Cameron, des programmes MK-Ultra et MK-Search ainsi que, bien entendu, de ce qu'il savait de l'armement biologique.

Au cours d'un dîner chez lui, il souligna qu'il ne voyait rien de mal au fait d'avoir signalé à ses supérieurs des services secrets britanniques les réactions de Frank Olson à son retour d'Allemagne et demandé à ce qu'il n'ait plus accès aux centres de recherches sensibles du pays. Il affirmait, néanmoins, avoir été profondément choqué par ce qui était arrivé à Olson. Il estimait que ce meurtre avait eu lieu parce que le docteur Gottlieb était « obsédé par sa volonté de tout comprendre du contrôle psychique. Et que quiconque menaçait cela devait être éliminé. »

Peu avant sa mort, il m'a offert des exemplaires signés de ses trois premiers livres, imprimés à compte d'auteur pour ses plus proches amis : *Battle for the Mind* (« Bataille pour l'esprit »), *The Unquiet Mind* (« L'Esprit agité ») et *The Mind possessed* (« L'Esprit possédé »). Pour qui désire en savoir plus sur les divers aspects de l'esprit soumis au stress et le contrôle psychique, ils offrent des informations de grande valeur. Avant de me faire part de ses points de vue, le docteur Sargant posa la condition que je ne lui attribue aucune révélation de son vivant. J'ai accepté et nous sommes restés en contact régulier jusqu'à son décès en 1988.

*

En novembre 1988, j'ai parlé à Sidney Gottlieb. On m'avait averti qu'il était malade et, au téléphone, il m'a confirmé qu'il n'était pas en état de me rencontrer. Sa voix était faible et retenue.

Quelques semaines plus tard, je l'ai rappelé chez lui dans l'espoir qu'il serait suffisamment en forme pour répondre au moins à quelques-unes de mes questions. La femme qui a décroché m'a dit que c'était impossible ; elle n'a pas donné son nom. J'étais vraiment frustré de ne pas pouvoir parler directement à cet homme qui aurait pu me donner sa version des faits. Cependant, au cours de ma longue période d'investigations, son ombre planait sur tellement des mes découvertes que j'ai appris pas mal de choses sur lui et ses méthodes.

Dans l'un des documents que j'ai recueillis – qui ont fini par constituer une véritable petite bibliothèque –, se trouvait la première réprimande qu'il ait jamais reçue. Cette note, datée du 10 février 1954, est signée de la main d'Allen Dulles, alors directeur de l'Agence. Elle porte la mention « PERSONNEL ». Le ton est froid et va droit au but : « J'ai personnellement passé en revue les dossiers de votre bureau (concernant la mort de Frank Olson). Il apparaît que vous n'avez pas suffisamment insisté sur la nécessité de collaborer au niveau médical et de véritablement prendre en considération les droits de l'individu dont vous vous êtes occupé. Cette note a pour but de vous informer que, selon moi, vous avez fait preuve de mauvais jugement dans cette affaire. »

Ce document confirmait mes propres conclusions, ainsi que celles de Buckley. En effet, nous étions tous deux convaincus qu'avant l'assassinant de Frank Olson, Dulles ne savait pas grand-chose, voire rien du tout, du projet de Gottlieb et Helms.

Je voulais interroger le docteur Gottlieb sur sa rencontre du 17 février 1970 avec Nathan Gordon, le chef de la section chimique de la CIA. Ce dernier affirma plus tard qu'ils avaient discuté de ce qu'il fallait faire de la quantité considérable d'agents chimiques que l'Agence stockait à Fort Detrick. Le président Nixon venait d'annoncer, quelques jours auparavant, que les États-Unis interrompaient leur programme d'armement chimique et biologique.

Gordon m'a montré une note de service griffonnée par le docteur Gottlieb : « Ébauche de projet concernant le stock d'agents biologiques de guerre. » Ce document, daté du 18 février 1970, était adressé à Richard Helms qui était alors à la tête de l'Agence. À la fin du mois, le docteur Gottlieb eut un entretien avec Helms et Thomas H. Karamessines, alors directeur adjoint des projets. Suite à cela, Gottlieb donna l'ordre à l'un de ses hommes d'aller chercher deux bidons qui contenaient chacun environ quatre litres et demi d'un poison paralysant fabriqué à base de coquillages – une quantité suffisante pour tuer jusqu'à soixante mille personnes. Que comptait-il faire de ce poison ? Pourquoi exigea-t-il que les bidons soient entreposés dans l'unité de stockage du bureau médical et chirurgical de l'US Navy, situé sur la 23e rue à Washington ? Nous ne le saurons jamais.

Je voulais l'interroger sur son implication dans l'utilisation d'armes biologiques pendant la guerre de Corée. J'avais connaissance d'un document très prometteur, rédigé en février 1952 par le général Hoyt Vanderberg, alors chef du personnel de l'US Air Force. Il rentrait juste d'un voyage en Corée quand il écrivit cette note « top secret » qui n'a jamais été officiellement déclassée : « L'armement biologique est actuellement en grand progrès et certaines capacités offensives se matérialisent rapidement. »

Dans quelle mesure le docteur Gottlieb avait-il participé à ce résultat ? C'était l'une des questions clé que j'aurais voulu lui poser. J'aurais également aimé qu'il me parle de la manière dont il avait briefé Robert Lovett, alors secrétaire à la Défense. L'un des mémos de ce dernier apportait une preuve de plus que les États-Unis utilisaient des armes biologiques. Le 25 février 1952, plusieurs jours après que Vanderberg fut rentré de Corée, il informa par écrit les chefs du personnel qu'il fallait développer « sans délai, un puissant arsenal d'armes biologiques... » (afin de les ajouter à) « tous les moyens efficaces de faire la guerre, quels que soient les précédents concernant leur utilisation ».

Je voulais connaître la position du docteur Gottlieb sur le plan moral, aussi bien à l'époque que depuis qu'il avait quitté la CIA. Avait-il changé de point de vue ? Mon but n'était pas d'essayer de le piéger pour obtenir des aveux ; je cherchais juste à comprendre comment il était devenu ce qu'il était. Hélas, cela n'arriva jamais.

Cependant, j'ai utilisé de très nombreuses sources pour tracer son portrait. J'ai pu consulter des documents grâce aux lois américaines et canadiennes sur la liberté d'accès aux informations. Maintes et maintes fois, j'ai revu un montage d'images de journaux télévisés. On y voit le docteur Gottlieb sortir d'un ascenseur. Il porte une tenue décontractée et une casquette qui le font ressembler à un supporter sportif sur le chemin du stade. La caméra le prend par surprise. Le journaliste essaie de l'interroger. Il a l'air ébahi. Ses lèvres commencent à former ce qui pourrait être le début d'une grimace. Ses yeux clignent. « Tout ça, c'est du passé », parvient-il à dire. Puis il s'en va.

Effectivement, pour lui c'est du passé. Mais son œuvre vivra, ne serait-ce que parce qu'elle continue.

*

Je dois vraiment beaucoup à Eric Olson. C'est un homme pour qui j'éprouve la plus grande admiration. Pendant plus de quarante ans, il s'est battu sans relâche pour qu'éclate la vérité sur la mort de son père. Il s'est avéré être une mine d'informations sur la CIA.

Je lui ai fait relire une première version de l'histoire de Frank Olson. Il me l'a rendue avec des annotations très détaillées. Il tenait absolument à ce qu'on ne fasse aucun sentimentalisme sur sa longue et minutieuse quête de la vérité. Le 17 novembre 2001, il m'écrivit un mot qui en dit long sur ses grandes qualités :

« Si je ressens de la colère et de l'amertume, si toutefois c'est bien ce dont il s'agit, ce n'est pas parce que j'ai perdu mon père mais parce qu'il a été assassiné, que l'on n'a fait que me mentir sur les circonstances de son décès et que, même lorsque nous (la famille Olson) avons reçu des excuses présidentielles, il s'est avéré qu'elles étaient, elles aussi, fondées sur le mensonge. Pour un jeune garçon, la perte d'un père est une chose (aussi douloureuse et navrante soit-elle) ; voir son père assassiné par l'État en est une autre, très différente. Il faut rester bien clair et ne pas réduire toute cette affaire à une vague tambouille de blabla psychologique. »

Il enchaînait sur ce qu'il considérait comme le « point clé » de l'histoire de son père : « Personne n'a jamais expliqué officiellement ce qui s'était passé. L'histoire, c'est qu'il n'y a jamais eu d'histoire. Lashbrook a donné le ton en affirmant qu'il n'avait rien vu. »

Au fil des ans, j'ai essayé de l'aider autant que je le pouvais en faisant appel à mes propres sources dans les services secrets, dont celles que j'ai au Mossad. Le 20 novembre 2001, Eric m'écrivit : « Tout colle parfaitement lorsque l'on sait que la technique utilisée pour le meurtre figure dans le manuel d'assassinat. Il est indubitable qu'il s'agit bien d'un meurtre. Mercredi prochain, le 28 novembre, ce sera le quarante-huitième anniversaire de la mort de mon père. Presque un demi siècle à se débattre dans ce cauchemar. »

*

En mars 1996, j'ai réussi à rencontrer William Colby, l'ancien directeur de la CIA, à Washington. Physiquement, il correspondait parfaitement à la description que Bill Buckley m'en avait faite. Colby évoqua ce dernier en disant qu'il était « un homme exceptionnel et un agent de premier ordre ». Nous avons abordé un bon nombre de sujets dont certains restaient, de toute évidence, encore sensibles pour lui telles que l'opération Phoenix et ses aveux publics des anciennes fautes de l'Agence. Il était persuadé que le fait de les avoir révélées avait empêché que des éléments extérieurs ne détruisent totalement la CIA. En l'écoutant, il aurait été difficile de douter de son intégrité.

Un mois plus tard, le 27 avril 1996, Colby quitta sa maison en bordure du Wincomico, en Virginie, pour aller faire un petit tour de canoë en solitaire. Il ne portait pas de gilet de sauvetage lorsqu'il commença à ramer sous un vent suffisamment puissant pour faire des vagues en surface. Il ne rentra jamais chez lui. Une semaine plus tard, on découvrit son corps sur les rives du Wincomico, près de l'endroit où il se jette dans le Potomac, au sud de Washington. Nul ne sait ce qui a poussé cet homme de soixante-seize ans à partir, sans gilet, dans de si dangereuses conditions. Plus tard, la police trouva chez lui un fax du dernier bulletin de Colby qui proposait des « nouvelles stratégiques hebdomadaires » et le CD-ROM d'un jeu électronique sur le thème de l'espionnage et de l'antiterrorisme qu'il avait créé en collaboration avec Oleg Kalugin, un ancien agent du KGB.

Pendant quelque temps, les médias spéculèrent sur la possibilité que Colby ait été victime d'un coup fourré et assassiné pour avoir trahi la CIA ou à cause de quelque « noir secret de son passé ». Mais sans preuve formelle pour étayer de telles allégations, sa mort fut classée comme un accident.

*

J'ai eu plusieurs entretiens avec William Casey quand il dirigeait l'Agence mais également ensuite, lorsqu'il était à la retraite. Notre première rencontre a établi les bases des suivantes et mérite d'être racontée en détail.

En cet après-midi de 1986, il avait l'air débraillé malgré son costume sur mesure. Son visage aux joues tombantes était pâle et le tour de ses yeux était rouge quand nous nous sommes installés dans un club de Washington ; il avait l'air de quelqu'un qui, après cinq ans à la tête de la CIA, commençait à se vider de son âme. En buvant un Perrier, il confirma les conditions de l'entretien. Pas de notes, pas d'enregistrement.

Vigilant, il attendit ma première question : que pouvait-il m'apprendre au sujet de Bill Buckley qui, deux ans plus tôt, presque jour pour jour – le vendredi 16 mars 1984 –, avait été enlevé à Beyrouth ? Je voulais savoir ce qu'avait fait l'Agence pour tenter de lui sauver la vie. J'étais moi-même allé au Moyen-Orient, entre autres en Israël, pour essayer de reconstituer les faits.

« Vous voulez parler d'Admoni et de ceux qui travaillent pour lui ? » m'interrompit-il. Puis il enchaîna en décrivant ce dernier comme « un bureaucrate du renseignement à la voix douce qui, lorsqu'il est devenu le directeur du Mossad, l'a tenu d'une main de fer. Il s'intéressait autant aux femmes qu'aux intérêts d'Israël. »

Il continua de marmonner de sa voix très basse : « On n'est jamais plus surpris que par quelqu'un que l'on croyait bien disposé envers soi. Le temps que l'on comprenne qu'il n'allait rien faire pour Bill Buckley, il était déjà mort. Vous vous rappelez comment c'était là-bas, à l'époque ? Presque un millier de Palestiniens s'étaient fait massacrer dans des camps de réfugiés à Beyrouth. C'était les Forces chrétiennes libanaises qui avait fait cela ; les Juifs ont laissé faire comme s'il s'agissait d'une sorte de vengeance biblique. Le fait est qu'Admoni était cul et chemise avec Gemayel. »

Bashir Gemayel était devenu président du Liban après avoir été le chef des phalangistes.

« On avait également Gemayel en main mais je n'ai jamais eu confiance en ce salopard. Et Admoni travaillait avec lui pendant tout le temps que Buckley était sous la torture. Nous n'avions pas la moindre idée de l'endroit précis où Bill se trouvait à Beyrouth. Nous avons demandé à Admoni de le découvrir. Il a accepté. Nous avons attendu et attendu. Nous avons envoyé nos meilleurs hommes à Tel-Aviv pour qu'ils travaillent avec le Mossad. Nous leur avons dit que l'argent n'était pas un problème. Admoni n'arrêtait pas de dire “d'accord, compris”. »

Casey prit une nouvelle gorgée d'eau, comme prisonnier de sa propre capsule temporelle. Ses paroles suivantes sortirent froidement, comme celle du porte-parole d'un jury quand il rend le verdict.

« En plus, Admoni nous a embobinés pour nous convaincre que c'était en fait l'OLP qui était derrière cet enlèvement. Nous savions bien que les Israéliens étaient toujours prêts à mettre n'importe quoi sur le dos d'Arafat. Mais les arguments d'Admoni étaient plausibles. Il a su être très persuasif. Le temps que nous comprenions que ce n'était pas Arafat, il y avait longtemps que tout était fini pour Buckley. Ce que nous ne savions pas, c'était que le Mossad jouait vraiment un sale jeu en fournissant des armes au Hezbollah pour tuer les Chrétiens tout en en livrant d'autres à ces derniers pour tuer les Palestiniens. »

Lors d'autres entretiens, Casey m'expliqua que la CIA pensait que si le Mossad n'avait rien fait pour sauver Buckley, c'était dans l'espoir qu'on accuserait l'OLP, ce qui empêcherait qu'Arafat gagne la sympathie de Washington. Et même si les informations de l'ancien directeur étaient loin d'être complètes, l'aperçu qu'elles donnaient des relations qui existaient entre ces deux agences soi-disant alliées faisait froid dans le dos. Casey démontrait ainsi qu'il existait un autre aspect aux rapports entre les États-Unis et Israël, au-delà des récoltes de fonds et autres manifestations de solidarité de la part des Juifs américains qui avaient permis à l'état hébreu de devenir une superpuissance régionale par crainte de l'ennemi arabe. Lors de notre dernière rencontre, Casey me fit part d'une dernière pensée : « Une nation crée les services secrets dont elle a besoin. Les États-Unis s'appuient sur l'expertise technique parce que nous cherchons à découvrir des choses plutôt que de gouverner en secret. Les Israéliens opèrent différemment. Le Mossad, en particulier, considère que la survie de son pays dépend de ses actions ».

*

Ellen Mercer, de l'Association des psychiatres américains, m'a autorisé à consulter tous les documents du docteur Cameron que l'organisation conserve dans ses archives. Il se sont avérés être une véritable mine de renseignements.

*

Le docteur Cleghorn, alerte pour ses quatre-vingt-deux ans, avait encore un emploi du temps chargé à l'hôpital Sunnybrook de Toronto, lorsque je l'ai interviewé. Cependant, il a pris le temps de me guider dans la lecture de son propre récit détaillé de son travail auprès de Cameron, encore inédit. C'est un document remarquable dans lequel abondent les points de vue clairvoyants et les analyses perspicaces. Le docteur m'a permis de recueillir ses impressions du moment pour compléter celles qu'il avait déjà utilisées pour tenter de présenter son ancien chef de manière aussi « impartiale » que possible.

*

Madame Peggy Edwards (née Mielke) a consacré beaucoup de temps à rassembler ses souvenirs de l'époque où elle travaillait à l'institut. Son témoignage honnête était empreint de la douleur d'une femme encore profondément troublée d'avoir participé à ce qu'elle était la première à considérer comme « une sale affaire ».

*

Le docteur Edward Kingston avait travaillé sous les ordres du docteur Cameron. En 1987, il était directeur du département de psychiatrie de l'université McMaster, près de Toronto. Il m'a donné une vue d'ensemble très complète sur son ancien chef. Il essayait toujours d'équilibrer la critique et l'indulgence. Il répétait constamment : « Il faut essayer de tenir compte du contexte de l'époque » et « Il n'était ni complètement mauvais, ni complètement bon mais quelque part entre les deux ».

*

Le docteur Allen Mann, professeur de psychiatrie clinique à l'hôpital général de Montréal, allait également dans ce sens. Charmant et volontiers spirituel, il s'expliquait clairement et sans la moindre hésitation. Dans l'ensemble, le docteur Cameron qui ressort de la bande sur laquelle sont enregistrés ses souvenirs est un individu nettement plus sympathique que celui que m'a décrit David Orlikov quelques jours plus tard dans son bureau – situé dans les bâtiments du Parlement à Ottawa.

*

Orlikov m'a donné accès à tout le dossier médical de son épouse. « Personne n'aime voir sa vie privée étalée au grand jour mais ce n'est qu'un petit désagrément qu'il faut bien supporter pour que la vérité éclate. » Alors que nous mangions au réfectoire des membres du Parlement, il m'a confié : « Velma et les autres patients ne se souviennent pas de grand-chose. Le fait que Cameron ait détruit leur mémoire à jamais est l'une des grandes tragédies de cette affaire. » Il n'avait pas prononcé ces mots sur un ton de colère mais plutôt de tristesse. Cet homme digne et courtois ne ressemblait en rien à la description qu'en avait faite Cameron dans le dossier de Velma.

*

D'Ottawa, je me suis rendu à Détroit pour interviewer Eddie Lacroix, le mari de Madeleine. Il s'était remarié et avait commencé par refuser de me voir. « C'est fini. Madeleine est partie. Alors à quoi bon ? » Je lui ai dit que Velma Orlikov ne se souvenait de rien. Il m'a demandé de le rappeler vingt-quatre heures plus tard. Je l'ai fait et il a accepté de me rencontrer dans un hôtel de Détroit. Nous avons parlé au dîner et jusqu'au bout de la nuit – à l'heure où il devait partir pour le magasin d'accessoires automobiles dans lequel il travaillait. Il m'invita à venir chez lui le lendemain soir. Là, dans ses pénates, il m'a montré les documents concernant Madeleine, dont une copie de son dossier médical. Il a également accepté que j'enregistre notre entretien. C'est avec sa transcription et les notes du dossier que j'ai pu narrer la vie et la mort de Madeleine.

*

Doté d'une mémoire remarquable, le docteur Peter Roper s'est profondément replongé dans ses souvenirs. Non seulement il se rappelait les moindres détails, mais il était en mesure d'expliquer comment il pensait qu'ils s'imbriquaient dans la situation générale. L'enthousiasme avec lequel il racontait cette histoire était si contagieux que nous avons manqué plus d'un repas tant nous étions occupés, lui à parler sans arrêt, et moi à changer mes cassettes. En remarquant que j'avais du mal à en placer une dans mon magnétophone il grimaça et dit : « Ce rustre de Rubenstein vous aurait été bien utile ».

Je savais qu'il fallait que je choisisse entre me lancer à la poursuite de Leonard Rubenstein ou ne pas l'inclure à mon récit. Ce fut Roper qui me décida : « Il est impossible que vous racontiez cette histoire sans parler de lui. Même s'il refuse de vous parler, c'est important. Et puis, interrogez Zielinski. »

*

La prochaine étape de mes recherches me conduisit de nouveau à Ottawa où j'ai parlé à Zielinski. Au téléphone, ses réponses allaient de « Je vais raccrocher, maintenant » à « Écoutez, je suis juste un Polonais qui n'aime pas faire de vagues » ou « Non, ce n'était pas comme ça. J'essayais d'aider ces gens. C'est tout. J'essayais d'aider. » Entre ces affirmations, je continuais de l'interroger. Il a fini par accepter de me rencontrer. Ce qu'il m'a appris était non seulement extraordinaire mais d'une importance considérable. Il m'a révélé l'existence du « centre d'interrogatoire » et m'a décrit tout de ce qui s'y passait. Il a conclu ce long entretien en me conseillant vivement d'« aller voir Rubenstein ».

*

J'ai pris un vol pour Londres et téléphoné à Rubenstein. Je lui ai expliqué en détail le but de mon appel. À la fin, il m'a dit qu'il ne pouvait pas parler de ce qu'il avait fait. Je lui ai demandé pourquoi. Il a répondu qu'il était « sur le point de quitter le pays ». Je lui ai demandé où il allait et si je pouvais l'y suivre. « Je vais être absent pour longtemps. » Oubliant toute précaution, je lui ai demandé s'il pouvait justifier ce qu'il avait fait à des gens comme Madeleine à l'institut. Il y eut un long silence avant qu'il reprenne la parole. « Oui, je peux le justifier. Le docteur Cameron était un grand homme… »

Pendant une bonne heure, j'ai griffonné furieusement pendant qu'il essayait de s'expliquer. Sa voix était à la fois douce et insistante. « C'était une époque différente. Très différente. » Puis, d'un seul coup, il s'arrêta comme il avait commencé. « Je dois y aller », et il raccrocha. Quand j'ai essayé de rappeler quelques jours plus tard, l'opératrice m'a dit que la ligne avait été résiliée.

*

Il était inévitable que j'essuie quelques refus. Mme Cameron, par exemple, ne souhaitait pas parler de son mari. Son fils Duncan, avocat à Washington, n'était pas réticent à ma requête mais ne pensait pas être en mesure de m'aider. J'ai parlé plusieurs fois au docteur Mary Morrow pour passer en revue avec elle la longue déposition qu'elle avait faite aux avocats de la CIA. Elle se montra obligeante mais m'expliqua qu'elle était en train d'écrire sa propre version de ce qui s'était passé, et qu'elle ne pouvait donc pas me donner tous les détails que j'espérais. Cependant, elle m'en donna suffisamment pour justifier sa place dans mon livre. En tout, un peu partout à travers le monde, j'ai parlé à plus de cent personnes impliquées dans l'affaire.

L'une d'entre elles était Kathleen Sullivan. Grâce à son aide et sa confiance, j'ai pu rencontrer de nombreuses personnes qui, comme elle, avait été prises au piège des programmes de contrôle psychique de la CIA. Bien que la plupart d'entre eux ne se soient jamais rencontrés, il racontaient tous la même histoire ahurissante : l'obsession de Sidney Gottlieb avait poussé des scientifiques, des médecins et des agents secrets à outrepasser toute considération morale ou éthique et à utiliser ces gens comme cobayes.

À la fin de l'été 2001, Kathleen s'est débrouillée pour me faire parvenir cinq CD-ROM. Ils contenaient vingt-deux mille documents concernant MK-Ultra et plusieurs autres programmes de la CIA. Autant que je sache, aucun d'entre eux n'a jamais été publié auparavant. Étant donné le caractère sensible des informations qui se trouvent sur ces disques, je suis certain qu'ils ne peuvent provenir que d'un employé de la CIA. Il ou elle peut avoir eu plusieurs raisons de vouloir les divulguer : l'envie de se justifier, voire d'expier un sentiment de culpabilité longtemps retenu. On ne le saura probablement jamais. Mais ce n'est pas grave. Ces disques m'ont permis de remplir des blancs importants et de confirmer une grande partie de ce que Buckley m'avait confié. Ils contiennent des milliers de notes de service que s'échangeaient les agents de la CIA et qui ne montrent que trop comment le mensonge et une cruauté intolérable étaient au centre de leurs préoccupations. Il m'a fallu des mois pour les passer au crible, mais toutes ces heures de travail en valaient la peine puisqu'elles m'ont permis de mettre au grand jour une affaire restée enfouie jusqu'alors.

Le docteur Anne White, professeur de médecine et membre du Conseil de l'ordre du Canada, m'a beaucoup aidé à mieux prendre conscience de l'étendue du contrôle psychique. Après avoir lu une première version de cet ouvrage, elle m'a appris que le docteur William Sargant avait reproduit certaines des expériences du docteur Cameron sur ses propres patients à l'hôpital Saint-Thomas, à Londres. Cette révélation fut un grand choc pour moi. Cela faisait des années que je connaissais Sargant et jamais il n'avait fait la moindre allusion au fait qu'il appliquait des méthodes aussi immorales. À l'époque, elle avait elle-même été l'une de ses patientes. Sur certains points, son histoire rappelle tristement celle de Mary Matilda Morrow.

*

Par un blême jour d'hiver de février 1970, Anne M. White, mère de trois enfants, fut admise dans l'un des plus grands centres hospitaliers universitaires du monde, l'hôpital Saint-Thomas, à Londres. Elle avait trente-six ans et souffrait de dépression post-natale. Trois mois plus tard, elle en ressortit si transformée physiquement et mentalement que son père crut voir « un zombie ».

Cette métamorphose était l'œuvre du docteur Sargant. Depuis longtemps considéré comme un pionnier de la médecine, il claironnait son mot d'ordre dans les couloirs de l'hôpital : « Quelques grammes de Phénobarbitone, ou d'un tranquillisant un peu plus récent, valent mieux que des tonnes de discours persuasifs. » Quand Anne White devint sa patiente, cela faisait déjà un quart de siècle que Sargant était à l'avant-garde du contrôle psychique.

À ce jour, il s'était déjà rendu trente-et-une fois à Washington. Il avait visité les centres de recherches américains dans lesquels on effectuait des expériences secrètes. Il était régulièrement invité aux soirées de Noël d'Allen Dulles.

À l'une d'entre elle se trouvait un homme mince qui semblait manquer d'assurance. Il se nommait Heinz Lehmann. Dans son agenda, le docteur Sargant disait de lui : « C'est un homme qui ne craint pas d'être radical dans son utilisation des médicaments. Sa spécialité est d'administrer à ses patients de la Thorazine et du Largactil en association avec d'autres produits tels que le Nembutal, le Séconal, le Véronal ou le Phénergan. »

Il s'agissait des drogues préférées du programme MK-Ultra. Sargant s'empressa de les prescrire à tout-va. Mais si, en 1970, le programme fut officiellement interrompu, il continua de vivre. Anne White allait bientôt l'apprendre à ses dépens ; et des centaines de patients avant elle avaient découvert la terrible vérité. MK-Ultra se prolongeait entre les mains du docteur Sargant et de ses semblables.

Pour son programme de modification du comportement, il utilisait encore abondamment les électrochocs et les médicaments.

Grâce à ses relations privilégiées avec le milieu de l'industrie pharmaceutique américaine, il disposait du plus gros arsenal de psychotropes de Grande-Bretagne. Il fut le premier à « traiter » – selon ce que l'on entend par ce terme – ses patients avec de la Thorazine, de la Stelazine ou du Melaril ; des antidépresseurs tels qu'Elavil ou Tofranil ; ou des régulateurs de l'humeur tels que le carbonate de lithium. Il les administrait en associations.

Toujours en quête de nouvelles drogues, il épluchait consciencieusement la presse spécialisée. Dans ses dossiers se trouvait une publicité tirée des *Archives de la psychiatrie générale*. Elle dépeignait un jeune homme à la peau foncée et aux lèvres charnues en train de serrer les poings. Au-dessus de cette image figurait la légende suivante : « Agressif et belliqueux ? » En dessous, on pouvait lire : « La coopération commence souvent avec Haldol (haloperidol). Il agit contre les comportements agressifs et belliqueux. »

Le docteur Sargant travaillait en étroite collaboration avec la Eli Lilley Company, Hoffman Laroche et Geigy. Il avait également la considération des sociétés pharmaceutiques Merck, Sharon and Dohme, Park Davis and Company, Smith Kline, French Laboratories et Searl Laboratories. C'était d'elles que provenaient les médicaments qui ne libéraient pas forcément ses patients de leurs démons, de leurs anxiétés ou de leurs psychoses. Ces drogues n'étaient souvent rien de plus qu'un moyen de les contrôler. Les malades qui ne réagissaient pas étaient enfermés dans l'un des asiles que l'on trouvait encore un peu partout en Angleterre dans l'après-guerre.

Pour un psychiatre moins ambitieux, diriger un service aussi actif aurait été largement suffisant. Mais tout comme ceux de Cameron, les points de vue de Sargant étaient à la limite du messianisme. Il voulait guider la psychiatrie vers un autre monde. Il expliqua les grandes lignes de ses techniques dans son ouvrage *Physical Methods of Treatment* (« Méthodes physiques de traitement »). Ce livre devint incontournable pour ses adeptes de plus en plus nombreux en Grande-Bretagne et aux États-Unis.

Dès le début de la guerre froide, les deux agences de services secrets britanniques, le MI-5 et le MI-6, cherchèrent à comprendre, combattre et surpasser les manipulations médicales des psychiatres soviétiques et chinois. En la personne de Sargant, ils trouvèrent un professeur tout disposé à les y aider. Depuis 1948, il dirigeait le département de médecine psychologique de l'hôpital Saint-Thomas. Dès qu'il accepta de travailler pour eux, l'argent ne fut plus un problème et, grâce aux compagnies pharmaceutiques américaines, il fit la connaissance de psychiatres qui partageaient ses idées.

Mais ce qui m'a le plus dérangé dans ce que j'ai découvert, c'est que le docteur Sargant était au courant des expériences « terminales » que la CIA avait faites sur des sujets allemands après la guerre et qu'il les approuvait.

Il était le médecin dont les méthodes avait transformé Anne White, une femme qui avait désespérément besoin d'aide, en l'espèce de zombie que retrouva son père à la fin de son « traitement ».

Selon lui, la dépression était un problème chimique. Il pensait que si la substance invisible qui s'écoule de l'esprit s'engorgeait, c'était le résultat d'un déséquilibre électrolytique dans le cerveau. Il concédait, cependant, qu'à l'instar des flocons de neige, chaque dépression était différente des autres et que chacune d'entre elles « se formait sur la structure des expériences passées ».

Grand et musclé, doté d'un sourire éclatant, le docteur Sargant marchait d'un pas athlétique qui remontait au temps où il courait dans l'équipe de l'université de Cambridge. Il avalait la moitié de ses mots et son regard pénétrant ne supportait aucune comparaison. Il expliquait ainsi son principe de base : « La folie doit être traitée par des méthodes physiques. Le cœur peut être stimulé par un choc et une tumeur retirée du cerveau pour apporter un soulagement. Il faut soigner la maladie mentale de la même manière. »

Les débuts de sa carrière furent remarquables dans le sens où il avait réussi à s'entourer de gens très influents dans le milieu médical, tels que Lord Moran (le médecin de Winston Churchill pendant la guerre) et le professeur Edward Mapother. C'était sous leurs encouragements qu'il avait entamé les recherches qui finirent par le mener au contrôle psychique. Ses premiers sujets étaient atteints de « névrose de guerre aiguë ». Ces hommes avaient tout simplement craqué sous le stress d'une longue guerre. On considérait qu'ils « manquaient de fibre morale ». Néanmoins, ils étaient parfaits pour permettre à Sargant de faire ses premiers pas dans la sédation lourde, le sommeil chimique, les traitements à l'insuline modifiée et les dosages de barbituriques.

Tout le monde n'approuvait pas. Les confrères de Sargant n'appréciaient guère de voir de jeunes hommes rester alités pendant des semaines dans un état comateux et n'être réveillés que pour l'alimentation et les électrochocs.

Pour moi, découvrir cela et, ainsi que vous allez le constater, beaucoup d'autres choses sur William Sargant, fut très choquant. Non seulement à cause de la nature de ses activités, mais aussi parce que je le considérais comme un ami. Apprendre qu'il était un monstre qui avait réussi à dissimuler la vérité sur ses travaux, même après l'interruption du programme MK-Ultra, me blessa profondément.

Lors d'un dîner au club londonien dont il était membre et, plus tard, en sirotant du café dans son appartement de Harley Street, il m'avait affirmé : « Je hais ce que fait Cameron. Ce type n'a strictement aucune éthique. » À quelques kilomètres à peine de l'endroit où nous nous trouvions, sur l'autre rive de la Tamise, à l'hôpital Saint-Thomas, il se livrait exactement aux mêmes activités que Cameron.

Sargant est mort le 27 août 1986. Sa mort me libéra de mes engagements et je pus commencer, petit à petit, à fouiller son passé. La tâche n'était pas facile, car il avait encore de puissants amis à l'Association mondiale des psychiatres qu'il avait contribué à fonder et au Collège royal des psychiatres. Ils firent tout pour me tenir à l'écart aussi bien de ses rapports médicaux que de ses best-sellers.

Anne White me contacta. Elle avait lu mon récit de la mort de Frank Olson et j'y faisais référence à William Sargant. Ce fut le point de départ.

Anne White a réussi une carrière bien remplie. Elle est membre du Conseil de l'ordre du Canada et professeur assistant de médecine au département de psychiatrie de l'université McMaster, dans l'Ontario. Ses spécialités sont la neurologie et la médecine comportementale. Vive et rayonnante, cette femme ne montre plus de signes apparents de ce qu'elle a subi pendant que le docteur Sargant la « soignait » à l'hôpital Saint-Thomas.

Sur le plan médical, le problème qu'elle a eu n'est que trop courant. Après la naissance de chacun de ses trois enfants – deux garçons et une fille – elle a souffert de dépression post-natale. Elle m'a dit : « À chaque fois, je me sentais continuellement fatiguée, même juste après avoir dormi. J'avais toujours envie de pleurer. Je me sentais nulle en tant que mère et je me sentais coupable de ne pas bien remplir mon rôle. Tout me semblait pénible, y compris m'occuper de mon bébé. Je ne trouvais plus de plaisir dans les choses que j'aimais habituellement. Je n'arrivais pas à me concentrer suffisamment pour lire. Je ne pouvais pas apprécier la musique que j'écoutais. Par intermittence, je me sentais suicidaire et j'étais presque persuadée que tout le monde se porterait bien mieux sans moi ; que j'étais un poids pour ma famille. Il n'y avait aucune lueur au bout du tunnel.

« Dès que je suis tombée enceinte de mon deuxième enfant, cette situation s'est résolue d'elle-même et, pendant ma grossesse, je me sentais en pleine forme. J'ai eu mes deux premiers enfants à treize mois d'intervalle puis il y a eu un trou de deux ans avant la naissance du troisième. Pour cette grossesse-là, j'ai du passer six semaines à l'hôpital parce que ma tension était trop élevée. Le bébé a dû rester une semaine en couveuse. Une fois de plus, j'ai commencé à sombrer dans la dépression. Hélas, comme personne n'a diagnostiqué le problème, je suis restée deux ans sans me faire soigner. »

À l'époque, elle vivait en Zambie, un pays africain aux structures médicales limitées. Son mari (ils ont divorcé depuis) était lui-même médecin. Après avoir consulté un de ses confrères, il fut décidé qu'elle devait rentrer en Angleterre avec ses enfants pour se faire soigner à Saint-Thomas. Elle ne savait pas du tout à quoi s'attendre. Mais on lui avait assuré que l'établissement était à la pointe de la médecine. On s'y occuperait bien d'elle. Elle guérirait. N'ayant que cet objectif en tête, elle fit confiance au docteur Sargant. Il estima que cette jeune mère avait le bon profil pour aller en salle de sommeil.

La salle de sommeil du docteur Sargant était la copie de celle que Cameron avait créée au Allan Memorial Institute dans le cadre du programme MK-Ultra. Ce simple dortoir de six lits se trouvait au fond du service. Les lits n'étaient séparés les uns des autres que d'une trentaine de centimètres et une ampoule donnait juste assez de lumière pour que les infirmières puissent voir. À l'institut, Sargant avait vu les patients de Cameron « étendus inertes ou, quelques fois, en train d'émettre des murmures inintelligibles. Lorsqu'il était l'heure de manger, on les nourrissait à la cuillère. Lorsqu'il était l'heure d'aller aux toilettes, on les posait sur une chaise percée, puis on les recouchait. » Ayant reçu des injections de Largactil et de Senocol pour la garder endormie, Anne fut placée en salle de sommeil. Là, on lui administra plusieurs doses d'autres drogues, de l'amitriptyline et du Nardil. Et telle fut sa vie pendant les semaines qui suivirent.

« Je ne me rappelle pas avoir été emmenée aux toilettes ou à la salle de bain, alors que cela a bien dû arriver. Malheureusement, j'étais tellement droguée que chaque fois que j'essayais de me lever, je m'évanouissais parce que ma tension était tombée dans mes chaussettes. Je n'ai pas souvenir d'avoir parlé à d'autres patients. J'arrivais à voir le lit le plus proche du mien mais pas à distinguer autre chose. Quand j'ai atteint le point où les médicaments ne me faisaient plus dormir, quelle que soit la quantité qu'ils me donnaient, je restais dans l'obscurité dans un silence presque absolu. Il me semble me rappeler avoir écouté des enregistrements mais je n'en suis pas sûre et il se peut qu'il s'agisse d'un faux souvenir. »

Ce n'était pas le fruit de son imagination. Le docteur Sargant, à l'instar de Cameron, avait conçu un système qui permettait que tous les patients de la salle de sommeil reçoivent continuellement des instructions enregistrées en boucle. Un magnétophone se trouvait sous chaque oreiller. Régulièrement, on sortait Anne de la salle de sommeil pour lui administrer ses électrochocs. Elle apprit plus tard qu'elle avait subi vingt-six séances de chocs électriques bilatéraux. La seule protection dont elle disposait contre les crises d'épilepsie qui suivaient était un simple décontractant musculaire. Lorsqu'elle se réveillait en salle de sommeil, une douleur lancinante s'emparait de sa tête. « Mon esprit ne me semblait plus qu'un vide flou ponctué de martèlements. » Elle commençait à se sentir comme un zombie.

Mais la pugnacité d'Anne n'était pas encore complètement annihilée. Elle exigea l'arrêt du traitement. Les infirmières de la salle de sommeil le signalèrent au docteur Sargant. Plus tard, Anne me raconta cet épisode en ces termes : « On m'a mise dans une chambre individuelle. On m'a laissée livrée à moi-même pendant une semaine pour me sevrer des barbituriques. Les infirmières s'occupaient à peine de moi. J'avais osé m'opposer au système. J'avais l'impression d'être punie. » Ce n'est que des années plus tard, bien après sa sortie de l'hôpital Saint-Thomas, que j'ai appris que cette « femme zombie » dont l'apparence avait tant choqué son père avait commencé à découvrir la vérité sur William Sargant.

En 1976, au procès de Patti Hearst, le médecin avait déclarait que cette dernière était la « victime non volontaire d'un lavage de cerveau ». Cette appréciation pouvait aussi bien s'appliquer au cas d'Anne White. Son dossier médical a disparu de Saint-Thomas peu après la mort de Sargant. Tous ses efforts pour le retrouver ont échoué. D'après mes propres recherches, il semblerait que le MI-5 l'ait saisi et détruit. La CIA a fait la même chose avec les rapports des travaux du docteur Cameron au Allan Memorial Institute.

Enfin de compte, l'histoire d'Anne White, et de ceux qui ont connu le même destin, est digne d'un roman d'épouvante : un cadre familier – en l'occurrence, un hôpital respecté – est devenu le théâtre des pires horreurs. Depuis, Anne est convaincue que les meilleures défenses contre les pratiques contraires à toute éthique sont la divulgation publique et la prise de conscience. Moins on s'en préoccupe et plus on permet aux successeurs de Sargant, Cameron et Gottlieb, ainsi qu'à tous les autres médecins tortionnaires, de continuer leur travail.

*

Il ne m'aurait pas été facile de parler du docteur Aziz al-Aboub sans l'aide considérable que m'ont apportée de nombreuses personnes à Beyrouth et ailleurs au Moyen-Orient. Certains ont demandé à rester anonymes, suite aux événements du 11 septembre 2001, mais un grand nombre d'excellents journalistes se sont montrés heureux de me prêter main-forte en m'acccordant de leur temps et me faisant part de leurs connaissances. L'un d'entre eux fut Mohamad al-Awwam, alors rédacteur en chef du très respecté *Asharq al-Awsat*. Le docteur Mohammed Samir m'a également aidé à combler quelques blancs en ce qui concerne l'époque où al-Aboub résidait au Liban.

D'autres contacts en Israël et au Liban m'ont fourni des informations passionnantes sur ce pays. Je dois beaucoup en particulier à Meir Amit, ancien directeur général du Mossad ; à Rafi Eitan, ancien directeur adjoint du Mossad ; ainsi qu'à mon éditeur en langue arabe, Mohammed Maatouk, qui est basé à Beyrouth.

*

Je dois également des remerciements des plus reconnaissants à Ibraham al-Tafoli à Damas qui, pendant un an, a lu pour moi la presse arabophone.

*

Je remercie Noel Walsh, ancien professeur de psychiatrie clinique à l'hôpital Saint-Vincent de Dublin, en Irlande, qui – ayant travaillé à l'université McGill – a eu la patience de répondre à mes questions sur le docteur Cameron. Il m'a donné envie de croire qu'il y aurait toujours de l'espoir, tant que le milieu médical compterait des hommes comme lui.

*

J'exprime tout ma gratitude à Kevan Barker qui avait raison. Écrire ce livre fut thérapeutique.

*

Enfin, je dois énormément à mon assistant, Emer Lenehan. Grâce à sa patience et à son sens du détail, la rédaction de cet ouvrage m'a été extrêmement plaisante. Il est exceptionnel : à la fois très agréable et débordant d'énergie. Merci, Emer.

Gordon Thomas
Bath, Angleterre
Mars 2006

Dépositions

Velma Orlikov : déposition recueillie par Patricia Gaffney, notaire publique, au bureau du procureur, 555 4th Street, NW, Washington DC, le 17 juin 1986.
Représentants légaux : Joseph Rauh, avocat du plaignant.
Scott T. Kragie, avocat de la défense, États-Unis d'Amérique.
Cabinet juridique Page Moffett, CIA, avocat de la défense.
155 pages, plus pièces à conviction.

Mary Matilda Morrow, Docteur ès médecine : déposition recueillie par Judith F. Richard, notaire public, au centre juridique de Washington, 555 4th Street, NW, Washington DC, le 19 juin 1986.
Représentants légaux : James C. Turner, avocat du plaignant.
Scott T. Kragie, avocat de la défense, États-Unis d'Amérique.
Cabinet juridique Page Moffett and Barbara A. Rubino, CIA.
188 pages.

Jean Charles Page : déposition recueillie par le consul général des États-Unis à Montréal, le 24 juin 1986.
Représentants légaux : James C. Turner, avocat du plaignant.

Scott T. Kragie, avocat de la défense, États-Unis d'Amérique.
89 pages.

Moe Langleben : déposition recueillie par Patricia Mitchell, sténographe de procès verbaux, au 333 Constitution Avenue, NW, Washington, DC, le 6 mai 1986.
Représentants légaux : James C. Turner, avocat du déposant.
Scott T. Kragie, avocat de la défense, États-Unis d'Amérique.
103 pages plus pièces à conviction.

Rita Zimmerman : déposition recueillie par le consul général des États-Unis à Montréal, le 26 juin 1986.
Représentants légaux : James C. Turner, avocat du plaignant.
Scott T. Kragie et Rebecca Ross, avocats de la défense, États-Unis d'Amérique.
34 pages.

Jeannine Huard : déposition recueillie par le consul général des États-Unis à Montréal, le 25 juin 1986.
Représentants légaux : James C. Turner, avocat du plaignant.
Scott T. Kragie et Rebecca Ross, avocats de la défense, États-Unis d'Amérique.
114 pages.

Louis Weinstein : déposition recueillie par le Consul général des États-Unis à Montréal, le 23 juin 1986.
Représentants légaux : James C. Turner, avocat du plaignant.
Scott T. Kragie et Rebecca Ross, avocats de la défense, États-Unis d'Amérique. 112 pages.

Richard McGarrah Helms : déposition recueillie par Baleigh Milton, notaire public, 1001 Connecticut Avenue, NW, Washington, DC, le 14 mars 1983.
Représentants légaux : Joseph Rauh and James C. Turner, avocats du plaignant.
Pour Richard Helms, Robert M. LaPrade et Philip Kinsberg, cabinet juridique de la CIA.
Pour la CIA, Steven Hermes.
Pour les États-Unis d'Amérique, Les Strictland, procureur adjoint.
268 pages.

* * *

Déclarations sous serment

Mme Alice W. Olson, veuve de Frank Olson.
6 octobre 1986.

Robert Jay Lifton, Docteur ès médecine, professeur distingué en psychiatrie et psychologie, City University of New York, John Jay College of Criminal Justice.
24 octobre 1986.

Harvey M. Weinstein, Docteur ès médecine, professeur associé de psychiatrie, université de médecine de Stanford.
7 novembre 1986.

Leon Salzman, Docteur ès médecine, professeur de psychiatrie, université de médecine de Georgetown.
29 novembre 1986.

Osmond M. Solandt, docteur, ancien directeur du bureau des recherches de la défense canadienne.
6 octobre 1986.

Jay Peterzell, chercheur associé, Centre d'études pour la sécurité nationale.
5 novembre 1986.

Paul E. Termansen, Docteur ès médecine, Docteur ès Code fédéral des procédures civiles, professeur associé, départment de psychiatrie, université de Columbia.
6 octobre 1986.

Lloyd Hisey, Docteur ès médecine, ancien directeur du Allan Memorial Institute.
20 février 1983.

David J. Rothman, docteur, Bernard Shoenberg, professeur de médecine sociale et directeur, Centre d'études médicosociales, College of Physicians and Surgeons, Columbia University.
15 octobre 1986.

David I. Joseph, Docteur ès médecine, membre de la faculté, hôpital Saint-Elizabeth et professeur associé de psychiatrie et sciences comportementales, George Washington School of Medicine.
7 novembre 1986.

Brian B. Doyle, Docteur ès médecine, professeur de psychiatrie et de médecine familiale et communautaire, Georgetown University School of Medicine.
3 novembre 1986.

Senateur Allan J. MacEachen, ancien membre du parlement canadien et secrétaire d'État aux affaires étrangères.
29 octobre 1986.

Eva H. Bothwell.
4 novembre 1986.

Wayne Langleben.
26 août 1986.

* * *

Chefs d'accusation

Audition entendue par maître Alex Paterson ; témoignage du docteur Allan Mann, déposition recueillie le 5 mai 1981 par maître Marcel Belleville, Cour suprême, district de Montréal, province de Québec ; affaire N° 500-05-006872-788 : Mme Velma Orlikov contre le Royal Victoria Hospital.

Audition directe du docteur Peter Roper entendue par M. Sullivan, le 5 février 1981, agissant en tant qu'expert dans l'affaire du docteur Mary Matilda Morrow contre le Royal Victoria Hospital.

Déclaration d'action civile du plaignant N° 80-3163 : détaillée dans les pièces à conviction jointes.

(a) Le programme MK-Ultra a été conçu pour étudier les techniques de lavage de cerveau afin que la CIA puisse les utiliser dans des objectifs offensifs ou défensifs (Def. N° 6-9).

(b) L'activité principale du programme MK-Ultra consistait à effectuer et financer des expériences sur le lavage de cerveau, pratiquées par les employés, les agents et les contractants du service de la division technique de la CIA par l'utilisation de drogues dangereuses et de diverses autres techniques sur des personnes non volontaires (Def. N° 10-17).

(c) Les employés ont fait preuve de négligence en assassinant Frank Olson dans le cadre d'une expérience du programme MK-Ultra, au mois de novembre 1953, ainsi que le relate sa veuve dans sa déclaration sous serment (Def. N° 18, 19).

(d) Par négligence, la CIA n'a pas su prendre les mesures nécessaires pour réfréner Gottlieb et Lashbrook (Def. N° 20-23).

(e) La Société de recherches sur l'écologie humaine (Society for the Investigation of Human Ecology) – ci-après désignée « Société » – a été fondée et opérée par la CIA afin de dissimuler son rôle dans la conduite et le financement de recherches sur le lavage de cerveau (Def. N° 24-26).

(f) Au mois de janvier 1956, un article décrivant des procédures potentiellement nocives, similaires aux méthodes de lavage de cerveau des communistes, et signé par le docteur Ewen Cameron est paru dans le *American Journal of Psychiatry* (Def. N° 27, 28).

(g) John Gittinger et le colonel James Monroe, ancien expert en lavage de cerveau de l'US Air Force, ont recruté le docteur Ewen Cameron afin qu'il effectue des expériences potentiellement nocives similaires aux méthodes de lavage de cerveau des communistes (Def. N° 29-32).

(h) La demande soumise à la Société par le docteur Ewen Cameron proposait clairement de mener des expériences à partir des documents académiques existants sur le lavage de cerveau – inspirés par les thérapies psychiatriques couramment utilisées dans les années 1950 –, et qui exposaient la gamme des méthodes de lavage de cerveau : déstructuration, drogues expérimentales, conduite psychique, isolement sensoriel partiel et sommeil prolongé (Def. N° 33-38).

(i) Sans aucune forme d'enquête préalable, Gottlieb, Lashbrook, Gittinger et leurs collègues de la CIA ont approuvé le sous-projet 68 du programme MK-Ultra qui a permis de recueillir environ soixante mille dollars sur une période de quatre ans pour le financement des expériences décrites dans la demande précitée (Def. N° 39-48, 121-124, 127, 129).

(j) Gottlieb, Lashbrook, Gittinger et leurs associés de la CIA n'ont pris aucune mesure pour s'assurer que seuls des volontaires seraient utilisés pour le sous-projet 68 du programme MK-Ultra ou que les sujets de l'expérimentation seraient correctement traités (Def. N° 39-48).

(k) Gottlieb, Lashbrook, Gittinger et leurs associés n'ont pris aucune mesure pour superviser le sous-projet 68 du programme MK-Ultra pendant toute la période durant laquelle la CIA le finançait (Def. N° 39-48).

(l) Cameron était informé de l'intérêt que portait la CIA aux recherches sur le lavage de cerveau qu'il conduisait (Def. N° 29-31, 42-45, 48).

(m) Le sous-projet 68 du programme MK-Ultra a permis de recueillir plus de soixante mille dollars pour financer des expériences sur le lavage de cerveau de 1956 au début des années 1960 (Def. N° 39-48).

(n) Les plaignants ne se sont jamais portés volontaires pour participer aux expériences (Def. N° 51, 68, 77, 92, 102).

(o) Tous les plaignants ont été soumis à une ou plusieurs des techniques expérimentales de lavage de cerveau (déstructuration – accompagnée d'électrochocs et de prise de LSD ou autres drogues –, conduite psychique, isolement sensoriel partiel et sommeil prolongé) décrites dans la demande pré-citée, et financée par le sous-projet 68 du programme MK-Ultra, au lieu de recevoir les thérapies traditionnelles adaptées à leur problème psychiatrique (Def. N° 49, 50, 52, 53, 56-58, 61-64, 67, 69, 70, 74-76, 82-85, 88-91, 95, 96, 99-101, 119, 120).

(p) La CIA a dissimulé le sous-projet 68 du programme MK-Ultra et n'a pas informé les plaignants qu'ils avaient été, à leur insu, les sujets d'expériences sur le lavage de cerveau (Def. N° 78-81, 106-118).

(q) La défense a admis sa négligence lors des expériences sur le lavage de cerveau du programme MK-Ultra de la CIA (Def. N° 13-26, 121-29).

(r) Tous les plaignants ont été blessés en étant soumis à une ou plusieurs des techniques expérimentales de lavage de cerveau (déstructuration – accompagnée d'électrochocs et de prise de LSD ou autres drogues –, conduite psychique, isolement sensoriel partiel et sommeil prolongé) décrites dans la demande pré-citée et financée par le sous-projet 68 du programme MK-Ultra (Def. N° 104, 124, 128).

(s) Les expériences de lavage de cerveau financées par le sous-projet 68 du programme MK-Ultra étaient dénués de toute éthique et constituaient une violation irresponsable des normes communément admises qui régissent les recherches faisant appel à des sujets humains (Def. N° 123, 125-127).

(t) La CIA n'a pas respecté les normes communément admises qui régissent les expériences faisant appel à des sujets humains en finançant des expériences sur le lavage de cerveau sur des non-volontaires dans le cadre de son sous-projet 68 du programme MK-Ultra. (Def. N° 123, 125-127).

* * *

Rapports sur les groupes terroristes et l'idéologie politique

« The Ethnics of Terror », professeur Abraham Kaplan, département de philosophie, université de Haifa, Israël.

« The Psychiatrist and the Terrorist », professeur John Gunn, institut de psychiatrie, hôpital Maudsley, Londres.

« Ethics in Hostage Encounters », professeur Burr Eichelman, université du Wisconsin, Madison.

« Victimization and Rehabilitative Treatment », professeur Martin Symonds, faculté de droit, école John Jay, directeur d'études psychologiques, police de New York.

« Hostage Victims », docteur Frank Ochberg, Hôpital Saint Lawrence, Lansing, Michigan.

« The Hostage Situation. Law Enforcement Options », capitaine Frank Bolz, chef-négociateur, unité de négociation pour les prises d'otages, police de New York.

« Preparing Law Enforcement Personnel for Terrorist Incidents », Conrad Hassell, chef d'unité, Unité spéciale d'opérations et de recherches, académie du FBI, Quantico, Virginia.

« Law Enforcement and Psychiatry : Forging and Working Alliance », professeur David Soskis, professeur associé de psychiatrie, université de Temple, Philadelphie, Pennsylvanie.

« Research in Terrorism », professeur William Reid, institut psychiatrique du Nebraska, université de médecine du Nebraska, Omaha, Nebraska.

« Areas of Consensus : Areas of Ignorance », Brian Jenkins, directeur de programme, sécurité/conflits intérieurs. The Rand Corporation, Santa Monica, California.

« Psychodynamic Theory of Terrorist Behavior », professeur Jerrold M. Post, département de psychiatrie et de sciences comportementales, université George Washington.

« Hizbollah : The Moral Logic of Extraordinary Means », professeur Martin Kramer, centre Dayan, université de Tel-Aviv, Israël.

« The Logic of Terrorism », professeur Martha Crenshaw, département du gouvernement, université Wesleyan.

« Messianic Sanctions for Terror », professeur David C. Rapport, professeur de sciences politiques, université de Californie, Los Angeles.

« Ideology and Repentance: Terrorism in Italy », professeur Franco Ferracuti, professeur de médecine criminologique et de psychiatrie légale, université de Rome, faculté de médecine.

« Nationalism, Sectarianism and Political Violence », Joseph Montville, directeur de recherches, Centre d'étude des affaires étrangères, Institut des affaires étrangères, Département d'État des États-Unis.

« Ideology and Rebellion : Terrorism in West Germany », Konrad Kellen, The Rand Corporation.

« The Problems and Challenges of Research on Terrorism », docteur Jo Groebel, programme d'études de troisième cycle en psychologie de la communication, Rheinland-Pfalz, Allemagne.

« Militant Islamic Movements in Lebanon : Origins, Social Basis and Ideology », professeur Marius Deeb, Centre d'études arabes contemporaines, université de Georgetown, Washington.

« Revolutionary Iran: Challenge and Responses », professeur Shimon Shapira, université de Tel-Aviv, Israël.

* * *

Documents sur l'armement biochimique

Documents du gouvernement des États-Unis :

Cochrane, Rexmond C. *History of the Chemical Warfare Service in World War II* (1er juillet1940-15 août

1945). *Volume II: Biological Warfare Research in the United States.* Département chimique de l'armée américaine : section historique, novembre 1947.

Département des armées. *US Army Activity in the US Biological Warfare Programs.* Volumes I et II. 24 février 1977 (réimprimé au Congrès des États-Unis. Sénat. Déposition recueillie par le sous-comité de la santé et des recherches scientifiques du comité des ressources humaines.) *Biological Testing Involving Human Subjects by the Department of Defence, 1977.* 95e Congrès, 1re session, 8 mars et 23 mai 1977.

Service des recherches. *Historical Report of War Research Service, November 1944-Final.* (1945) (Document top secret déclassé ; archives, Académie nationale des sciences).

Operational Suitability of a BW Munition. Rapport 134 (BW 16-52) du terrain d'essais de Dugway. Terrain d'essais de Dugway, Utah, 29 janvier 1954.

Special Report N° 44 : Munitions for Biological Warfare. Deux volumes. Camp Detrick, Maryland : département technique, division des munitions, juin 1943-septembre 1945. (Inédit, document top secret déclassé. Fort Belvoir, Virginie : centre d'information technique de la Défense : AD 310773 (Volume 1), AD310774 (Volume 11).

Report on Scientific Intelligence Survey in Japan, September and October 1945. Volume V. Biological Warfare. Quartier général des forces armées des États-Unis, analyse facilique : section de conseil technique et scientifique, 1er novembre 1945. (Document secret déclassé ; Centre d'histoire militaire, quartier général de garnison de Fort Detrick, Maryland).

Report on Japanese Biological Warfare (BW) Activities. Camp Detrick, Maryland : forces armées, 31 mai 1946 (Document secret déclassé ; Centre d'histoire militaire, quartier général de garnison de Fort Detrick, Maryland).

Summary of New Information about Japanese BW Activities. Camp Detrick, Maryland, 20 juin 1947. (Document confidentiel déclassé ; Centre d'hsitoire militaire, Headquarters, garnison de Fort Detrick, Maryland).

Summary Report on BW Investigations. Camp Detrick, Maryland, 12 décembre 1947 (Centre d'histoire militaire, quartier général de la garnison de Fort Detrick, Maryland).

Report on Special BW Operations. Washington DC : Conseil de recherche et de développement de l'Institut national militaire, 5 octobre 1948.

A Study of the Vulnerability of Subway Passengers in New York City to Covert Attack with Biological Agents. Division des opérations spéciales, Fort Detrick.

* * *

Ouvrages de référence

Barnaby, Wendy, *The Plague Makers : The Secret World of Biological Warfare*, Londres, Vision Paperbacks, 1997.

Brown, J.R.C., *Techniques of Persuasion : from Propaganda to Brainwashing*, Londres, Penguin Books, 1963.

Bryden, John, *Deadly Allies : Canada's Secret War 1937-1947*, Toronto, McClelland & Stewart, 1989 (histoire du projet d'armement biochimique canadien).

Colby, Kenneth Mark, *An Introduction to Psychoanalytic Research*, New York, Basic Books, 1960.

Crowcroft, Andrew, *The Psychotic : Understanding Madness*, Londres, Pelican Books, 1967.

Harris, Robert and Paxman, Jeremy, *A Higher Form of Killing : The Secret Story of Chemical and Biological Warfare*, New York, Hill and Wang, 1982.

Hersh, Seymour M., *Chemical and Biological Warfare : America's Hidden Arsenal*, Indianapolis et New York, Bobbs-Merrill, 1968.

Lifton, Robert Jay, *The Nazi Doctors. Medical Killing and the Psychology of Genocide*, New York, Basic Books, 1987.

Marks, John, *The Search for the Manchurian Candidate : The CIA and Mind Control*, New York, Times Books, 1979.

McDermott, Jeanne, *The Killing Winds : The Menace of Biological Warfare*, New York, Arbor House, 1987.

Mosley, Leonard, *Dulles : A Biography of Eleanor, Allen and John Foster*, Londres, Hodder & Stoughton, 1978.

Regis, Ed, *The Biology of Doom*, New York, Henry Holt and Company, 1999.

Sargant, William, *Battle for the Mind*, édition privée, Ashford, The Invicta Press, 1984.

Sargant, William, *The Mind Possessed*, édition privée, Ashford, The Invicta Press, 1984.

Sargant, William, *The Unquiet Mind*, édition privée, Ashford, The Invicta Press, 1984.

Table des matières

I 5
II 29
III 51
IV 65
V 89
VI 113
VII 135
VIII 155
IX 173
X 191
XI 211
XII 233
XIII 247
XIV 265
XV 279
XVI 293
XVII 311
XVIII 337
XIX 355
XX 375
XXI 389
XXII 407
Notes sur les personnes interrogées 417
Annexes 441
Ouvrages de référence 453

Notes au lecteur

Ceux qui souhaiteraient parler de cet ouvrage directement avec Gordon Thomas peuvent le contacter à l'adresse électronique suivante : gthomas@indigo.ie

Ceux qui aimeraient se tenir informés de l'actualité du monde du renseignement peuvent le faire sur le site Internet de l'auteur : www.globe-intel.net